suhrk
wissenschaft 1667

Foucaults Ausgangspunkt ist immer das Heute gewesen, insbesondere in Hinsicht auf seine historischen Arbeiten, und dieses Heute war immer bestimmt durch ästhetische Erfahrungen. Ebendarin trifft er sich mit Adorno, dessen *Ästhetische Theorie* für die Diskussion bestimmend war. Nach dessen Tod 1969 hat sich dieses Band zwischen ästhetischer Erfahrung und theoretischer Arbeit mehr und mehr aufgelöst. Mit Foucault und in der Perspektive seiner Arbeiten zur Kunst läßt es sich neu und anders verknüpfen. Der Band, der die verschiedenen Bereiche der Auseinandersetzung Foucaults mit den Künsten erkundet, enthält Originalbeiträge u. a. von Daniel Defert, Thierry de Duve, Wolfgang Ernst, Wilhelm Schmid und Ulrich Raulff.

Foucault und die Künste

herausgegeben im Auftrag
des Zentrums für
Kunst und Medientechnologie (ZKM)
von Peter Gente

Suhrkamp

Bibliografische Information Der Deutschen Bibliothek
Die Deutsche Bibliothek verzeichnet diese Publikation in der Deutschen Nationalbibliografie
http://dnb.ddb.de

suhrkamp taschenbuch wissenschaft 1667
Erste Auflage 2004

Umschlag nach Entwürfen von
Willy Fleckhaus und Rolf Staudt
Druck: Nomos Verlagsgesellschaft, Baden-Baden
Printed in Germany
ISBN 3-518-29267-6

1 2 3 4 5 6 - 09 08 07 06 05 04

Inhalt

Vorwort

Dem Leser der Schriften von Michel Foucault fällt auf, wie häufig und irritierend der Begriff Kunst, franz. »art«, lat. »ars«, griech. »techné« gebraucht wird: Regierungskunst, Kriegskunst, Lebenskunst, techné tou biou, ars erotica, ars theoretica, ars politica, oder auch die Kunst der Marter gegenüber der Technik der Überwachung und »Zärtlichkeit unter Männern als Kunst betrachtet«. Letztlich geht es ihm vielleicht um eine Kunst des Handelns, um eine l'art de l'agir. Foucault will aber zunächst »nicht die Verhaltensweisen (...) analysieren und nicht die Ideen, nicht die Gesellschaften und nicht ihre ›Ideologien‹, sondern die *Problematisierungen*, in denen das Sein sich gibt als eines, das gedacht werden kann und muß, sowie die *Praktiken*, von denen aus sie sich bilden«.[1] »Ich versuchte von Anfang an, den Prozeß der ›Problematisierung‹ zu analysieren – was heißt: Wie und warum bestimmte Dinge (Verhalten, Erscheinungen, Prozesse) zum *Problem* wurden«.[2] In den Künsten selber hat das Problem der neuen Technologien zu neuen Konzepten von Kunsthochschulen, Akademien und multimedialen Zentren à la Beaubourg, (in Deutschland z. B. in Karlsruhe, Weimar und Köln) geführt. Die gute alte Frage – W*as ist Kunst?* – hat wieder einmal Konjunktur. Es geht um Klassifikationen und Definitionen von Fächern und Disziplinen, es geht um das Verhältnis von Kunst und Technologie, seit sie vor mehr als 200 Jahren in der »Querelle des Anciens et des Modernes« auseinandergetreten sind; es geht um das weite Feld der Lebenskunst und der Ethik.

Foucaults Ausgangspunkt ist immer das Heute gewesen – gerade für seine historischen Arbeiten –, und dieses Heute war immer bestimmt durch ästhetische Erfahrungen. Ebendarin trifft er sich mit Adorno. Nach dessen Tod 1969 ist dieses Band zwischen ästhetischer Erfahrung und theoretischer Arbeit im deutschen Sprachraum mehr und mehr zerrissen. Vielleicht läßt es sich – mit Foucault – neu, freilich auch anders, knüpfen.

In einem Gespräch mit Paolo Caruso sagte Foucault 1969: »Wenn

1 Michel Foucault, *Der Gebrauch der Lüste. Sexualität und Wahrheit,* Bd. 2, Frankfurt am Main 1986, S. 19.

2 Michel Foucault, *Diskurs und Wahrheit. Die Problematisierung der Parrhesia,* Berlin 1996, S.178.

meine Erinnerungen exakt sind, bekam ich den ersten großen kulturellen Choc durch französische Vertreter der seriellen und Zwölftonmusik – durch Boulez und Barraqué, mit denen ich freundschaftlich verbunden war. Sie haben mich zum ersten Mal aus dem dialektischen Universum herausgerissen, in dem ich gelebt hatte.«

Von hier, Mitte der 50er Jahre, spannt sich ein Bogen zu den letzten Arbeiten Foucaults, zur techné tou biou der Antike, zur Lebenskunst. Seine Monographien zum Wahnsinn, zur Klinik, zu den Humanwissenschaften, zum Gefängnis und zur Sexualität sind begleitet von Büchern zu Raymond Roussel und René Magritte, von Artikeln zur Geschichte der Literatur, zur Gegenwartsliteratur, zur Malerei, zur Architektur und zur Photographie. Er hat den Kontakt zu den Künstlern gesucht, und sie den Kontakt zu ihm.

Der vorliegende Band dokumentiert die Vorträge zu dem Festival *Michel Foucault und die Künste*, das vom 19.-22. September 2002 am Zentrum für Kunst und Medientechnologie in Karlsruhe stattgefunden hat. Festival, weil nicht nur diese Vorträge zu hören waren, sondern auch die »Sonate« von Barraqué, gespielt von Herbert Henk, sowie eine Toninstallation mit einem berühmten Radiovortrag von Foucault. Zu sehen war eine kleine Ausstellung mit Werken von Pierre Klossowski, Duane Michaels, Maxime Defert und Gérard Fromanger sowie Photographien von Michèle Bancilhon und Ulrich Raulff. Es wurden Dias zum Musée Imaginaire von Foucault gezeigt sowie Installationen mit Aufnahmen für das französische Schulfernsehen und mit der Bayreuther Inszenierung der *Götterdämmerung* von Patrice Chereau und Pierre Boulez. Schließlich war das Foucault-Archiv des Merve Verlags ausgestellt.

Der Herausgeber möchte pars pro toto danken dem ZKM, Peter Weibel, Barbara Könches sowie seiner Berliner Assistentin Nina Meinhold für die Realisierung dieses Festivals.

Der Band – wie auch das Festival – sei Heidi Paris gewidmet.

Berlin, den 18.11.2003
Peter Gente

Ulrich Raulff

Der Souverän des Sichtbaren

Foucault und die Künste – eine Tour d'horizon

Foucault und die Künste. Es sei die Frage erlaubt, ob nicht ein kleines philosophisches Staunen angebracht ist: über den Titel einer Veranstaltung, der auf den Namen eines Philosophen den Zusatz »und die Künste« folgen läßt? Der Vertreter einer sehr alten und abstrakten, der Schrift verhafteten und den Sinnen fernen Kunst, einer Schwester der Mathematik und Nichte der Theologie – und im selben Atemzug der ganze bunte Corso der bildenden, schreibenden und aufführenden Künste: Soll man sich darüber nicht wundern?

Aber nein, werden Sie mir antworten, schauen Sie sich doch den Ort an, an dem Sie sprechen: ein Haus der Künste, in dem die Philosophie von Anfang an Hausrecht hatte. Und andere werden mir sagen: Bedenken Sie doch die Tradition der Philosophie im Abendland, die seit der Schule von Athen das Verhältnis der Philosophie zur Kunst, der philosophischen Rede zur künstlerischen Fiktion oder des Wahren zum Schönen zu ihren kanonischen Gegenständen gezählt hat. Wieder andere könnten mich daran erinnern, daß die Philosophie, jedenfalls in diesem Land, jedenfalls seit Königsberg und dem Tübinger Stift, in innigstem Austausch mit mindestens einer Kunst sich befunden hat, der sie, die Philosophie, aus eigenem künstlerischen Vermögen gewiß ebensoviel gegeben, wie sie von ihr genommen hat: Ich rede von der Literatur und von der einzigartigen dichterischen Kraft der deutschen philosophischen Sprache – weit über die Dichter-Philosophen wie Friedrich Nietzsche und die poetischen Essayisten wie Walter Benjamin hinaus.

Sie haben recht, sage nun auch ich: Es ist wenig Sonderbares daran, einen Philosophen nach seinem Verhältnis zu den Künsten zu befragen. Und dennoch …

Und dennoch wissen Sie so gut wie ich, daß wir bei nicht wenigen Philosophen der vergangenen Jahrhunderte mit unserer Frage nicht weit kommen würden. Die Künste? Fehlanzeige! würde es in vielen Fällen lauten, denn bekanntlich sind viele bedeutende Denker nicht nur – wie Max Weber – unmusikalisch, sondern ganz ohne weiteren Zusatz unmusikalisch, ja amusisch gewesen. Bei Michel

Foucault nun scheint das Gegenteil der Fall zu sein – im Fall Foucaults hat der Zusatz »und die Künste« eine so unbefragte, selbstverständliche und geradezu apriorische Evidenz, daß man als ordentlicher Philosoph und Skeptiker sich wieder fragen muß, woran das wohl liegen mag und ob diese Anmutung denn zu Recht besteht. Weshalb gilt Foucault, der doch keine Ästhetik getrieben, geschweige denn geschrieben hat, als Künstler-Philosoph? Weshalb unterstellen wir ihm ein genuines Verhältnis zu den Künsten?

Wenn unter denen, deren Namen lange Zeit mit dem Foucaults zusammen genannt wurden, wenn unter den »Strukturalisten« Claude Lévi-Strauss derjenige war, der das innigste und produktivste Verhältnis zur Musik unterhielt, so war Michel Foucault – neben Roland Barthes – derjenige mit dem schöpferischsten Verhältnis zur Literatur. Seine Essays zur Literatur, in der Mehrzahl in den 60er Jahren entstanden, gehören zu den brillantesten Texten, die er verfaßt hat, und eine Sprache von poetischer Kraft und großem Bilderreichtum durchzieht alles, was der Autor, der keiner sein wollte, in drei Jahrzehnten einer außergewöhnlichen Produktivität geschrieben hat.

Dennoch hat Foucault, nach seinen frühesten, prägenden kulturellen Erlebnissen gefragt, nicht Werke der Literatur genannt, sondern die Begegnung mit »den französischen Vertretern der seriellen und der Zwölftonmusik wie Boulez und Barraqué«[1] – tatsächlich ist er einem der beiden, Pierre Boulez, zeitlebens freundschaftlich verbunden geblieben und hat es sich nicht nehmen lassen, 1980 nach Bayreuth zu fahren, um die letzte Aufführung des *Rings* von Boulez und Chéreau zu erleben (und ihr im *Corriere della sera* begeisterte Zeilen zu widmen). Zwei Jahre später hat Foucault die Frage nach der Begegnung mit Boulez und seiner Musik zum Anlaß genommen, eine Geschichte des Formalen und des Kampfes ums Formale im 20. Jahrhundert zu skizzieren.[2]

Auf der Oberfläche des geschriebenen Werks aber überwiegen bei Foucault die Hinweise und Einlassungen zur bildenden Kunst, vor allem aber zur Malerei der Moderne, gelegentlich auch der Gegenwart: Foucault hat Beiträge zu Katalogen von Malern und Zeich-

1 Michel Foucault, »Wer sind Sie, Professor Foucault?«, in: *Dits et Ecrits, Schriften*, Bd. I, Frankfurt am Main 2001, Nr. 50, S. 770-793, hier: S. 785.

2 Michel Foucault, »Pierre Boulez, l'écran traversé«, in: *Dits et Ecrits*, Bd. IV, Paris 1994, Nr. 305, S. 219-222.

nern geliefert, die er besonders schätzte; er hat einen langen, bis heute unveröffentlichten Text über die Marilyn-Serien von Andy Warhol verfaßt, hat sich gelegentlich über Film und Fotografie geäußert und gemeinsam mit René Allio einen Film – über den »Fall Pierre Rivière«: *Moi, Pierre Rivière, ayant égorgé ma mère, ma sœur et mon frère ...* (1976) – produziert.

Seine Schriften, und auch die wissenschaftshistorischen unter ihnen, sind voll von visuellen Metaphern und Bildern, Sensationen des Lichts und der Dunkelheit und insofern von einer durchaus malerischen Auffassung der Wirklichkeit. Zugleich vermitteln sie eine Fülle von plastischen Eindrücken, Darstellungen von Körpern und von Anlagen (oder »Dispositiven«) zur Bildung und Zergliederung von Körpern – Ansichten eines Bildhauers und Architekten, der einem seiner Bücher die Baustruktur eines exakt konstruierten geometrischen Körpers zugrunde legte (des berühmten »Trieder des Wissens« in *Die Ordnung der Dinge*).

Der späte Foucault schließlich hat das Spektrum der Künste um eine »Sparte« erweitert, die keineswegs »klassisch« ist und keine Muse ihr eigen nennt und doch zu den ältesten Künsten überhaupt gehört – nicht nur im Abendland: Gemeint ist die Lebenskunst, die Kunst, seinem Leben eine schöne und richtige Form zu geben. In dieser genealogisch aus der Antike hergeleiteten Kunst sollten Ethik und Ästhetik, die so häufig als Gegensätze angesehen wurden, zu neuer Einheit gelangen; in ihrer Entfaltung hatte Foucaults Werk noch einmal eine neue und unerwartete Stellung zur Bedeutung der Begriffe *ars, artes* und Artist genommen.

Es steht also ganz außer Frage, daß Michel Foucault ein genuines Verhältnis zu den Künsten hatte und einige von ihnen, namentlich Literatur und Malerei, um große, schöpferische Beiträge bereichert hat. Und dennoch ...

Und dennoch liegt die fraglose Affinität, in der wir Michel Foucault und die Künste sehen, eher in unseren Augen als in den Zeilen seines Werks. Sie liegt in der Art und Weise, wie wir den Philosophen selber sehen: als Kunstgestalt von eigener Hand, als Selbsterfinder und kreativen Proteus, als Dandy der Theorie. Das Frankreich der Nachkriegszeit hat viele brillante Intellektuelle und Mandarine hervorgebracht, und darunter Figuren von mesmerisierender Ausstrahlung wie Sartre, Lacan und Derrida – doch niemand besaß wie dieser Pop-Artist der Theorie, der mit jedem neuen Buch sich selbst und sein Werk neu erfand, den Glanz und die Eleganz einer Kunstfigur. Selbst zu Zeiten seines stärksten politischen »Engagements« (ein Ausdruck, den er seines moralischen ›Parfums‹ wegen ablehnte), zu Anfang der 70er Jahre, blieb Foucault, was er immer war, ironisch, maliziös und virtuos – ein Spieler, Versucher und Verführer.

Gewiß, im Lauf der Jahre und der Theorieepochen wechselten Foucaults Neigungen zu den Künsten, verlagerten sich, verschwanden, kehrten an anderer Stelle wieder. Der Phase heftigsten Interesses an der experimentellen und »überschreitenden« Literatur (Beckett, René Char, der Nouveau Roman, Bataille, Blanchot, Klossowski), deren Höhepunkt das Buch über Raymond Roussel 1963 darstellte, folgte um 1970 eine spürbare Zuwendung zur Malerei (Manet, Klee, Kandinsky, Magritte) – aber bereits Jahre zuvor, 1965, hatte er Velázquez' Bild *Die Hoffräulein* einer scharfsinnigen Strukturanalyse unterworfen. In den 70er Jahren zeigte sich eine entschiedene Abwendung von den »hochkulturellen« Werken: An die Stelle der Malerei traten die visuellen Strategien der Machtausübung in der Moderne, an die Stelle der Literatur die anonymen Diskurse von Delinquenten und anderen Patienten der Macht. Seit Ende der 70er Jahre und bis zu seinem Tod im Juni 1984 widmete sich Foucault dann der Erforschung der Praktiken antiker Lebenskunst und Selbstsorge – aber das schloß nicht aus, daß er in den letzten Lebensjahren, als er schon spürte, daß seine Zeit knapp wurde, erneut und gründlich die großen Autoren der klassischen Moderne wie Franz Kafka und Thomas Mann las. Man möchte sagen: erneut und systematisch las. Jeder, der sich ein wenig mit Foucault vertraut gemacht hat, spürt, daß dieses Werk in untergründiger und geheimnisvoller Weise mit der Literatur kommuniziert – auch dort, wo es historische, epistemologische oder methodologische Sachverhalte erörtert. Ähnlich wie Walter Benjamin, der das 19. Jahrhundert aus der Montage seiner vielen Stimmen und Texte wiedererwecken wollte, ließ Foucault in seinen Büchern über die Einschließung der Wahnsinnigen, die Geburt der Klinik und die Erfindung des modernen Strafsystems die Autoren des Barock und der Aufklärung, Mediziner und Verwalter, Jesuiten und Jansenisten mit ihren eigenen Stimmen sprechen, sich erläutern – und sich ›decouvrieren‹. Sein Begriff der Literatur ging weit über die *belles lettres* hinaus und umfaßte die gelehrten Diskurse und die strategischen

Texte all derjenigen, die mit Wörtern Welt auslegten, Wissen vermehrten und Wirklichkeiten formten.

Umgekehrt konnte er einen Künstler und Literaten wie André Breton dafür loben, daß er »zwei lange getrennte Figuren vollkommen miteinander vereint hat, nämlich Schreiben und Wissen«.[3] Abgesehen von Diderot war die französische Literatur niemals – im Unterschied zur deutschen – eine Literatur des Wissens gewesen, notierte Foucault, und war in der Lage, Breton, den Dichter der Unvernunft, unerwartet als Schriftsteller des Wissens zu kanonisieren (»ein wenig unser Goethe«).

Aber nicht nur seine Neigung zu den Künsten, sondern auch seine eigene Kunstausübung – und das heißt seine Schreibkunst – wandelte sich. Der Foucault der 60er Jahre schrieb anders, eleganter, effektvoller, polierter, wenn man will: *barocker* als der politische, polemische und gelegentlich aggressive Foucault der 70er. Und wie soll man den vorzeitigen Altersstil bezeichnen, den Foucault in seinen letzten Büchern Anfang der 80er Jahre entwickelte? Es war, als habe er damals gleichsam gegen die Uhr geschrieben, aller gewohnten Stilmittel entratend, scheinbar kunstlos, in Wahrheit aber nach einem älteren, *rauheren*, vielleicht einem stoischen Stil tastend. Kümmerte er sich da nur, wie er gegenüber Paul Rabinow bemerkte, *um sich* – oder kümmerte er sich auch da noch um die Kunst?

Mit welchem Recht auch immer, Foucault gilt als einer der Autoren, die den *linguistic turn* in den Geistes- und Sozialwissenschaften in Gang gesetzt haben. Dabei hat er in Wahrheit nie daran gedacht, die Wörter über die Dinge und die Spiele der Zeichen über die Realität der Sachen zu setzen. Selbst auf dem Höhepunkt der linguistischen Welle, Ende der 60er Jahre, war er nicht bereit, der »Monarchie des Signifikanten« zu huldigen. 1967 feierte er den (in Frankreich soeben erst entdeckten) Erwin Panofsky dafür, eine Bildwissenschaft entwickelt zu haben, die nicht dem Primat von Sprache und Text gehorchte – denselben Panofsky, dem in unseren Tagen der poststrukturalistische Kunsthistoriker Georges Didi-Huberman genau dies – strukturalistische oder neoplatonische Textbesessenheit – zum Vorwurf macht.

Michel Foucault sah das offenbar anders. Für Panofskys französischen Vorgänger Émile Mâle, so Foucault, »waren die plastischen

3 Michel Foucault, »Er war ein Schwimmer zwischen zwei Worten«, in: *Dits et Ecrits, Schriften*, Bd. I, a.a.O., Nr. 43, S. 714-718, hier: S. 715.

Formen in Stein, Linien oder Farben gefasste Texte; ein Kapitell oder eine Buchmalerei analysieren hieß aufzeigen, was dieses Kapitell oder diese Miniatur ›sagen wollte‹, hieß das Sprechen rekonstruieren, wo es sich wegen des unmittelbareren Ausdrucks seiner Worte entledigt hatte. Panofsky hebt das Privileg des Diskurses auf.«[4] Dies geschehe bei Panofsky, so Foucault weiter, nicht im Sinn einer einfachen Umkehrung zugunsten des plastischen Universums, »sondern um die Komplexität der Beziehungen zu beschreiben (...) das ganze Feston des *Sichtbaren* und des *Sagbaren*, das eine Kultur in einem bestimmten geschichtlichen Augenblick kennzeichnet«.[5]

Das Verhältnis von Sprache und Bild hat Foucault lange Zeit beschäftigt. In einen seiner raffiniertesten Texte zur Malerei, die Analyse der *Hoffräulein* von Velázquez, das wie ein Vorspiel auf dem Theater »Die Ordnung der Dinge« eröffnet, hat Foucault Reflexionen über Sprache und Malerei eingeschaltet. Deutlicher noch als seine Rezension von Panofsky erhellen sie seine Auffassung von einer richtigen Ikonologie. »Das Verhältnis der Sprache zur Malerei«, lesen wir, »ist eine unendliche Beziehung. Nicht dass die Sprache unvollkommen wäre und angesichts des Sichtbaren einen Mangel aufwiese (...) Aber beide lassen sich nicht aufeinander zurückführen: Man kann durchaus sagen, was man sieht; doch was man da sieht, findet sich dennoch nicht in dem, was man sagt; und man mag noch so sehr durch Bilder, Metaphern oder Vergleiche sichtbar machen, was man sagen möchte, der Ort, an dem sie aufleuchten, ist dennoch nicht den Augen zugänglich, sondern wird durch die Abfolge der Syntax bestimmt.«[6]

Will man, so Foucault weiter, »das Verhältnis zwischen Sprache und Sichtbarem offenhalten«, so muß man auf die trügerische Gewißheit verzichten, die die Eigennamen stiften: Sie vermitteln den Eindruck, man könne gleichsam mit dem Zeigefinger aus dem Raum des Sprechens in den Raum des Sehens übergehen. Statt dessen müssen wir uns, so Foucault, »auf die Unendlichkeit der Aufgabe« der Beschreibung einlassen: »Vielleicht gibt ja die Malerei über solch eine graue, namenlose, stets peinlich genaue und repetitive,

4 Michel Foucault, »Worte und Bilder«, in: *Dits et Ecrits, Schriften*, Bd. I., a.a.O., Nr. 51, S. 794-797, hier: S. 795.

5 Ebd.

6 Michel Foucault, »Die Hoffräulein«, in: *Dits et Ecrits, Schriften*, Bd. I., a.a.O., Nr. 32, S. 603-621, hier: S. 612.

weil allzu weite Sprache ihr Geheimnis Schritt für Schritt preis.«[7] Mit dieser Perspektive einer unendlichen Analyse ist, so scheint es, die Utopie des »klinischen Blicks« überwunden, die Foucault in *Die Geburt der Klinik* entdeckt hatte. Eine Utopie, die sich immer wieder einstellt, wenn die Inkongruenz von Bild und Text, von Sichtbarem und Sagbarem sich schmerzlich fühlbar macht – »der große Mythos eines reinen Blicks, der reine Sprache ist: der Mythos eines sprechenden Auges«.[8]

Dasselbe, was ihm an Panofsky gefiel – die Nicht-Reduktion des Bildes auf den Text oder umgekehrt –, beeindruckte ihn auch an Boulez' Wagner-Interpretation. Boulez, schrieb er nach Bayreuth 1980, »hat die wagnerische Vorstellung eines Dramas ernst genommen, in dem Musik und Text einander nicht wiederholen, nicht jedes auf seine Art dasselbe sagen, sondern in dem das Orchester, der Gesang, das Spiel der Darsteller, die Tempi der Musik, die Bewegungen auf der Bühne, die Bühnenbauten als gesonderte Elemente zusammenkommen müssen, um für die Zeit der Aufführung eine einzige Form, ein einzelnes Ereignis zu ergeben.«[9]

Aber auch Foucault ist der Vorwurf nicht erspart geblieben, den vor einigen Jahren der amerikanische Historiker Martin Jay gegen mehrere Generationen französischer Denker seit Bergson und Valéry erhoben hat: Sie hätten den Diskurs privilegiert und die Theorie erblinden lassen; sie hätten der Philosophie den Gesichtssinn und der Wissenschaft die Anschauung genommen.[10] Wie legitim diese Anklage auch immer sein mag – Foucault trifft sie nicht. Seit der *Geburt der Klinik*, im selben Jahr (1963) erschienen wie sein *Raymond Roussel*, hat er nichts anderes unternommen, als die Beziehungen des *Sichtbaren* und des *Sagbaren* zu analysieren – ob nun in einem literarischen Labyrinth oder in einem epistemologischen »Dispositiv«.

In seiner Beschreibung des »panoptischen« Regimes moderner Machtausübung – 12 Jahre später in *Überwachen und Strafen* –

7 Ebd.

8 Michel Foucault, *Die Geburt der Klinik*, Frankfurt am Main, Berlin, Wien 1972, S. 128.

9 Michel Foucault, »L'imagination du XIXe siècle«, in: *Dits et Ecrits*, Bd. IV, Paris 1994, Nr. 286, S. 111-115, hier: S. 112 f.

10 Martin Jay, *Downcast Eyes. The denigration of vision in twentieth-century French thought*. Berkeley 1993.

macht Foucault deutlich, daß jedes Machtsystem zugleich ein »skopisches Regime« (Wolfgang Kemp) entwirft: ein Regime der souveränen Blicke und der erzwungenen Sichtbarkeit der Subjekte oder Untertanen. Insofern ist Michel Foucault kaum unter die Väter des *linguistic turn*, wohl aber unter die Pioniere des jüngeren *visual* oder *iconic turn* einzureihen – sofern man solche intellektuellen Vaterschaftsnachweise erhellend findet.

Wer die ersten Seiten von *Überwachen und Strafen*, Foucaults Buch über die Geburt des modernen Gefängnisses, gelesen hat und schaudernd der Darstellung von der langsamen, kulinarisch genauen Zergliederung und Zerstückelung des Königsmörders Damiens gefolgt ist, hat die Verwandtschaft gespürt, die dieser Text mit Artauds *Theater der Grausamkeit* und Kafkas »Strafkolonie« unterhält. Aber erst der zweite Blick zeigt, daß dieser Anfang – als Präludium und Kontrast zu den späteren Seiten über Jeremy Benthams »Panopticon« – auch eine ganze Theorie des Schauspiels und seiner Architektur an der Schwelle zur Moderne enthält.

Bei einem deutschen Autor, Nikolaus Heinrich Julius, Professor der Berliner Universität und Kollege von Hegel, der 1828 seine »Vorlesungen über Gefängniskunde« veröffentlichte, hat Foucault einen Gedanken gefunden, der ihm schlaglichtartig das gewandelte Verhältnis von Architektur, Öffentlichkeit und Sichtbarkeit am Beginn des 19. Jahrhunderts erhellt: In der Antike, so Foucaults Gewährsmann, hätten die Architekten sich der Aufgabe gewidmet, der möglichst größten Menge den möglichst besten Überblick über das Geschehen zu verschaffen – ob es sich nun um religiöse Riten, Theater oder öffentliche Reden handelte. Im selben Geiste bauten die Römer ihre Arenen, schufen die Christen ihre Dome. Heute dagegen stehe die Architektur vor dem entgegengesetzten Problem, nämlich »Wenigen oder einem Einzelnen die Übersicht Vieler zu gewähren«.[11] Vom Schauspiel *für alle* zur Überwachung *durch einen*: Voilà die Idee des »Panoptismus«, in dem Foucault das Prinzip der modernen Disziplinargesellschaft erblickt – ein »skopisches Regime«, dessen architektonische Prämissen (und Corollare) größte Bedeutung für das funktionelle Bauen der Moderne gehabt haben.

So hat Foucaults Analyse der Beziehungen der Macht und des

11 N. H. Julius zit. nach: Michel Foucault, »Die Wahrheit und die juristischen Formen«, in: *Dits et Ecrits, Schriften*, Bd. II, Frankfurt am Main, Nr. 139, S. 669-792, hier: S. 751.

Wissens – denn das »panoptische System« dient gleichzeitig dem Willen zur Macht und dem Willen zum Wissen – ihre visuellen, ästhetischen und in diesem Fall plastischen und architektonischen Konsequenzen. Durch die Freilegung solcher für die Moderne konstitutiven Beziehungen von Macht, Wissen und Ästhetik hat Foucault nicht, wie Martin Jay meint, dazu beigetragen, die Alleinherrschaft des Diskurses zu befestigen, sondern umgekehrt hat er eine ganze Generation jüngerer Wissenschaftshistoriker – von Barbara Stafford und Lorraine Daston bis Jonathan Crary – angeregt, die visuellen Techniken, Dispositive und Strategien des Wissens, der Sammlungen und der sich formierenden Wissenschaften zu erforschen. Wer aus der Schule Foucaults kam, hatte gelernt, die Augen zu öffnen und *das Sehen zu wagen* – so wie es Ernst Cassirer als konsequente Ergänzung des aufklärerischen Imperativs gefordert hatte. Aber Foucault, ein Cassirer unter anderem Vorzeichen, lehrte die Kunst des bösen Blicks – gegen einen aufklärerischen Blick, der, gegen sich selbst blind geworden, zum souveränen Herrscher geworden war: »der Blick, der sieht, ist ein Blick, der herrscht«.[12]

Doch so wie man beim »mittleren« Foucault der Macht-Wissens-Analytik leicht die ästhetische Dimension seines Denkens übersehen hat, so hat man bei dem späten Foucault der stoischen Selbstsorge gern die Ästhetik zugunsten der Ethik oder vielmehr der Moral unterschlagen: Um die Mitte der 80er Jahre, mit einsetzender Ebbe des politischen Diskurses und beginnender Flut der Moralphilosophie, waren allerorten die Empfangskomitees angetreten, um den verlorenen Sohn im Haus der Wohlmeinenden und Gutdenkenden zu begrüßen – und der war tot und nicht mehr in der Lage, sich dieser Verehrer zu erwehren.

Dabei blieb seine Theorie der antiken *technè* der Lebensführung in jedem Augenblick durchsichtig auf die Gegenwart wie auf die Kunst. In immer neuen Interviews erläuterte Foucault, was er meinte, wenn er sagte, es komme darauf an, den Stoff des eigenen Lebens wie ein Bildhauer zu bearbeiten und dadurch das »Selbst«, das Individuum erst ins Leben zu rufen: »Aus der Idee, dass uns das Selbst nicht gegeben ist, kann meines Erachtens nur eine praktische Konsequenz gezogen werden: Wir müssen uns selbst als ein Kunstwerk schaffen.« Und im Gespräch mit dem deutschen Filmemacher Wer-

12 Foucault, *Die Geburt der Klinik*, a.a.O., S. 55.

ner Schroeter fügte er hinzu: »Ich mache keinen Unterschied zwischen Leuten, die aus ihrem Leben ein Kunstwerk machen, und solchen, die in ihrem Leben ein Kunstwerk machen. Ein Leben kann ein vollkommenes und erhabenes Kunstwerk sein – das wussten die Griechen, während wir es vollständig vergessen haben, jedenfalls seit der Renaissance.«[13]

Wir wissen nicht, was in dem unveröffentlichten Manuskript über Andy Warhol stand – aber die Nähe des Pariser Philosophen zu dem New Yorker Pop-Artisten, die Nähe Foucaults zu Warhol, ist offenkundig: Legten es nicht seine letzten Schriften dem Leser nahe, zum Künstler seiner selbst, zum Werkmeister seiner eigenen Existenz zu werden? So wie das Holz das Material des Zimmermanns und Bronze das des Bildhauers, so sei das Leben jedes einzelnen das Material der Lebenskunst, hatte Epiktet formuliert. Foucault folgte seiner Spur.

Wie weit läßt sich dieser Gedanke im Werk Foucaults zurückverfolgen? Folgt man der Deutung Walter Seitters, so tritt der Gedanke einer »Existenz-Plastik« bereits in der Einführung zu Binswanger (1954),[14] Foucaults erster publizierter Schrift, zutage. Sicher ist, daß die Vorstellung von der Plastizität der Menschen, ihrer Körper und ihrer Leben gleichsam zu den »Urgedanken« Foucaults zählt; mag sein, daß darin ein Echo des Surrealismus nachklingt, den er sich Anfang der 50er Jahre gemeinsam mit Maurice Pinguet erschloß. Unübersehbar sind es im frühen und mittleren Werk Foucaults die großen Agenturen der Macht (Asyl, Klinik, Gefängnis), welche die Menschen formen, die Subjekte bilden und die Biographien regulieren – während es im Spätwerk die Individuen selber sind, die ihr Leben als formbaren Stoff, als Material einer *technè*, selbst in die Hand nehmen. Aber der »anthropoplastische« Gedanke als solcher läßt sich durchgängig schon in den Schriften des frühen Foucault entziffern. Unter seinem Blick erscheinen die Labors der anthropologischen, wissenschaftlichen Moderne, die Asyle, Kliniken, Schulen, Anstalten und Gefängnisse als übermenschliche Künstlerateliers: Der Mensch ist das erste Kunstwerk der Moderne.

Im Rückblick lassen sich in dem an Themen, Motiven und Bil-

13 Michel Foucault, »Conversation avec Werner Schroeter«, in: *Dits et Ecrits*, Bd. IV, a.a.O., Nr. 308, S. 251-260, hier: S. 256.

14 Michel Foucault, »Einführung«, in: *Dits et Ecrits. Schriften*, Bd. I, a.a.O., Nr. 1, S. 107-174.

dern reichen Œuvre Foucaults eine Reihe von Rekurrenzen feststellen, Wiederholungen und Wiederaufnahmen – und vielleicht so etwas wie ein Leitmotiv. Es wäre das Thema des Körpers. Foucaults Werk ist erfüllt von imaginierten und beschriebenen Körpern, von sehenden und gesehenen, untersuchten und zerstückelten, vermessenen und gefolterten Körpern. Der Körper als physische Realität und als Symbol – dieser in seinem Denken immer präsente Doppelaspekt hat Foucault eines Tages auch zu dem berühmten Buch von Ernst Kantorowicz über *Die zwei Körper des Königs* geführt. Umgekehrt kann man sich von diesem Buch die Augen für die Eigentümlichkeit der Foucaultschen Physik öffnen lassen.

Denn von den zwei Körpern des Königs sind beide wirklich und wirksam – sichtbar aber ist nur einer. Sichtbar ist allein der reale, sterbliche Körper des Königs – sein »Amtskörper«, seine unsterbliche Würde, bleibt verborgen. Es ist dem sterblichen Körper aufgegeben, den unsichtbaren und unsterblichen Körper des Königs sichtbar zu machen. Im entscheidenden Augenblick aber, im Moment des Todes – wenn es darum geht, die unsterbliche Würde zu repräsentieren – geht diese Aufgabe an einen künstlichen Stellvertreter, eine Puppe oder *imago*, über. So steht im Fluchtpunkt der Königsphysik der Tod: In paradoxer Weise verknüft er den Augenblick höchster Sichtbarkeit des Königtums mit der Abwesenheit des realen Königs.

Eine komplizierte Beziehung von Sichtbarem und Unsichtbarem, von Raum, Sprache und Tod liegt auch dem »klinischen Blick« zugrunde, dessen Analyse Foucault *Die Geburt der Klinik* gewidmet hat. Im Zentrum dieser Geschichte der modernen Medizin und ihrer Erkenntnisweise steht die klinische Anatomie und mit ihr das Wissen, das der tote Körper dem Blick des Mediziners preisgibt. »Die Wahrnehmungs- und Wissensstruktur«, heißt es zu Beginn des Bandes, »welche die klinische Anatomie und seither jede Medizin leitet, ist die der unsichtbaren Sichtbarkeit. Die Wahrheit, die für das Auge gemacht ist, wird ihm entzogen; aber alsbald enthüllt sie sich heimlich in dem, worin sie zu entschwinden drohte. Das Wissen entwickelt sich in einem Spiel von Einhüllungen und Enthüllungen; das Verbergen wird selber etwas Verborgenes (...) Die Souveränität des Sichtbaren ist umso gebieterischer, als sie sich mit der Macht des Todes verbündet.«[15]

15 Foucault, *Die Geburt der Klinik*, a.a.O., S. 179 f.

Die Verborgenheit des Verbergens: mit dieser an Heidegger erinnernden Sprachfigur benennt Foucault die konstitutive Unsichtbarkeit, welche die Sichtbarkeit des modernen Wissens gleichsam als ihr Schatten von Anfang an begleitet. Dieser Verborgenheit ist auch die Velázquez-Analyse, das furiose Auftakt-Kapitel von Foucaults nächstem Buch (*Die Ordnung der Dinge*) gewidmet. Anhand der Bildstruktur der *Meninas* führt er den Nachweis, daß der Raum der Sichtbarkeit – der Raum der Repräsentation – immer von einer wesentlichen Unsichtbarkeit begleitet ist: In diesem Fall ist es die Unsichtbarkeit eines außerhalb des Bildes liegenden Zentrums, das »symbolisch souverän« ist. Die Überlieferung, so Foucault, besetzt es mit König Philipp IV. und seiner Gemahlin. In Wahrheit aber beruht seine Souveränität darauf, daß es drei Blicke zur Deckung bringt: den Blick des Modells, das gemalt wird, den Blick des Betrachters, der die Szene überschaut, und den Blick des Malers, der die Komposition des Bildes festlegt: »Der Ort, an dem der König und seine Frau thronen, ist ebenso auch der Ort des Malers und des Betrachters.«[16] Dieser dreifach besetzte Ort ist im strengen Sinn unmöglich; er verdankt sich einem Kunstgriff: der Abwesenheit des Königs. »Vielleicht zeigt sich deshalb«, so schließt Foucault, »in diesem Bild wie in jeder Darstellung [*représentation*], deren Wesen das Gemälde zum Ausdruck bringt, die enge Verbindung zwischen der tiefgreifenden Unsichtbarkeit des zu Sehenden mit der Unsichtbarkeit dessen, der sieht (...).«[17] Erst Manet wird diesen im Quattrocento eröffneten Raum der Repräsentation schließen, um in seiner Malerei einen anderen Raum des Sehens und der Sichtbarkeit zu erschließen. Durch seine unübersehbaren Hinweise auf die Flächigkeit der Leinwand und die Anwesenheit des Betrachters macht er die für die Repräsentation konstitutive Unsichtbarkeit selbst zum Gegenstand. »Es ist das erste Mal«, schreibt Foucault am Ende seines brillanten Essays über »Die Malerei von Manet«, »daß die Malerei uns etwas gibt, das uns etwas Unsichtbares zeigt: Die Blicke sind da, um uns anzuzeigen, daß etwas zu sehen ist, etwas, das durch die Natur der Leinwand selbst notwendigerweise unsichtbar ist.«[18] Mit Manet, schreibt Foucault an anderer Stelle, wird die Malerei

16 Michel Foucault, »Die Hoffräulein«, in: *Dits et Ecrits, Schriften*, Bd. I, a.a.O., Nr. 32, S. 603-621, hier: S. 619.

17 Ebd., S. 620.

18 Michel Foucault, *Die Malerei von Manet*, Berlin 1999, S. 29.

selbstbezüglich – es ereignet sich, was in der Literatur durch Flaubert eingetreten ist: »Flaubert ist für die Bibliothek, was Manet für das Museum ist. Sie schreiben, sie malen in einer fundamentalen Beziehung zu dem, was gemalt, und zu dem, was geschrieben wurde – oder vielmehr zu dem, was an der Malerei und an der Schrift endlos offenbleibt.«[19]

In die Rezension eines Hölderlin-Buches (1962) hat der junge Foucault einmal wie eine Vignette seine Geschichte von der Geburt des Künstlers im Abendland eingezeichnet – ein winziges Bildchen, eine Miniatur, nicht zu vergleichen mit den großen Genealogien der späteren Bücher. Und seltsamerweise – oder vielleicht auch nicht – ist es der Maler, an den Foucault denkt, wenn er von der Geburt des Künstlers spricht: »Die Dimension des Heroischen«, schreibt er, »ging in dem Moment vom Helden auf denjenigen über, der ihn darstellt, als die abendländische Kultur selbst zu einer Welt der Repräsentationen wurde.«[20]

Der Maler als Held der Neuzeit, als Souverän der Repräsentationen – auch Ernst Kantorowicz hat ungefähr zur selben Zeit, in einer Festschrift für den von Foucault bewunderten Erwin Panofsky, eine Genealogie des Künstlers im neuzeitlichen Abendland skizziert. »The Sovereignity of the Artist« (in *Götter in Uniform*[21]) umkreist den singulären Augenblick, in dem Petrarca bei seiner Dichterkrönung auf dem Kapitol symbolisch dem Cäsar, dem Fürsten, gleichgesetzt wurde. Seitdem kennt die moderne Welt quasi zwei Herrscher, den Herrn der politischen Welt, den »Staatskünstler« – und den Herrn der Dichtung und der bildenden Kunst, den Souverän artistischer Schöpfung.

Es wäre schön, an dieser Stelle eine knappe, bündige Darstellung von der weiteren Geschichte des Künstlertypus im neuzeitlichen Abendland, also seit dem ausgehenden Mittelalter, in Renaissance und Barock, in Klassik, Romantik und Moderne geben zu können, so wie Foucault sie vermutlich geschrieben hätte – wenn er sie denn geschrieben hätte. Aber er hat dies nicht getan, und so bleiben nur

19 Michel Foucault, »Nachwort«, in: *Dits et Ecrits, Schriften*, Bd. I, a.a.O., Nr. 20, S. 397-433, hier: S. 404.

20 Michel Foucault, »Das ›Nein‹ des Vaters«, in: *Dits et Ecrits, Schriften*, Bd. I, a.a.O., Nr. 8, S. 263-281, hier: S. 269.

21 Ernst H. Kantorowitz, *Götter in Uniform. Studien zur Entwicklung des abendländischen Königtums*, Stuttgart 1998.

Konjekturen. Sie kreisen um die Frage der Souveränität des Künstlers.

Es gibt, wir erwähnten es bereits, für jedermann offensichtlich, in Foucaults Werk ein Leitmotiv: das des Körpers. Aber neben oder hinter diesem oberflächlichen Motiv verläuft eine andere, verschwiegenere Linie. Es ist die der Souveränität. Ist der Künstler, ist sein *Blick* der letzte Souverän in einer restlos entzauberten Welt – im Schatten des toten Gottes und in der Abwesenheit des Königs? Ist nicht hundert Jahre nach dem Kopf des Königs, ist nicht in den Jahrzehnten seit Manet auch der Kopf des Künstlers gerollt? Ist nicht wie der Autor in der modernen Literatur auch der Maler in der Malerei verschwunden? Was schließlich bedeutet die Wiederkehr des Künstlers als Jedermann in den Techniken der Lebenskunst? Lauter offene Fragen, mit denen Foucault uns, seine Leser, allein läßt.

Michel Foucault hat auf den ersten Seiten seines *Raymond Roussel* das Ende des Autors beschrieben, seinen denkwürdigen Tod auf einer Schwelle, auf der gewissermaßen sein ganzes Werk entstanden war. Mir scheint, auch Michel Foucault ist auf der Schwelle gestorben – auf jener Schwelle zur Kunst, die sein eigenes Werk durchzieht, teilweise sichtbar und teilweise unsichtbar. Weil dieses Werk in jedem Augenblick von der Kunst geisterhaft und unabweisbar heimgesucht wurde und weil sein unwilliger Autor am Ende selbst zu seinem ersten Werk wurde – darum konnte, ja mußte Michel Foucault zu jenem einzigartigen Stichwortgeber für die Künste und die Künstler werden, der er war und ist – von Anne und Patrick Poirier und Marcel Broodthaers angefangen über alle *documentas* und *Biennalen* bis in unsere Tage.

Judith Revel
Vertikales Denken: eine Ethik der Differenz

> »Man glaubte sich zu entfernen, und man findet sich in der Vertikalen seiner selbst wieder. Die Reise verjüngt die Dinge und macht das Verhältnis zu sich selber älter.«
> Michel Foucault,
> »Usage des plaisirs et techniques de soi« (1981).[1]

Die philosophische Arbeit von Michel Foucault umfaßt 30 Jahre des Schreibens, des Forschens, der Lehre und Mitteilung des Denkens. 30 Jahre, deren problematische Einheit und manchmal schwierige Kohärenz oft und auch noch heute im Mittelpunkt der Kritik stehen, die an ihm geübt wird – als ob nicht nur der Wechsel der Interessengebiete und des Begriffswerkzeuges, sondern auch ein komplexes Verhältnis zur Universitätsphilosophie und zugleich zu bestimmten Formen des direkten und kämpferischen Engagements es ein für alle Mal verbieten würden, dem Foucaultschen »Parcours« die Würde des Denkens zu verleihen. Wenn der Begriff des »Denkens« nicht sogar dazu benutzt wird, ihm jene andere Würde zu verweigern, welche die der Philosophie ist.

Man darf sich davon allerdings nicht täuschen lassen. Gewiß, schon sehr früh haben einige Kommentatoren es vorgezogen, den Ausdruck »Parcours«[2] zu benutzen, um trotz allem die wesentliche Kohärenz der Foucaultschen Forschungsarbeit hervorzuheben; aber es ist auch richtig, daß sie das nur tun konnten, indem sie innerhalb der Chronologie der Schriften eine sehr präzise Spaltung vorgenommen haben. Die innere Spaltung scheint in der Tat das einzige Mittel zu sein, um dem Vorwurf der Zersplitterung oder Verzettelung entgegenzutreten. Man findet sich also mit einem Foucault konfrontiert, der in vielen Abhandlungen der kritischen Literatur

1 Michel Foucault, »Usage des plaisirs et techniques de soi«, in: *Dits et Ecrits*, Bd. IV, Paris 1994, Nr. 338, S. 539-561.

2 Vgl. Hubert L. Dreyfus und Paul Rabinow, *Michel Foucault. Un parcours philosophique*, Paris 1984; dt.: *Michel Foucault: jenseits von Strukturalismus und Hermeneutik*, aus dem Amerikanischen übers. von Claus Rath und Ulrich Raulff, Frankfurt am Main 1987.

nicht nur als ein Autor, sondern als drei oder gar vier Autoren konstruiert wurde, wobei jeder seinen eigenen Bezugs- und Zugehörigkeitsrahmen hat, seine Interessengebiete und seine eventuellen Entlehnungen, seine spezielle Terminologie und seine Aporien.

Es gäbe somit einen Foucault vor Foucault, nämlich den der »Einführung« in Binswanger und von *Maladie mentale et personnalité* am Ende der 50er Jahre,[3] dessen Horizont im wesentlichen noch phänomenologisch ist; dann einen Foucault, der sich endgültig von seinen Entwicklungsjahren gelöst hat und 1961 nicht nur die *Histoire de la folie*[4] schreibt, sondern im Folgejahr auch seinen Text über die Geisteskrankheit grundsätzlich überarbeitet und umbenennt;[5] einen Foucault der 60er Jahre, der seine ersten großen Bücher veröffentlicht, der die Begriffe Archäologie, *episteme*, Diskursordnung in Umlauf bringt und der zugleich mit dem Strukturalismus und der Antipsychiatrie, der »neuen Kritik« und dem (sukzessiven oder simultanen?) Einfluß von Nietzsche, Bataille und Blanchot verbunden ist; einen kämpferischen und (in der Gefängnis- und Schwulenbewegung) engagierten Foucault der 70er Jahre, der mit dem Strukturalismus gebrochen hat, über den Rahmen der Diskursanalyse hinausgeht, sich für Praktiken und Strategien interessiert, von der Archäologie zur Genealogie übergeht, die Begriffe Disziplin und Kontrolle aufbringt und dann – aber handelt es sich hier wirklich um eine Überschreitung – die der Biomächte und der Biopolitik, und der hauptsächlich an einer Analytik der Macht arbeitet; und schließlich einen Foucault der 80er Jahre, der sich hauptsächlich für Subjektivierungsprozesse und die Neudefinition eines ethischen Modells im Rahmen dessen interessiert, was er eine »kritische Ontologie der Aktualität« nennt, und der nicht zögert, seine Arbeit als

3 Michel Foucault, »Introduction«, in: L. Binswanger, *Le Rêve et l'Existence*, übers. von J. Verdeaux, Paris 1954, S. 9-128; dt.: »Einführung«, übers. von H.-D. Gondek, in: *Dits et Ecrits. Schriften*, Bd. I, Frankfurt am Main 2001, Nr. 1, S. 107-174. Ich möchte in diesem Zusammenhang auf meinen Text »Sur l'Introduction à Binswanger« hinweisen, in: *Michel Foucault. Lire l'œuvre*, hg. von Luce Giard, Grenoble 1992, S. 51-56; zur Idee eines »Vor-Foucault« siehe auch P. Macherey, »Aux sources de l'Histoire de la Folie«, in: *Critique*, Nr. 471-472, *Michel Foucault: du monde entier*, August-September 1986, S. 753-774.

4 Michel Foucault, *Wahnsinn und Gesellschaft*, übers. von Ulrich Köppen, Frankfurt am Main 1969.

5 Michel Foucault, *Maladie mentale et psychologie*, Paris 1962; dt.: *Psychologie und Geisteskrankheit*, übers. von Anneliese Botond, Frankfurt am Main 1968.

einen philosophischen »Journalismus« oder als eine geschichtliche Problematisierung der Gegenwart neu zu definieren.

Was hier auffällt, ist in Wirklichkeit die extreme Schwierigkeit, diese einzelnen Übergänge zu erklären. Man erinnere sich, daß zur Zeit der Veröffentlichung von *Les Mots et les choses*[6] einer der Haupteinwände gegen den Begriff der *episteme* sich gerade auf das Fehlen einer wirklichen Analyse des epistemischen Bruches bezog, des Springens von einer *episteme* zur nächsten. Derselbe Einwand könnte gegen diese gleichzeitig chronologische und aufspaltende Lektüre der Foucaultschen Produktion erhoben werden: Gewiß, die Aufspaltung ermöglicht es, einen Anschein von Linearität im Korpus zu erhalten, aber nur um den Preis eines fast völligen Fehlens von Übergängen und durch den Kunstgriff einer schlichten Nebeneinanderstellung von Phasen der Forschung entsprechend der Aufeinanderfolge ihres Ablaufes.

Die Hypothese, die hier vorgestellt werden soll, ist im Gegenteil die folgende: Linearität, Kontinuität, Kohärenz und Einheit sind keine äquivalenten Ausdrücke. Aus dieser Sicht ist es zweifellos bezeichnend, daß Foucault selber auf die entscheidende Bedeutung des einzigen intellektuellen Bruches hingewiesen hat, den er bei sich selber sah. Dabei handelt es sich um seine Nietzsche-Lektüre im Jahre 1953,[7] die nicht so wichtig ist, weil der allgemeine Bezug auf Nietzsche schon an sich als ausreichender Hinweis gilt, sondern weil Foucault in den folgenden Jahren immer wieder auf einen bestimmten Aspekt von Nietzsches Denken zurückgekommen ist, nämlich auf das Thema der Diskontinuität.[8]

6 Michel Foucault, *Die Ordnung der Dinge*, Frankfurt am Main 1971.

7 Vgl. Didier Eribon, *Michel Foucault. Eine Biographie*, übers. von Hans-Horst Henschen, Frankfurt am Main 1991: »Maurice Pinguet hat von dieser Nietzsche-Entdeckung Foucaults im Laufe der Sommerferien des Jahres 1953, an den italienischen Stränden, berichtet (...): ›ich sehe Foucault noch vor mir, wie er am Strand von Civitavecchia in der Sonne die *Unzeitgemäßen Betrachtungen* las‹« (S. 92).

8 Vgl. die beiden großen Texte, die Foucault ausschließlich Nietzsche gewidmet hat: »Nietzsche, Marx, Freud«, in: *Cahiers de Royaumont*, Bd. VI, Paris 1967: *Nietzsche*, S. 183-200 (Colloque de Royaumont, Juli 1964), übers. von Michael Bischoff in: *Dits et Ecrits. Schriften*, Bd. I, a.a.O., S. 727-743; sowie »Nietzsche, la généalogie, l'histoire«, in: *Hommage à Jean Hyppolite*, Paris 1971, S. 145-172, dt.: »Nietzsche, die Genealogie, die Historie«, in: *Dits et Ecrits, Schriften*, Bd. II, Frankfurt am Main 2002, Nr. 84, S. 166-191. Es muß auch ein viel späterer Text erwähnt werden, in

Das nietzscheanische Diskontinuierliche ist vor allem der Bereich, in dem sich die Einzigartigkeit der Ereignisse gegenüber der Monumentalität der Geschichte durchsetzt, also gegenüber der Herrschaft von idealen Bedeutungen und unbestimmten Teleologien. Es beinhaltet die Erzählung von Zwischenfällen, Abweichungen und Verzweigungen, von Rückwendungen, Zufällen und Irrtümern, die »das festhalten, was sich in ihrer Zerstreuung ereignet hat«.[9] Der Nietzsche, der Foucault interessiert, ist vor allem der der *Unzeitgemäßen Betrachtungen*, der das Projekt einer Historie kritisiert, die die Funktion hat, »die Vielfalt der Zeit in eine geschlossene Totalität einzubringen und auf einen Nenner zu bringen«,[10] d. h., die vielfältigen Gestalten des Disparaten und der Abweichungen, des Sprunges und der Veränderung zu vernichten – kurz gesagt, des Werdens als unterbrochener Linearität. Zur einzigartigen Zufälligkeit des Ereignisses zurückzukehren bedeutet im Gegenteil, wie Nietzsche uns in *Morgenröte*[11] erinnert, mit dem »Würfelbecher des Zufalls« gegen die Mystifikation der Einheit zu spielen, deren Träger die »antiquarische Historie« ist – und ebendieser Würfelbecher hat Foucault fasziniert.

Was nun interessant ist und zu Beginn der 70er Jahre nicht unbedingt zu erwarten war, ist der explizite Übergang zum Begriff der Genealogie, in dem man ein Echo dieser Beeinflussung durch Nietzsche sehen kann. Bevor das Foucaultsche Denken genealogisch wurde, war es diskontinuierlich – oder genauer gesagt, es ist die Diskontinuität, die das Aufsichnehmen der genealogischen Dimension unvermeidlich macht: Wenn die genealogisch geleitete Geschichte »alle Diskontinuitäten zum Vorschein kommen lassen will, die uns durchqueren«, dann ist sie bei Foucault bereits in den 60er Jahren in Form einer starken Aufmerksamkeit für die Ereignisse vorhanden, d. h. für die vorübergehenden Brüche, ob sie sich nun in Form von isolierten Fakten ausdrücken oder im Auftauchen von all-

dem Foucault über seine Nietzsche-Lektüre spricht und gerade auf der Idee der Diskontinuität beharrt: »Entretien avec Michel Foucault« (Gespräch mit Ducio Trombadori, Paris, Ende 1978), in: *Il Contributo*, 4. Jahrgang, Nr. 1, Januar-März 1980), dt.: *Der Mensch ist ein Erfahrungstier. Gespräch mit Ducio Trombadori*, übers. von Horst Brühmann, Frankfurt am Main 1996.

9 Michel Foucault, »Nietzsche, die Genealogie, die Historie«, a.a.O., S. 89.

10 Ebd., S. 96.

11 Friedrich Nietzsche, *Morgenröte*, II, 130.

gemeinen epistemischen Konvergenzen, die sich immer aufgrund eines Bruches ergeben. Und genau das findet sich bei Foucault von den Analysen in *Wahnsinn und Gesellschaft* (das Ereignis, das das Auftauchen des Binoms Vernunft/Unvernunft im Zeitalter der Klassik darstellt) über *Die Ordnung der Dinge* (das Auftauchen eines kohärenten diskursiven Netzes, das die Humanwissenschaften charakterisiert) bis zu *Pierre Rivière* (das Auftauchen eines absoluten Einzelfalls): eine Strukturanalyse – falls es sie bei Foucault jemals gegeben haben sollte – ist undenkbar ohne eine extreme Durchforschung der Geschichte im Hinblick auf Ereignisse (*événementalisation*). Man versteht nun, wie perplex Foucault angesichts seiner Annäherung an den Strukturalismus in den 60er Jahren war, sowie seinen Willen, zehn Jahre später auf Distanz zu einer seriellen Gesellschaftsgeschichte zu gehen, und seine häufig wieder bestätigte Bemühung, in den Archiven die Möglichkeit einer Geschichte ohne Subjekte wiederzufinden, die paradoxerweise die erschütternde Diskontinuität ihrer winzigen Biographien zum Vorschein bringt. Deshalb hat es keinen Sinn, Foucault aufzufordern, den Übergang von einer *episteme* zur nächsten zu berücksichtigen: Der Bruch ist in sich selber ein bezeichnendes Element, weil er die Geschichte seiner inneren Gebrochenheit kennzeichnet und weil er dem Nicht-Linearen, Ungeordneten und Disparaten einen Sinn verleiht.

Das Thema des Diskontinuierlichen spielt auch beim Schreiben selber eine Rolle, und zwar nicht nur in dem Maße, in dem es darum geht, mit einer Fragmentierung der philosophischen Erzählung zu experimentieren, sondern weil man daran erinnern muß, »dass Nietzsche zur selben Zeit mehrere Pläne skizzierte; dass er das Projekt seines großen Buches abwandelte (...) und dass er in jedem Fall den Fortgang seines Werkes nach ›Verfahrensweisen‹ konzipierte, die man nicht klären und rekonstruieren kann, ohne in Widersinnigkeiten zu enden«.[12] Und Foucault fügt einen Kommentar hinzu, den wir unsererseits sehr gut auf das Foucaultsche Werk beziehen können: »Wir wünschen uns, dass die Aufzeichnungen und Pläne [mit ihren vielfältigen Ebenen], die er hinterlassen hat, dem Leser all die Kombinations- und Permutationsmöglichkeiten vor Augen

12 Michel Foucault und Gilles Deleuze, »Introduction générale« zu den *Œuvres philosophiques complètes* von Nietzsche, Paris 1967, Bd. V; dt.: »Allgemeine Einführung«, übers. von M. Bischoff, in: *Dits et Ecrits. Schriften*, Bd. I, a.a.O., Nr. 45, S. 723-726, hier: S. 724.

führen, die in Sachen Nietzsche jetzt und für immer den unvollendeten Zustand des ›kommenden Buches‹ ausmachen werden.«[13]

Zwei Anmerkungen zu diesem Punkt. Die erste bezieht sich auf die »vielfältigen Ebenen«, das heißt auf die Identifizierung von verschiedenen Schreibebenen bei Foucault. Gilles Deleuze hat eine Lektüre der *Ethik* von Spinoza[14] vorgeschlagen, die die unterschiedliche Bewegung der Lehrsätze und der Anmerkungen berücksichtigt: »Es gibt also so etwas wie zwei nebeneinander bestehende *Ethiken*, die eine, konstituiert durch die Linie oder den kontinuierlichen Fluß der Lehrsätze, Beweise und Folgesätze, die andere, diskontinuierliche, konstituiert durch die gebrochene Linie oder die Vulkankette der Anmerkungen.«[15] Zweifellos könnten wir bei Foucault ein ähnliches Phänomen ausmachen, und zwar in dem Maße, wie die großen Bücher und die »peripheren« Texte, die ihnen zeitgleich sind und die heute in der Ausgabe der *Dits et Écrits* zusammengefaßt werden – ob es sich nun um Artikel, Vorworte oder Einleitungen zu den Werken anderer oder um Vorträge, journalistische Texte und Interviews handelt –, ein zugleich offensichtliches und widersprüchliches Verhältnis zueinander haben. All das erweckt den Eindruck, als ob die peripheren Texte zugleich das Laboratorium der Bücher (dort, wo sich die Untersuchungsthemen abzeichnen, dort, wo Begriffe entstehen, und dort, wo die Entlehnungen in expliziter Weise auftauchen) und nach ihrer Veröffentlichung der Ort ihrer radikalen Kritik wären. Man findet dieses Verhältnis von Genese und Sich-Lösen bei allen Werken Foucaults, und die Überschneidung von zwei Schreibweisen, die sich gegenseitig bedingen und unterminie-

13 Ebd., S. 726.

14 Gilles Deleuze, *Spinoza und das Problem des Ausdrucks in der Philosophie*, übers. von U. J. Schneider, München 1993. Der Anhang dieses Buches hat folgenden Titel: »Formale Untersuchung des Aufbaus der *Ethik* und der Rolle der Anmerkungen in der Realisierung dieses Aufbaus: die zwei Ethiken« (S. 297-306). Deleuze schreibt dort: »Kurz, die Anmerkungen sind im allgemeinen positiv, ostensiv und aggressiv. Aufgrund ihrer Unabhängigkeit von den Lehrsätzen, die sie verdoppeln, könnte man sagen, daß die *Ethik* zu gleicher Zeit zweimal geschrieben sei, in zwei Tonlagen, in zwei Registern. Tatsächlich springen die Anmerkungen *auf eine gewisse diskontinuierliche Weise* von einer zur anderen, wiederholen sich, finden sich im Vorwort des einen und im Nachwort des anderen Buches der *Ethik* wieder, bilden eine gebrochene Linie das ganze Werk hindurch, die aus der Tiefe nur hier und da (an den Bruchstellen) zutage tritt.« (S. 301, Hervorhebung durch die Autorin).

15 Ebd., S. 302.

ren, verhindert in Wirklichkeit die Fixierung von etwas, das eine Untersuchungseinheit bilden könnte, die als ein »Motiv« oder als ein Monogramm des Foucaultschen Denkens aufgefaßt wird. Der Widerspruch, der zwischen den beiden Ebenen existieren kann, unterminiert in keiner Weise die Kohärenz des Projektes – mehr noch: Er sorgt in einem permanenten Spiel der Wiederankurbelung für eine Weiterentwicklung der Begriffe und der Untersuchungsgegenstände, weil das Diskontinuierliche eine Garantie für die Beweglichkeit des Denkens und seinen Anspruch ist.

Dafür gibt es unzählige Beispiele. Man erinnere sich nur an das seltsame Verhältnis, das sich in den 60er Jahren zwischen einer archäologischen Beschreibung von Diskursen – über den Wahnsinn, die Klinik, bei der Begründung der Wissenschaften vom Menschen und von der Natur –, die keinerlei Exteriorität duldete (weil die Eigenart der Organisation der Wissensformen seit dem klassischen Zeitalter gerade die Einschließung des Andersseins ist: die Vernunft als Einschließung der Unvernunft, die Taxonomie als Vorhersehen der Ausnahme etc.), einerseits und andererseits dem seltsamen Rückgriff auf ein »Außen«[16] blanchotscher Machart herstellte, das ganz im Gegensatz dazu die »peripheren« Texte derselben Zeit prägte. Genaugenommen sollte man sogar den großen Reichtum der Figuren dieses »Außen« hervorheben, die abwechselnd als phänomenologische Reminiszenzen (»entscheidende Erfahrung«), als Einfluß von Bataille (»bis an die Grenze gehen«, »Überschreitung«) oder der Surrealisten (»strukturelle Esoterik«) charakterisiert werden, als ob es darum ginge, dem eigenen Diskurs – der unvermeidlich ein Träger von Ordnung ist – eine Parole der Unordnung entgegenzuwerfen, die seinen Halt und seine Vollständigkeit, d. h. seine Abgeschlossenheit, unterminiert. Oder man erinnere sich auch an das gleiche Spiel, das sich zehn Jahre später beim Erscheinen von *Überwachen und Strafen* zwischen dem Begriff der Disziplin (der im Mittelpunkt des Buches steht) und dem der Kontrolle (in

16 Siehe zum Beispiel »La pensée du dehors«, in: *Critique*, Nr. 229, Juni 1966, S. 523-546, dt.: »Das Denken des Außen« übers. von Michael Bischoff, in: *Dits et Ecrits. Schriften*, Bd. I, a.a.O., Nr. 38, S. 670-697, und noch allgemeiner alle Texte, die sich in den 60er Jahren mit der Literatur beschäftigen, einschließlich *Raymond Roussel* (1963) – dem einzigen Buch, das eine Ausnahme von »Gesetz der Bücher« bildet und wie die peripheren Texte den anderen veröffentlichten Werken entgegenwirkt.

den unmittelbar darauf folgenden Texten) einstellte, wobei letzterer gleichzeitig als Fortsetzung und als Überschreitung des ersteren erschien.

Die zweite Anmerkung bezieht sich dagegen auf »den unvollendeten Zustand des ›kommenden Buches‹«. Die offene Dimension des Werkes läßt sich nicht nur als Versuch verstehen, die Fixierung der Untersuchung oder seine Einbalsamierung in eine Position des Wissens (welche, wie wohl kaum gesagt werden muß, unmittelbar mit der Ausübung einer Macht verbunden ist) zu verhindern, sondern es handelt sich um die Idee des Werkes selbst, die in dem Maße zerstört werden muß, in dem es ein Werk geben kann, damit es nichts mehr gibt, was »kommt«. Von der Kritik des Begriffs des Autors[17] (der eine andere Art von Einschließung aufzwingt und die Bildung des Paares Autor/Werk nach sich zieht) bis zu den testamentarischen Verfügungen Foucaults (»keine postumen Werke«) handelt es sich somit um dieselbe Sorge, die Foucaults Position unterschwellig bestimmt: die Bildung eines Korpus verhindern, das heißt einer einheitlichen Summa, einer homogenen Konfiguration. Daß der Wert des Verbotes von postumen Werken in erster Linie performativ war, zeigt uns ganz deutlich die kürzliche Entscheidung, Foucaults Vorlesungen im Collège de France zu veröffentlichen. Dennoch gilt nicht weniger, daß das Projekt, das »kommende Buch« in seiner »Unvollendung« zu erhalten (abgesehen von der materiellen Unmöglichkeit, daß eines Tages ein neues Buch von Foucault veröffentlicht wird[18]), ein Berufsethos voraussetzt, das diese Verfügung respektiert.

Jedenfalls ist all das gar nicht so leicht, wie es den Anschein hat. Wie Foucault über Nietzsche schrieb: »Es ist unmöglich, die Ergebnisse unserer Arbeit vorwegzunehmen. Wir haben die Aufgabe, das

17 Michel Foucault, »Qu'est-ce qu'un auteur?«, in: *Bulletin de la Société Française de Philosophie*, 63. Jahrgang, Nr. 3, Juli-September 1969, S. 73-104 (Vortrag vom 22. Februar 1969); dt.: »Was ist ein Autor«, übers. von Hermann Kocyba in: *Dits et Ecrits. Schriften*, Bd. I, a.a.O., Nr. 69, S. 1003-1041. Foucault beschäftigt sich hier weiterhin mit Nietzsche: »Wenn man zum Beispiel daran geht, die Werke Nietzsches zu veröffentlichen, wo soll man haltmachen?« (S. 1010).

18 Aus dieser Sicht ist die Nichtveröffentlichung des vierten Bandes der *Histoire de la Sexualité, Les aveux de la chair* aufgrund eines gemeinsamen Beschlusses der Familie Foucault, des Verlags (Gallimard), des Centre Foucault und des Testamentsverwalters nicht gleichgültig: das fehlende Buch ist genau und für immer das »kommende Buch«.

Spielfeld zu errichten«.[19] Wir unsererseits können somit bestätigen, daß Foucault zu lesen vor allem bedeutet, sich dorthin zu wagen, wo die philosophische Ausübung des Denkens und das Spiel letzten Endes eine enge Verwandtschaft wiederfinden.[20]

Das Thema der Diskontinuität erfuhr übrigens Ende der 60er Jahre in dem Maße eine höchst interessante Neuformulierung, in dem es nicht nur Foucaults Form des philosophischen Diskurses beeinflußte, sondern auch zu seinem speziellen Gegenstand wurde. Foucaults Problem ähnelt im Grunde demjenigen, mit dem wir uns bei der Lektüre seiner Untersuchungen beschäftigen müssen: Schließt die Diskontinuität als solche die Einheit aus? Oder genauer gesagt: Welche Art von Einheit könnte die Vielfältigkeit – wenn sie als volle angenommen wird – hervorbringen? Dieses Problem ist keineswegs sekundär. Seine explizite Formulierung ist sicherlich weniger mit der Forderung der zugleich archäologischen (das heißt horizontalen, transversalen) und ereignishaften (das heißt punktuellen) Dimension in den ersten Büchern – und den sich daraus ergebenden Problemen – verbunden als mit der Entdeckung einer Reihe von »Fällen«, die die Arbeit des Philosophen an den peripheren Texten nähren sollte, von denen bereits die Rede war.

Der Begriff des »Falles« ist äußerst zweideutig. Im alltäglichen Gebrauch wie auch bei seiner wissenschaftlichen Verwendung bezeichnet er traditionellerweise zwar eine isolierte Tatsache, die man aber mit Hilfe einer allgemeinen Regel oder eines Gesetzes vereinnahmen möchte. In diesem Sinne spricht man ebenso von einem juristischen Fall wie von einem psychiatrischen Fall oder einem schulischen Fall. Die Foucaultsche Verwendung des Ausdrucks ist leicht anders, da er sein Funktionieren im Gegenteil umzukehren scheint: der Fall ist genau das, was sich anscheinend nicht in den Maschen unseres Interpretationsnetzes einfangen läßt, das heißt, um mit Foucault zu sprechen, er ist das, was sich durch eine absolute Einzigar-

19 Foucault, »Michel Foucault und Gilles Deleuze möchten Nietzsche sein wahres Gesicht zurückgeben«, übers. von Michael Bischoff, in: *Dits et Ecrits. Schriften*, Bd. I, a.a.O., Nr. 41, 708-712, hier: S. 710.

20 Siehe zu diesem Thema C. Duflo, *Le Jeu, une approche philosophique*, Paris 1997, sowie C. Duflo, *Le Jeu. De Pascal à Schiller*, Paris 1997: »Hier beginnt die wahre Autonomie, die keine wirkliche Unabhängigkeit von Zwängen, keine positiv und auch keine negativ definierte Freiheit ist (...) Es bleibt aber bestehen, daß die Befreiung von jedem Zwang in jedem Fall das erste Merkmal jedes Spiels ist« (S. 113-114).

tigkeit durchsetzt, der Ordnung entgeht und entgegen den diskursiven Prozessen der Identifizierung und Klassifizierung seine Außergewöhnlichkeit bestätigt.

Es genügt zu hören, wie Foucault von Raymond Roussel spricht: »Die andere Seite des Werkes von Roussel deckt eine Form von Imagination auf, die kaum bekannt war. Die Spiele der *Impressions d'Afrique*, die Tode aus *Locus Solus* gehören weder dem Traum noch dem Phantastischen an. Sie kommen eher dem ›Außergewöhnlichen‹ (...) nahe; freilich ein minderes, künstliches und bewegungsloses Außergewöhnliches: Wunder der Natur außerhalb jeder Natur (...). Doch das Roussel'sche Disparate ist keineswegs die Wunderlichkeit einer Imagination: Es ist der Zufall der Sprache, die innerhalb dessen, was sie sagt, in ihrer Allmacht dasteht«.[21] Neben den Themen des Zufalls und des Disparaten, die oben schon hervorgehoben wurden, findet sich hier die Ablehnung der reinen Phantasterei zugunsten einer viel komplexeren Dimension: ein Fall ist immer und grundsätzlich real (im Gegensatz zum »Traum«, zum »Phantastischen« und zu den »Wunderlichkeiten der Imagination«), aber es handelt sich um ein Reales, das überfließt, ausschweift, Unordnung schafft und aus der »Natur« hervorgeht.[22] Roussel bildet aus dieser Sicht den blinden Fleck der *Ordnung der Dinge*, das heißt etwas, das sich der modernen doppelten Klassifizierung der Human- und Naturwissenschaften entzieht. So wie sich dieser Klassifizierung auch Sade, Hölderlin, Nerval, Flaubert, Mallarmé, Joyce, Kafka, Bataille, Artaud etc. entziehen, welche während der ganzen 60er Jahre ständig in Foucaults Schriften auftauchen. Und wie sich auch Pierre Rivière, Herculine Barbin und alle »infamen Men-

21 Michel Foucault, »Warum gibt man das Werk von Raymond Roussel wieder heraus? Ein Vorläufer unserer modernen Literatur«, in: *Dits et Ecrits. Schriften*, Bd. I, a.a.O., Nr. 26, S. 551-554, S. 553 f.

22 Was Foucault gleichzeitig als real und als ungeordnet oder außerordentlich beschreibt, ähnelt seit den 60er Jahren dem, was Deleuze später bei Spinoza als »Immanenzplan« oder »Immanenzebene« ausmachen sollte: »Im Gegenteil dazu legt ein Immanenzplan keine zusätzliche Dimension an: der Zusammensetzungsprozeß muß für sich selbst entlang dem, was er gibt, und in dem, was er gibt, erfaßt werden. Es ist ein Kompositions-, kein Organisations- oder Entwicklungsplan.« (Gilles Deleuze, *Spinoza. Praktische Philosophie*, übers. von Hedwig Linden, Berlin 1988, S. 166). Sowohl bei Foucault wie bei Deleuze ist es die Komposition, die Zusammensetzung, die die Ordnung angreift, indem sie sich ihr entzieht, und die den »Fall« produziert.

schen«,[23] die im folgenden Jahrzehnt die von Foucault sorgfältig durchforschten Archive bevölkern, dieser Klassifizierung entziehen sollten und eine Existenz bekommen, die nicht mehr nur auf die Produktion eines außergewöhnlichen (buchstäblich: außerhalb der Ordnung des Diskurses) Wortes reduziert ist, sondern sich zu existentiellen Praktiken und Strategien ausweitet.

Kehren wir zum Problem des Verhältnisses von Diskontinuität und Einheit zurück. Was am Ende der 60er Jahre die Preisgabe des Bereiches der philosophischen Untersuchung, welcher für Foucault die Literatur darstellte, motivierte, war die Unmöglichkeit, ausgehend von der extremen Diskontinuität von »Fällen« etwas neu zusammenzusetzen, das jenseits von seiner punktuellen Dimension einer Einheit ähnelte: eine transversale Kohärenz, die Einheit eines Projekts, eine greifbare Ähnlichkeit.[24] Jeder Schriftsteller, mit dem Foucault sich beschäftigte, stellte in sich selbst eine Welt dar. Allerdings handelt es sich dabei um eine Welt, die nicht nur zu keiner Zeit etwas über das Bewußtsein aussagt, das sie von sich selber hat (Ist Roussel *rein zufällig* Roussel? Oder *spielt er bewußt mit dem Zufall* des Zusammentreffens der Wörter mit der fest etablierten Diskursordnung?), sondern die auch jede Möglichkeit ausschließt, irgendeinen Raum der Intersubjektivität zu definieren – sprich, eine Gemeinschaft, und sei sie auch auf ihren einfachsten Ausdruck reduziert. Die literarischen »Fälle« sind zwar *einzigartige*, das heißt außergewöhnliche Ereignisse, aber sie sind auch viel banaler – und zweifellos viel tragischer – *individuelle* »Fälle«, die nicht neu zusammengesetzt werden können, das heißt, sie sind Fragmente der Einsamkeit. Diese Unmöglichkeit, der individuellen Dimension zu

23 Vgl. Michel Foucault, »La vie des hommes infâmes«, in: *Les Cahiers du chemin*, Nr. 29, 15. Januar 1977, S. 12-29, dt.: »Das Leben der infamen Menschen«, in: *Dits et Ecrits, Schriften*, Bd. III, Frankfurt am Main 2003, Nr. 198, S, 309-332. Foucault notiert: »Kurze Leben, denen man im Zufälligen von Büchern und Dokumenten begegnet war. *Exempla* doch, – im Unterschied zu denen, die die Weisen im Laufe ihrer Lektüren zusammentrugen – sind dies *Exempla*, die weniger zum Nachdenken gedachte Lektionen als vielmehr kurze Wirkungen beinhalten, deren Kraft beinahe sofort erlischt.« (S. 310) – als ob die »Fälle« genau in dieser paradoxen Dimension von nicht-exemplarischen *exempla* bestehen würden, das heißt in absoluten und dennoch realen Singularitäten (»Ich wollte, dass es sich stets um wirkliche Existenzen handelt«, ebd., S. 313).

24 Vgl. in diesem Zusammenhang Judith Revel, »Foucault et la littérature: histoire d'une disparition«, in: *Le Débat*, Nr. 79, Paris, März-April 1994.

entkommen, ist um so sichtbarer, als Foucault Ende der 60er Jahre schließlich dahin gelangt, sich mit »Fällen« zu beschäftigen, in denen Literatur und Schizophrenie sich überschneiden:[25] Im Bereich des psychiotischen Schreibens wird die Unmöglichkeit einer Einheit nach außen durch eine noch grundlegendere Unmöglichkeit verstärkt, die in der inneren Auflösung des sprechenden Ich besteht. Die Einsamkeit des Sprechens findet also ihren Widerhall in der inneren Spaltung des Subjekts: die Diskontinuität und die Zerstreuung sind pathologisch geworden.[26]

Man befand sich also in einer Sackgasse. Indessen sollten zwischen Ende der 60er und Anfang der 70er Jahre zwei Elemente auftreten, die mit einem Schlag in außergewöhnlicher Weise die foucaultsche Analyse wieder in Gang brachten. Das erste ist rein theoretisch, nämlich die fast gleichzeitige Veröffentlichung in den Jahren 1969 und 1970 von *Logique du sens* und *Différence et répétition* von Gilles Deleuze,[27] über die Foucault einen großartigen Artikel

25 Vgl. zum Beispiel den sehr schönen Text, den Foucault zu Jean-Pierre Brisset geschrieben hat: »Sept propos sur le septième ange«, in: J.-P. Brisset, *La Grammaire logique*, Paris 1970, abgedruckt in: *Dits et Ecrits*, Bd. II, Paris 1994, dt.: »Sieben Thesen über den siebten Engel«, in: *Dits et Ecrits, Schriften*, Bd. II, Frankfurt am Main 2002, Nr. 73, S. 17-32.

26 Zum Problem des Pathologischen als Einschränkung des Willens zur Durchbrechung der Zwangsrahmen der Ordnung des Diskurses siehe Gilles Deleuze, »Louis Wolfson oder das Verfahren«, in: *Kritik und Klinik*, übers. von Joseph Vogl, Frankfurt am Main 2000. Dieser Text ist in Wirklichkeit ein zum Teil veränderter Neuabdruck des Vorwortes für das Buch von Louis Wolfson, *Le schizo et les langues*, Paris 1970, dem Deleuze den Titel »Essai de schizologie« gegeben hatte. Die Änderungen beziehen sich, im Abstand von 20 Jahren, auf die Erkenntnis einer grundlegenden Alternative: entweder Kritik (das heißt die Möglichkeit der Neuzusammensetzung und Verbindung der sprechenden Subjektivität zu einer Gesamtheit, die eine »Gemeinschaft bildet«) oder Klinik (das heißt die pathologische Auflösung des sprechenden Ich). Deleuze wird sich dessen erst viel später bewußt als Foucault. Während die beiden Bände von *Kapitalismus und Schizophrenie*, die zusammen mit Félix Guattari geschrieben wurden (*Anti-Ödipus* von 1972 und *Tausend Plateaus* von 1980), noch auf die Schizophrenie als wichtige Form der Unordnung und der Diskontinuität – von Deleuze und Guattari als »Kriegsmaschinen« bezeichnet – setzten, hatte Foucault diese Art von Hypothese schon seit dem Beginn der 70er Jahre aufgegeben.

27 Gilles Deleuze, *Logik des Sinns*, übers. von Bernhard Dieckmann, Frankfurt am Main 1993; ders., *Differenz und Wiederholung*, übers. von Joseph Vogl, 2., korr. Auflage, München 1997.

in *Critique*[28] schrieb. Was Foucault am deleuzianischen Diskurs offensichtlich erstaunt hat, ist der Versuch, einen Status der *Differenz* zu definieren, der genau die Verbindung von Diskontinuität und Einheit, der Einzigartigkeit und der Dimension des »Gemeinsamen« wäre – kurz gesagt, der sich gleichzeitig den Figuren des Andersseins als Varianten des Selben (die Unvernunft als Einschließung *durch die Vernunft* seines anderen: Der Raum des Andersseins wird gleichzeitig innerhalb dessen geschaffen, wogegen er definiert wird, und klar umrissen in einem eindirektionalen Ableitungsverhältnis) und den Figuren der Einzigartigkeit als reine Einsamkeitsübungen widersetzt.

Der Ausgangspunkt von Deleuze liegt offensichtlich bei Spinoza: »Doch nun handelt es sich darum, zu wissen, ob Verhältnisse (und welche?) sich direkt zusammensetzen können, um ein neues Verhältnis, das weiter ›ausgedehnt‹ ist, zu bilden, oder ob Mächte sich direkt zusammensetzen können, um eine Macht, ein Vermögen zu konstituieren, das ›intensiver‹ ist. Es handelt sich nicht mehr um Anwendungen oder um Aneignungen, sondern um Soziabilitäten und Gemeinschaften. Wie setzen sich Individuen zusammen, um ein höheres Individuum – bis ins Unendliche – zu bilden? Wie kann ein Wesen ein anderes in seine Welt aufnehmen, doch so, daß es dessen Verhältnis und die eigene Welt erhält und respektiert? Und welche sind in dieser Hinsicht z. B. die verschiedenen Soziabilitätsarten?«, notiert Deleuze in der Tat.[29] *Differenz und Wiederholung* enthält nur die heutige theoretische Neuformulierung des spinozistischen Problems der Vielzahl: »Damit das Univoke zum Gegenstand reiner Bejahung werden konnte, fehlte dem Spinozismus nur, daß er die Substanz um die Modi kreisen ließ (...) Die Univozität meint: Univok ist das Sein selbst, und äquivok ist das, wovon es sich aussagt. Genau das Gegenteil der Analogie. Das Sein wird Formen zufolge ausgesagt, die die Einheit des Sinns nicht brechen, es sagt sich in ein und demselben Sinn durch alle seine Formen hindurch aus – weswegen wir den Kategorien Begriffe anderer Art gegenüber-

28 Michel Foucault, »Theatrum philosophicum«, in: *Critique*, Nr. 282, November 1970, S. 885-908; dt. Übers. von Walter Seitter in: G. Deleuze und M. Foucault, *Der Faden ist gerissen*, Berlin 1977, S. 21-58. Zu Foucaults Text siehe Judith Revel, »Foucault lecteur de Deleuze: de l'écart à la différence«, in: *Critique*, Nr. 591-592, August-September 1996.

29 Deleuze, *Spinoza. Praktische Philosophie*, a.a.O., S. 164.

gestellt haben. Dasjenige aber, wovon es sich aussagt, differiert, ist die Differenz selbst. Es ist nicht das analoge Sein, das sich in den Kategorien verteilt und den Seienden einen festen Anteil zuteilt, *vielmehr verteilen sich die Seienden im Raum des univoken Seins, der durch alle Formen geöffnet wurde. Die Öffnung gehört wesentlich zur Univozität.*«[30] Die spinozistische Substanz ist daher für Deleuze die Gesamtheit aller Modi *in ihrer Differenz*; mehr noch: Der Idee der Einheit, die zwangsläufig reduzierend, weil abgeschlossen ist, muß man die Idee einer Univozität als *offene* Kohärenz entgegenstellen.

Der Bezug auf Spinoza taucht bei Foucault nicht auf. Aber es ist gewiß, daß die Analyse von Deleuze bei ihm zum ersten Mal dazu führt, daß er ein Problem in Worte faßt, das ihn bei seinen Untersuchungen schon seit fast zehn Jahren beschäftigt. »Die Differenz wird gewöhnlich als Differenz *von* etwas oder *in* etwas betrachtet. Hinter ihr steht als Fundament, Gebiet und Grenze die begriffliche Einheit der Gattung, die sie in Arten unterteilen soll (organische Herrschaft des aristotelischen Begriffs); die spezifische Differenz spielt innerhalb des Begriffs und darf nicht darüber hinausgehen.«[31] Und was wir vom Denken Foucaults verlangen, ist genau, seine eigene Einheit als *Grund* der Differenzen zu berücksichtigen, die in ihm wirksam sind. Wir behandeln die Ausübung des Denkens also, als ob es um die Produktion eines Begriffes ginge.[32] Foucault versucht dagegen zu sagen, daß es weniger darum geht, das Gemeinsa-

30 Deleuze, *Differenz und Wiederholung*, a.a.O., S. 376-377 (Hervorhebung durch die Autorin).

31 Foucault, »Theatrum philosophicum«, a.a.O., S. 39.

32 Die Kritik des Begriffs als abgeschlossene Totalität ist eigentlich nicht neu. Man denke nur an den Wittgenstein der *Philosophischen Untersuchungen* und an die Verschiebung, die er vornimmt: Die Wittgensteinsche Idee der »Familienähnlichkeit« zwischen Sprachspielen ist in Wirklichkeit die exakte Formulierung dessen, was ein »offener« Begriff sein kann, nämlich gleichzeitig kohärent und nicht reduzierbar auf eine Einheit. Wittgenstein wird ebenso wie Spinoza nie von Foucault zitiert, aber die Frage der »Zitierpolitik« des Philosophen wäre schon allein eine umfangreiche Untersuchung wert. Fügen wir daher einfach noch einen dritten Namen zur Liste der Philosophen hinzu, deren Fehlen paradoxerweise Sinn macht: Maurice Merleau-Ponty. Es gibt beim späten Merleau-Ponty (von *Signes* bis *La Prose du monde*) den expliziten Versuch, die Verbindung des Einzigartigen und des Gemeinschaftlichen zu definieren, oder anders gesagt, die Verbindung von Differenz und Univozität. Der Begriff, den Merleau-Ponty benutzt, ist in diesem Zusammenhang besonders aufschlußreich: es ist ein weiteres Mal, und lange bevor Deleuze ihn auf Spinoza anwendet, der Begriff des »Ausdrucks«.

me in der Differenz zu suchen, als die Differenz different zu denken, das heißt, ihr eine Positivität wiederzugeben, die ihr eigen ist, und diese in einer Kehrtwendung, die der gesamten klassischen Logik zuwiderläuft, zum *Grund* des Gemeinsamen zu machen. Die Fragestellung wird dadurch äußerst umfangreich und geht bei weitem über unser Ausgangsproblem hinaus (Wie soll man Foucault lesen? Oder auch: Wie kann Foucault die »Fälle« lesen, die ihn faszinieren? Wie kann es einen philosophischen Diskurs über die Ereignisse geben? Wie kann man philosophisch vom Diskontinuierlichen sprechen?). Es handelt sich in Wirklichkeit darum, eine Ontologie neu zu definieren, »in der das Sein in gleicher Weise von allen Differenzen und nur von Differenzen gesagt wird.«[33]

Die Themen der Diskontinuität und der Differenz führen bei Foucault schließlich zu einem letzten Typ von Analyse, der zwar nur in den letzten Jahren seiner Forschungsarbeit thematisiert wird, aber in Ansätzen bereits in seinem Text zu Deleuze aus dem Jahr 1970 vorhanden ist.

In den letzten beiden Jahren seines Lebens hat Foucault immer öfter den Ausdruck »Problematisierung« verwendet. Unter »Problematisierung« versteht er weder die Re-Präsentation eines prä-existenten Gegenstandes noch die Schaffung eines nicht existierenden Gegenstandes durch den Diskurs, sondern »das Ensemble diskursiver oder nicht diskursiver Praktiken, das etwas ins Spiel des Wahren und Falschen eintreten läßt und es als Gegenstand fürs Denken konstituiert (sei es in der Form der moralischen Reflexion, der wissenschaftlichen Erkenntnis, der politischen Analyse usw.)«.[34] Die Geschichte des Denkens interessiert sich also für Gegenstände, Handlungsregeln oder Arten und Weisen des Verhältnisses zu sich in dem Maße, in dem sie sie *problematisiert*: Sie macht sich Gedanken über ihre geschichtlich einzigartige Form und über die Art und Weise, in der sie in einer gegebenen Epoche eine bestimmte Art von Antwort auf eine bestimmte Art von Problem dargestellt haben. Foucault greift auf den Begriff der Problematisierung zurück, um die Geschichte des Denkens zugleich radikal von der Ideengeschichte und von der Geschichte der Mentalitäten zu unterschei-

33 Foucault, »Theatrum philosophicum«, a.a.O., S. 45.

34 Michel Foucault, »Le souci de la vérité«, in: *Magazine Littéraire*, Nr. 207, Mai 1984; dt.: »Michel Foucault oder die Sorge um die Wahrheit«, übers. von Walter Seitter, in: *Pariser Gespräche, geführt von François Ewald*, Berlin 1989, S. 17.

den. Während die Ideengeschichte sich für die Analyse von Vorstellungssystemen interessiert, die den Diskursen und auch den Verhaltensweisen zugrunde liegen, und während die Geschichte der Mentalitäten sich für die Analyse der Ausprägungen und der Schemata dieser Verhaltensweisen interessiert, interessiert sich die Geschichte des Denkens für die Art und Weise, in der sich die Probleme für das Denken konstituieren, und für die Strategien, die entwickelt wurden, um darauf zu antworten. Denn »auf ein und dieselbe Menge von Schwierigkeiten können mehrere Antworten gegeben werden. Und meistens werden auch wirklich verschiedene Antworten gegeben. Daher muß man begreifen, was sie gleichzeitig möglich macht, also den Punkt, in dem ihre Gleichzeitigkeit verwurzelt ist; es ist der Boden, der sie alle in ihrer Vielfältigkeit nähren kann und manchmal auch trotz ihrer Widersprüche.«[35] Foucaults Arbeit hat also eine neue Gestalt angenommen, und zwar in den Begriffen einer Untersuchung über die allgemeine Form der Problematisierung, die einer bestimmten Epoche entspricht: das Studium der Art und Weise der Problematisierung – das heißt dessen, »was weder anthropologische Konstante noch chronologische Variation ist – ist somit die Art und Weise, in der Fragen von allgemeiner Reichweite in ihrer geschichtlich einzigartigen Form analysiert werden.«[36]

Der Ausdruck Problematisierung hat zwei unmittelbare Folgen. Einerseits gerät die wahrhaft kritische Ausübung des Denkens in einen Gegensatz zur Idee einer methodischen Suche nach der »Lösung«: Die Aufgabe der Philosophie besteht also nicht darin, aufzulösen – einschließlich der Ersetzung einer Lösung durch eine andere –, sondern darin, »zu problematisieren«, nicht zu reformieren, sondern eine kritische Distanz herzustellen, die »Loslösung« ins Spiel zu bringen und die Probleme wiederzufinden. In dieser Hinsicht ist der Text zu Deleuze aus dem Jahre 1970 bereits sehr deutlich: »Was ist die Antwort auf die Frage? Das Problem. Wie löst man das Problem? Indem man die Frage verschiebt. Das Problem entzieht sich der Logik des ausgeschlossenen Dritten, da es eine ge-

35 Michel Foucault, »Polemics, Politics amd Problematizations«, in: Paul Rabinow, *The Foucault Reader*, New York 1984; frz.: »Polémique, politique et problématisations«, in: *Dits et écrits*, Paris 1994, Bd. IV, Nr. 342, S. 591-598.

36 Michel Foucault, »What is Enlightenment?«, in: P. Rabinow, *The Foucault Reader*, a.a.O.; frz.: »Qu'est-ce que les Lumières?«, in: *Dits et écrits*, Bd. IV, Paris 1994, Nr. 339, S. 562-578.

streute Vielfalt ist: es löst sich nicht in der hellen Deutlichkeit der Cartesianischen Idee auf, da es eine deutliche, dunkle Idee ist; es verweigert sich dem Anspruch der Hegelschen Negation, da es vielfältige Affirmation ist; es unterwirft sich nicht dem Widerspruch von Sein und Nicht-Sein, da es Sein ist. Statt dialektisch zu fragen und zu antworten, gilt es problematisch zu denken.«[37] Die Problematisierung ist somit eine Praktizierung der Philosophie, die einer Ontologie der Differenz entspricht, das heißt der Anerkennung der Diskontinuität als Grundlage des Seins.

Andererseits ist diese Bemühung um Problematisierung keinesfalls ein Anti-Reformismus oder ein relativistischer Pessimismus: und zwar gleichzeitig, weil sie tatsächlich an dem Prinzip festhält, daß der Mensch ein denkendes Wesen ist – der Ausdruck »Problematisierung« wird vornehmlich in dem Kommentar zu Kants Text über die Frage der Aufklärung verwendet[38] –, und weil, wie er selber präzisiert: »Was ich zu machen versuche, ist die Historie der Beziehungen, die das Denken mit der Wahrheit unterhält: die Historie des Denkens, sofern es Denken der Wahrheit ist. Alle die sagen, daß für mich die Wahrheit nicht existiert, sind einfältige Geister.«[39] Diskontinuität, Differenz, Vielfältigkeit und Problematisierung definieren somit ein neues Vokabular der Philosophie als Denken von Wahrheit, als Mut zur Wahrheit.

Gehen wir nun wieder etwas zurück. Es bleibt noch zu verstehen, wodurch Foucault die literarischen »Fälle« ersetzt, bei denen es ihm nicht gelungen ist, die Univozität wiederherzustellen, und die sich aus dieser Sicht als Sackgasse erweisen. Wir haben weiter soeben zwei Elemente erwähnt, die die Formulierung des Problems der Diskontinuität Anfang der 70er Jahre wieder in Gang gebracht haben. Das erste ist offensichtlich die Lektüre von Deleuze. Aber das zweite ist ganz anderer Art, nämlich die Mitarbeit in der Gefängnisgruppe *Groupe d'Information sur les Prisons* (GIP), das heißt die Entdeckung, daß eine Widerstandstätigkeit keineswegs das Ergebnis einer Verallgemeinerung von einzigartigen und isolierten Differenzen (den »Fällen«) ist, sondern diese im Gegenteil hervorbringen kann. Man braucht die Ursache oder Begründung einer Gemeinschaft nicht in der Festigung von sprechenden oder handelnden Subjekten

37 Foucault, »Theatrum philosophicum«, a.a.O., S. 44.

38 Foucault, »What is Enlightenment?«, a.a.O.

39 Foucault, »Michel Foucault oder die Sorge um die Wahrheit«, a.a.O., S. 17.

zu suchen, sondern muß vielmehr die Art und Weise beschreiben, in der die gemeinsame Praxis – ob sie nun sprachlich oder politisch ist – Subjektivitäten der Differenz hervorbringt, das heißt Existenzen, die nicht auf die Linearität und Normativität der etablierten Ordnung reduziert werden können. Das Gemeinsame unterscheidet sich vom Konsens dadurch, daß es sich nicht um eine gegebene Grundlage handelt, sondern eine Produktion ist.[40]

Aus alldem müssen wir zwei Konsequenzen ziehen. Die erste bezieht sich auf Foucaults Denkbewegung selber. Während bei einem Philosophen wie Deleuze die theoretische Erarbeitung von Begriffen darauf angelegt ist, diese auf die Wirklichkeit anzuwenden – der Begriff der Differenz geht seiner möglichen praktischen Anwendung voraus –, sind es bei Foucault die Praxis und das Engagement in der Gegenwart, welche zugleich die philosophische Problematisierung und das sich daraus ergebende Begriffswerkzeug hervorbringen. Die politische Erfahrung mit der GIP erlaubt es zum Beispiel, das alte theoretische Problem der Transgression neu anzugehen, indem man zwei wichtige Verschiebungen vornimmt: Einerseits geht es darum, aus der streng diskursiven Ordnung herauszukommen (Foucault interessierte sich seit den 70er Jahren in der Tat nicht mehr nur für Diskurse, sondern auch für Wissensformen, Strategien und Praktiken); andererseits ist es notwendig, das Problem nicht mehr nur auf der streng individuellen Ebene der »Fälle« neu zu formulieren, sondern auch auf der schwierigeren Ebene des kollektiven Handelns. So wie die Einheit nicht das Univoke ist, so ist das Individuelle nicht das Einzigartige. Nur um den Preis dieser Unterscheidung kann man aus der »literarischen« Aporie herauskommen.

Die zweite Konsequenz hat sicherlich eine größere Reichweite: Jede theoretische Neuformulierung, das heißt jede neue Problematisierung, ist bei Foucault grundsätzlich mit einer Praxis verbunden, das heißt mit einem Engagement in der Gegenwart. Wir haben eine doppelte Bestätigung für diesen Mechanismus. Vor allem das Vorhandensein in Foucaults Forschungsparcours einer ganzen Reihe

40 Diese Unterscheidung ist zum Beispiel grundlegend für das Verständnis des Mißverständnisses, das im Mittelpunkt der – abgebrochenen – Debatte zwischen Foucault und Habermas zu Anfang der 80er Jahre stand. Siehe dazu H. Dreyfus und P. Rabinow, »Habermas et Foucault. Qu'est-ce que l'âge d'homme?«, in: *Critique*, Nr. 471-472: *Foucault: du monde entier*, a.a.O., S. 857-872.

von Erfahrungen, die wie »Zündstoffe« des Denkens wirken: der Aufenthalt in Sainte-Anne in den 50er Jahren, die GIP in den 70er Jahren, die iranische Revolution Ende der 70er Jahre[41] und das Problem der Homosexualität (das heißt diese seltsame Beziehung zum Selben, das keines ist; auch hier stößt man wieder auf das Thema der Differenz, das gegen das der Identität ausgespielt wird) in den 80er Jahren. Man könnte die Hypothese sogar noch weiter vorantreiben: Wenn es die Praxis ist, die die »Übergänge« Foucaults erklärt, das heißt die kohärente Diskontinuität des Foucaultschen Denkens im Gegensatz zu einer aufspaltenden Lektüre, deren Grenzen wir bereits erwähnt haben, gilt da nicht das Gleiche für die alte Frage der Übergänge von einer *episteme* zu nächsten? Foucault hat in der Tat auf diese Art von Analyse zurückgegriffen, als er zum Beispiel den Übergang zur Biopolitik durch die Entstehung des Liberalismus zu Beginn des 19. Jahrhunderts erklärte oder als er auf dem Begriff der »Gouvernementalität« beharrte: man befindet sich immer in einem praktischen Umgang mit sich und den anderen, und es ist die Veränderung dieser Praxis, die Wahrheitswirkungen erzeugt, das heißt epistemische Verschiebungen oder Brüche.

Die andere Erklärung hängt mit einem Bezug zusammen, der besonders stark in Foucaults Reflexion der letzten Jahre vorkam, nämlich der, den der Philosoph auf Kants Text »Was ist Aufklärung?« nahm.[42] Im Mittelpunkt von Kants Text steht das Problem der Aktualität als Kennzeichen des Übergangs zur Moderne. Die Frage nach der Zugehörigkeit zu seiner eigenen Aktualität zu stellen bedeutet für Kant, wie Foucault kommentiert, diese als ein Ereignis zu hinterfragen, dessen Sinn und dessen Einzigartigkeit man benennen muß, und die Frage nach der Zugehörigkeit zu einem »wir« zu stellen, das dieser Aktualität entspricht, das heißt, das Problem der Gemeinschaft zu formulieren, zu der wir gehören. Wir finden hier also

41 Dazu müßte man einen komplexen Diskurs machen, den wir hier unglücklicherweise nicht beginnen können. Es ist offensichtlich, daß die Neuformulierung des Verhältnisses zum Politischen (das heißt die Problematisierung des Gemeinsamen als Vielfalt von Widerstand leistenden Singularitäten) in Form einer Ethik zum größten Teil auf einer Reflexion beruht, die bei Foucault durch die Iran-Episode ausgelöst wird – insbesondere durch die Problematisierung der Begriffe Widerstand und Aufstand. Siehe zu diesem Thema die sehr zahlreichen Texte zum Iran, die in *Dits et Écrits* aufgenommen wurden.

42 Der in Band IV enthaltene Index von *Dits et Écrits* ermöglicht es, zwölf Fundstellen zwischen 1981 und 1984 nachzuweisen.

die Themen wieder, die wir bereits hervorgehoben haben: Ereignis, Singularität, Gemeinschaft. Aber man muß auch verstehen, daß, wenn wir heute die Kantsche Idee einer »kritischen Ontologie der Gegenwart« wiederaufgreifen, wir dies nicht nur tun, um zu begreifen, was den Raum unseres Diskurses begründet, sondern auch, um dessen Grenzen abzustecken. In der gleichen Weise, wie Kant »eine *Differenz* sucht: Welche Differenz führt er heute im Verhältnis zum Gestern ein?«,[43] müssen wir unsererseits versuchen, aus der geschichtlichen Kontingenz, die uns zu dem macht, was wir sind, Möglichkeiten für einen Bruch und eine Veränderung herauszulösen. Die Frage der Aktualität zu stellen läuft also darauf hinaus, das Projekt einer »praktischen Kritik in der Form einer möglichen Überschreitung«[44] zu definieren. Auch hier noch ist der von Foucault benutzte Begriff der der »Differenz«. Schließlich ist all das nur möglich, weil wir das philosophische Denken in der Aktualität – und durch die Aktualität – ins Spiel bringen, also diesen berühmten »philosophischen Journalismus«, von dem Foucault gern sprach. Könnte es eine schönere Definition des Begriffs der Praxis geben als diese?

»Kant versucht nicht, die Gegenwart ausgehend von einer Totalität oder von einer künftigen Vollendung zu verstehen. Er sucht eine Differenz«, schreibt Foucault.[45] Es ist also die Erforschung der Differenz, die nicht nur »das Verhalten der Moderne«, sondern auch das uns eigene *ethos* charakterisiert, das heißt die philosophische Problematisierung. Die Philosophie ist nur in dem Maße eine Ethik, in dem sie sich als Denken der Differenz erweist oder auch, was auf das gleiche hinausläuft, als Denken des Gemeinsamen. Und in der gleichen Weise erweist sich die außergewöhnliche Kohärenz des Denkens von Foucault nur in der Gefährdung seiner selbst, das heißt im Mut zur ständigen Problematisierung seiner eigenen Position – in der permanenten und immer wieder neu begonnenen Erfindung seiner selbst. »Man glaubte sich zu entfernen, und man findet sich in der Vertikalen seiner selbst wieder«:[46] der Mut und die Würde des Philosophen, ebendas ist diese Vertikalität.

Aus dem Französischen von Ronald Voullié.

43 Foucault, »What is Enlightenment?«, a.a.O. (Hervorhebung durch die Autorin).
44 Ebd.
45 Ebd.
46 Foucault, »Usages des plaisirs et techniques de soi«, a.a.O.

Alessandro Fontana
Das Paradox des Philosophen

In der *Herméneutique du sujet* (Vorlesung am Collège de France 1981/82) hat Foucault eine Art von Scheidelinie gezogen, die die Beziehung des Subjekts zur Wahrheit vor und nach Descartes festlegt. Vor Descartes ergab sich der Zugang zur Wahrheit über den Weg der sogenannten Techniken der Subjektivation, der Übungen an sich selbst, die in den griechisch-römischen Ethiken von Sokrates bis zur römischen Stoa weniger das »Erkenne dich selbst« als die »Sorge um sich selbst«, die *cura sui* zum Gegenstand hatten. Nach den Anweisungen dieser Ethik kann man zur Wahrheit erst nach einem langen und unablässigen Lernprozeß vordringen, in dem das Selbst sich mit sich selbst auseinandersetzt und in dessen Verlauf das Individuum ein Subjekt wird, kein Subjekt *der* Wahrheit, sondern ein Subjekt *für* die Wahrheit. In *Le souci de soi* und in der *Herméneutique du sujet*[1] hat Foucault – ich verweise auf seine Analysen – diese Übungen der *cura sui* äußerst genau beschrieben; in den letzten Vorlesungen, denen von 1982/1984, hat er die Arbeit der *cura sui* mit der Ausübung der *parrhesia* verbunden: das Wahrsprechen, der Mut zur Wahrheit, der Mut, den Regierenden und sich selbst die Wahrheit zu sagen, das Gegenteil jener Formen von Schwindel und Täuschung, wie zum Beispiel die Schmeichelei, die Polemik und die rhetorischen Techniken des Tadels und des Lobes, der Eloge und der Überredung usw. Bei dieser Arbeit, um zum Wahrsprechen zu gelangen, und in der Praktik des Wahrsprechens nimmt das Subjekt eine Veränderung seiner selbst vor (*metanoia,* die Konversion), ändert seinen Lebensstil, modifiziert die Beziehungen des Selbst zu den anderen und entsprechend die Beziehungen der anderen zu sich selbst durch die Übungen der einsamen Gewissensprüfung seiner selbst, die Prüfung und die Erprobung seiner selbst, sowohl im Privatleben wie im öffentlichen Leben. Dieser Mut zum Wahrsprechen bestimmt schließlich von Sokrates bis zu den Kynikern und den römischen Stoikern eine Ethik und eine Ästhetik der Existenz, eine *techne tou biou.*

Nach Foucault ist die Scheidelinie im Abendland von Descartes

1 Michel Foucault, *Die Sorge um sich,* Frankfurt am Main 1986; ders., *Hermeneutik des Subjekts, Vorlesung am Collège de France (1981/82),* Frankfurt am Main 2004.

gezogen worden: Trennung zwischen der antiken kritischen Haltung und der modernen Analytik der Wahrheit. Im ersten Fall handelt es sich um die Übungen der asketischen Spiritualität (die nicht die der christlichen Weltentsagung ist), um das Subjekt bei seinem Wahrsprechen zu legitimieren; im zweiten Fall wird die Wahrheit bei der Probe des Zweifels durch axiomatische, objektive, evidente Regeln bestimmt: Wahrheit/Täuschung auf der einen Seite, Gewißheit/Irrtum auf der anderen. In der *Herméneutique du sujet* hat Foucault die etwas zu groben Kennzeichen dieser Trennlinie nuanciert und bei der post-cartesianischen Philosophie sowie bei Denkern wie Spinoza, Hegel, Schelling, Schopenhauer, Nietzsche und beim Husserl der *Krisis* Fortentwicklungen der antiken Haltung aufgezeigt; denn der Erkenntnisakt, ob aufgewertet oder diskreditiert, bleibt auch bei ihnen »stets an geistige Forderungen gebunden«.[2] Wie auch immer, in der im Herbst 1983 an der Universität von Berkeley gehaltenen Vorlesung sagte er über den Unterschied zwischen dem kartesianischen Zweifel und der parrhesiastischen Haltung: »Denn bevor Descartes unzweifelhaft eine klare und deutliche Evidenz erhält, ist er nicht sicher, ob das, was er glaubt, tatsächlich wahr ist. In der griechischen Konzeption von *parrhesia* scheint es jedoch in bezug auf die Erlangung der Wahrheit kein Problem zu geben, da ein solches Die-Wahrheit-Haben durch den Besitz bestimmter moralischer Qualitäten gewährleistet ist: Wenn jemand bestimmte moralische Qualitäten hat, dann ist das der Beweis dafür, daß er Zugang zur Wahrheit hat – und umgekehrt.«[3]

Aber, könnte man einwenden, warum ist die Wahrheit der Denker der Antike nicht die Gewißheit der modernen Denker, und selbst bei Descartes gelangt man nicht zur Gewißheit und Evidenz ohne eine Reihe von Vorsichtsmaßnahmen und Vorübungen. Aber diese Übungen sind nur mental und haben deshalb nur geringen Einfluß auf das sich ihnen unterziehende Individuum als solches. Mit Descartes hat die Wahrheit nämlich den Ort und den Status gewechselt: Es ist nicht das, was dem Individuum ermöglicht, ein Subjekt zu werden, indem es seinen Lebensstil mit seinem Denken in Einklang bringt; es ist etwas, das bereits da ist, das keine oder nur wenig Veränderung in der Lebensweise oder Arbeit an sich impli-

2 Foucault, *Hermeneutik des Subjekts*, a.a.O., S. 49, siehe aber auch S. 240 f.

3 Michel Foucault, *Diskurs und Wahrheit. Die Problematisierung der Parrhesia*, Berkeley-Vorlesungen, Berlin 1996, S. 13.

ziert; etwas, das sich nur auf sich selbst bezieht, jenseits und unabhängig vom Individuum, das sich darauf beruft; etwas, das nur sehr locker mit dem *bios* verbunden ist, dem Leben, der Existenz, der Lebensweise dessen, der versucht, sich ihr zu nähern und sie zu erfassen. Diese Wahrheit steht in einer Beziehung der Exteriorität zum Subjekt, dessen einzig zu befolgende Regel ist, die Finten und Illusionen systematisch auszuschalten, die es auf einen Abweg, den Weg des Irrtums, führen können. Descartes hat diese Techniken der Ausschaltung des Irrtums durch die Übung des Zweifels genau beschrieben, und die entscheidende Frage für ihn war dabei: Wie gelangt man zur Gewißheit und vermeidet dabei alle Hindernisse und Aporien der skeptischen Haltung? Und diese Übungen der Probe des Zweifels sind bekanntlich der Traum des *malin génie*. Allerdings nicht der Wahnsinn, denn, sagt Descartes in den *Meditationen*, ich kann sehr wohl zweifeln, daß ich träume, ich kann auch daran zweifeln, daß ein böser Dämon sich damit vergnügt, mich zu täuschen, aber ich kann nicht daran zweifeln, daß ich hier bin, am Kamin sitze, mit einem Winterrock bekleidet, es sei denn, ich wäre wahnsinnig, wie diese Wahnsinnigen, die hartnäckig im Ernst behaupten, sie seien Könige oder sie hätten einen tönernen Kopf: »Aber ich würde selbst als nicht weniger verrückt erscheinen, wenn ich deren Beispiel auf mich übertragen wollte.«[4]

Über den Wahnsinn als Übung des Zweifels gab es bekanntlich eine heftige Auseinandersetzung zwischen Derrida und Foucault. Foucault hatte nämlich 1961 in *Folie et déraison* über das cartesianische *Cogito* geschrieben: »Von nun an ist der Wahnsinn verbannt. Auch wenn der Mensch immer noch verrückt sein kann, das Denken, als Ausübung der Souveränität des Subjekts, das es sich zur Pflicht macht, das Wahre zu erkennen, kann nicht verrückt sein: die Entstehung einer *ratio*«. Derrida hat dem 1963 in seinem Text »Cogito et l'histoire de la folie« die »hyperbolische« Existenz eines, wie er sagt, ursprünglichen *logos* entgegengesetzt, in dem Wahnsinn und Vernunft koexistieren würden, ursprünglicher *logos*, der weder mit einer endlichen Totalität noch mit der Reduzierung auf einen historischen Ausschluß erschöpfend erfaßt werde; Foucault hat darauf in seinem Nachwort zur neuen Ausgabe von *Histoire de la folie* 1972 geantwortet und dabei seine Behauptung bekräftigt, daß bei Descartes

4 Réné Descartes, *Meditationen über die erste Philosophie*, Hamburg 1956, S. 33.

der Wahnsinn vom zweifelnden Subjekt ausgeschlossen wird, um sich als zweifelndes Subjekt bestimmen zu können. Derrida verteidigt die Position einer *philosophia perennis* – was an Hegels Position in der *Enzyklopedie* (§ 408) hinsichtlich der Koexistenz von Wahnsinn und Unvernunft im sogenannten moralischen Wahnsinn von Pinel erinnert – eine durch diese problematische Ausgrenzung in Verlegenheit gebrachte Philosophie, die peinlich berührt ist vom Wahnsinn, den sie nicht in ihren ganzheitlichen Entwurf einfügen könne; Foucault verteidigt eine historische, genealogische Position, indem er das cartesianische *Cogito* zu einem einschneidenden Ereignis mit doppelter Wirkung macht: auf der einen Seite der leuchtende Horizont der Erkenntnis und der Wissenschaft, die Souveränität eines vom »höchsten Gefühl von Macht und Sicherheit« durchdrungenen Subjekts, wie Heidegger in seiner Vorlesung über Nietzsche in dem Abschnitt schreibt, den er der Analyse des *Cogito* widmet, ein Gefühl, das uns laut Descartes' eigenen Worten zu »Herren und Beherrschern der Natur« macht; auf der anderen Seite eine verborgene Linie, nicht die Linie des *Cogito*, sondern die des empirischen Ichs, die des an den Rand gedrängten Individuums außerhalb der souveränen Vernunft, mit der anderen Vernunft kämpfend, eng verflochten mit einer anderen Wahrheit, einer ungeschliffenen, stillen, verkümmerten Restvernunft, denn, wie Foucault 1961 schrieb, von nun an führt der Weg vom Menschen zum wahren Menschen über den verrückten Menschen. Die gesamte *Histoire de la folie* wird von diesem anti-cartesianischen Projekt durchzogen, und das mit einer doppelten Wirkung: einerseits der von einigen naiv als barock bezeichnete Stil verschiedener Kapitel, der durch die notwendige Erfassung dessen erklärt und gerechtfertigt wird, was außerhalb des *Cogito* liegt, was nur mit einem dem *Cogito* fremden Stil und einer Vorgehensweise möglich ist; andererseits eine Aufwertung des Wahnsinns als Auffangbecken der Wahrheit – der große Wahnsinn von Nietzsche, van Gogh, Artaud –, eine Aufwertung, die im Vorwort von 1961 zum Ausdruck kommt, das in der Neuauflage des Buches 1972 von Foucault wegen gewisser Zweideutigkeiten und möglichen Mißverständnissen gestrichen wurde.

Bleibt die von der cartesianischen Methode aufgeworfene Frage: Was ist mit dem Rest-Individuum, dem »natürlichen« Individuum, das mit der Probe des Zweifels all das als Irrtümer ausgelöscht hat, was vom Körper, den Sinnen, der Vorstellungskraft, den Leidenschaften abhängt, um sich somit als ein *Cogito,* ein Erkenntnissubjekt konstituieren zu können. Welche Diskrepanz entsteht zwischen dem empirischen Ich und dem transzendentalen Subjekt – eine Frage, die von Husserl 1929 in den *Cartesianischen Meditationen* aufgegriffen wurde. Meine Hypothese ist, daß dieses beschädigte, verkümmerte Rest-Ich sich von nun an hinsichtlich seiner Beziehung zum Leben und zur Wahrheit in einem *Bühnen*raum entfalten wird, in dem genau zur Zeit von Descartes, neben ihm, das moderne Theater entsteht: das Theater des schuldhaften Willens bei Shakespeare, das Theater der verhängnisvollen Leidenschaften bei Racine, das spanische, italienische und französische Barocktheater, die »Commedia dell'arte« selbst (Theater, bei dem die Grenze zwischen dem Traum und der Realität, zwischen dem Wahren und dem Falschen, zwischen dem Sein und dem Schein immer stärker verschwimmt); später das Theater des Widerstreits zwischen Leidenschaften und Interessen, guten und schlechten Eigenschaften in der sogenannten bürgerlichen Komödie seit Marivaux, Goldoni und Diderot. Der Zweifel spielt auch bei diesem Theater eine Rolle, aber es ist nicht der beherrschte Zweifel, der zur Gewißheit führt, sondern der Zweifel, der das gesamte Dasein durchzieht und der keinen anderen Ausweg hat, als sich im Dasein festzusetzen, in den großen Leistungen, den Konfrontationen und den Prüfungen des Lebens, am Horizont einer nur noch ungewissen und sich ständig verschiebenden Wahrheit. Über dieses Theater der Trugbilder, Illusionen, »Trompe l'œil«, Träume, Visionen des 17. Jahrhunderts sagte Foucault in einem Interview im Dezember 1970: »Auf der einen Seite steht eine Gruppe von Figuren, die ihren Willen beherrschen, aber die Wahrheit nicht kennen. Auf der anderen Seite steht der Narr, der ihnen die Wahrheit erzählt, aber nicht die Herrschaft über seinen Willen besitzt und nicht einmal über die Tatsache, dass er die Wahrheit erzählt.«[5]

Nun taucht aber plötzlich in der Denkgewohnheit des *Cogito* der dem cartesianischen Projekt näher stehende *Neveu de Rameau* auf, dieser Kompromiß aus, wie sein Gesprächspartner sagt, Niedertracht und Unvernunft, der »die Wahrheit ans Licht bringt und die Schurken entlarvt«. Der Neffe ist auf seine Art und Weise ein Philosoph, zugleich eins und vielfältig, der nicht verrückt ist, aber den

5 Michel Foucault, »Wahnsinn, Literatur, Gesellschaft«, in: *Dits et Ecrits, Schriften*, Bd. II, Frankfurt am Main 2002, Nr. 82, S. 129-156, S. 137.

»Verrückten, den Unverschämten, den Faulen, den Schlemmer, den Narren, den Possenreißer« spielt. Er mißtraut seiner Wissenschaft, weiß nicht, woher sie kommt und »wie die Methode entsteht«; er weiß auch nicht, wer er ist, bedient sich aber bei aller Pantomime der Figuren, die er spielt, seiner Freimütigkeit, um, wie er sagt, jene Wahrheit herauszulocken, die die anderen hinter den Rollen verbergen, die die Gesellschaft ihnen vorgibt. Der Neffe ist auf seine Art ein *parrhesiastes*, jemand, der die Wahrheit ausspricht und den verrückten Narren spielt, um sie auszusprechen. »Anti-cartesianische Lektion«, schrieb Foucault in der *Histoire de la folie* über *Le Neveu de Rameau* – »Wahn, der in einer der Wahrheit gleichwertigen Illusion das Sein und das Nichtsein des Realen vereint«; »der Rausch des Sinnlichen«, fügt er hinzu, »die unmittelbare Faszination und die schmerzliche Ironie, in der sich die Einsamkeit des Wahns ankündigt«, und stellt am Ende die entscheidende Frage: »Was ist das für eine Macht, welche diejenigen versteinert, die ihr einmal ins Auge gesehen haben und diejenigen zum Wahnsinn verurteilt, die versucht haben, die Unvernunft zu erproben?«[6]: Hölderlin, Nietzsche, van Gogh, Artaud.

Nun denke ich aber, daß das unglückliche Bewußtsein des *Neveu* daher kommt, daß er *nolens volens* seine Verrücktheit nicht außerhalb des *Cogito* spielt, sondern in dessen Windungen, in seinen Brüchen, in seinen Zwischenräumen; er spielt den Verrückten, aber er weiß, wie er zu spielen ist. Er entgleitet sich nicht, er täuscht vor, er müht sich ab, er produziert Paradoxe und Provokationen (was den Philosophen verblüfft und nachdenklich stimmt), aber er tut es bewußt, durch Spiel und Unvernunft. Er spielt mit dem Falschen und dem Wahren, dem gesunden Menschenverstand und der Maßlosigkeit, der Aufrichtigkeit und der Scheinheiligkeit; und er wird trotzdem oder gerade deshalb – was auf dasselbe hinausläuft – unverzichtbar für die rechtschaffenen Leute, die ihn verköstigen und als Schmarotzer beschimpfen (Hegel hat sehr schöne Dinge darüber geschrieben). Alle seine Pantomimen, sein ganzes kleines Theater in einem Pariser Café werden von seinem Bewußtsein kontrolliert, mag es auch noch so delirieren. Bald wird man ihn, nach Pinel und Esquirol, für einen hellsichtigen Verrückten halten, einen Monomanen, einen moralischen Verrückten. Denn der *Neveu* ist

6 Michel Foucault, *Histoire de la folie*, Paris 1961 (in der gekürzten deutschen Ausgabe nicht erhalten).

nicht das andere des *Cogito*, wie man gemeinhin sagt, sondern ist ein krankes *Cogito*, willentlich und bewußt krank, das den Verrückten spielt und sich seiner Krankheit auf dem zwischen Vernunft und Unvernunft gespannten Drahtseil bedient, einem Drahtseil, auf dem eine Wahrheit im zerlumpten Hampelmannkostüm wie ein Seiltänzer hin und her balanciert.

Diderot ist sich dieser zweideutigen Dialektik zweifellos bewußt gewesen, und in dem *Paradoxe sur le comédien* geht er dann sogar noch weiter, indem er versucht, sie zu umgehen. Dieses verkümmerte Ich, dieses Ich, das nicht bis zum *Cogito* vordringt, muß nun vollständig beseitigt werden, denn das ist die notwendige Voraussetzung, um Schauspieler zu werden. Denn um alle Figuren verkörpern zu können, muß das Individuum seine Sensibilität beiseite drängen und alles ausschalten, was zum natürlichen Ich gehört, seine Schlacken und Rückstände. Um Schauspieler zu werden, sagt Diderot, muß das Individuum sich ausstreichen und »von sich selbst ablenken«, eine Arbeit, die nicht selbstverständlich ist und die das Werk »eines kühlen Kopfes, eines tiefsinnigen Urteils, eines ausgezeichneten Geschmacks, einer langen Erfahrung« ist. Am Ende dieser Askese – denn darum handelt es sich –, um das Ich auszustreichen, wird der Schauspieler die Holzpuppe, deren Seele er ist. Auf die cartesianische Frage: Wer bin ich, dieses individuelle Ich, jenseits jener denkenden Substanz, die sich mit Hilfe der Probe Zweifel konstituiert hat, indem sie den Wahnsinn ausklammert und den Fallen des Traums und den Täuschungen des bösen Dämons ausweicht? Wie existiere ich in der Welt? Worin besteht mein Leben? antwortet Diderot: Wenn ich mich von dieser verkümmerten Welt der Sinne, der Leidenschaften, der Phantasie befreien will, muß ich völlig von mir selbst absehen, mich von mir selbst ablenken; und ich werde es nur können, indem es mir gelingt, meine Leidenschaften, meine Sinne, meinen Körper, meine Sensibilität zu beherrschen, aber nicht, um ein *Cogito* zu werden, ein denkendes Subjekt, sondern um niemand mehr zu sein, und das wird es mir ermöglichen, die gesamte Palette und die Vielfalt der Figuren darzustellen, die das Theater und das Leben selbst (in Form des »alten Höflings«) mir bieten; und das am Ende einer Askese, die aus mir keinen weisen Stoiker macht, der sich auf die Höhen seiner moralischen Einsamkeit zurückgezogen hat, der *Ataraxie*, der Apathie, eine recht distanzierte und wenig zugängliche Haltung, sondern die mich in jene Konsistenzebene einschreibt, die die Bühne darstellt: die Bühne des Theaters und der Welt. Denn die Ablenkung von mir selbst wird aus mir ein Nichts machen, aber *gleichzeitig* eine mögliche Vielheit, Diderot sagt, eine Vielheit, die das Bündel teilt und seine Strahlen wahllos zerstreut. Und bei dieser Konstituierung seiner selbst, die am anderen Ende des *Cogito* durch die Nichtung des Selbst erreicht wird, ist auch der *Neveu* nur noch eine Figur dieser Vielheit unter anderen. Über das Paradox, die »Kehrseite« des *Paradoxes*, schrieb Foucault weiter in der *Histoire de la folie*: »nicht mehr das, was von der Realität im Nicht-Sein des Schauspiels durch ein kaltes Herz und eine luzide Intelligenz vorgebracht werden soll, sondern das, was vom Nicht-Sein der Existenz sich in der nichtigen Fülle der Erscheinungswelt verwirklichen kann, und zwar durch Vermittlung des zum äußersten Gipfel des Bewußtseins gelangten Deliriums.«[7] Die vergebliche Fülle des Scheins: das ist die Bühne, das Theater, die Bühnenwirksamkeit jener unendlichen Versteckspiele und Umkehrungen ins Gegenteil, bei denen die Wahrheit nicht mehr die Gewißheit der Wissenschaften ist, sondern eine andere Wahrheit, die sich jetzt im spiegelnden Raum der Bühne ausbreitet.

Reductio ad unum des Multiplen, Zusammenfügen der Vielfalt zu einer Einheit, Disqualifizierung der »verschiedenen Module« bei Descartes: der große majestätische Traum der modernen Vernunft. Auflösung des Ichs in die Vielfalt, in die Verschiedenheit, in die theatrale Verstreutheit des Ichs: die kleinen Wahrheiten der modernen Bühne, wie Nietzsche sagt; und Diderot wiederum sagte: So geht von einem einzigen Trugbild eine unendliche Vielfalt von verschiedenen Darstellungen aus, die die Bühne und die Leinwand bevölkern. Paradox des Philosophen: mehrere werden zu einem; Paradox des Schauspielers: einer wird zu mehreren. In diesem Chiasmus wird sich die gesamte moderne Philosophie abspielen, und man muß gleichzeitig und parallel diese beiden Gesichter ihrer Geschichte lesen, die sich wie die Vorder- und die Rückseite einer Medaille zueinander verhalten, die Philosophie und ihre Kehrseite, oder das außerhalb von ihr liegende, wobei beide durch ihre gegenseitige Zugehörigkeit miteinander verbunden sind. Diese Geschichte ist nie geschrieben worden, und auch ich werde sie jetzt nicht schreiben. Ich werde nur einige Anhaltspunkte nennen. Aber neh-

7 Michel Foucault, *Wahnsinn und Gesellschaft*, Frankfurt am Main 1969, S. 355.

men wir gleich nur ein Beispiel, das eines Philosophen, der wohl kaum des Cartesianismus verdächtig ist: Schopenhauer, der in den *Parerga* folgendes schreibt:

»Fast alle Menschen bedenken unablässig, daß sie der und der Mensch sind, nebst den Korollarien, die sich daraus ergeben: hingegen, daß sie überhaupt ein Mensch sind und welche Korollarien hieraus folgen, das fällt ihnen kaum ein und ist doch die Hauptsache. Die wenigen, welche mehr dem letztern, als dem erstern Satze nachhängen, sind Philosophen.«[8]

Eineinhalb Jahrhunderte nach Descartes hat Kant seinen Einfluß auf dem Gebiet des Philosophen des Willens und seiner Annullierung ausgeübt.

Aber nehmen wir ein anderes Beispiel dieser doppelgesichtigen Geschichte des *Cogito* und des Theaters, dieser *Interface*-Geschichte, wie man heute sagen würde, nehmen wir das Beispiel von Descartes selbst. Erkennt er nicht selbst in den *Passions de l'âme* die Existenz »von verschiedenen Figuren, die man in der Seele spielen läßt und die gewöhnlich im Gegensatz zueinander stehen«? In einem Brief an Elisabeth spricht er »von edlen Seelen, den nichtswürdigen und niederträchtigen entgegengesetzt, die« – schreibt er – »die Ereignisse nur so betrachten, wie wir es bei Komödien tun«; und er fügt hinzu: »und so wie die traurigen oder beklagenswerten Geschichten, die wir auf einer Bühne sehen, uns oft ebenso viel Genuß bringen wie die heiteren, obwohl sie uns die Tränen in die Augen treiben, so empfinden die edelsten Seelen in sich Zufriedenheit mit allem, was ihnen geschieht, selbst mit dem Unerfreulichsten und Unerträglichsten.« (18. Mai 1645). Wir kennen alle die Präsentation von Descartes, die er in den *Cogitationes privatae* selbst vornimmt, als er die philosophische Bühne betritt:

»So wie die Schauspieler, die sorgfältig die ihnen ins Gesicht steigende Röte abdecken, sich mit ihrer Rolle kleiden, so gehe ich in dem Augenblick, in dem ich auf die Bühne der Welt trete, wo ich mich bisher als Zuschauer verhielt, maskiert vor, *larvatus prodeo*«.

Ist das *Ego Cogito* nicht vielleicht eine der zahlreichen Figuren des *Paradoxes* von Diderot? Und was ist das Buch über die *Passions de l'âme* anderes als eine Liste ihrer Ausdrucksmechanik, die jeder Schauspieler als Lehrbuch der Schauspieltechnik benutzen könnte?

8 Arthur Schopenhauer, »Die Philosophie und ihre Methode«, in: *Sämtliche Werke*, Bd. V, *Parerga und Paralipomena*, S. 9.

Und schließlich noch dieser Jugendtraum von Descartes, den einer seiner Biographen, Baillet, 1691 erzählt und den Maxime Leroy, Autor des Buches *Le philosophe au masque*, 1929 Freud schildert, damit er ihn deute, ausgehend von zwei in ihm enthaltenen Rätseln: »Quod iter sectabor vitae?«, »Welchen Weg werde ich in meinem Leben einschlagen?« und einem Vers von Ausonius: *sic et non*. Freud antwortet: Aber Descartes selbst hat seinen Traum über den einzuschlagenden Weg gedeutet. Was das *sic et non* betrifft, so könnte es unserer Meinung nach bedeuten: Selbst das Nichtsein ist ein Sein, dieses Nichtsein, wenn nicht des Traums, so doch des Wahnsinns, Wahnsinn, den der wache Philosoph später rasch beiseite schiebt. Dann begegnen wir auf unserem Weg Diderot, und nach ihm Hegel und der Theatralisierung der Figuren des unglücklichen Bewußtseins, des Herrn und des Knechts, der schönen Seele usw. in der *Phänomenologie des Geistes*. Danach wird es der häufige Gebrauch von Pseudonymen bei Kierkegaard sein, seine zahlreichen *Alter ego*, und etwas später der Einbruch der Tragödie bei Nietzsche und der Wille zur Macht, welcher der sokratischen Weisheit und dem christlichen Verzicht entgegengesetzt ist; schließlich, nachdem die Illusionen zerstört waren, die das Ich, das Bewußtsein und die Wahrheit der Wissenschaften darstellen, die letzten mit »Dionysos« oder »der Gekreuzigte« unterschriebenen Briefe. »Alles was tief ist, liebt die Maske«, schrieb Nietzsche in *Jenseits von Gut und Böse* und in dem Gedicht »Nur Narr, Nur Dichter« der *Dionysos-Dithyramben*: »So sank ich selbst einstmals, / aus meinen Wahrheits-Wahnsinne, / aus meinen Tages-Sehnsuchten, / des Tages müde, krank vom Lichte, / – sank abwärts, abendwärts, schattenwärts, / von Einer Wahrheit / verbrannt und durstig / – gedenkst du noch, gedenkst du, heißes Herz, / wie da du durstetest? – daß ich verbannt sei / von aller Wahrheit! / Nur Narr! Nur Dichter!«[9]

Herr und Knecht, Victor l'Eremite, Dionysos, Christus, das ist der Aufzug dessen, was Deleuze »Begriffspersonen« nannte, die für ihn keine Mythen und Symbole sind, sondern die »Heteronyme des Philosophen, und der Name des Philosophen [ist] das Pseudonym seiner Figuren«.[10] Aber es müßte noch eine andere Linie verfolgt

9 Friedrich Nietzsche, *Sämtliche Werke*, hg. von G. Colli und M. Montinari, München 1999, Bd. 6, S. 380.

10 Gilles Deleuze/Félix Guattari, *Qu'est-ce que la philosophie?*, 1991; dt.: *Was ist Philosophie?*, I, 3 Frankfurt am Main 2000.

werden. Dieses Nebeneinander von Wahnsinn und Unvernunft in den von Pinel und Esquirol zu Beginn des 19. Jahrhunderts beschriebenen Formen von hellsichtigem Wahnsinn, Wahnsinn ohne Delirium, Monomanie, von moralischem Wahnsinn, ein Nebeneinander, das bei den Irrenärzten, Philosophen und Richtern (siehe zum Beispiel den Fall Pierre Rivière) zu einer endlosen Diskussion führte: Wo ist die Wahrheit, wo die Lüge in den Taten und Schriften des jungen Elternmörders? Ist er verrückt oder geistig gesund? Diese Fragen blieben bis zur ein paar Jahrzehnte später erfolgten »Erfindung« der morbiden Vererbung und der Degeneration unbeantwortet. Ebenfalls Wahnsinn und Theater: Schopenhauer zum Beispiel schrieb in *Die Welt als Wille und Vorstellung*:

»Meine eigene, vieljährige Erfahrung hat mich auf die Vermutung geführt, daß Wahnsinn verhältnismäßig am häufigsten bei Schauspielern eintritt (...) Täglich haben sie eine neue Rolle einzulernen oder eine alte aufzufrischen: diese Rollen sind aber sämtlich ohne Zusammenhang, ja im Widerspruch und Kontrast mit einander, und jeden Abend ist der Schauspieler bemüht, sich selbst ganz zu vergessen, um ein völlig anderer zu sein. Dergleichen bahnt geradezu den Weg zum Wahnsinn.«[11]

Der wahnsinnig werdende Schauspieler, aber umgekehrt auch der Wahnsinnige, der zum Schauspieler wird: Das wird die große Episode der Hysterie sein, die von 1870 bis zum Ende des Jahrhunderts im kleinen Theater der Salpêtrière spielt, dieses ganze »wunderbare Theater« des Hypnotismus, der Simulation und der Suggestion, des doppelten Bewußtseins, der vier Hauptphasen der Krankheit, die von jungen Frauen inszeniert wurden, von denen man die meisten für »Schauspielerinnen« hielt und die die Listen und Finten des Theaters ausspielten, um dem Einfluß der »cartesianischen« Klinik des großen Meisters Charcot und dessen Schülern zu entgehen. Danach gab es die »andere Bühne«, die Bühne des Unbewußten, und bei Freud das Ergebnis der medizinischen Rationalität, wonach die Wahrheit des Subjekts in den Symptomen steckt, im Delirium und im Traum: Umkehrung der cartesianischen Position, und Verschiebung der Wahrheit vom *Cogito* zur Unvernunft: das, was Foucault den »anthropologischen Kreis« genannt hat.

Die Positionen und die Methode von Foucault schreiben sich in

11 Arthur Schopenhauer, »Über den Wahnsinn«, in: *Sämtliche Werke*, Bd. II, *Die Welt als Wille und Vorstellung*, Kap. 32, S. 514-519, hier: S. 515.

diese doppelgesichtige Geschichte ein: auf der einen Seite die Philosophie, auf der anderen das Theater. Ich werde hierfür drei Belege zitieren, die für sich sprechen und keines weiteren Kommentars bedürfen: Über *Différence et répétition* von Gilles Deleuze (1969):

»Es ist etwas ganz anderes als die x-te Darstellung des Anfangs und des Endes der Metaphysik. Es ist das Theater, die Bühne, die Probe[12] einer neuen Philosophie: Auf der nackten Fläche jeder Seite wird Ariadne erdrosselt, tanzt Theseus, brüllt der Minotaurus, ertönt das Lachen des vielfältigen Gottes. Es gab die Philosophie als Roman (Hegel, Sartre); es gab die Philosophie als Meditation (Descartes, Heidegger). Hier nun erleben wir, nach Zarathustra, die Wiederkehr der Philosophie als Theater. Nicht als Reflexion über das Theater, und nicht als bedeutungsgeladenes Theater. Sondern als Philosophie, die Bühne, Personen, Zeichen, Probe eines einzigartigen Ereignisses geworden ist, das sich niemals wiederholt.«[13]

Immer noch in bezug auf *Différence et répétition* und *Logique du sens*[14] von Deleuze schloß Foucault seinen Artikel in *Critique* (1970) folgendermaßen:

»Die Philosophie nicht als Denken, sondern als Theater: wo auf vielen Bühnen flüchtige, kurzlebige Szenen gespielt werden; wo die Gebärden einander Zeichen geben, ohne einander zu sehen; wo unter der Maske des Sokrates plötzlich das Lachen des Sophistes erklingt; wo Spinozas Modi ein dezentriertes Rondo anführen, während die Substanz sie wie ein irrer Planet umkreist«.[15] Und schließlich in einem Interview mit Moriaki Watanabe 1978 in Japan:

»Die abendländische Philosophie hatte kaum Interesse am Theater, möglicherweise seit der Verdammung des Theaters seit Platon. Man muss bis Nietzsche warten, bis die Frage nach dem Verhältnis von Philosophie und Theater gegenüber der abendländischen Philosophie erneut in ihrer ganzen Schärfe gestellt wird. Ich glaube nämlich, dass die Nichtbeachtung des Theaters in der abendländi-

12 Im Französischen bedeutet »répétition« sowohl Wiederholung als auch Probe für eine Aufführung (Theater, Konzert, Ballet etc.) [A.d.Ü.].

13 Michel Foucault »Ariadne hat sich erhängt«, in: *Dits et Ecrits, Schriften*, Bd. I, Frankfurt am Main 2001, Nr. 64, S. 975-979, hier: S. 976. (frz.: S. 768).

14 Gilles Deleuze, *Differenz und Wiederholung*, München 1992; ders., *Logik des Sinns*, Frankfurt am Main 1993.

15 Michel Foucault, »Theatrum philosophicum«, in: *Dits et Ecrits, Schriften*, Bd. II, a.a.O., Nr. 80, S. 93-122, hier: S. 122 (frz. S. 99)

schen Philosophie und eine bestimmte Weise, die Frage nach dem Blick zu stellen, miteinander verknüpft sind. Seit Platon, und mehr noch seit Descartes, richtet sich eine der wichtigsten philosophischen Fragen auf das Wesen des Blicks, oder vielmehr darauf, ob das, was man sieht, wahr oder eine Täuschung ist; ob man sich in der wirklichen Welt oder in der Welt der Einbildung befindet. Zwischen Wirklichkeit und Täuschung, zwischen Wahrheit und Unwahrheit zu entscheiden, das ist die Aufgabe der Philosophie. Nun kennt das Theater diese Unterscheidungen aber überhaupt nicht. Es hat keinen Sinn, sich zu fragen, ob das Theater wahr oder wirklich sei oder ob es eine Illusion und trügerisch sei. Das Theater wird durch diese Fragestellung zum Verschwinden gebracht. Die Anerkennung der Nicht-Verschiedenheit zwischen dem Wahren und dem Falschen, zwischen dem Wirklichen und dem Eingebildeten ist die Bedingung dafür, dass das Theater überhaupt funktioniert.«[16]

Und Foucault fügt hinzu, daß man nicht vom Subjekt ausgehen dürfe, vom Subjekt im Sinne Descartes' als ursprünglichem Punkt, von dem aus alles hervorgebracht werden muß; man dürfe nicht die Geschichte des Wahren und des Falschen schreiben, sondern »eine Geschichte der Bühne (...), auf der man anschließend versucht hat, das Wahre vom Falschen zu unterscheiden«.

Man müßte die Wirkungen dieser Position im Denken und im Schreiben von Foucault analysieren, ein Denken, das begonnen hatte, sich vom souveränen Subjekt zu lösen, von der Wahrheit des *Cogito*, um sich der Wahrheit des Wahnsinns zu öffnen, den Diskursen als Praktiken, Taktiken und Technologien, jenen großen konzeptuellen Konstruktionen ohne Subjekt, die die *episteme* sind, die sich bekannterweise mit der scharfsinnigen Darstellung der *Meninas* von Velázquez in *Les mots et les choses* ankündigen; ein Denken, das von der Vorlesung am *Collège de France* 1970 an – das ist meiner Meinung nach die Wende – dem Wissen und der Erkenntnis nicht mehr die Frage der Wahrheit stellt, sondern statt dessen die nietzscheanische Frage der Genealogie und die neue Frage der Macht, der Wirkungen der Macht, der Dispositive und Technologien der Macht. Wirkungen auch auf den Schreibstil mit seinen textuellen Inszenierungen, seinem Funkeln, seinen über die Seiten ausgebreiteten Sichtbarkeiten (man denke zum Beispiel an die in *Surveiller et punir*

16 Michel Foucault, »Die Bühne der Philosophie«, in: *Dits et Ecrits, Schriften*, Bd. III, Frankfurt am Main 2003, Nr. 234, S. 718-747, hier: S. 718 f.

der Folter des Damiens und dem *Panopticon* Benthams gewidmeten Analysen). Damit ergibt sich eine Geschichte, die nicht der leichten Neigung der »Ideen«, der »Strukturen«, der »Mentalitäten« oder was auch immer folgt, sondern die von Ereignissen ausgehend geschrieben und konstruiert wird, mittels der Konfrontationen, der Widerstände, der Kämpfe der miteinander ringenden Gegner: »theatrum politicum«. Vielleicht sind diese Foucaultschen Inszenierungen der Geschichte »Fiktionen«, aber Fiktionen, die man immer wieder lesen und neu lesen wird und die uns immer wieder begeistern werden wegen der Schönheit des Stils, der Klarheit der Analysen und der Plastizität der Figuren und Gruppen, und das in Gegenwart, vor dem Hintergrund jener Ereignisse, die pausenlos die glatte Folie dessen zerreißen, was Hegel den *Weltlauf* nannte. Selbst wenn in diesen »Fiktionen« alles falsch oder nicht wahr wäre, wie einige mit unerschöpflicher Geduld aufzuzeigen und zu beweisen bemüht sind, werden diese Foucaultschen Erzählungen uns immer wieder lehren, worin heute die eigentliche Arbeit des Philosophen besteht. Was auch immer man denken mag, Tatsache ist, daß die Wahrheit dieser Fiktionen nicht die des *Cogito* ist; es geht um die Spiele der Wahrheit auf einer Bühne, auf der sich die vielfältigen Beziehungen der Macht, der Biopolitik und der Gouvernementalität entfalten. Meine Hypothese ist also, daß Foucault in dem Augenblick aufgehört hat, sich mit Hilfe der Dialektik des Wahren und des Falschen, der Vernunft und der Unvernunft auf das *Cogito* zu beziehen, als er dem Wissen die Frage der Macht gestellt hat. Vorher blieb man trotz allem in den Netzen einer Art von Negativität, von negativem Denken gefangen, das auch in Opposition oder in einer Ausweichbewegung niemals versäumte, sich recht und schlecht auf das *Cogito* zu beziehen. Zuerst mit der Frage der Macht, und dann mit der Frage der Gouvernementalität löste sich Foucault von ihm ab, auf diesem langen, der cartesianischen Haltung völlig fremden Rückmarsch, der ihn, den späten Foucault, zur Problematik der Sorge um sich und der *parrhesia* geführt hat. Praktiken, um die herum sich jene *techne tou biou*, jene Ästhetik der Existenz, ausgebildet hat, von der zu Beginn die Rede war. Dieser Abschluß der Foucaultschen Denkbewegung stellt meiner Meinung nach den endgültigen Abschied von jener Dialektik des Ausschlusses dar, die in der *Histoire de la folie* am Werk ist. Er stellt auch das radikale Fallenlassen des Projekts der modernen Philosophie nach Descartes dar, dieses Imperialismus der Wahrheit, der Wahrheit der Wissenschaften, der Herrschaft der Technik, die zum großen Teil verantwortlich sind für die Katastrophen dieses Jahrhunderts.

Es steht dahin, ob uns diese Ästhetik heute noch einmal angeboten werden kann, ob sie von uns umgesetzt, praktiziert werden kann, wir, die wir zu alt, zu reif, zu geschickt und von zu vielen Meisterdenkern, Propheten, Beichtvätern, Ratgebern aller Art umgeben sind, wir, die wir bestenfalls den Dandyismus Balzacs, Baudelaires, der Effekthascher der europäischen Décadence, geerbt haben und nun mit allen möglichen Arten von Moden und Diskursen geschlagen sind, die uns mit Hilfe vieler Rezepte und Tricks einschärfen, uns um unseren Körper, um unsere Sexualität, um unser Leben, dieses kleine Leben neben dem Leben, zu kümmern. Aber überlassen wir diese Possen den Possentreibern, die uns belehren. Nichts hindert uns daran, wahr zu sprechen, mit uns selbst, mit den anderen und mit denen, die uns regieren. Nichts verbietet uns, wahr zu sprechen, man muß nur den Mut dazu aufbringen. Das ist die andere Lehre, die Lehre Foucaults, die er uns nicht als Autor vermittelt, sondern in seinen Büchern, seiner rastlosen Arbeit, seinen unerschöpflichen Analysen, denn wie er selbst in einem mir gewährten Interview kurz vor seinem Tod sagte: »Das einzige Pressegesetz, das einzige Büchergesetz, dessen Erlaß ich mir wünschen würde, wäre das Verbot, zweimal denselben Autorennamen zu benutzen, und außerdem das Recht auf Anonymat, damit jedes Buch um seiner selbst willen gelesen wird (...) Für jemanden wie mich, der kein großer Autor ist, wäre es wünschenswert, daß sie um ihrer selbst willen gelesen werden, mit ihren etwaigen Mängeln und Qualitäten.«[17] Nur das, nicht mehr.

Aus dem Französischen von Mira Köller.

17 Michel Foucault, »Une esthétique de l'existence«, in: *Dits et écrits*, Bd. IV, Paris 1994, Nr. 357, S. 730-735, hier: S. 734 f.

Daniel Defert
Sehen und Sprechen, für Foucault

Sie haben mich gebeten, über »Foucault und seine Malerfreunde« zu sprechen. Ich muß gestehen, daß ich über diesen Vorschlag ziemlich überrascht war. Auch wenn Foucault über einige befreundete Maler geschrieben hat, so könnte ich nicht sagen, daß der Umgang mit ihnen für sein intellektuelles und gesellschaftliches Leben besonders wichtig gewesen wäre oder eine bestimmte Bedeutung gehabt hätte. Sein soziales Umfeld bestand aus Musikern und noch mehr aus Schriftstellern, Ärzten, Juristen, Architekten, Politikern und Gewerkschaftlern, d. h. aus all den Berufen, die grundlegend für unser intellektuelles Leben sind. Er war kein Kunstsammler, auch wenn er einige Werke gekauft hat. Die Frage könnte Gefahr laufen, anekdotisch zu bleiben, wenn sie nicht zu einer anderen führen würde: Hat es einen speziellen Dialog Foucaults oder von Foucaults Werk mit den Malern und mit der Malerei gegeben?

Die zeitgenössische Philosophie hat die Malerei zu einem der Bereiche gemacht, in denen sie Aufschluß über ihre reflexive Funktion sucht. Heidegger und Merleau-Ponty haben über Cézanne, Sartre über Tintoretto und Derrida, Serres und Deleuze haben über Bacon und somit über die Malerei geschrieben. Die Phänomenologie hat aus dem Diskurs über die Malerei einen bevorzugten Zugang zu unserem Sein in der Welt gemacht.

Wie Foucault bemerkte, war es in den 50er Jahren einfacher, über die Malerei als über die Musik zu schreiben. Und es war nach seinen aufeinanderfolgenden Begegnungen mit den beiden Messiaen-Schülern Gilbert Humbert und dem Komponisten Jean Barraqué die Konfrontation mit der seriellen Musik, die ihn dazu brachte, die vorherrschende Philosophie aufzugeben:

»Wenn ich mich recht erinnere, verdanke ich meinen ersten ›Kulturschock‹ den französischen Vertretern der seriellen und der Zwölftonmusik wie Boulez und Barraqué, mit denen ich freundschaftlich verbunden war. Durch sie entstand für mich der erste ›Riss‹ in dem dialektischen Universum, in dem ich bis dahin gelebt hatte. (...)

Das war genauso bedeutsam wie die Nietzsche-Lektüre. (...) Heute interessiere ich mich allerdings mehr für Malerei als für Musik.«[1]

Wollte er damit die allgemeinere Geschichte seiner Interessensgebiete beschreiben? Es ist richtig, daß die beiden Leidenschaften, die wir in unseren Gesprächen fast täglich geteilt haben, die Malerei und die Politik waren.

Eine der Hauptachsen der epistemologischen – im Mittelpunkt von *Die Geburt der Klinik* – und der ästhetischen Reflexion Foucaults war die Erhellung der Beziehungen zwischen Sehen und Sprechen, und insbesondere zwischen Sprache und Malerei, sowie die Tatsache, daß sie sich nicht voneinander ableiten lassen. Und es sind die Schriften und nicht seine Bekanntenkreise, die es allein erlauben, sich dieser Fragestellung zu nähern.

Um eine Unterscheidung aufzunehmen, die Foucault am Ende seines Lebens am Beispiel der Philosophen getroffen hat:[2] Es gab Maler, die Foucault mochte, ohne über sie zu sprechen, und Maler, über die er gesprochen hat. Und dann gab es noch die, mit denen er sich öfter traf. Das sind also drei Gruppen oder Korpora, die unterschiedlichen Konstitutionsweisen gehorchen.

Von den Malern, die er mochte, ohne etwas über sie zu schreiben oder nur wenig, kann ich kein einheitliches Prinzip, keine Erklärung anbieten, sondern nur die wahrscheinliche Schichtung eines Bildungsromans.

Die Florentiner des Quattrocento: Giotto, Piero della Francesca und Masaccio. Die Florentiner gehörten zum vorgeschriebenen Lehrplan einer guten intellektuellen Ausbildung, eine Florenzreise war nach dem Krieg ebenso notwendig wie in den früheren Jahrhunderten eine Reise nach Rom. Foucault machte die seinige im Jahre 1953, gerade zu der Zeit, als er Nietzsche entdeckte. Ich machte die meine 1963 mit meinem Zeichenlehrer. Foucault hielt 1967 in Tunis eine Vorlesung über das Quattrocento, während er die Konstruktion von diskursiven Formationen für die *Archäologie des Wissens* erforschte. Das intellektuelle Frankreich, das immer ein wenig jansenistisch ist, hat die Florentiner zweifellos im Zusammenhang mit dem Wiederaufschwung des Kubismus wiederentdeckt. Aber

1 Michel Foucault, »Wer sind Sie, Professor Foucault?«, in: *Dits et Ecrits, Schriften,* Bd. I, Frankfurt am Main 2001, Nr. 50, S. 770-793, hier: S. 785.

2 Michel Foucault, »Le retour de la morale«, in: *Dits et écrits,* Bd. IV, Paris 1994, Nr. 354, S. 696-707, hier: S. 703.

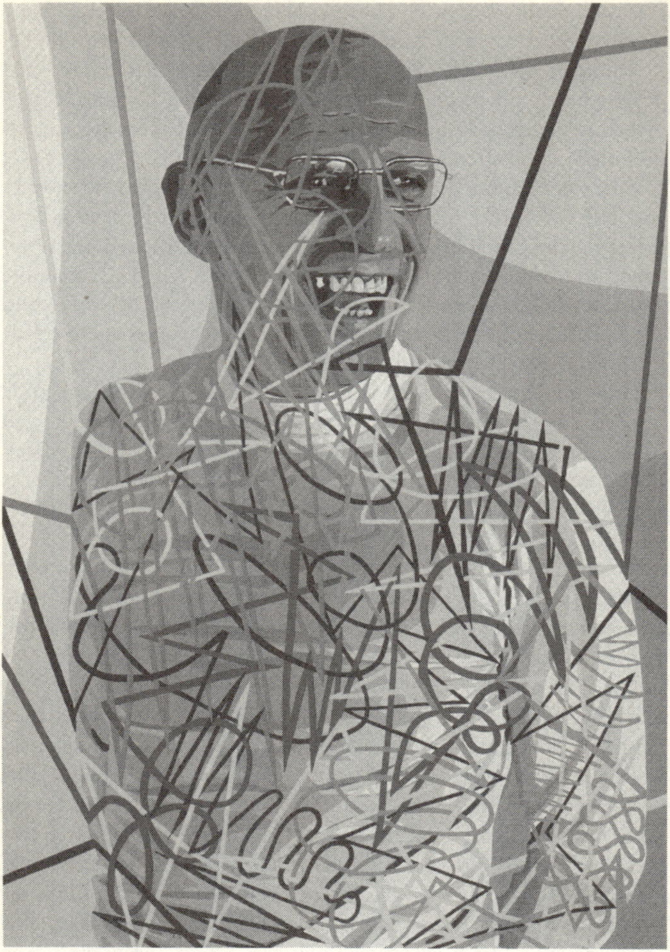

Abb. 1: Porträt Michel Foucaults von Fromanger.

Foucault kannte und schätze auch die Venezianer wie Giorgione, Carpaccio, Bellini, Tizian und natürlich Tintoretto. Wie mir scheint, gehörten die Venezianer nicht zur damaligen ästhetischen Doxa in Frankreich, wenngleich Berenson schon seit den 30er Jah-

Abb. 2: Foucault bei sich zu Hause.

ren die These vertrat, daß die Renaissance ihren vollen Ausdruck nur bei den Venezianern fand. Wie uns Rebeyrolle erzählte, hatte auch er in den 50er Jahren die Venezianer entdeckt, obwohl er ein realistischer und kommunistischer Maler war.

Eine wichtige Schicht bildeten die Maler, die die Kunstszene in den 50er Jahren beherrschten, also in den Jahren von Foucaults Studienzeit in Paris, allen voran Nicolas de Staël. Es gab keine Retrospektive von Staël in Europa, die wir nicht besucht haben. »Das ist unsere Jugend«, flüsterte ihm die Filmemacherin Michelle Rozier bei einer dieser Ausstellungen ins Ohr.

Dann gab es den hervorragenden Fautrier, mit Sicherheit einer der größten französischen Maler dieser Epoche, den Foucault mich entdecken ließ, sowie Bissière, Messagier und Rebeyrolle, die in den 60er Jahren oft zusammen ausgestellt wurden, als wir jede Woche durch die Galerien im 6. Arrondissement streiften. Riopelle mit seinen dicken Farbschichten, Tàpies und seine Bilder mit fixiertem Sand.

Die Surrealisten haben mit Sicherheit seine Jugend begleitet: die medizinische Welt war empfänglich für Breton, den ehemaligen Medizinstudenten. Auch wenn seine Familie Gemälde von Barbizon besaß, hat Dr. Foucault Masson behandelt. Foucault hat sein ganzes Leben unter einer Zeichnung von Masson gearbeitet, die seinem Vater gewidmet war. Tanguy, Picabia, von dem er eines der *Transparenz*-Bilder kaufte. »*Die dritte Dimension ohne die Benutzung der Perspektive*«, schrieb Duchamp über die *Transparenzen*, deren Vibrieren besonders toll war, wenn man LSD genommen hatte. Die Gemälde meines Bruders, die bei ihm hingen, hatten aufgrund ihrer Farben auch diese ganz besondere Vibration.

Von den amerikanischen Malern, die sich durchzusetzen begannen, bevorzugte er Tobey, von dem er *Une écriture blanche* kaufte, und Rothko, den wir 1962 zusammen mit den Leuten von *Tel Quel* entdeckt haben. Und natürlich die Maler-Denker wie Klee und Kandinsky. Er hat Kandinsky regelrecht studiert und wollte über ihre Beziehungen schreiben. Außerdem mochte er Georges de la Tour und die Zeichnungen von Juan Gris. Soweit zum imaginären, geheimen Museum.

Die Maler, über die Foucault geschrieben oder gesprochen hat, sind fast alle im Index des IV. Bandes von *Dits et écrits* verzeichnet; es sind etwa 30. Er kannte vor allem Velázquez, Magritte und Manet. Manet ist in der Tat der einzige Maler, den Foucault als Maler studiert hat, das heißt, indem er sich mit dem Gesamtwerk beschäftigte. Von Velázquez hat er sich *Las Meninas* und von Magritte mit zwei Versionen von *Ceci n'est pas une pipe* (*Dies ist keine Pfeife*) beschäftigt.

Von der umfangreichen Untersuchung über die Atelierausbildung von Manet bei Thomas Couture ist nur die Mitschrift einer Zuhörerin von einem frei gehaltenen Vortrag in Tunis erhalten geblieben, die bei Merve[3] sowie in Italien und vor kurzem in Frankreich in der *Revue d'Esthétique* veröffentlicht wurde. Ungeklärt ist, ob Foucault ein richtiges Manuskript geschrieben hatte oder ob es sich nur um eine Sammlung von Notizen handelte. Hervé Guibert hat die abenteuerliche Hypothese von einem vernichteten Manuskript aufgestellt. Das ist ziemlich unwahrscheinlich, aber es gibt eben nur noch ein dickes Dossier mit Lektürenotizen.

Foucault hat wirklich einen Essay über die *Meninas* von Picasso und über das Prinzip der von Picasso eingeführten Transformationen geschrieben, der unveröffentlicht blieb, sowie einige Seiten über Warhol und die Wiederkehr der Lust, die in den Bildern der Male-

3 Michel Foucault, *Die Malerei von Manet*, übers. von Peter Geble, Berlin 1999.

rei eingefangen wird. Die Thematik des Bildes und der langsamen Aufhebung der dritten Dimension, die mit Manet beginnt, findet man in dem Text über Fromanger und den Hyperrealismus wieder.

Was die Maler betrifft, mit denen Foucault bekannt war, muß man zunächst verstehen, daß er die Bewunderung der Werke völlig von seinem Interesse für die Individuen trennte. Er war der Meinung, daß die Individuen ihrem Werk zumeist unterlegen waren. Blanchot, der ihn gern treffen wollte, antwortete er, daß er ihn dazu viel zu sehr bewundern würde. In einem sehr lustigen Text mit dem Titel »Wie ich mir Foucault vorstelle«[4] beschrieb Blanchot, wie er 1968 in der besetzten Sorbonne mit Foucault, der seinen Gesprächspartner nicht erkennen konnte, da Blanchot niemals sein Gesicht hat photographieren lassen, gesprochen hatte. Wie wunderbar war doch die Anonymität in diesem Mai '68, als jeder mit jedem reden konnte, schließt Blanchot.

Die Maler, die Foucault persönlich kannte, traf er in verschiedenen – oft politischen – Freundeskreisen, ohne nach ihnen zu suchen. Rebeyrolle, dessen Arbeiten er sehr mochte und von dem er oft gern ein Bild gekauft hätte, lernte er durch die Gefängnisbewegung kennen. Die dort ebenfalls aktive Witwe von Paul Eluard hatte den Kontakt hergestellt. Soulages war ein Freund von Pierre Nora, seinem Verleger, und von Françoise Cachin, der Konservatorin am Musée d'Orsay; Byzantios war ein Freund von Jean Daniel, dem Leiter des *Observateur*, Bernard Dufour ein Freund von Olga Bernal, die Foucault als erste in eine amerikanische Universität einlud; Ipousteguy, der Bildhauer, stand den Maoisten und Glucksmann nahe; François Arnal war ein Freund meines Bruders Maxime. Fromanger war zunächst ein Freund von Deleuze, ebenso wie Klossowski, der Zeichner, Schriftsteller und Bruder von Balthus. Magritte war von sich aus auf Foucault zugekommen, indem er einen Brief an ihn geschrieben hatte. Einige Stellen in *Die Ordnung der Dinge* hatten den Maler begeistert. Ein geplantes Treffen kam nicht mehr zustande, da Magritte am 15. August 1967 starb. Foucault schrieb also als Hommage über Magritte. Mit dem Magritte-Sammler und -Anwalt Henry Torczyner, bei dem er in New York selten gezeigte Werke des Malers sah, blieb er in Kontakt.

4 Maurice Blanchot, *Michel Foucault tel que je l'imagine*, Montpellier 1986; dt.: Maurice Blanchot, *Michel Foucault, vorgestellt von Maurice Blanchot*, Tübingen 1987.

Abb. 3: Michel Foucault mit Maxime Defert in dessen Atelier.
(Photo: Jean Michel Tarty)

Er besuchte Ateliers und sah sich zusammen mit Byzantios noch einmal die Manet-Bilder im *Jeu de Paume* an. Ich bezeichnete das als Beziehungen unter Kunsthandwerkern, denen er sich in einem rührenden und bescheidenen Gespräch näherte, wie er es mit Antonioni führte: »Wie arbeiten Sie?«

Die Präsenz der Malerei in Foucaults Werk hat die Aufmerksamkeit der Öffentlichkeit und der Maler erregt, und zwar hauptsächlich nach seiner ebenso ästhetischen wie philosophischen Interpretation der *Meninas* von Velázquez, mit der *Die Ordnung der Dinge* beginnt.

Dabei sollte aber nicht vergessen werden, daß die *Geschichte des Wahnsinns* auch mit einer Beschreibung des *Narrenschiffs* von

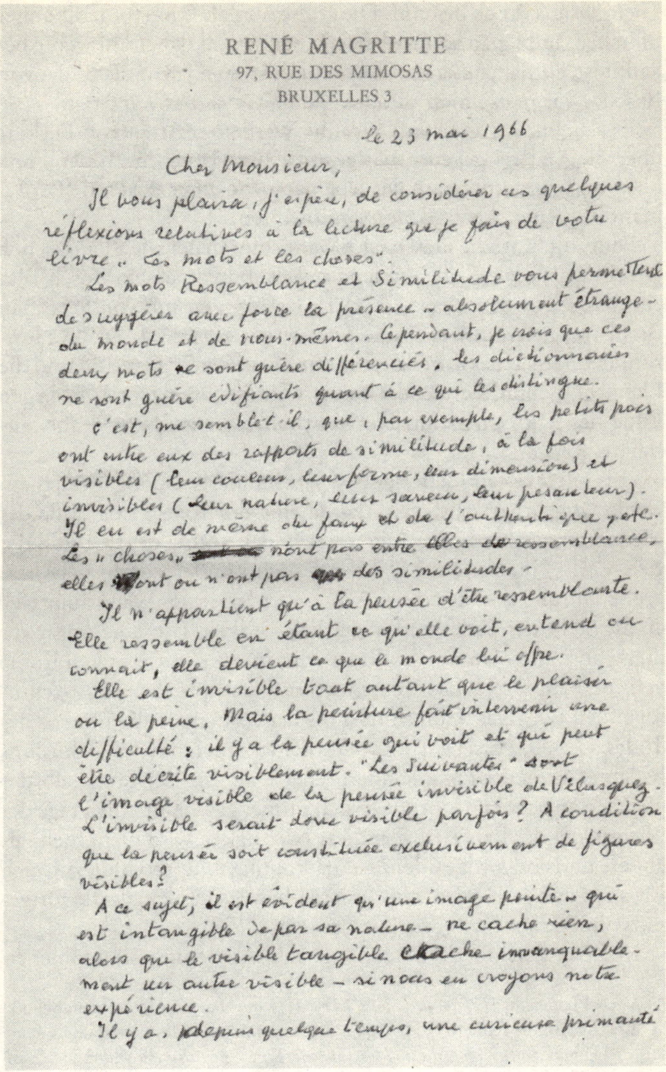

RENÉ MAGRITTE
97, RUE DES MIMOSAS
BRUXELLES 3

le 23 mai 1966

Cher Monsieur,

Il vous plaira, j'espère, de considérer ces quelques réflexions relatives à la lecture que je fais de votre livre „Les mots et les choses".

Les mots Ressemblance et Similitude vous permettent de suggérer avec force la présence – absolument étrange – du monde et de nous-mêmes. Cependant, je crois que ces deux mots ne sont guère différenciés, les dictionnaires ne sont guère édifiants quant à ce qui les distingue.

C'est, me semble-t-il, que, par exemple, les petits pois ont entre eux des rapports de similitude, à la fois visibles (leur couleur, leur forme, leur dimension) et invisibles (leur nature, leur saveur, leur pesanteur). Il en est de même du faux et de l'authentique, etc. Les „choses" n'ont pas entre elles de ressemblance, elles ont ou n'ont pas des similitudes.

Il n'appartient qu'à la pensée d'être ressemblante. Elle ressemble en étant ce qu'elle voit, entend ou connaît, elle devient ce que le monde lui offre.

Elle est invisible tout autant que le plaisir ou la peine. Mais la peinture fait intervenir une difficulté: il y a la pensée qui voit et qui peut être décrite visiblement. "Les Suivantes" sont l'image visible de la pensée invisible de Vélasquez. L'invisible serait donc visible parfois? A condition que la pensée soit constituée exclusivement de figures visibles?

A ce sujet, il est évident qu'une image peinte – qui est intangible de par sa nature – ne cache rien, alors que le visible tangible cache immanquablement un autre visible – si nous en croyons notre expérience.

Il y a, depuis quelque temps, une curieuse primauté

Abb. 4: Brief von René Magritte, abgedruckt in: Michel Foucault, *Dies ist keine Pfeife*, München 1974.

Hieronymus Bosch beginnt. Die große Ausgabe[5] von 1961, die außer in Italien und Japan kaum übersetzt wurde und daher nur wenig bekannt ist, enthält außerdem lange Ausführungen über die Bilder von Bosch, Brueghel, Thierry Bouts, Dürer, Goya und van Gogh.

Es scheint, als ob es in Foucaults Werk zwei Arten von Diskurs über die Malerei gegeben hätte, mit einem Bruch nach dem Text über Velázquez und dann der Übergang von einer existentiellen Semantik zu einer Analytik des Signifikanten.

Foucault führt die Präsenz des Wahnsinns in der abendländischen Gesellschaft des 15. Jahrhunderts ausgehend von einem Bosch-Bild ein, das selber den Gesang XXVII des *Narrenschiffs* von Sebastian Brant von 1492 illustriert: »die *Liminarsituation* des Irren am Horizont der Sorgen des mittelalterlichen Menschen«.[6] Das Bild und die Literatur symbolisierten die ganze Unruhe, »die plötzlich, gegen Ende des Mittelalters am Horizont der europäischen Kultur aufsteigt«.[7]

»Bis zur zweiten Hälfte des 15. Jahrhunderts, oder gar noch ein wenig länger, herrscht allein das Thema des Todes. Das Ende des Menschen, das Ende der Zeiten tragen das Antlitz der Pest und der Kriege. (...) in den letzten Jahren des Jahrhunderts dreht sich diese große Unruhe um die eigene Achse. Der Spott des Wahnsinns tritt an die Stelle des Todes und seiner Feierlichkeit. (...) Die Angst vor dieser absoluten Grenze des Todes wird in einer fortgesetzten Ironie verinnerlicht. (...) das Leben selbst besteht nur aus Abgedroschenheit (...) Der Wahnsinn ist die bereits hergestellte Präsenz des Todes. (...) Das Ersetzen des Todesthemas durch das des Wahnsinns bedeutet keinen Bruch, sondern eher eine Torsion innerhalb der gleichen ängstlichen Unruhe. Noch immer geht es um die Frage der Nichtigkeit der Existenz, aber diese Nichtigkeit wird nicht mehr als äußere und endgültige Grenze, die Drohung und Abschluß zugleich ist, anerkannt. Sie wird vom Inneren her verstanden als die fortgesetzte und konstante Form der Existenz.«[8]

In dieser Torsion, die bereits eine Subjektivierung ist, um hier ei-

5 Michel Foucault, *Histoire de la folie à l'âge classique*, Paris 1961, (auf dem Schutzumschlag ist die Radierung Nr. 26 aus den *Caprichos* von Goya abgebildet).

6 Michel Foucault, *Wahnsinn und Gesellschaft, Eine Geschichte des Wahns im Zeitalter der Vernunft*, Frankfurt am Main 1973, S. 29.

7 Ebd., S. 31.

8 Ebd., S. 33 f.

nen späteren Begriff zu benutzen, gibt es eine Spaltung des Wahnsinns:

»Wenn der Wahnsinn jeden in eine Blindheit zieht, in der er sich verliert, verhilft der Wahnsinnige im Gegensatz dazu jedermann zu seiner Wahrheit; in der Komödie, wo jeder die anderen täuscht und sich selbst düpiert, spielt er die Komödie zweiten Grades, die Täuschung der Täuschung. (...) Narrenfeste sind Theaterereignisse und haben soziale und moralische Kritik zum Inhalt (...)«[9]

Foucault hat gesehen, daß dieser zunehmende Bruch beim Ausdruck des Wahnsinns sich in einer zunehmenden Aufspaltung zwischen seiner literarischen Übersetzung und seiner plastischen Übersetzung ausdrückte:

»Zwischen Sprache und Bild (...) beginnt die schöne Einheit sich aufzulösen. Ihnen ist keine einzige und selbe Bedeutung unmittelbar gemeinsam.«[10] Für die Malerei der Ausdruck des Wahnsinns als tragische Erfahrung der Endlichkeit und des Todes, für die Literatur der Ausdruck von Wahnsinnigen als kritische Erfahrung.

»Und wenn das Bild auch die Funktion hat, etwas *auszusagen*, etwas der Sprache Konsubstantielles zu übermitteln, muß man doch anerkennen, daß es bereits nicht mehr das Gleiche sagt und daß die Malerei durch ihre plastischen Eigenarten sich in Experimente einläßt, die sie immer weiter von der Sprache entfernt, wie groß die oberflächliche Identität des Themas auch sein mag. (...) Man liest den Sinn nicht mehr in einer direkten Wahrnehmung, die Gestalt hört auf, selbst zu sprechen.«[11]

»Auf der einen Seite Bosch, Brueghel, Thierry Bouts, Dürer und das ganze Schweigen der Bilder. Im Raum der reinen Vision entfaltet der Wahnsinn seine Kräfte. (...) der Wahnsinn besitzt darin eine primitive Kraft der Enthüllung: der Enthüllung, daß die Traumdeutung Wirklichkeitscharakter besitzt (...). Diese ganze Verwobenheit der Erscheinung und des Geheimnisses, des unvermittelten Bildes und des unzugänglichen Rätsels entfaltet sich in der Malerei des fünfzehnten Jahrhunderts als der *tragische Wahnsinn der Welt.*«[12]

Das Traumhafte ist real. Es ist unmöglich, hier nicht die Fortsetzung von Foucaults ausführlicher Beschäftigung mit Binswanger zu

9 Ebd., S. 32.
10 Ebd., S. 36.
11 Ebd., S. 36 f.
12 Ebd., S. 48.

sehen, die sich in seiner 1954 veröffentlichten Einführung zu *Traum und Existenz* niedergeschlagen hat.[13]

Bei der Beschreibung eines anderen Bildes von Bosch, die *Versuchung des heiligen Antonius*, kommt Foucault zu einer seltsamen Auslegung: »In der *Versuchung* von Lissabon sitzt gegenüber dem heiligen Antonius eine dieser in seiner Einsamkeit, seiner Buße, seinen Entbehrungen wahngewordenen Gestalten. Ein schmales Lächeln belebt dieses körperlose Gesicht, repräsentiert lediglich die Unruhe in der Form einer agilen Grimasse. Nun ist es gerade diese Silhouette eines Nachtmahr, die zugleich Subjekt und Objekt der Versuchung ist (...) Der Gryllos [diese halb-groteske, halb-tierische Gestalt, die die Psalter oder die Kranzgesimse der Kathedralen schmückt] erinnert den Menschen in seiner satirischen Form nicht mehr an seine geistige, im Wahn seiner Begierden vergessene Berufung. Er ist der zur Versuchung gewordene Wahnsinn: alles Unmögliche, Phantastische, Unmenschliche an ihm, alles, was an ihm die Widernatürlichkeit und das Gekrabbel einer geisteskranken Präsenz an der Oberfläche der Erde erkennen läßt, all das gibt ihm gerade seine eigenartige Macht. Für den Menschen des fünfzehnten Jahrhunderts haben die Freiheit, selbst wenn sie erschreckend ist, seiner Träume und die Phantasmen seines Wahnsinns mehr Anziehungskraft als die begehrenswerte Realität des Fleisches.«[14] In ihren Bildern hat die Renaissance zum Ausdruck gebracht, »was sie an Drohungen und an Geheimnissen der Welt vorausahnte«.[15]

In der Literatur bemüht man sich dagegen, dem Wahnsinn aus dem Weg zu gehen, indem man nicht einmal von ihm spricht. Erasmus lenkt die Blicke von dieser Demenz ab. Nicht diese geisteskranken Formen hat er preisen wollen, sondern den »glücklichen Irrtum des Verstandes, der das Gemüt von ängstlichen Sorgen befreit«.[16]

Foucault hat also auf den ersten Seiten der *Geschichte des Wahnsinns* eine kenntnisreiche Analyse vorgenommen, die zugunsten der

13 Michel Foucualt, »Einführung«, in: *Dits et Ecrits, Schriften,* Bd. I, a.a.O., Nr. 1, S. 107-174.

14 Foucault, *Wahnsinn und Gesellschaft*, a.a.O., S. 38 f.

15 Ebd., S. 42.

16 Erasmus von Rotterdam, *Das Lob der Torheit*, Frankfurt am Main 1979, zit. nach: *Eloge de la folie*, übers. von Pierre de Nolhac, Paris 1964, S. 77.

Einschließung vergessen worden ist. In der Literatur, in der Philosophie, in der Theologie, in Calvins *Unterricht in der christlichen Religion* und bei Johannes Tauler hat sich weit vor seiner Einschließung ein Diskurs zur Beherrschung des Wahnsinns entwickelt.

»Einerseits gibt es ein mit rasenden Gesichtern beladenes Narrenschiff, das sich nach und nach in die Nacht der Welt eingräbt, in Landschaften, die von der fremden Alchimie des Wissens sprechen, von den stummen Drohungen der Bestialität und vom Ende der Welt.«[17]

Auf der einen Seite hat man also Bosch, Bruegel, Thierry Bouts und Dürer und den tragischen Wahnsinn der Welt. »Auf der anderen Seite wird der Wahnsinn mit Brant, Erasmus, mit der ganzen humanistischen Tradition in das Universum der Sprache aufgenommen, wo er sich verfeinert, subtiler wird, und zugleich sich selbst entwaffnet. Er wechselt die Skala, entsteht in den Herzen der Menschen, lenkt ihr Verhalten und bringt es durcheinander. (...) Die Rede, durch die er gerechtfertigt wird, ist dem *kritischen Bewußtsein des Menschen* verpflichtet.«[18]

Diese Aufspaltung der Erfahrung des Wahnsinns trübt unsere Fähigkeit, die tragischen Risiken zu erfassen, die sich anhäufen und durcheinandergeraten und die aus alten Graphen, Symbolen und Kenntnissen zum Mysterium und zu Symptomen des Wahnsinns in der Malerei werden.

»Während Bosch, Bruegel und Dürer sehr irdische Betrachter und in den Wahnsinn, den sie um sich herum aufsteigen sahen, verwickelt sind, nimmt Erasmus ihn aus genügender Entfernung wahr, um außer Gefahr zu sein. (...) Der Wahnsinn ist nicht länger die vertraute Fremdheit der Welt, er ist nur noch ein wohlbekanntes Schauspiel für einen fremden Betrachter (...)«.[19]

Diese Mutation, diese historische Spaltung der Erfahrung des Wahnsinns ist nicht völlig verschwunden, Foucault findet ihre tragischen Gestalten auf einigen Seiten von Sade oder im Werk von Goya wieder.

»(...) diese tragische Erfahrung im Dunkel der Nächte des Denkens und der Träume [besteht fort]. Die letzten Worte Nietzsches,

17 Foucault, *Wahnsinn und Gesellschaft*, a.a.O., S. 47.

18 Ebd., S. 48.

19 Ebd., S. 46.

die letzten Visionen van Goghs haben es [das tragische Bewußtsein] aufgeweckt.«[20]

Unser Diskurs, seine Medikalisierung wird niemals die Gesamtheit einer nunmehr zerborstenen und gespaltenen Erfahrung des Wahnsinns wiederherstellen.

Die Faszination, die Foucault angesichts der Tragik der letzten Gemälde von Nicolas de Staël empfand, bestand vielleicht darin, daß er im Wirbel der sich überlagernden Farbschichten und in der Eiseskälte der stummen Leerstellen dieser Verdunkelung der Zeichen, die bereits bei Bosch begann, so etwas wahrnahm wie das Eingehen einer nunmehr unaussprechlichen Erfahrung in die Materialität der Malerei selber.

Auf den Seiten, die Foucault der Einlagerung einer tragischen Erfahrung des Wahnsinns in die nunmehr dunkel gewordenen Zeichen, in die Überlagerung von Graphen, von Grylloi, von heute unentzifferbaren Symbolen und von verlorengegangenem Wissen im Gemälde widmet, bin ich wiederholt auf das Auftauchen des Gegensatzes von Erde und Welt gestoßen. Diese Beharrlichkeit läßt sich nicht verstehen ohne den Dunstkreis, aus dem das kommt und den er ablehnt: Heidegger. Bei Foucault ist die Malerei keine ontische Enthüllung oder Entbergung, die Erde taucht nicht plötzlich im Werk auf, das Werk entbirgt nicht das im Seienden begründete Sein oder einen Ursprung, sondern wiederholt in immer dunklerer Weise im Laufe der Geschichte die Tragik einer Erfahrung der Grenze, der Leere und des Todes. Das Werk bringt die Zeichen dieses allzu sichtbaren Unsichtbaren durcheinander.

Das Traumhafte ist real. Hier muß man ein Echo von Binswanger vernehmen. Wenn er von Hölderlin[21] spricht und von der Verbindung von Wahnsinn und Werk, verweist Foucault niemals auf Heidegger, sondern er bezieht sich auf die Malerei, um den Wahnsinn als Erfahrung und nicht als Symptom zu beschreiben. Und das ist erneut eine Gelegenheit, die Van-Gogh-Studie von Jaspers zu kritisieren.

Daß die Gesellschaft ein solches Werk als Symptom von Geisteskrankheit eingestuft hat, blieb für Foucault Bestandteil dieser lang andauernden Erinnerung, die in die für uns heute dunkel oder

20 Ebd., S. 49 f.

21 Michel Foucault, »Das ›Nein‹ des Vaters«, in: *Dits et Ecrits, Schriften,* Bd. I, a.a.O., Nr. 8, S. 263-281.

Abb. 5: Diego Velázquez: *Las Meninas.*

stumm gewordenen Zeichen eingegangen ist, in die Materialität der Zeichen – die sich unseren Diskursen verweigern – einer Erfahrung, die geschichtlich ihre Bedeutung verloren hat. Es gibt dort ein Wesen der Malerei, über das Foucault nach seiner Studie über die *Meninas* nicht mehr gesprochen hat.

Es ist seltsam, aber Foucault hat im Abstand von nur wenigen Tagen zum ersten Mal die *Versuchung des heiligen Antonius* in Lissabon und die *Meninas* im Prado gesehen.

»Eines Tages, in Madrid, war ich fasziniert von den Meninas von

Abb. 6: René Magritte: *Dies ist keine Pfeife.*

Velázquez. Ich hatte dieses Bild lange angesehen, einfach nur so, ohne daran zu denken, eines Tages darüber zu sprechen oder gar zu schreiben, was mir albern und lächerlich zu sein schien. Und dann eines Tages, ich weiß nicht mehr warum, hatte ich auf einmal Lust, aus dem Gedächtnis von diesem Bild zu sprechen und zu beschreiben, was darauf zu sehen war, ohne daß ich es wiedergesehen oder eine Reproduktion angesehen hätte. Sobald ich versuchte, es zu beschreiben, hatte ich aufgrund einer bestimmten Färbung der Sprache, eines bestimmten Rhythmus und vor allem einer bestimmten Form der Analyse den Eindruck, ja, die vielleicht falsche Quasi-Gewißheit, daß ich hier genau den Diskurs hatte, durch den die Distanz aufscheinen könnte und sich ermessen ließe, die wir zur klassischen Philosophie der Repräsentation und zum klassischen Denken der Ordnung und der Ähnlichkeit haben. Und so habe ich begonnen *Die Ordnung der Dinge* zu schreiben.«[22]

So wie es eine Linie Bosch, Brueghel, Goya, van Gogh gibt, gibt

22 Unveröffentlichtes Interview, »Michel Foucault – Claude Bonnefoy«, Kopie S. 40, hinterlegt im Foucault-Archiv. Institut de la Mémoire de l'Edition Contemporaine (IMEC), Paris.

es für mich, ausgehend von den *Meninas*, eine weitere Linie Magritte, Klee, Kandinsky, Manet.

Um zu erklären, warum sie für mich eine Linie bilden, gehe ich von einer seltsamen Hypothese aus, die Foucault aufstellte, um die Umgestaltung zwischen den beiden Versionen von *Dies ist keine Pfeife* von Magritte zu beschreiben, die von 1928 und die in *Aube à l'antipode*.[23] Die beiden Bilder vervielfältigen die Ungewißheiten zwischen zwei Darstellungssystemen: die plastische Darstellung und die sprachliche Darstellung.

Es ist nicht uninteressant, daß Foucault diese Hommage an Magritte, die als eine Kurzfassung der Geschichte der abendländischen Malerei zu verstehen ist, in Tunesien geschrieben hat, und zwar kurz nachdem er eine Vorlesung über das Auftauchen der dritten Dimension in der Malerei des Quattrocento gehalten hat, und das auf islamischem Boden, wo der Glaube die bildliche Darstellung verboten und statt dessen die Entwicklung von plastischen Künsten im Bereich der Schrift erlaubt hat.

Zwei Prinzipien, schreibt Foucault, haben die abendländische Malerei vom 15. bis zum 20. Jahrhundert geprägt:

- die plastische Darstellung (die die Ähnlichkeit [*ressemblance*] beinhaltet) und die sprachliche Darstellung (die sie ausschließt) müssen getrennt werden;
- eine Äquivalenz zwischen der Tatsache der Gleichartigkeit [*similitude*] und der Behauptung einer Darstellungsbeziehung muß hergestellt werden.

Foucault analysiert ausführlich diese Trennungen zwischen den Darstellungssystemen, um dann zu folgern, »die Malerei hat aufgehört, [etwas] darzustellen«.

Nichts liegt hier also ferner als die erdbeschmierten, an der Menschlichkeit verschlissenen und von der Landschaft geprägten ontischen Schuhe van Goghs, die von Heidegger beschrieben wurden.[24]

Um den Übergang und die Umgestaltung zwischen den beiden Darstellungen von Magritte zu verstehen, die mit unseren Repräsentationssystemen spielen (die erste ist so schlicht wie eine Seite aus

23 Michel Foucault, »Dies ist keine Pfeife«, in: *Dits et Ecrits, Schriften*, Bd. I, a.a.O., Nr. 53, übers. von Michael Bischoff, S. 812-830. Vgl. Michel Foucault, *Dies ist keine Pfeife*, übers. von Walter Seitter, München 1974.

24 Vgl. Martin Heidegger, *Vom Ursprung des Kunstwerks*. [A.d.Ü.]

einem botanischen Handbuch: eine Zeichnung, eine Definition, allerdings eine negative Definition, dies ist keine Pfeife; die zweite stellt dagegen die erste als ein Gemälde auf einer Staffelei dar, während eine Pfeife frei über diesem Gemälde schwebt), greift Foucault auf eine Hypothese zurück, auf eine »Teufelei«, wie er sagt. Das heißt auf so etwas wie die Hypothese vom »malin génie«. Diese Teufelei ist ein Kalligramm, eine Stilfigur, die Apollinaire besonders liebte und die Foucault sehr gut kannte. Das heißt eine Art von Gedicht, das die Dinge, an die es erinnert, räumlich anordnet, in etwa so wie die Ideogramme in der chinesischen Poesie.

»Woher kommt dieses seltsame Spiel, wenn nicht aus dem Kalligramm? Aus dem Kalligramm, das zweimal dasselbe sagt (...); aus dem Kalligramm, das – ohne daß dies deutlich würde – eine negative Beziehung herstellt zwischen dem, was es zeigt, und dem, was es sagt. Denn wenn ein Kalligramm mit verstreuten Buchstaben einen Blumenstrauß, einen Vogel oder einen Regenschauer zeichnet, sagt es niemals über diese geheuchelt spontane Form: ›Dies ist eine Taube, eine Blume, ein Regenschauer.‹ Es vermeidet vielmehr, zu benennen, was die Anordnung der Zeichen zeigt. Zeigen, was hinter den Worten im halben Schweigen der Buchstaben geschieht (...). Nun, da Magritte den Text aus dem Bild hat herausfallen lassen, muß die Aussage diese negative Beziehung selbst wieder aufnehmen...«.[25]

Ist diese Teufelei, auf die Foucault zurückgreift, um das Spiel und die Ungewißheiten zwischen unseren verschiedenen Darstellungssystemen zu beschreiben, nicht ihrerseits eine Torsion einer anderen Teufelei: die Funktion, die Foucault dem Spiegel in der Mitte der *Meninas* von Velázquez zuweist?

Die Überlieferung besagt, daß der Spiegel von Velázquez König Philipp IV. und seine Gattin widerspiegelte. Auf etwas zurückzugreifen, das von der Tradition übermittelt wurde, war für Foucault ein Kunstgriff, den es zu vermeiden galt. Er täuscht vor, nicht zu wissen, wer sich in der Tiefe des Spiegels reflektiert, und untersucht dieses Spiegelbild »direkt in seiner Existenz«. Der Spiegel ist der gemeinsame Ort dessen, was innerhalb und außerhalb des Bildes ist.[26]

25 Foucault, »Dies ist keine Pfeife«, in: *Dits et Ecrits, Schriften,* Bd. I, a.a.O., Nr. 53, S. 812-830, hier: S. 818.

26 Michel Foucault, »Die Hoffräulein«, in: *Dits et Ecrits, Schriften*, Bd. I, Nr. 32, S. 603-621.

Er reflektiert sowohl, daß Velázquez noch dabei ist, auf der Leinwand, deren Rückseite wir sehen, zu malen, als auch das, was er außerhalb der Szene sieht, die wir als Zuschauer betrachten. Der Spiegel umfaßt voll und ganz die Szene, die auf dem Bild »souverän« dargestellt wird, schreibt Foucault. Der Spiegel reflektiert in der Tat alle »Blickfunktionen« des Malers, des Modells und des Betrachters als Darstellungsfunktionen des Bildes. Er ist der Punkt, von dem aus und um den herum das Bild *Las Meninas* organisiert ist. Aber der Spiegel verdoppelt nicht den Inhalt, den wir selber betrachten, und er ähnelt dadurch auch nicht den Spiegeln in der malerischen Tradition seit van Eyck. Er reflektiert die Funktionen und nicht die Gegenstände, aus denen das Bild besteht. Was er reflektiert, und man kann es kaum ausmachen, ist außerhalb des Bildes: der König, seine Königin, der Betrachter; er ist ein Zeichen im klassischen Sinne des natürlichen Zeichens als Spiegelbild.

In diesem königlichen Spiegelbild fallen Zeichen und Darstellung zusammen. Während der Inhalt und die Darstellung koinzidieren, sind aber die Idee und das Spiegelbild eines abwesenden Königs vorhanden. Somit antizipiert der Spiegel die Funktion des Kalligramms, das die Figur der Pfeife und den Text, die Figur und den Inhalt zusammenfallen läßt, aber in ihrer Widersprüchlichkeit.

Das bei Magritte beseitigte Kalligramm und der leere Spiegel bei Velázquez sind so etwas wie die Leinwand und die Schrift für Roussel, Maschinen zur Wiederholung der Dinge, aber nicht das Wesen der Dinge.

So bilden sie eine Linie mit Klee, der die Hierarchisierung zwischen Zeichen und Figuren abschafft, oder auch mit Kandinsky, der die Malerei von der Äquivalenz der Gleichartigkeit und der Affirmation befreit und der Figuren oder Farben als Zeichen benutzt.

Er habe ein »starkes Empfinden der inneren Kraft des Kreises und seiner unzähligen Variationen«, schrieb Kandinsky 1929, »ich liebe den Kreis heute, wie ich früher z. B. das Pferd geliebt habe.«[27] Foucault übersetzt das so: »die Ähnlichkeit ist keine Gefangene der Affirmation [Behauptung] mehr«.

Was seitdem die Aufmerksamkeit Foucaults erregt, ist die Materialität des Zeichens als leerer Gegenstand der Repräsentation. Wenn Manet die Hinrichtung von Maximilian malt, dann ist das

27 Siehe Will Grohmann, *Wassily Kandinsky. Leben und Werk*, Köln 1958, S. 188.

offensichtlich eine Fortsetzung der Geschichte der Malerei, eine Hommage an das Bild *Tres de Mayo* von Goya, aber ist auch ein feindseliger Akt gegen Napoleon III.

Aber Manets Gemälde ist gleichgültig für das, was es erzählt, es ist die Negation der Malerei als Sprache. Was Foucault festhält, ist der Raum des Gemäldes, der durch eine düstere Mauer versperrt ist, die die Oberfläche der Leinwand unmittelbar und ohne Tiefe fast auf ihre Höhe zurückwirft, abgesehen von einem parallelen Streifen am Bildrand wie bei den Minimalisten, hinter dem weitere gemalte Zuschauer die Bildszene betrachten wie wir. Foucault interessiert sich für die Winkel, die die Gewehre bilden, aber Manet malt Zeichen der Distanz, und anstatt sie darzustellen, dreht Manet die Tradition des Quattrocento um, um die schlichte Kunst des Bildes wiederherzustellen.

Von Magritte bis Warhol, Fromanger und Cottingham verspürt Foucault eine besondere Freude daran, über die Maler von Bildern zu schreiben. Mit dem Pop und dem Hyperrealismus fand er jenes Spiel wieder, das die Malerei mit ihrer Geschichte spielte, und die Zerstörung dieser Geschichte in Richtung auf ein reines Spiel der Zeichen. »Wie kann man lernen, die Bilder umzudrehen, die man uns aufzwingt?«, fragt er sich. Es handelt sich nicht um eine Rückkehr des Objektes in die Malerei, sondern um den Anschluß der Malerei an die unendliche Zirkulation von Bildern in unserer Kultur.

Ingres hat über das Photo geschrieben, es sei eine Reihe von Operationen. Foucault amüsiert sich damit, die Malerei ihrerseits auf diese Operationen zu reduzieren. Das ist der Sinn seiner Interpretation von Fromanger.

»Wir treten jetzt aus dieser langen Periode heraus, in der die Malerei sich als Malerei unaufhörlich kleiner gemacht hat, um sich als Kunst zu ›purifizieren‹ und ins Äußerste zu steigern.«[28]

*

Von »Die Traumdeutung besitzt Wirklichkeitscharakter«, in dem noch die Lektion von Binswanger mitschwingt und von dem ausgehend Foucault in der Malerei die Geschichte einer Verdunkelung einer tragischen Erfahrung der Endlichkeit nachzeichnet, welche die

28 Michel Foucault, »Die photogene Malerei (Präsentation)«, in: *Dits et Ecrits, Schriften*, Bd. II, Frankfurt am Main 2002, Nr. 150, S. 871-882, hier: S. 880.

Sprache in ihrer rationalen Meisterschaft nicht mehr rekonstruieren kann, bis zum »die Malerei hat aufgehört, etwas zu repräsentieren« nach dem klassischen Zeitalter, für das Velázquez die exemplarische Illustration und Analyse liefert, haben wir versucht, im Spannungsfeld dieser beiden Formulierungen der Intensität eines regelrechten und spezifischen Dialogs zwischen Foucaults Reflexion und dem Wesen der abendländischen Malerei zu folgen.

Wenn Foucault die Arbeit seiner Malerfreunde beschreibt, so sind das Gesten der Freundschaft, aber keine Gefälligkeitsarbeiten, sondern eher die Gelegenheit, um ihnen Maßstäbe für eine kontinuierliche Problematisierung der Beziehungen – und der Endlichkeit dieser Beziehungen – an die Hand zu geben, die unsere beiden Hauptdarstellungssysteme Sprache und bildliche Darstellung untereinander haben.

Aus dem Französischen von Ronald Voullié.

Thierry de Duve
Ah! Manet ...
(Wie hat Manet Un Bar aux Folies-Bergère *aufgebaut?)*

Man sagt, daß alle, die alt genug sind, sich daran zu erinnern, noch wissen, wo sie sich gerade befanden, als sie von Kennedys Ermordung erfuhren. Ich erinnere mich, wo ich war, als ich hörte, daß Foucault gestorben war. Mit meiner zwölfjährigen Tochter an Bord eines Flugzeugs auf dem Rückflug aus Kanada. Der Schock traf mich, als ich unwillkürlich einen Blick auf die Zeitung warf, die mein Sitznachbar gerade las. Es war dann eine traurige Reise, und diese Traurigkeit hat mich seitdem nie mehr ganz verlassen. Obwohl sie diese Erinnerung um so schmerzlicher für mich macht, kann ich zum Glück eine andere, ältere Erinnerung anführen, nämlich die an den Augenblick meines Lebens, als ich Foucault etwas schuldig wurde und es nun für immer bleiben werde. Es muß 1980 oder 1981 gewesen sein, Foucault hatte den Lehrstuhl Francqui an der Universität von Löwen inne, meiner Alma Mater. Er hielt eine Vorlesungsreihe über das Geständnis, und ich habe keine einzige Vorlesung verpaßt. Ich unterrichtete damals an einer Kunstschule in Brüssel und steckte mitten in meiner Doktorarbeit. Ich hörte, daß Foucault jeden Donnerstag zwei Stunden für Fragen der Studenten zur Verfügung stand und daß nur sehr wenige diese Gelegenheit nutzten, wahrscheinlich aus Schüchternheit. Ich gehe also zu ihm und sage, wie wichtig seine Arbeit für mich ist und daß sich bei mir immer stärker der Gedanke festsetzt, daß die Zeit reif ist, einen »archäologischen« Blick auf die künstlerische Moderne zu richten, dieselbe Art von Blick, den er auf die *Epistemé* des klassischen Zeitalters gerichtet hatte. »Glauben Sie, daß das möglich ist?«, frage ich ihn. »Warum, was bereitet Ihnen denn dabei Probleme?« »Was mir dabei Probleme bereitet, ist, daß die Moderne uns noch zu nah ist, wir haben nicht den historischen Abstand, den Sie sich für das klassische Zeitalter zunutze machen konnten. Ich befinde mich in folgendem Dilemma: Entweder ist die Archäologie der Moderne machbar, was aber bedeuten würde, daß wir nicht mehr modern sind, oder aber wir sind immer noch modern, und dann ist die Archäologie der Moderne nicht machbar.« Foucault lacht sein berühmtes, so entwaffnend wildes Lachen. »Darüber zerbrechen Sie sich mal nicht den Kopf«, sagte er, »Sie brauchen nicht zu sagen, ob Sie modern oder postmodern sind. Tun Sie, was Sie zu tun haben, und überlassen Sie die Entscheidung Ihren Lesern.« Von diesem Tag an war ich befreit, und wenn ich Michel Foucault zwei Bücher gewidmet habe, so geschah das eher, um ihm dafür zu danken – ihm, der leider nicht mehr da ist, um meine Dankbarkeit zu erfahren –, als mich mit dem Titel des Archäologen zu schmücken, der mir vielleicht gar nicht wirklich zusteht. An jenem Tag ging es in unserem Gespräch um die zeitgenössische Kunst und den Wert, den man dem Erbe der Avantgarden beimessen soll. Foucault schien skeptisch zu sein und fragte mich, was ich mit Avantgarden meinte. Ich höre mich noch antworten: »Nun, zum Beispiel Manet.« Und da entfuhr ihm der sibyllinische Seufzer: »Ah! Manet ...« Ich hatte keine Ahnung, daß er sich mit Manet beschäftigt hatte, und er selbst erwähnte es mit keinem Wort. Statt dessen bat er mich, wieder zu ihm zu kommen, wenn meine Arbeit weiter fortgeschritten wäre. Ich habe lange gewartet, zu lange, weil ich meinte, einer solchen Diskussion noch nicht gewachsen zu sein. Er starb, bevor es zu einem zweiten Treffen kam, und darüber bin ich heute noch untröstlich.

Später, sehr viel später, habe ich von der Existenz eines mysteriösen Textes von Foucault über Manet gehört, aber mit ihm war es wie mit der *Arlésienne*:[1] Wann wird man ihn zu sehen bekommen? In der Zwischenzeit hatte Manet die Nachfolge Duchamps in dem sehr kleinen Club der Künstler angetreten, die meiner Meinung nach den Zugang zu einem archäologischen Verständnis der Moderne eröffnen können, und so konnte ich nicht auf das Erscheinen der »Arlésienne« warten, um mich an die Arbeit zu machen. Da mir jemand gesagt hatte, daß Foucault in diesem Text behaupte, Manet sei für das Museum das, was der Flaubert von *Bouvard und Pécuchet* für die Bibliothek sei, glaubte ich erraten zu können, in welche »archäologische« Richtung hin Foucault den Maler interpretiert hatte. (Ich irrte mich. Foucault machte diesen Vergleich nicht in der »Arlésienne«, sondern in »Die phantastische Bibliothek«[2]). Der Manet

1 »Arlésienne« bezieht sich auf die Figur der gleichnamigen Oper von Bizet, die kein einziges Mal auf der Bühne erscheint. [A.d.Ü.]

2 Die erste, unter dem Titel »Un ›fantastique‹ de bibliothèque« erschienene Fassung

der »Arlésienne« – jetzt dank der sorgfältigen Arbeit von Maryvonne Saison[3] erschienen – hat nichts von Flaubert, er ist eher greenbergisch. Worin unterscheidet sich »mein« Manet vom Manet Greenbergs, worin ist er dem Foucaultschen ähnlich? Diese Fragen führen direkt zum Thema unseres Gesprächs von vor zwanzig Jahren zurück, als ich ihm verkürzend zu erklären versuchte, daß meiner Ansicht nach das Schicksal der zeitgenössischen Kunst hinsichtlich des historischen Begriffs der Avantgarde von der Nachfolgerreihe abhängt, die man für Manet aufstellt. Bei dieser Frage hat Foucault mich nicht enttäuscht, denn er sagt in der »Arlésienne«:

»Tatsächlich scheint mir Manet etwas anderes getan zu haben, als lediglich den Impressionismus zu ermöglichen. Über den Impressionismus hinaus hat Manet die ganze nachimpressionistische Malerei möglich gemacht, die ganze Malerei des 20. Jahrhunderts, die Malerei, in deren Bahn sich auch heute noch die zeitgenössische Kunst entwickelt.«[4]

1981 dachte ich genauso. Und ich denke es immer noch, nur mit dem Unterschied, daß die Tendenzen, die mir heute in der zeitgenössischen Kunst am fruchtbarsten erscheinen, nicht mehr die sind, die Manet in der Deutung Foucaults »diese Erfindung des Bildes als Objekt, diese Einbeziehung der Materialität der Leinwand in das, was dargestellt wird« verdanken, sondern die, so Foucault weiter, die dieses Spiel mit der Rück- und Vorderseite treiben, das »Manet auf eine noch viel hinterlistigere und gemeinere Art und Weise« treibt.[5] Er wird zunächst in dem Gemälde *La Serveuse de bocks* sein Spiel mit ihnen treiben. »Anstatt aber zu zeigen, was es zu sehen gibt, verbirgt die Leinwand es im Grunde und entzieht es dem Blick. Die Bildfläche mit ihren beiden Seiten, der Vorder- und Rückseite, ist kein Ort, an dem sich eine Sichtbarkeit manifestiert; sie ist im

dieses Textes stammt von 1964, die zweite von 1970. Die sich auf Manet beziehende Stelle in: Michel Foucault, »Nachwort«, in: *Dits et Ecrits, Schriften*, Bd. I, Frankfurt am Main 2001, S. 397-433, hier: S. 404.

3 Michel Foucault, *La peinture de Manet* (am 20. Mai 1971 in Tunis gehaltener Vortrag), Société française d'esthétique, Paris 2001, dt.: *Die Malerei von Manet*, Berlin 1999. [Die von Thierry de Duve in seinem Vortrag zitierte Fassung der Société française d'esthétique weicht von der bei Merve erschienenen Fassung *Les Cahiers de la Tunisie* an einigen Stellen ab. In diesen Fällen wurde die deutsche Übersetzung entsprechend verändert. A.d.Ü.].

4 Ebd., S. 1; dt. S. 5.

5 Ebd., S. 4 und S. 14; dt. S. 10 und S. 25.

Abb. 1: Edouard Manet: *Le Balcon*, 1868 (*Der Balkon*), Öl auf Leinwand, 170x124 cm, Musée d'Orsay, Paris.

Gegenteil der Ort, der die Unsichtbarkeit dessen garantiert, was von den Figuren auf der Ebene des Gemäldes gesehen wird.«[6]

»Sie sehen also, wie Manet mit dieser materiellen Eigenschaft der Leinwand spielt, durch die sie zu einer Ebene wird, eine Ebene mit einer Vorder- und einer Rückseite. Bis dahin hatte sich noch nie ein Maler damit vergnügt, die Vorder- und die Rückseite zu verwenden (...) Es ist dieses, gerade von der Flächigkeit der Leinwand ermöglichte Spiel mit der Unsichtbarkeit, das Manet innerhalb des Gemäldes selbst auf eine Art und Weise durchspielt, von der man, wie Sie sehen, durchaus sagen kann, dass sie hinterlistig, gerissen und gemein ist. Es ist das erste Mal, dass die Malerei uns etwas gibt, das uns etwas Unsichtbares zeigt.«[7]

Schließlich im *Le Balcon*: »Die Unsichtbarkeit wird gleichsam dadurch signalisiert, dass die drei Figuren in drei verschiedene Richtungen blicken, alle drei gefangen von einem spannenden Schauspiel: die erste vor der Leinwand, die zweite von einem rechts davon und die dritte von einem links davon. Wir sehen nur Blicke. Diese divergierenden Elemente sind nichts anderes als das Aufscheinen der Unsichtbarkeit selber.«[8]

Die Verbindung, die Foucault zwischen den beiden Themen herstellt, die in seiner Analyse zusammenlaufen, nämlich das Thema der Gemeinheit des Künstlers und das der Unsichtbarkeit des Gemäldes, kann zunächst rätselhaft erscheinen. Auch von Manet, einem Mann, den die Biographen übereinstimmend als liebenswürdig und höflich bezeichnen, zu sagen, er sei »hinterlistig, gerissen und gemein«, kann auf den ersten Blick erstaunen – etwas weniger, wenn man bedenkt, daß Foucault wahrscheinlich nicht umhinkonnte, Manet durch Batailles Brille zu betrachten. Aber selbst in diesem Fall müßte man anmerken, daß Gemeinheit nicht dasselbe bedeutet wie »nüchterner Genuß am Zerstören«, »Unterdrückung der Eloquenz« oder »Gleichgültigkeit gegenüber der Bedeutung des Sujets« – die zentralen Begriffe Batailles[9] – und daß Bataille im Gegensatz zu Foucault bei Manet nicht die Unsichtbarkeit sieht. Das Rätsel des Textes von Foucault ist vielmehr die Tatsache, daß man

6 Ebd., S. 16; dt. S. 27.

7 Ebd., S. 16; dt. S. 28 f.

8 Ebd., S. 26; dt. S. 41 f.

9 Georges Bataille, »Manet«, in: *Œuvres complètes*, Bd. IX, Paris 1979, S. 150, S. 132 und S. 131.

die Unsichtbarkeit sieht; sie wird »gleichsam signalisiert«, wie er sagt, durch verschiedene maltechnische Fakten, an denen an sich nichts Unsichtbares ist und auf die hinzuweisen Foucault nicht versäumt. Zum Spaß habe ich einmal eine kleine Statistik aufgestellt. Ich weiß natürlich, daß es sich um die Transkription eines durch Diapositive ergänzten Vortrags handelt, aber es ist doch sehr frappierend: Foucault sagt nicht weniger als 38mal »Sie sehen«, 11mal »Sie sehen es«, 2mal »dort sehen Sie«, 2mal »sehen Sie«, 2mal »Sie werden sehen«, 1mal »wir sehen«, 1mal »wir sehen es«, 1mal »wir hatten gesehen«, 27mal »Sie haben«, 1mal »Sie hatten«, 1mal »wir haben gesehen«, 1mal »Sie bemerken« und 1mal »Sie finden es«. Dagegen sind dieselben Wendungen in negativer Form sehr selten: 2mal »Sie haben nicht gesehen«, 4mal »Sie sehen nicht«, 2mal »man sieht nicht«, das ist auch schon alles.

Sie werden zugeben, daß der Standort des Betrachters bei Manet auf diese Weise recht paradox bestimmt wird, also der dritte Gesichtspunkt, den Foucault behandelt, nachdem er über die räumlichen Eigenschaften der Leinwand und das Problem der Beleuchtung und des Lichts gesprochen hat. 89 Bezugnahmen auf das, was positiv in den Bildern zu sehen ist, die schließlich in die Feststellung münden, daß der Standort des Betrachters diesem selbst als Standort signalisiert wird, von dem aus nichts zu sehen ist – ich meine, von dem aus ihn betreffend nichts zu sehen ist. Lacan hatte es bereits gesagt: »Nie erblickst du mich von da, wo ich dich sehe.«[10]

Ich möchte nun meinerseits nicht beschuldigt werden, mich Foucault gegenüber, diesem besonderen Betrachter Manets, gemein zu verhalten. Es wäre auf jeden Fall nur bedingt gemein, denn selbst wenn er die Gemeinheit falsch verstanden hat, möchte ich doch betonen, daß Foucault bei *Un Bar aux Folies-Bergère* – ein Gemälde, auf das er seine Analyse des Standortes des Betrachters stützt – besser, sehr viel besser als die meisten Kunsthistoriker gerade die funktionierende Mechanik erkannt hat, die dem Betrachter die Unsichtbarkeit seines eigenen Standortes offenbart. Diese springt nur ins Auge, wenn der Betrachter von dem Standort aus, an dem er sich be-

10 Jacques Lacan, *Le Séminaire*, Livre XI: »Les quatre concepts fondamentaux de la psychanalyse«, S. 95. Thierry de Duve zitiert die erste Auflage von 1973 (»Jamais tu ne me regardes là d'où je te vois«). In der zweiten Auflage 1973 wurde der Satz vom Herausgeber korrigiert und lautet seitdem unverändert: »Nie erblickst du mich da, wo ich dich sehe.« (»Jamais tu ne me regardes là où je te vois«).

Abb. 2: Edouard Manet: *Un bar aux Folies-Bergère*, 1881-1882 (*Eine Bar in den Folies-Bergère*), Öl auf Leinwand, 96x130 cm, Courtauld Institute of Art, London

findet, diesen Standort reflektierend hinterfragt. Das Wortspiel ist beabsichtigt, denn mit Ausnahme des Barmädchens und des Tresens vor ihr ist das ganze Gemälde eine Reflexion im Spiegel hinter ihr. Was sagt Foucault über die Mechanik der Spiegelbilder in der *Bar*?

»Tatsächlich gibt es zwischen dem, was im Spiegel dargestellt ist, und dem, was dort reflektiert werden müßte, eine Unstimmigkeit. Die größte Unstimmigkeit zeigt sich in der Spiegelung der Frau. Um das Spiegelbild der Frau so zu sehen, wie sie im Spiegel dargestellt ist, müßten der Maler und der Betrachter, die ihm effektiv gegenüberstehen, seitlich von der Frau stehen, weiter rechts. Der Maler nimmt somit nacheinander oder besser gleichzeitig zwei miteinander nicht zu vereinbarende Positionen ein.« Lassen Sie mich ergänzen: und auch der Betrachter. Foucault fährt fort: »Es gibt jedoch eine Lösung, die es erlauben würde, das Problem zu beheben; ein Fall ist denkbar, bei dem man der Frau direkt gegenübersteht und ihr Spiegelbild dennoch von der Seite sehen könnte. Der Spiegel müßte schräg stehen. Da aber der Spiegelrand parallel zum Bildrand verläuft, läßt sich die Hypothese eines diagonal stehenden

Spiegels nicht aufrechterhalten. Es gibt somit für den Maler zwei Positionen.«[11]

Foucault, der der Wahrheit ganz nah kommt, der sie sogar in Erwägung zieht, irrt sich also (wie er sich übrigens auch hinsichtlich des Aufbaus der *Meninas*, siehe Abb. auf S. 71) geirrt hat, was aber keineswegs die Relevanz seiner philosophischen Lektüre schmälert). Er irrt sich, weil er die Hypothese eines Diagonalspiegels vernachlässigt, die sich sozusagen chiastisch zu seiner eigenen verhält: Es gibt nur eine Position für den Maler. Dagegen ist der Spiegel gleichzeitig parallel zur Bildebene und schräg. Genauer gesagt: Während die Frontalansicht, die uns die Zentralposition des Barmädchens aufdrängt, und der Goldrahmen des Spiegels, so wie wir ihn sehen, uns zu der Annahme veranlassen, daß der Spiegel parallel zur Bildebene steht, kommt das Spiegelbild des Paares aus einem schrägen Spiegel. Man muß sich Manet wie einen Computergraphiker vorstellen, der mit Hilfe von *Photoshop* ein im Schrägspiegel gesehenes Bild in den Parallelspiegel einfügt und dem Betrachter keinerlei Anhaltspunkte gibt, mit deren Hilfe er die Drehung des Spiegels verstehen kann. Diese Hypothese gilt es nun zu beweisen.

Für diese Art von Problemen bezieht man sich zwangsläufig auf die Logik der monokularen oder Einheitsperspektive zu einem Fluchtpunkt hin. Sobald man versucht, die Geometrie des Gemäldes nach dieser Logik zu lesen, gelangt man unweigerlich wieder zu einer Bildtheorie, die auf Albertis *Della Pittura* zurückgeht. Ich denke natürlich keineswegs, daß es Manet jemals darum gegangen ist, die strengen Regeln der *costruzione legittima* anzuwenden (von denen Sie eines der ersten historischen Beispiele sehen, die *Flagellation* von Piero della Francesca, und gleichzeitig einen Vorgeschmack auf die Methode – die der Ebenenansicht, an die wir uns halten wollen, um das Rätsel der *Bar* zu lösen).

Das gesamte Werk Manets zeigt im Gegenteil, wie frei er mit der traditionellen Perspektive umging, und alles, was wir über seine Arbeitsweise wissen, verbietet uns die Vorstellung, daß Manet sein Gemälde aufbaut, indem er zunächst eine Horizontlinie und eine Fluchtlinie zieht, dann die Entfernungspunkte an die Bildränder setzt und schließlich die Leinwand mit einem Raster überzieht, um die dargestellten Gegenstände im richtigen Verhältnis zu verklei-

11 Michel Foucualt, *Die Malerei von Manet*, Berlin 1999, S. 43 f.

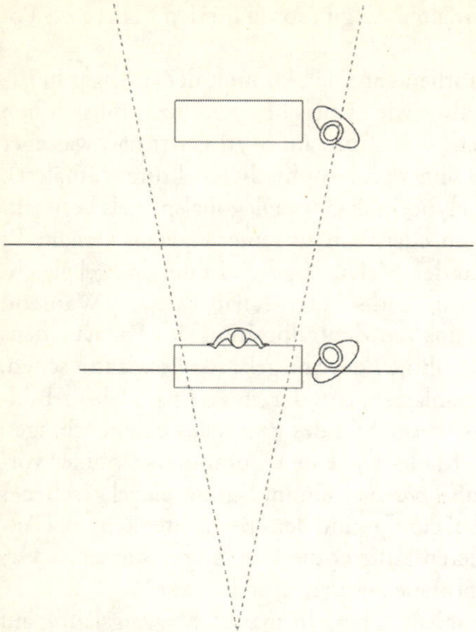

Abb. 3: Diagramm 1:
die Barszene
mit parallelem Spiegel.
(© Thierry de Duve).

nern. Alles dies wäre vollkommen kontraintuitiv. Dagegen bin ich überzeugt, daß Manet während des Aufenthaltes bei seinem Lehrer Couture einiges über die Theorie der Perspektive gelernt hat, und daß er in einem gewissen Entwicklungsstadium der *Bar* beschlossen hat, gerade so viele Hinweise wie nötig zu malen, damit ein neugieriger Betrachter die Gesamtperspektive rekonstruieren und von da aus das Verfahren ableiten kann, welches das Rätsel löst und die Anomalien erklärt (zumindest die bedeutsamen Anomalien, denn nicht alle sind es).

Nehmen wir also an, daß das Bild nach den strengen Regeln der Albertischen Perspektivik aufgebaut ist. Wo befindet sich der Fluchtpunkt? Die einzige klar gegebene Fluchtlinie ist die Kante der im Spiegel erscheinenden Marmortheke. Es muß zwei Fluchtlinien geben, die sich kreuzen (oder eine, die den Horizont kreuzt), um den Fluchtpunkt zu bestimmen, aber Manet bietet uns weder eine zweite Fluchtlinie noch einen Horizont. Den Fluchtpunkt bildet die Intuition und nicht die Perspektivenlehre. Wir stehen vor dem Barmädchen, und dieses befindet sich direkt in der Mitte des Bildes. Manet hat die Mittellinie betont: der Nasenrücken, das Medaillon,

Une Marchande de Consolation aux Folies-Bergères. — (Son dos se reflète dans une glace ; mais sans doute par suite d'une distraction du peintre, un monsieur avec lequel elle cause et dont on voit l'image dans la glace n'existe pas dans le tableau. — Nous croyons devoir réparer cette omission. Salon 1882).

Caricature de Stop *(Journal amusant)*.

Abb. 4: Stop, Karikatur in *Le Journal amusant*, 1882.

das Suzon (so heißt das Mädchen) um den Hals trägt, das Blumenbukett, das ihre Korsage schmückt, die Reihe von Perlmuttknöpfen und die Bügelfalte in ihrem Rock, die das von ihren Jackenschößen gebildete Dreieck teilt. Der Kunstgriff könnte nicht deutlicher sein. Der Fluchtpunkt kann sich intuitiv nur an der Stelle befinden, an der sich die Verlängerung der gespiegelten Kante und die *visuelle* Mittellinie des Bildes treffen. Er befindet sich dort, wo Suzons Mund ist. Der Blickpunkt des Malers – der nach Albertischer Lehre dem des Betrachters entspricht – befindet sich also nicht in Augenhöhe des Barmädchens, sondern etwas niedriger (was übrigens auch Foucault bemerkt hatte). Der Abstand zwischen dem Malerauge und der Bildebene kann nicht genau berechnet werden, aber er läßt sich schätzen. Man könnte ihn auch körperlich spüren, weil das Bild in »Lebensgröße« gemalt ist, wäre es nur nicht im Courtauld Institute zu hoch gehängt, wie dies leider der Fall ist.

Alles ist darauf angelegt, dem Betrachter einen bestimmten Platz zuzuweisen, der nicht – das muß betont werden – der Platz des vor dem Barmädchen stehenden Mannes mit Zylinder ist, so wie man ihn aus seinem Spiegelbild ableiten kann. Er steht viel dichter bei der jungen Frau als Manet oder wir.

Der Karikaturist Stop hat das richtig erkannt und es für ratsam gehalten, Manet zu »korrigieren«, indem er Suzons Gesprächpartner zwischen sie und uns stellt. Da der Betrachter an die Stelle plaziert wird, an der der Maler steht, und Suzon ihm direkt gegenüber, müssen nun die »Ungereimtheiten« des Spiegelbildes erklärt werden.

Der Beweis, den ich hier führen will, stützt sich ausschließlich auf die Gesetze der Optik. Die Regeln der Perspektive werden nur berücksichtigt, soweit sie selbst, ganz unabhängig von allen ästhetischen oder ideologischen Erwägungen, auf den Gesetzen der Optik gründen. Die zur Demonstration herangezogenen Informationen sind allein dem fertigen Bild entnommen. Das Bild verdichtet nun aber zwei Zeiten, zwei unauffällige Momente der Repräsentation, zwischen denen ein Platzwechsel stattfand. Entweder hat der Maler seinen Platz gewechselt (Foucaults Hypothese), oder der Spiegel wurde gedreht (meine Hypothese). Ohne diese Annahme würden die Abweichungen des Spiegelbildes unerklärlich bleiben. Für die Klarheit der Beweisführung ist es daher notwendig, sie chronologisch in zwei Phasen durchzuführen, wobei aber weder irgendeine Narrativität des Bildes noch das allmähliche Entstehen des Gemäldes nachgezeichnet werden soll. Das heißt nicht, daß die Ausführung unwichtig wäre. Meine Beweisführung muß mit dem vereinbar sein, was sich anhand der beim Malen erfolgten sukzessiven Änderungen rekonstruieren läßt. Ich werde darauf noch zurückkommen, aber gehen wir der Reihe nach vor.

Stellen wir uns also Manet vor, wie er vor dieser Szene steht, die er in seinem Atelier mit Hilfe einer Marmorplatte und eines großen Spiegels nachgestellt hat. Suzon nimmt Positur in Manets Blickinie. Das Gemälde, das man sich der Albertischen Theorie nach als eine Glasscheibe vorzustellen hat, die das vom Auge des Malers ausgehende pyramidenförmige Blickfeld durchquert, plaziert die Bildebene in einer Entfernung, aus der die Grundlinie mehr oder weniger lotrecht zur Mitte der Oberfläche der Bartheke fixiert wird, wie man es hier bei dieser Bildansicht sieht. Suzons Spiegelbild befindet

Abb. 5:
Jean-Louis Forain:
Le Bar aux Folies-Bergère, 1878
(*Eine Bar in den Folies-Bergère*),
Gouache.
The Brooklyn Museum of Art
(© The Brooklyn Museum).

sich im Spiegel hinter ihr und ist für den Maler praktisch nicht sichtbar, denn sie verstellt ihm die Sicht darauf. Doch wir wollen uns vorerst gar nicht um Suzons Spiegelbild im fertigen Gemälde kümmern, es gehört nicht zur ersten Phase der Komposition. Und der Mann mit Zylinder? Das Gemälde zeigt uns sein vom rechten Bildrand abgeschnittenes Spiegelbild, was ihn im wirklichen Raum außerhalb des pyramidenförmigen Blickfeldes plazieren würde. Womit erklärt wäre, warum sein »wirkliches« Bild im Gemälde fehlt.

Der Mann steht links vor Suzon, dicht an der Seitenkante der Bar, ungefähr wie das kleine Männchen in der Skizze, die Sie hier sehen, aber näher an der Bar und weiter rechts.

Dieser Platz war jedem Gast der wirklichen Folies-Bergère leicht zugänglich, wie man auf einer Gouache von Jean-Louis Forain sehen kann, einem Maler-Reporter, der wesentlich weniger Fantasie besaß als Manet und dem man daher vertrauen kann, was die Realitätstreue des Dekors anbelangt.

Hiermit ist die erste Phase der Rekonstruktion beendet. Der Mann mit Zylinder steht nicht vor dem Barmädchen. Er muß also in einer zweiten Phase dorthin gebracht werden.

Bewegen wir ihn in einem Kreisbogen, dessen Mitte sich im Spiegel befindet und mit der Mittellinie des Gemäldes übereinstimmt, so daß er vor Suzon steht, dem Spiegelbild nach sogar ziemlich dicht vor ihr. Ich würde sagen, daß er die Vorderkante der Bar berührt, die wir nicht sehen. Drehen wir gleichzeitig den Spiegel um eine Achse durch dieselbe Mittellinie, seine rechte Seite zu uns, und zwar in einem Winkel, in dem das neue Spiegelbild des Mannes, vom selben Mittelpunkt aus gesehen (Manet hat sich nicht bewegt), mit dem alten zusammenfällt.

Jetzt braucht man nur noch Suzons Spiegelbild dort zu »malen«, wo es im schrägen Spiegel erscheint. Die Tatsache, daß ein und dasselbe Spiegelbild des Mannes mit Zylinder in einem zwischenzeitlich gedrehten Spiegel seine beiden nacheinander im »Wirklichen« eingenommenen Standorte wiedergibt, ergibt eine Gleichung, die nur von der noch entscheidenderen Tatsache verdeckt wird, daß Suzons Spiegelbild nur mit dem schrägen Spiegel zu vereinbaren ist, während das des Mannes mit Zylinder auch mit dem Parallelspiegel vereinbar ist. Die Gleichung verwandelt die Hypothese des schräg stehenden Spiegels in eine sichtbare Demonstration, sichtbar aber nur durch Reflexion im doppelten Wortsinn.

Zum Schluß müssen wir noch auf ein weiteres Detail eingehen, das sozusagen einen Beweis des Beweises liefert und belegt, daß *Un Bar aux Folies-Bergère* so entworfen war, wie es dann aufgebaut ist, auch wenn der Entwurf im Laufe der Ausführung in Manet reifte, aber als ein ganz und gar nicht »theoretisches« Projekt. Es handelt sich um die kleine Blumenvase auf dem Marmortresen vor Suzon. Am äußersten rechten Bildrand, gleich über Suzons Spitzenmanschette im Spiegel, sieht man das Spiegelbild einer flüchtig hingeworfenen Rose, deren grüner Stiel uns zugewandt ist. Es gibt nur

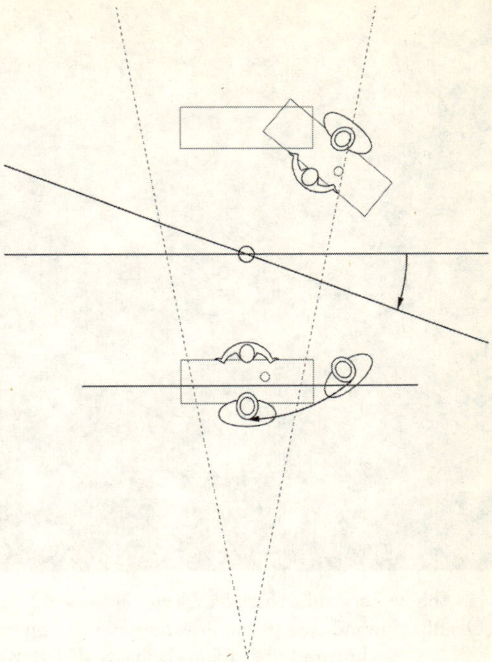

Abb. 6:
Diagramm 2:
die Barszene
mit schrägem
Spiegel.
(© Thierry de
Duve).

eine einzige Erklärung dafür, daß sie sich gerade an dieser Stelle befindet: Der Spiegel steht schräg und wurde genau in dem Winkel gedreht, der notwendig war, um das Spiegelbild von Suzon und ihrem Gesprächspartner dorthin zu bringen, wo sie sich tatsächlich befinden. Alles paßt zusammen. Die perspektivischen »Abweichungen« in *Un Bar aux Folies-Bergère* können nicht mehr anders erklärt werden als durch sämtliche in der *Bar* selbst gelieferten Hinweise. Die Leute bewegen sich, aber nicht die Gegenstände. Maler können sich gegenüber den Gesetzen der Optik Freiheiten erlauben, aber wenn die Gegenstände in einem Bild diesen Gesetzen gehorchen, heißt das, daß auch der Maler ihnen gehorcht hat. Ich hoffe, eindeutig demonstriert zu haben, wie das Gemälde aufgebaut ist. Vom ›Wie‹ zum ›Warum‹ gibt es Spielraum für Interpretation, aber ich halte es für erforderlich, daß jede Deutung des ›Warum‹ mit der Demonstration des ›Wie‹ vereinbar sein muß.

Abb. 7: Edouard Manet, Skizze zu *Un bar aux Folies-Bergère*, 1882, Öl auf Leinwand, 47 x 56 cm, Privatsammlung, London, vorher Stedelijk Museum, Amsterdam (Leihgabe de F.R. Kœnigs).

Ich werde mich hier nicht an eine Deutung des ›Warum‹ wagen. Dagegen muß ich noch zu zeigen versuchen, daß sich das ›Wie‹ des Bildaufbaus mit dem ›Wie‹ seiner Ausführung vereinbaren läßt. Ich glaube nicht, daß Manet sein Gemälde zuerst entworfen, dann aufgebaut und schließlich ausgeführt hat. Manet war ein intuitiver und wenig »konzeptueller« Maler, war Empirist und kein Theoretiker, er machte sich Gedanken über die Rezeption seines Werkes durch die Kritik, aber zeigte keinerlei Interesse an Kunstlehren. Es ist so gut wie sicher, daß der Aufbau des Gemäldes im Laufe seiner Ausführung gereift ist. Natürlich können wir hierüber nur Spekulationen anstellen. Aber wir verfügen zum Glück über eine Röntgenaufnahme, die uns über die vom Maler vorgenommenen Veränderungen Aufschluß gibt. Sie wurde von Robert Bruce-Gardiner für die technische Abteilung des Courtauld Institute angefertigt und anschließend von Juliet Wilson-Bareau, John House und anderen

Abb. 8: Röntgenaufnahme der Bar,
Courtauld Institute of Art, London.

interpretiert. Ich werde versuchen, mich auf das Wesentliche zu beschränken.

Die Röntgenaufnahme enthüllt, daß die *Bar* im Courtauld Institute bis auf einen Unterschied – nämlich einen Modellwechsel – in ihrer ersten Fassung der Skizze sehr ähnlich war. Auf dieser sehen wir ein anderes Barmädchen als Suzon, deren Name uns nicht überliefert ist; ihr Gesicht ist nach links gewandt, und die Hände sind auf Taillenhöhe gefaltet. Der Blickpunkt, der tiefer liegt als in der endgültigen Fassung, liegt auch deutlich weiter rechts, außerhalb des Bildes, worauf die einzig erkennbare Fluchtlinie, die rechte Kante der Bartheke, hindeutet. Von diesem Blickpunkt aus ist das Spiegelbild des Barmädchens »am richtigen Platz«, so wie das des kleinen Herrn mit Spazierstock, der vor ihr steht und für den Henri Dupray, ein Maler von Militärsujets, Modell gestanden hat. Wie man auf der Röntgenaufnahme sehen kann, wurde all dies beibehalten. Der Kragen von Dupray, seine Augen, sein Hut, der Knauf seines Spazierstocks, seine diesen haltende Hand, all das entspricht Pinselstrich für Pinselstrich der Skizze. Was nicht so gut zu sehen ist, aber in der Abbildung hervorgehoben ist, ist das Spiegelbild des Barmädchens an der Stelle der Kugellampe im vollendeten Gemälde, d. h. wie in der Skizze, ganz in der Nähe des »wirklichen« Barmädchens.

Das gesamte Gemälde ist in dieser Phase nichts anderes als eine grobe Übertragung der Skizze. Mit Ausnahme Suzons: Sie hat den Blickkontakt zum Gast zugunsten des Betrachters verloren, da Manet ihr Gesicht frontal in der Mitte porträtiert hat. Er muß von diesem Moment an erkannt haben, daß der Blickpunkt des Malers nur mehr ein zentraler sein konnte. Suzon ist frontal gesehen, aber ihr Spiegelbild verweist auf einen schrägen Blickpunkt. Etwas stimmt nicht mehr. Sollte er die Frontalansicht aufgeben und so riskieren, Suzons auf Anhieb fast vollkommenen Ausdruck zu zerstören? Manet konnte sich dazu nicht durchringen. Das Spiegelbild einfach weglassen oder an seinen richtigen Platz malen, fast nicht zu sehen hinter Suzons Rücken? Das wäre doch zu schade! Es bestünde dann die Gefahr, daß der Betrachter nicht mehr verstehen könnte, daß es sich um ein Spiegelbild handelt. Wie soll man dieses Dilemma lösen?

Pragmatisch wie er war, hat Manet in seinem Atelier einen Spiegel aufstellen lassen. Um Suzons Spiegelbild an die Stelle zu bringen, an der es wie in der Skizze bereits gemalt ist, muß er den Spiegel nur um eine Achse im Rücken des Barmädchens drehen, indem er die rechte Seite näher zu sich heranholt. Und um das Spiegelbild etwas weiter nach rechts zu verschieben, so daß es sich von der jungen Frau löst und eine eigene Masse gewinnt, die das Bild nicht mehr aus dem Gleichgewicht bringt, braucht der Spiegel nur etwas weiter nach rechts gedreht zu werden (wie auf dem linken Bild). Manet spielt mit seinem Spiegel, und mit groben Pinselstrichen wirft er Suzons Spiegelbild in der ersten der beiden Zwischenpositionen auf die Leinwand, die die Röntgenaufnahme noch erahnen läßt. Von dem Moment an paßt das unverändert aus der Skizze übernommene Spiegelbild Henri Duprays nicht mehr. Es ist zur Hälfte vom Spiegelbild des Barmädchens verdeckt, es ist zu niedrig und zu klein. Manet beschließt, es neu zu malen und bei dieser Gelegenheit kommt es zu einem weiteren Modellwechsel: Ein anderer Maler, Gaston La Touche, ersetzt Dupray als Modell.

Manet kann jetzt mit seinen Modellen verschiedene Spiegelwinkel ausprobieren, wobei Suzon ihre Position beibehält und La Touche auf Manets Anweisung hin ihr gegenüber steht, ungefähr so wie in der Karikatur von Stop.

In der Skizze hat man den Eindruck, daß Dupray sich mit dem Barmädchen unterhält, weil sie den Kopf zu ihm gewandt hat. La Touche steht im Atelier Suzon direkt gegenüber und Manet betrachtet das Paar im schrägen Spiegel. Während er dabei ist, die Silhouette von La Touche über die von Dupray zu skizzieren, wird ihm klar, daß er gar nicht dieselbe Szene vor sich sieht wie in dem Moment, als er die Skizze malte. Zum einen verstellt ihm De Touches Rücken die Sicht auf Suzon; zum anderen sind im schrägen Spiegel La Touche von vorne und Suzon von hinten zu sehen. Ihm geht ein Licht auf. Manet bittet La Touche, sich dorthin zu stellen, wo Dupray stand, und rückt den Spiegel gerade. Sein Spiegelbild fällt nun mit dem zusammen, das er gerade zuvor im schräg stehenden Spiegel gesehen hatte, als La Toche vor Suzon plaziert war.

Manet hat die Lösung gefunden und kümmert sich nur noch darum, ihr die ästhetisch befriedigendste Form zu geben. Jede Veränderung des Spiegelwinkels ergibt eine neue Position von Suzons Spiegelbild, stellt eine andere Entfernung zwischen Suzon und dem vor ihr stehenden La Touche her und setzt eine andere Position von La Touche rechts an der Tresenkante voraus, wenn der Spiegel parallel zum Gemälde steht.

Dies sind meine eigenen Versuche, meine allererste Skizze der Ebenenansicht und der Versuch, alle Parameter in einer Profilansicht zu regulieren, auch die »Fokusdistanz« des pyramidenförmigen Blickfeldes, so daß die im Gemälde enthaltenden Hinweise so weit wie möglich berücksichtigt werden.

Wir können uns vorstellen, wie Manet empirisch mit diesen Parametern spielt und die Bewegungen der Modelle und Gegenstände im Atelier inszeniert, bis er die gewünschte Konstellation gefunden hat. Dabei hat er sicher nicht alle seine Versuche auch gemalt: Die Röntgenaufnahme zeigt uns insgesamt vier aufeinanderfolgende Standorte des Spiegelbildes des Barmädchens, und der letzte ist der richtige.

Mit der ihm eigenen außerordentlichen Intuition hat Manet folgendes erfaßt: Wenn zwei Positionen ein und derselben Figur – eine vom Barmädchen losgelöst, wie von der Seite kommend, die andere ihr gegenüberstehend und somit die Wechselbeziehung eines

Austausches implizierend – ein und dasselbe Spiegelbild ergeben können, dann ist es ihm gelungen, ein *tableau à clef* zu malen, dessen Entschlüsselung er der Nachwelt überlassen kann. Er weiß, daß die Ehre, auf Betreiben seines Freundes Antonin Proust, in die *Légion d'honneur* aufgenommen zu sein, seine Malerei für seine Zeitgenossen auch nicht verständlicher machen wird. Er weiß, daß er sterben wird, ohne daß die Salonbesucher, an die sich das Gemälde zu seinen Lebzeiten richtete, die radikale Neuerung verstanden haben, die bei seinen avanciertesten Gemälden mit Frontalansicht darin liegt, daß sich die Figuren im Bild an die vor ihm stehenden Betrachter wenden. Kurz, er weiß, daß sein wahres Publikum die Nachwelt ist, und er nutzt die Gelegenheit, die ihm der Zusammenschluß der beiden Momente der Komposition in einem einzigen Spiegelbild gibt, um zu zeigen, daß ihm sehr wohl bewußt ist, was er der Nachwelt hinterläßt. Derselbe Mann wendet sich von der Seite und von vorne an das Barmädchen, aber es ist nicht derselbe Mann zur selben Zeit. Nur sein Spiegelbild stellt den Zusammenhang zwischen den beiden Momenten her. Indem Manet die Bewegung des Spiegels verhüllt, hat er das irreduktible Zeitintervall ausgelöscht, das den Mann mit Zylinder in seinen beiden aufeinanderfolgenden Positionen von sich selbst trennt. Diese Zeitverschiebung trennt den Betrachter des Salons von 1882 vom postumen Betrachter. Der erste wird durch seine eigene »Unsichtbarkeit« repräsentiert: Seine Abwesenheit im Raum vor dem Bild wird durch sein Spiegelbild *a contrario* dargestellt oder signalisiert, wie Foucault sagen würde. Der zweite nimmt Manets Platz ein. Vom postumen Betrachter verlangt Manet, das zu verstehen, indem er buchstäblich den Platz des Malers einnimmt.

Unter den postumen Betrachtern befand sich Michel Foucault. Er war wie so viele andere fasziniert von dem Platz, den Manet ihm zuwies. Wenn er in seiner Analyse der *Bar* abschließend sagt, daß man nicht wissen könne, »wo der Maler stehen müsste, um das Gemälde so zu malen, wie er es gemalt hat, und wo er stehen müsste, um die Szene zu sehen«, hat er sich meines Erachtens nach geirrt, wahrscheinlich weil er ein Opfer der von ihm so genannten »Gemeinheit« des Malers geworden war. Man kann in der Tat ein Hinweissystem (ich denke insbesondere an die kleine Blumenvase) Gemeinheit nennen, das derart sorgfältig hinter der blendend sichtbaren Unsichtbarkeit – es gibt kein anderes Wort – des vor Suzon stehenden Mannes mit Zylinder verborgen ist. Ich denke, es handelt sich um etwas anderes: um die bei einem Künstler einzigartige Verbindung zwischen dem brennenden Wunsch nach Anerkennung und der inneren Unfähigkeit, sich der Forderung des Publikums nach Verständlichkeit zu fügen. Das ist eine Konstante in der gesamten Karriere Manets. Das Hinweissystem der *Bar aux Folies-Bergère* ist dagegen eine Art von Hapax in seinem Werk, ein Einzelfall von fast schon didaktischem Bemühen, und deshalb um so »gemeiner« versteckt. Aber die *Bar* war ja schließlich auch ein Testament.

Aus dem Französischen von Mira Köller.

Michael Glasmeier
Drei Denker-Künstler: Magritte, Foucault, Broodthaers

In Erinnerung an den Freund
Rainer Borgemeister (1953-2001)

1935 entsteht eines der wohl schrägsten Gemälde René Magrittes mit dem scheinbar interpretativen Titel *Die philosophische Lampe.* Vor einem monochromen Hintergrund betrachtet den Betrachter ein Mann im mittleren Alter im Anzug mit Krawatte, sorgfältig gekämmt. Partien seines Gesichtes werden von einer Kerze beleuchtet, die schlangengleich sich weich an dem Fuß eines runden Beistelltischchens emporwindet, um am äußersten Rand der Platte sich endlich zu ihrer normalen Form zu bekennen, und ausgewachsen Licht spendet. Dieses Tischchen oder Sockel, dieses Möbel zwischen praktischem Nutzen und Repräsentation schwebt gleichsam im Raum und scheint mit der Kerze zunächst in seiner Losgelöstheit nur anwesend zu sein, um dem Porträt einen caravaggesken Glanz zwischen Licht und Schatten zu verleihen. Doch steht dieses kunsthistorische Zitat im Widerspruch zur wirklich pompös-grotesken Physiognomie dieses Mannes, dessen überdimensionierte Nase so gekrümmt ist, daß sie exakt in den wiederum übergroßen Kopf einer zierlichen Pfeife paßt, die der Mann im Mund hat.

Die durchweg sexuellen Konnotationen dieses Bildes müssen nicht näher bestimmt werden. Sie ranken sich um das männliche Geschlechtsorgan in seinen verschiedensten Zuständen und umgangssprachlichen Signaturen. Und damit befinden wir uns augenblicklich im Raum der Ähnlichkeiten und vermummten Repräsentationen. Pfeife, Nase, Kerze sparen aus, um was es eigentlich geht, nämlich um den Penis in seinen unterschiedlichen Aggregaten. Dieses Sprachbild aus dem Reich des Vulgären, das durch die Nasenpsychologie etwa eines Wilhelm Fließ nobilitiert werden könnte, wirkt allerdings alles andere als sexuell aufgeladen oder gar erotisch. Es gibt sich einem gewissen Selbstverständnis hin, das durch die faltenreiche Stirn und den quasi einäugigen Blick des Mannes potenziert wird. Der undefinierbare, denkende Blick zwischen Wissen

Abb. 1 René Magritte: *La lampe philosophique*
(Die philosophische Lampe) 1935.
Privatbesitz Brüssel, aus: Harry Torcyner:
René Magritte, Bilder und Zeichen, Köln 1988.

und Ironie, Akzeptanz und Leiden könnte jenes im Titel benannte Philosophische sein. Was im Bild sichtbar wird, ist selbstverständlich und zugleich grotesk, möglich und zugleich surreal, abstrus und zugleich in seiner sprachbezogenen Vulgarität menschlich, allzu menschlich.

Und damit wären wir eigentlich schon direkt bei Michel Foucault, der die »philosophische Lampe« aber wahrscheinlich nicht kannte, so wie sie selbst in kunsthistorischen Kreisen nicht wahrgenommen, geschweige denn meines Wissens interpretiert worden ist. Doch bleiben wir noch bei diesem Bild von Magritte, zu dem es zwei zeichnerische Anverwandlungen gibt, einmal eine Zeichnung ohne Titel aus dem gleichen Jahr, in der das Sujet an einer Kaffeekanne exemplifiziert wird, die in ihrem illustrativen Charakter aus einem leicht versauten Kinderbuch stammen könnte. Und es existiert eine Karikatur aus dem Jahr 1948, die das im Gemälde kaum Verborgene nun eindeutig und programmatisch sprechen läßt.

Flankiert von diesen beiden Zeichnungen weist das Gemälde auf seine Unbestimmtheit im definierten Bereich der Kunst. Als Malerei scheint es auch eine Illustration zu sein und auch eine Karikatur. Damit deutet es – illustrativ – einerseits zurück auf eine Literatur von Nasen, Pfeifen und Kerzen etwa bei Rabelais, Laurence Sterne

Abb. 2: René Magritte. Ohne Titel. 1935. Privatbesitz Brüssel, aus: Harry Torcyner: *René Magritte, Bilder und Zeichen*, Köln 1988.

oder Gogol und andererseits – karikaturhaft – auf die grotesken Köpfe seit Leonardo, die bis hin zu Loriot vornehmlich Nasenköpfe sind. Als Malerei steht es wiederum in der Tradition der Caravaggisten, aber auch in der von Sprachrätselbildern etwa eines Breughel oder Jan Steen, der Freakdarstellungen eines Velázquez und von Goyas oft erschreckenden Porträts der Angehörigen der königlichen Familie. All dies evoziert das Bild, läßt es archäologisch werden, gerade auch im Sinne Foucaults.

D. h., wir könnten parallel zu Paul Veyne von einem »Eisberg der Bilder« reden, von einem Archiv einer offiziellen, aber verräterischen und einer nichtmusealen Kunst, die sich in Kupferstichkabinetten, Spezialsammlungen und Büchern befindet und den offiziellen Diskurs der Bilder wesentlicher und eindringlicher determiniert, als es die Kunstgeschichtsschreibung wahrhaben will. Die Subversion dieser Bilder in ihrer Geschichtlichkeit konkretisiert

Abb. 3: René Magritte. Ohne Titel. 1948. Privatbesitz Brüssel, aus: Harry Torcyner: *René Magritte, Bilder und Zeichen*, Köln 1988.

sich in unserer »philosophischen Lampe«. Vom »Goldenen Zeitalter« des grotesken Leibes und seiner Loslösung vom Ornamentalen schreibt André Chastel:

»Das niedere Volk der Grotesken war aufs offene Meer hinausgefahren, um die visuelle Umsetzung der Späße aus der Sprache freizusetzen. Das Lachen ist offenkundig das geworden, was es immer gewesen ist, einer der Bestandteile der Kultur. Das Geheimnis des ›namenlosen Ornaments‹ und seines paradoxen Erfolgs ist auf dieser Seite zu suchen.

Nicht zufällig siedelt Foucault zu Beginn des 16. Jahrhunderts den Moment an, wo die Figur des Wahnsinns sich an die Stelle der Angst vor dem Tode setzt, ein Übergang ›von der Entdeckung dieser Notwendigkeit, die schließlich den Menschen zu nichts reduzierte, zur verächtlichen Betrachtung dessen, was die Existenz selbst ist‹. Die Woge der Grotesken erlaubt es, das Gefühl des unwiderstehlichen Possenspiels zu bezeichnen, das mit der ungenierten Fröhlichkeit abwechselt, für die Raum zu schaffen unumgänglich geworden war.«[1]

Doch scheint der Nasenfreak Magrittes diszipliniert, das Vulgäre zurückgenommen durch eine sorgfältige Gepflegtheit, durch eine schon lächerliche »Sorge um sich«, die es vermag, die physignomische Zwielichtigkeit mit Fassung zu ertragen: »Denken und Existenz«. Er ist ein Zeitgenosse, der die Bürde des historisch Subversiven trägt. Aber nicht nur das. Die Pfeife im Mund bestätigt dieses Selbstverständnis, so als ob dieser Mann nichts anderes im Sinn hat, als durch sie dem ganzen Drama des Vulgären einen Halt zu geben, indem ein selbstreferentieller Kreislauf hergestellt wird, der das eine vom anderen abhängig macht. Der schön gemalte Nimbus der Kerze bestätigt diese Handlung als Dauer. Die Kerze selbst, seit je Emblem für Ewigkeit, Vanitas, Potenz, aber auch Aufklärung, wird hier neben der gefurchten Denkerstirn zum Symbol einer Philosophie, die, durch den Sockel herausgehoben, ihre Zustände wechselt in Form und Bedeutung, nicht aber ihre Funktion zu leuchten. Sie signalisiert das ewige Denken des Philosophen zwischen dem Dionysischen und Apollinischen, zwischen Eros und Aufklärung, während der Mann offensichtlich die »Technologien des Selbst« einer einsamen und höchst individuellen Lösung zuführt, die allerdings mehr mit Verstopfung zu tun hat.

Vielleicht sollten wir die Interpretation des Bildes nicht zu weit treiben, da Titel bei Magritte trotz ihrer Klarheit im strengen Sinn eigentlich keine sind, sondern poetische Umwege, die das Sichtbare durch das Sagbare weiter verunklaren sollen im Sinne eines Mysteriums. Magritte (1962):

»Die Kunst, wie ich sie auffasse, sträubt sich gegen die Psychoanalyse: sie evoziert das Mysterium, ohne das die Welt nicht existieren würde, das heißt das Mysterium, das man nicht mit einer Art Problem verwechseln darf, so schwierig es sei.

Ich achte darauf, nur Bilder zu malen, die das Mysterium der Welt evozieren. Damit das möglich ist, muß ich sehr wach sein, was bedeutet, daß ich aufhöre, mich gänzlich mit Ideen, Gefühlen, Empfindungen zu identifizieren. (Im Gegensatz dazu sind Traum und Wahnsinn einer absoluten Identifikation günstig).

1 André Chastel, *Die Groteske. Streifzüge durch eine zügellose Malerei*, Berlin 1997, S. 65 f.

Kein Vernünftiger glaubt, daß die Psychoanalyse das Mysterium der Welt erklären könnte. Die Natur des Mysteriums macht die Neugier gerade zunichte. Die Psychoanalyse hat auch über die Kunstwerke, die das Mysterium der Welt evozieren, nicht zu sagen. Vielleicht ist die Psychoanalyse der dankbarste Fall, den die Psychoanalyse behandeln kann.«[2]

Hier spricht ein Surrealist, der seinen eigenen Weg jenseits des Freudianismus eines André Breton gefunden hat, einen Weg jenseits des aufgeklärten Traums hin zu einer Sprache der Dinge und Worte, die sich möglichst selbst repräsentieren sollen. Konnte Hitchcock die surrealen Bilderwelten Dalís im Sinne Freuds noch problemlos im Film *Spellbound* (1945) integrieren und damit die Lösung des Falls vorwärtstreiben und letztendlich begründen, so fällt Magrittes Bilderwelt aus dem Rahmen eines wie immer gearteten psychoanalytischen, politischen, künstlerischen Fortschritts. Magrittes Bilder sind wie Raymond Roussels Worte das, was sie sind. Das macht sie so plakativ und willig für die heutige Posterkultur. Wir umgeben uns gern mit ihnen, weil sie so einfach erscheinen, weil sie nicht auf »Kunst« Wert legen, sondern auf das Selbstverständnis des Rätsels, formuliert durch Ähnlichkeiten, die Serien bilden und einzelne vorgestellte Gegenstände in unterschiedlichen Zustandsweisen versetzen.

Wir könnten unser komisches Gemälde als ein Denkbild betrachten, um über Foucault zu sinnieren, gerade weil es, genauer betrachtet, all jene Elemente enthält, die das Gesamtwerk des Philosophen bestimmen, inklusive seines Lachens, von dem Michel de Certeau so eindringlich spricht:[3] das Wissen und die Praktiken, das Sexuelle und die Askese, das Sagbare und das Sichtbare, das Psychoanalytische und das Selbst, das Archäologische und das Subversive. Wir könnten es auch als Denkbild betrachten, weil es Foucault weniger darum ging, Lösungen anzubieten als vielmehr die Verstrikkungen aufzuzeigen, denen wir machtvoll ausgeliefert sind. Und selbst ein Widerstand ist in diesem ansonsten statischen Bild angelegt: die Befreiung der Nase aus der Pfeife und ein Löschen der Kerze, das allerdings erst mit dieser Befreiung möglich wäre. Und wir

2 René Magritte, »Die Psychoanalyse«, in: ders.: *Sämtliche Schriften*, hg. von André Blavier, München, Wien 1981, S. 463.

3 Vgl. Michel de Certeau: »Das Lachen Michel Foucaults«, in: *Denken und Existenz bei Michel Foucault*, hg. von Wilhelm Schmid, Frankfurt am Main 1991.

könnten uns natürlich selbst lächerlich machen, wenn wir an die Nase und das zeitweilige Pfeiferauchen unseres Philosophen denken.

Genauso wie es mir immer schwerer fällt, Foucault einer bestimmten Denkrichtung zuzuschlagen oder ihn für bestimmte Positionen zu vereinnahmen, weiß ich nicht mehr, warum wir Magritte noch einen Surrealisten nennen sollten, auch wenn er sich gerade zu Beginn seiner stillen Karriere zu dieser Richtung bekannt hat. Nichts spüre ich bei diesem Maler von jenem berühmten Automatismus und jener glorifizierten Zufälligkeit, nichts von jenem militanten Kommunismus oder dem leichtfüßig flanierenden Dandytum. Magrittes Malerei ist konkret, sowohl technisch wie inhaltlich bis hin zur Auslöschung der Person des Malers selbst. Sein plakathafter und trotzdem erstaunlich poetischer Stil vermeidet die individuelle Handschrift, läßt sie im Vorraum der Kunstgeschichte ruhen, um sich in immer wieder neuen Ansätzen, Durchdringungen, malerischen Materialisierungen und Variationen präzise den Dingen selbst, und damit dem Denken zu widmen. Magritte ist ein Maler von Schaubildern einer anderen Wissenschaft.

Ähnliches gilt für Foucault. Auch hier Materialisierungen und Variationen, Konkretisierungen und Stillosigkeiten des archivarisch Faktischen als Subversionen, die erst mit der schreibenden Kombination Möglichkeiten zum Stil bilden. Auch hier der Wunsch, als Autor zu verschwinden, obwohl es Foucault nie so richtig gelungen ist. Im Gegensatz zu Magritte, der seine Schautafeln unspektakulär in seiner Wohnung fabrizierte, war Foucault zu sehr begnadeter Lehrer, zu sehr öffentlich, um hinter seinem Werk verschwinden zu können. Trotzdem läßt sich sagen, daß Foucaults Wissenschaft eine künstlerische ist, eine der Schautafeln und Diagramme, der Ekphrasis und der Akzeptanz des werkimmanenten Widerspruchs. Zeichnet sich Wissenschaft durch Systematisierung aus, so ist die Kunst bestimmt durch historische und aktuelle Reihungen und Verknüpfungen. Nähert sich Magritte der Wissenschaft an, so Foucault der künstlerischen Haltung als eine Praktik der Offenheit und Revision. Doch beide Modalitäten stehen im Zeichen des Denkens, des Sichtbaren und des Sagbaren. Beide sind auf unterschiedliche Weise auch »Künstler-Denker«, wie Gilles Deleuze eine künstlerische Existenzform bezeichnet, aber vor allem auch »Denker-Künstler«, die aus jeweils unterschiedlichen Richtungen die Postulate der Wissenschaft durch eine spezifisch subversive Komplexität aushebeln. Paul Veyne beschließt seine immer noch aktuelle Studie *Der Eisberg der Geschichte* über Foucault mit den Worten:

»Alle Historie ist ihrer Natur nach, und nicht aufgrund einer Option, archäologisch: die Geschichte erklären und verdeutlichen heißt zuallererst, sie wahrzunehmen, die sogenannten natürlichen Objekte auf rare und datierte Praktiken, die sie objektivieren, zu beziehen und diese Praktiken zu erklären, indem man nicht von einem einzigen Motor ausgeht, sondern von allen benachbarten Praktiken, in denen sie verankert sind. Diese picturale Methode produziert fremdartige Bilder, in denen Beziehungen die Gegenstände ersetzen. Gewiß, diese Bildfolgen sind Bilder der Welt, die wir kennen. Foucault macht ebensowenig abstrakte Malerei wie Cézanne; die Landschaft von Aix ist erkennbar, sie ist allerdings mit einer gewaltsamen Affektivität aufgeladen: sie scheint aus einem Erdbeben hervorzubrechen. Alle Objekte, Menschen inbegriffen, sind in eine abstrakte Skala farbiger Relationen umgeschrieben, wo der Pinselstrich ihre praktische Identität auslöscht und wo sich ihre Individualität und ihre Grenzen verwischen.«[4]

Foucault ist an Bildern interessiert, weil sie wie die Literatur eines Mallarmé, Flaubert, Roussel oder Artaud eine Position zur Macht einnehmen, zur Disziplinierung, die einen Haken schlägt. Sie sind Teil der Macht, gleichzeitig aber auch sagbare und sichtbare Subversion. Sie sind die »Brüche« und »Leerstellen«, die uns befähigen, weiter zu denken. Den Bildern kommt hier allerdings eine besondere Bedeutung zu, da sie auf dem Grund des Sagbaren eine Tendenz zur Objektivierung im wörtlichen Sinn besitzen, welche nicht nur die Dinge ins bessere Licht rückt, sondern auch die Wahrnehmung ihrer Verhältnisse. Während also die Sprache Bilder produziert, besonders eindringlich bei Roussel, sind die Bilder von jenem unermüdlichen »Gemurmel« beseelt, das aus Namen, historischen Daten, archäologischen Bestimmungen, rhetorischen Modellen und visuellen Transformationen durchsetzt ist. Insofern ist Foucault mit seinen sprachlichen Schlachtengemälden auch dem Kunsthistoriker ein Freund, zumal Alois Riegl, Julius Schlosser, Aby Warburg, Erwin Panofsky, eben die Altmeister der Disziplin vergleichbare Strategien ins Feld führten: die Verabschiedung vom Meisterwerk hin zum Archiv der Gleichwertigkeiten etwa in den Repräsentationsmodellen

4 Paul Veyne, *Der Eisberg der Geschichte. Foucault revolutioniert die Historie*, Berlin 1981, S. 68 f.

der Kunst- und Wunderkammern und die Rückführung der Bilder auf ihren sprachlichen Ursprung. Nur daß Kunsthistoriker eben Kunsthistoriker sind, während Philosophen wie Künstler alles sein können, eben auch Künstler und Kunsthistoriker, Denker und Wissenschaftler. *Die philosophische Lampe*, entzündet durch Körperlichkeit, leuchtet seit Nietzsche, wo sie will, und der Skandal der Kunst besteht seit Marcel Duchamp und Magritte in der Ungewißheit über ihre wahre philosophische und wissenschaftliche Dimension.

Nun verbieten eine strenge Formalisierung und das Abteilungsdenken den Aufbruch in ein widersprüchliches Denken, das sich selbst als Autor zurücknimmt, um vielleicht Poet oder Künstler zu sein, wie es Foucault praktizierte, oder um etwa den Körper des »Selbst« zur Sprache zu bringen. Und solange »Interdisziplinarität« als Forderung im Raum steht, wird sie wohl kaum stattfinden. Statt dessen erleben wir gerade bei den jüngeren Kunstwissenschaftlern permutatives Wortgeklingel aus Evidenzen, Dispositiven und dem unvermeidlich »Anderen«, um die Kunstwerke, um die es eigentlich geht, im »Diskurs« zum Verschwinden zu bringen. Lesen wir dagegen einmal wieder Foucaults Texte zur Kunst, staunen wir über einen großen Interpreten, einen Liebhaber und klassischen Bildbeschreiber, der seine ganze Aufmerksamkeit dem Gegenstand der Offenbarung zuwendet. Die amerikanische Kunsthistorikerin Svetlana Alpers geht so weit, am Beispiel ihrer Velázquez-Interpretation mit Foucault (bei aller Kritik) und gegen Panofsky und Gombrich eine Rückkehr zur »Bildlichkeit« einzufordern:

»Zunächst entfaltet er [Foucault] einen bestimmten und bestimmenden Begriff der klassischen Darstellung und findet in diesem Bild die Darstellung eben dieses Begriffs. Foucaults Ausführungen zu diesem Punkt gehen von einer genauen, durch ihre Aufmerksamkeit bestechenden Betrachtung des Werks aus. Sein Interesse an der Darstellung, der ›Repräsentation‹, liefert ihm das Motiv zum Sehen, das denen abhanden gekommen ist, die die Bedeutung in Anzeichen für einen Anspruch auf höheren sozialen Status suchen.«[5]

Foucaults und Magrittes Aufmerksamkeit für das Sichtbare und Sagbare und damit für die »Grenzen unseres Denkens«, für das »Mysterium« hat beide »Denker-Künstler« des Ähnlichen und Gleichen

5 Svetlana Alpers, »Interpretation ohne Darstellung – oder: Das Sehen von ›Las Meninas‹«, in: *Der Betrachter ist im Bild. Kunstwissenschaft und Rezeptionsästhetik*, hg. von Wolfgang Kemp, Köln 1985, S. 100.

zusammenbringen müssen. Angezogen durch den Titel liest Magritte direkt nach Erscheinen 1966 Foucaults Buch *Les mots et les choses* und schreibt zwei Briefe an den Verfasser. Der eine setzt sich kritisch mit dieser Neuerscheinung auseinander, vor allem mit dem Gebrauch der Begriffe »Ähnlichkeit und Gleichartigkeit« und des »Unsichtbaren«, der andere ist eher praktischer Natur. Mit dem ersten Brief schickt Magritte auch Reproduktionen seiner Gemälde, u. a. auch des berühmten Pfeifenbildes *Der Verrat der Bilder* von 1928/29.

Nach einem Antwortbrief erscheint im magischen Jahr 1968, ein Jahr nach Magrittes Tod, Foucaults erste Fassung des Essays »Dies ist keine Pfeife«, und er hat recht.[6] Denn auch dieser Essay ist keine Pfeife, sondern handelt von Worten und Dingen. Im Sinne der »Ordnung der Dinge« könnten wir diese Schrift als eine Fortsetzung des berühmten Velázquez-Essays lesen, als eine Exemplifizierung jener neuen Zeit, die sich nicht mehr mit Ähnlichkeiten und Repräsentationen beschäftigt, sondern mit »Gleichartigkeiten«, die mit Andy Warhol dann standardisiert werden. Doch liegt hier ein Mißverständnis zwischen den »Denker-Künstlern« vor, das sich schon in den Briefen ankündigt. Magritte kann mit »Gleichartigkeit« wenig anfangen (ist nur für »Erbsen« interessant) und beharrt auf »Ähnlichkeiten«; denn nur »dem Denken ist es eigen, ähnlich zu sein. Es ähnelt, indem es das ist, was es hört, sieht oder erkennt; es wird zu dem, was ihm die Welt bietet«.[7] Foucault dagegen sieht gemäß seiner Theorie von 1966 in den verschiedenen Auseinandersetzungen Magrittes zur Pfeife vor allem Gleichartigkeiten am Werke. Karlheinz Lüdeking hat sich eingehend mit diesen Mißverständnissen auseinandergesetzt. Für Magritte, der sich in seinen Bildern, Schriften und vor allem in seinem immer gern zitierten nominalistischen Comicessay »Die Wörter und die Bilder« von 1929 so grundlegend mit dem gestörten oder poetischen Verhältnis der Worte zu den Dingen geäußert hat, ist die Ähnlichkeit ein »Akt des Denkens«, das uns in die Lage versetzt, dem Mysterium der Dinge zu begegnen, im Gegensatz zur »Gleichartigkeit«, die lediglich zu Vergleichen herausfordert. Foucault dagegen siedelt die Ähnlichkeiten historisch in der Vorklassik an, als »Signaturen«, Sichtbarkeiten auf der Oberfläche. »Magritte hätte es natürlich als frivol empfunden, ein ganzes Malerleben damit zu verbringen, immer wieder das

6 Vgl. Michel Foucault, *Dies ist keine Pfeife*, München 1997.

7 Vgl. Brief vom 23. Mai 1966, ebd. S. 55.

leere Spiel der entfesselten Zeichen zu zelebrieren. Er macht sich zwar keine Illusionen über den Umstand, daß unsere Zeichen das Bezeichnete nicht mehr vergegenwärtigen können. Aus seiner Sicht beweist das jedoch nicht, daß wir uns mit leeren Zeichen begnügen müssen. Es beweist vielmehr, daß sich diese Zeichen auf etwas richten, das ihre bezeichnete Kraft übersteigt. Doch dieses Etwas, dieses ›Mysterium‹ ist für Magritte selbst nur ein ganz und gar unbegreifliches und unverfügbares absolutes Sein, über das man nichts sagen kann, außer, daß es existiert. Im Grunde genommen unterscheidet sich dieses rätselhafte ›Sein‹ der Dinge, von dessen Existenz Magritte so fest überzeugt ist, also gar nicht so sehr von dem ›Nichts‹, das Foucault hinter dem rastlosen Geflimmer unserer Zeichen vermutet.

Einen Unterschied gibt es allerdings doch. Durch den Glauben an das ›Mysterium‹ gewann Magritte eine quasi-religiöse Sicherheit. Eine solche Sicherheit brauchte er offenbar, um sich die beängstigende Haltlosigkeit der Zeichen erträglich zu machen, die er selbst in seiner Malerei so schonungslos aufgedeckt hatte. Ohne ein solches Beruhigungsmittel wäre er über den nihilistischen Konsequenzen seines Tuns womöglich von der Melancholie übermannt worden. Dieses Problem hatte Foucault nicht. Die Befreiung der Zeichen aus der Herrschaft des Bezeichneten bedeutet für ihn nur, daß sie nun in die fröhliche Anarchie prinzipieller ›Gleichartigkeit‹ entlassen werden.«[8]

Damit könnten wir nun endlich diese an sich stupide Pfeifengeschichte vergessen, um uns vielleicht anderen, interessanteren Themen zuzuwenden, wenn es da nicht noch Probleme besonderer Art gäbe; denn erstaunlicherweise wendet sich Foucault nicht dem klassischen Pfeifenbild *Der Verrat der Bilder* zu, sondern seine Analyse fußt vor allem auf der Zeichnung *Morgendämmerung auf der Gegenseite*, die wiederum Ähnlichkeit mit dem Gemälde *Die zwei Mysterien* von 1966 besitzt. Warum diese Auswahl? Nun, auf der Zeichnung gibt es mehr zu sehen. Wir sehen nicht nur das Bild mit dem berühmten Untertitel *Dies ist keine Pfeife*, sondern auch eine Staffelei auf Holzdielen und darüber eine große schwebende Pfeife. Das macht die Sache für den Verräumlicher Foucault spannend. Wäh-

8 Karlheinz Lüdeking, »Die Wörter und die Bilder und die Dinge. Magritte & Foucault«, in: *René Magritte. Die Kunst der Konversation.* (Katalog) Kunstsammlung Nordrhein-Westfalen, Düsseldorf 1997, S. 69.

rend der *Verrat der Bilder* im reinen Dasein als unmögliche Schautafel einer anderen Didaktik aufgeht, wird paradoxerweise gerade in der Zeichnung wieder das Problem der Malerei sichtbarer, und es ist vor allem das Schweben, das hier nochmals überhöht wird, nicht nur das Schweben der Pfeife auf der Tafel, sondern auch das über ihr, und selbst die Staffelei scheint mit ihren widersinnig angespitzten Füßen nicht gerade sicher zu stehen.

Während der *Verrat der Bilder* Schautafel ist, nicht mehr und nicht weniger, und eine Art anonymer Plakatmalerei, blicken wir mit der Zeichnung in ein Atelier und damit in den Raum künstlerischer Praktiken. Wir befinden uns also – betrachten wir die Tradition der Atelierbilder seit den Lukasdarstellungen des Mittelalters – entgegen Foucault nicht in einem »Schulraum«, sondern vielmehr in einer sprachphilosophischen Variante der *Meninas* des Velázquez, die Foucault zuvor so großartig interpretiert hat,[9] und es ist erstaunlich, daß er an dieser Stelle nicht wieder darauf zu sprechen kommt. Daß seine Velázquezstudie eben nicht mit dem Zentrum des Bildes einsetzt, sondern mit der Staffelei und dem daneben stehenden Maler, zeigt Foucaults Interesse am Objektcharakter des Bildes, an den Praktiken der Malerei, wie es später dann am Beispiel Edouard Manet noch klarer wird.[10] Was für die Praktiken der Internierung, des Wahnsinns oder des Sex gilt, ist auch für das Schreiben und Malen wesentlich. Die Praktiken produzieren das Wissen und die Macht und etablieren gleichzeitig die Möglichkeit zur Handlung und zur Imagination.

Damit zeigt die Zeichnung Magritte eben nicht nur zwischen den Worten und Dingen verfangen, sondern auch als denkenden Praktiker, als existierenden Künstler, wenn auch mit anderen Problemen beschäftigt als eben Velázquez. Es wird aber auch deutlich, daß Foucault trotz seiner Anmerkungen zu Klee und Kandinsky, Rothko oder Noland nicht als vornehmlicher Parteigänger der Abstrakten zu nennen ist. Sein Interesse an der Malerei verbindet sich mit seiner Philosophie durch eine ungebrochene Liebe zur Darstellbarkeit der Körper im Raum des Objektes Bild. Wenn Foucault unkommentiert seinem Buch *Wahnsinn und Gesellschaft* das leider in der deutschen Ausgabe fehlende Gemälde *Die Vorsteherinnen des Alten-*

9 Vgl. Michel Foucault, »Die Hoffräulein«, in: *Dits et Ecrits. Schriften*, Bd. I, Frankfurt am Main 2001, Nr. 32, S. 603-621.

10 Vgl. Michel Foucault, *Die Malerei von Manet*, Berlin 1999.

heims zu Haarlem, entstanden 1664 in den letzten Lebensjahren Frans Hals', voranstellt, beweist dies einen Glauben an die Bilder, die es vermögen, Disziplinierung und Krankheit wahrheitsgemäß und experimentell zugleich in Sichtbarkeit zu überführen. Die Bilder affizieren, wo das Sagbare vielleicht allzu archäologisch werden könnte. Die statuarischen Damen, die uns hier anblicken, sind Praktikerinnen im Spiegel künstlerischer Praktiken und somit maßgeblich beteiligt am Prozeß der unmethodischen Methoden Foucaults.

Bemerkenswert sind in diesem Zusammenhang die knappen Sätze zur Malerei in der *Archäologie des Wissens* von 1969:

»Die archäologische Analyse [der Malerei, d. Verf.] hätte ein anderes Ziel [als die zuvor beschriebene kunstwissenschaftliche, d. Verf.]: sie würde untersuchen, ob der Raum, die Entfernung, die Tiefe, die Farbe, das Licht, die Proportionen, die Inhalte, die Umrisse in der betrachteten Epoche nicht in einer diskursiven Praxis benannt, geäußert und in Begriffe gefaßt worden sind; und ob das Wissen, dem diese diskursive Praxis Raum gibt, nicht in Theorien und vielleicht Spekulationen, in Unterrichtsformen und in Verschreibungen, aber auch in Verfahren, in Techniken und fast in der Gebärde des Malers angelegt war. Es würde sich nicht darum handeln, zu zeigen, daß die Malerei eine bestimmte Weise des Bezeichnens oder des ›Sagens‹ ist, woran das Besondere wäre, daß sie auf Worte verzichtete. Man müßte zeigen, daß sie wenigstens in einer ihrer Dimensionen eine diskursive Praxis ist, die in Techniken und Auswirkungen Gestalt annimmt. So beschrieben ist die Malerei nicht eine reine Vision, die man anschließend in die Materialität des Raumes übertragen müßte; sie ist ebensowenig eine nackte Gebärde, deren stumme und unendlich leere Bedeutungen durch spätere Interpretationen freigesetzt werden müßten. Sie wird von der Positivität eines Wissens völlig durchlaufen – unabhängig sowohl von wissenschaftlichen Erkenntnissen als auch von philosophischen Themen.«[11]

In diesem Sinn irritiert mich Foucaults Essay zu Magritte, da er zu sehr im philosophisch-wissenschaftlichen Raum angesiedelt ist und trotz des Ausweichens auf die Zeichnung jene künstlerische, malerische Qualität der Beschreibungen etwa anläßlich Velázquez,

11 Michel Foucault, *Archäologie des Wissens*, Frankfurt am Main 1981, S. 276 f.

Goya, Bosch oder Manet vermissen läßt. Mit dem Blick auf die Körper, die Praxis und die Materialität der Malerei, der in den Worten Foucaults zu diesen Künstlern zum Ausdruck kommt, ist festzustellen, daß auch der »Denker-Künstler« Magritte andere Bilder gemalt hat, wie zum Beispiel die »philosophische Lampe«, und es ließe sich fragen, ob nicht allgemein die Moderne ihre Anschauungen bis hin zu Minimalismus und Concept Art zu stark auf Abstraktion oder Theorie von Künstlern fokussiert und dabei das, was in Ermangelung besserer Begriffe Realismus genannt wird, absorbiert hat, ob also wissenschaftliche Kunst, die es seit Leonardo gibt, oder künstlerische Wissenschaft, die es beispielsweise bei Pascal gibt, auf ihren fröhlichen Positivismus hin befragt werden sollten? Daß in jüngster Zeit wieder gemalt wird, und zwar durchaus im albernen Sinn von Magrittes »philosophischer Lampe«, weist hier in eine von vielen Richtungen.[12]

Neben dem Atelieraspekt vermisse ich in Foucaults Essay auch eine stärkere Ausarbeitung des poetischen Aspekts. Denn diese didaktische Pfeife, die keine ist, steht nicht ausschließlich für die Inkarnation eines Sprach-Bild-Problems. In *La Révolution surréaliste* (Nr. 12, 1929) erscheint nicht nur Magrittes berühmter Comicessay »Die Wörter und die Bilder«, sondern auch der ihm von Breton und Eluard untergeschobene Aphorismus »Die Poesie ist eine Pfeife«. An anderer Stelle habe ich darauf hingewiesen, daß nicht nur Charles Baudelaire ein Gedicht mit dem Titel »Die Pfeife« geschrieben hat, in dem übrigens die Pfeife selbstbewußt »Ich« sagt, sondern eben auch der »Gott« Mallarmé.[13] Bei ihm ist die Pfeife Symbol für Erinnerung, die Melancholie des Winters, des Reisens und des Abschieds. Und in beiden Gedichten qualmt die Pfeife, bei Baudelaire ermöglicht dieser Qualm ausdrücklich die poetische Inspiration. Bei beiden Autoren ist sie zudem mit Häuslichkeit verbunden und folgt so den Pfaden, die mit der holländischen Genremalerei des 17. Jahrhunderts gelegt wurden. Erinnert sei hier auch an Gustave Courbets *Selbstbildnis im Gefängnis von Sainte-Pélagie* (um 1873), um einen weiteren Parteigänger des Realismus zu nennen, der wie-

12 Vgl. u. a. »Lieber Maler, male mir…« *Radikaler Realismus nach Picabia,* (Katalog) Kunsthalle Wien, Schirn Kunsthalle Frankfurt, 2002; *Painting Pictures. Malerei und Medien im digitalen Zeitalter,* (Katalog) Wolfsburg 2003.

13 Vgl. Michael Glasmeier, »Die Kunst des Pfeiferauchens. Zu Marcel Broodthaers. Eine Einführung«, in: ders., *Extreme 1-8. Vorträge zur Kunst,* Köln 2001

derum mit seinem Atelierbild das Problem der Staffelei, der Praxis auf eine höchst vertrackte und artifizielle Weise zentriert hat.

Das Übermaß der Didaktik von Magrittes Ideogramm *Verrat der Bilder* verhindert auch bei Foucault eine Auseinandersetzung mit einer dem Sujet inhärenten Poesie, die in anderen Pfeifenbildern des Künstlers allerdings stärker zum Ausbruch kommt. Es ist jene Poesie, die Foucault mit Mallarmé und Roussel beschworen hat: Imagination als »Akt eines Denkens, das seinen eigenen Tod durchquert, um am Ende sich in der Distanz seiner Sprache [oder seines Bildes, d. Verf.] zu empfangen«.[14]

Imagination also als Grund einer Poesie, die mit der Pfeife angeheizt wird. Genau das aber ist das Problem des belgischen Denker-Künstlers Marcel Broodthaers, der sich in zahlreichen Filmen, Zeichnungen, Bildern mit der Magrittschen Pfeife herumgeschlagen hat. Für Broodthaers ist, wie er sagt, Magritte immer zuviel Magritte gewesen und nicht genug »Dies ist keine Pfeife«, also nicht radikal genug, nicht poetisch genug, nicht politisch genug, nicht qualmend genug. Die Pfeife ist noch zu sehr Pfeife, und sie bleibt zu sehr Pfeife, wenn sie sich nicht mit Praktiken verbindet. Erst wenn die Pfeife qualmt und ihre didaktische Bühne verläßt, entwickelt sie Formen der Unbestimmtheit, der Poesie und des Handelns. Und diese Formen sind im Rauch sichtbar, ephemer und nicht substantiell.

In einigen Filmen von Broodthaers qualmt es um 1970 daher ununterbrochen. Direkt auf Magritte bezieht sich der Film *Dies wäre keine Pfeife* von 1969/71. Dazu schreibt der Künstler: »Eine weiße Mauer. Eine Rauchwolke. Eine von Rauch umspielte Wanduhr. Eine Pfeife, die ganz allein vor sich hinraucht. Eine Pfeife, die nicht raucht. Ein Untertitel unterstreicht diese Bilder: FIGURES. Es handelt sich um eine Umsetzung von Magrittes Gemälde *Ceci n'est pas une pipe*.[15] Dieser zwei Minuten und zwanzig Sekunden dauernde Film zeigt untypisch für das Medium nichts als eine Folge statischer Bilder, Gegenstände vor einer weißen Wand, die weiße Wand selbst und Rauch ab und zu. Mal raucht es vor der Wand, mal die Pfeife. Das eingeblendete Wort FIGURE mit Zahlen nimmt eine Idee des

14 Michel Foucault, »J.-P. Richards *Mallarmé*«, in: *Dits et Ecrits, Schriften*, Bd. I, a.a.O., Nr. 28, S. 559-571, hier: S. 568.

15 Marcel Broodthaers, *Cinéma*, (Katalog) Kunsthalle Düsseldorf, Nationalgalerie im Hamburger Bahnhof, Berlin 1997, S. 323.

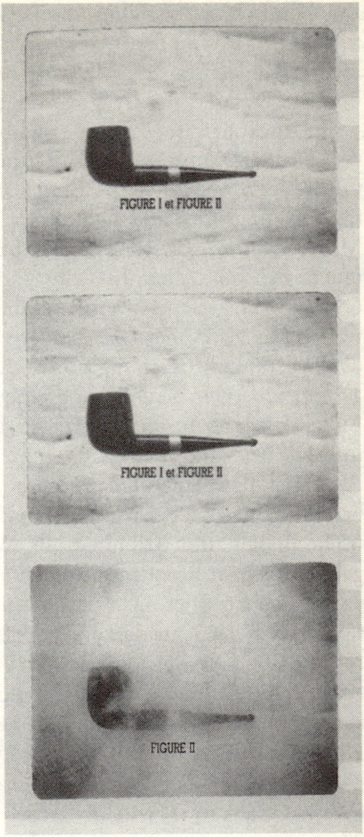

Abb. 4: Marcel Broodthaers: *Ceci ne serait pas une pipe (Dies wäre keine Pfeife),* 1969-71, Filmstill aus: *Marcel Broodthaers. Cinema (Katalog) Kunsthalle Düsseldorf.* Nationalgalerie im Hamburger Bahnhof, Berlin 1997.

Künstlers vom Bild auf, das Zahl, Figur, Abbildung oder Gestalt sein, verkörpern kann. Das Bild selbst befreit sich solchermaßen aus seiner Autonomie und öffnet sich anderen Zusammenhängen, denen des Denkens, der Illustration, der Sichtbarkeit und Wahrnehmung, der »diskursiven Praktiken«. Dieser filmische Kommentar zu Magritte beendet den »Verrat der Bilder«, indem er wie Foucault verräumlicht. Der Hintergrund wird zur sichtbaren Mauer, die Pfeife zum Objekt, das wirklich schwebt und handelt, und mit der verqualmten Uhr wird der Zeit Referenz gezollt. Gleichzeitig erinnern die einzelnen kargen Elemente an einen Film Noir ohne Handlung.

Das Filmische dieses Films, das Bewegte liegt allein im Rauch und in der Uhr. Es sind die Bewegungen, von denen die erwähnten Gedichte Baudelaires und Mallarmés sprechen, Bewegung der Stille und Melancholie, der Imagination und poetischen Praxis.

Im Rückblick ist es schon erstaunlich, wie sehr sich die Themen der Denker-Künstler Foucault und Broodthaers doch gleichen. Ohne hier zu spekulieren, läßt sich sagen, daß Broodthaers den Verräumlichungs-Gedanken Foucaults auf der Basis von Mallarmé und Magritte in künstlerische Praxis überführt. Nicht nur die Pfeife raucht bei ihm. Auch die Leinwand verwandelt sich in wahrhafte Objekte, die gestapelt werden können (*Dix-neuf petits tableaux en pile*, 1973), Mallarmés *Une Coup des Dés* wird 1969 durch den Trick der Zeilendurchstreichung zum »Bild«, die Enzyklopädie eines Borges zur albernen Neuordnung einer Schautafel von Rindern und Bullen, die jetzt Autonamen tragen, und die Leere verräumlicht sich in Muschel- und Eierhaufen unterschiedlichster Anordnungen. Aber auch dem Spiegel, dem Krieg, der Repräsentation und natürlich immer wieder dem Sagbaren wird durch eine nackte, undramatische Präsentation Tribut gezollt. Wir könnten also zugespitzt sagen, daß wir in Broodthaers einen optischen Sachwalter Foucaults vor uns haben, aber nicht des Foucault von »Dies ist keine Pfeife«, selbst wenn der Künstler, der ja eigentlich Lyriker ist, diesen Essay 1972 anläßlich seiner Düsseldorfer Ausstellung *Der Adler vom Oligozän bis heute* in einem Postscriptum zur »Methode« eindringlich zur Lektüre empfiehlt. Nein, eine Lektüre der Werke Broodthaers' könnte vor dem Hintergrund von *Die Ordnung der Dinge*, *Die Archäologie des Wissens*, *Überwachen und Strafen*, *Raymond Roussel* oder »Was ist ein Autor?« fruchtbarer werden, während die Pfeife ruhig weiter sich selbst zeigt, qualmt oder die Nase verstopft.

Dafür einige naheliegende Beispiele. 1974 dreht Broodthaers den 15 Minuten dauernden Film *Figures of Wax (Jeremy Bentham)*. Auch hier haben wir wieder eine Reihe von Sequenzen, die unkommentiert hintereinander gezeigt werden. Da gibt es in London die Halle des University College, dann die Oxford Street und Straßenleben und Schaufenster im Herzen der Weltstadt. Kernstück des Films ist die Begegnung Broodthaers' mit der Wachsfigur Benthams, jenes Erfinders der Knastarchitektur im Stil des Panopticons, wie wir sie aus Foucaults *Überwachen und Strafen* kennen. Mal sehen wir den Künstler vor der Figur Zeitung lesen, mal spricht eine weibliche

Stimme im Off Texte Benthams, während die Kamera die Figur umkreist, doch dann schiebt sich ein imaginäres Interview mit Bentham dazwischen, so wie es vorher eines mit Magritte (1967) gegeben hat. Worum geht es in diesem? Nun, eigentlich um nicht viel. Es geht um die Verweigerung von Antworten. Bentham ist es kalt, er weiß natürlich nicht, was Kino ist, man solle seine Werke lesen, dann ist es ihm wieder zu warm wegen der Leuchten, und es gibt einiges zu staunen für ihn. Und Broodthaers beklagt sich, daß die Bibliothek geschlossen ist, sagt, daß er Belgier sei, spricht davon, daß Film »Repräsentation der Realität« ist, und bietet seinem Interviewpartner ein Bier an.[16]

Der berühmte Gelehrte wird Mensch. In einem Brief an den Sammler Herbig spricht Broodthaers von seiner Intention:

»Aber ich mache vielleicht einen Film im Inneren dieses berühmten Gebäudes [University College, London, d. Verf.]. Einer der Gründer dieser Institution, Sir ...? [Jeremy Bentham, d. Verf.] starb 1832. Sein Skelett hat er der Schule vermacht. Und dieses Skelett hat man als Gerippe (Haha!) zur Anfertigung einer Wachsfigur verwendet, die diese eminente Persönlichkeit in Lebensgröße darstellt.

Gekleidet in die Alltagsgewänder des Verstorbenen, darunter ein Strohhut in der Form eines Zylinders, sitzt die Gestalt auf einem Stuhl in einem beleuchteten Schrank und betrachtet mit ihren blauen Augen das unschuldige Kommen und Gehen der neuen Generation. Das gibt doch sicher ein schönes ›wissenschaftliches‹ Thema ab für einen Hochschulfilm.«[17]

Es läßt sich aus privaten Notizen herauslesen, daß Broodthaers einiges zum Utilitaristen Bentham (»das größtmögliche Glück der größtmöglichen Zahl«) recherchiert hat. Besonders haben ihn dessen kritische Meinungen zum englischen Kolonialismus beeindruckt. Aber die Kunstfeindlichkeit dieses Gelehrten, der hier mit der Wachsfigur seiner 1842 erschienenen Schrift »Auto-Ikone oder weitere Verwendungsmöglichkeiten von Toten zum Wohle der Lebenden« Praxis folgen läßt, aber auch seine Beiträge zur Gefängnisarchitektur haben ihn wenig interessiert. Broodthaers bleibt im wesentlichen bei der faszinierenden Sichtbarkeit der Auto-Ikone.

Ein Jahr später, 1975, erscheint Foucaults *Überwachen und Strafen*. Hier entwickelt der Autor ausgehend von Bentham seine Theo-

16 Vgl. ebd. S. 335.
17 Ebd.

rie des Panoptismus, der nicht nur das Gefängnis, sondern alle öffentlichen Institutionen, wie auch Hochschulen und Bibliotheken als Disziplinierungsmechanismus infiziert. Diese Sehmaschine funktioniert im Prinzip immer noch. Doch zeigt Broodthaers' Hochschulfilm jene Personalisierung, die mit der Medialisierung einsetzt. Nicht nur, daß einige wenige viele sehen, sondern mit Film und Fernsehen sehen viele einige wenige. Unabhängig voneinander kommen also beide »Denker-Künstler« auf ein grundlegendes Problem. Broodthaers mit Foucault zu lesen und Foucault mit Broodthaers zu sehen, könnte noch umfassendere Denkbewegungen in Gang setzen, die beispielsweise die Machtfrage konkretisiert und noch stärker mit der List der Ohnmacht, die eine künstlerische ist, verbindet. Wie Foucault zu den Knastbrüdern geht, so pilgert der Künstler zur *Archäologie des Wissens*, subjektiviert in einem lebendigen Skelett, ummantelt mit dem toten, aber lebensechten Wachs. Hier ist sie wieder, die »philosophische Lampe«, gekoppelt an jenen Realismus, von dem schon die Rede war und der mit den anatomischen Wachskabinetten seit dem 17. Jahrhundert auch das Wissen von den Körpern maßgeblich bestimmt hat. Hier ein kurzer Kommentar von Broodthaers zu seinem »Hochschulfilm«, der auch vom lehrenden Foucault stammen könnte: »Welche Gestalt ist heute nicht aus Wachs? (Vielleicht die Studenten).«[18]

Daß es Broodthaers auch um »Gleichartigkeiten« ging, braucht nicht besonders erwähnt zu werden, betrachten wir seine Objekte aus Muscheln, Eiern, Kohle usw. Interessanter für unser Thema scheint mir jener »Salle blanche« zu sein, den Broodthaers 1975 anläßlich seiner Ausstellung *L'Angélus de Daumier* in Paris vorstellte. Dieser hölzerne Nachbau seiner Wohnung in der Brüsseler Rue de la Pépinière ist mehr als nur monumentalisiertes Künstlertum. Er ist mit seiner Beschriftung Reminiszenz an Magritte, radikale Ausweitung des Poetischen mit Begriffen aus der Kultur, die diesen Raum dominieren und letztendlich eine Erfüllung jener Praxis der Verräumlichung, die Foucault gerade für die Poesie immer wieder anspricht, meines Erachtens erstmalig 1963 im Buch über Roussel, das ich gerade auch für die Kunstwissenschaft für absolut wesentlich halte. In diesem Raum werden die Bilder zum Tableau mit seinen Brüchen, Leerstellen und seinem Schweigen. Das »Gemurmel« for-

18 Ebd.

miert sich und bildet so eine eigene Welt diskursiver Praxis. Wir müssen lernen zu begreifen, daß es seit dem 20. Jahrhundert immer gleichgültiger wird, ob diese Tableaus durch Sprache oder durch Dinge oder Bilder aufgebaut werden, gleichgültiger im Sinne von Imagination und Poesie. Erst dann wird uns eine Praxis bewußt, welche die Künstler schon längst begriffen haben und die jenseits der Abstraktion sich an Wirklichkeiten orientiert, Wirklichkeiten des Abc, des Objekts, des Buches und der Leinwand, und so müssen wir hinzufügen, Wirklichkeiten der Medien. Wir betreten den »weißen Raum« von Broodthaers und denken an Mallarmé, Magritte, an Roussel und an Foucault. Wir durchschreiten einen Raum kultureller Begrifflichkeiten, der »Archäologie des Wissens« und sind doch Reflektoren unserer Zeit.

Auch die schon erwähnte Adlerausstellung 1972 in Düsseldorf bezieht sich auf Magritte. Jedes Objekt ist mit dem Schild »Dies ist kein Kunstwerk« versehen. Die dort, verbunden durch die Figur des Adlers, in Vitrinen lagernden oder an den Wänden hängenden Werke vom Butterpapier bis zum Böcklin, von der Antike bis zu Pop unterlaufen die Machtprinzipien der Kunst. Die Ausstellung knüpft an die Vorstellungswelten der Kunst- und Wunderkammern des 16. und 17. Jahrhunderts an und entwirft ein Tableau von Gleichwertigkeiten, »magritteisiert« und »duchampisiert«. Hier im Katalog auch der Hinweis auf Foucaults Pfeifenbuch, obwohl eigentlich *Die Ordnung der Dinge* als Lektüretip sinnvoller gewesen wäre. Broodthaers' Ausstellung scheint mir im nachhinein wie eine poetische Verräumlichung dieses Buchs. Die Probe aufs Exempel müßte noch gemacht werden.

Die Düsseldorfer Ausstellung war Teil eines umfassenden Zyklus, den Broodthaers 1968 in ebenjener Rue de la Pépinière als Strategie eines »Musée d'Art Moderne. Département des Aigles« als wanderndes Künstlermuseum mit wechselnden Ausstellungen, Sektionen, begann und der 1972 auf der *documenta 5* mit der Sektion »Öffentlichkeit« abgeschlossen wurde. 1970 sollte die Sektion »Literatur« des Museums sich nochmals mit Foucaults Pfeifenbuch beschäftigen. Geplant war eine dreisprachige Veröffentlichung mit drei Briefen an Foucault und Kommentaren, sowie Foucaults Text bei den Gebrüdern König in Köln. 1972 läßt der Künstler das Projekt fallen. Er schreibt: »Die Gründe dafür sind:

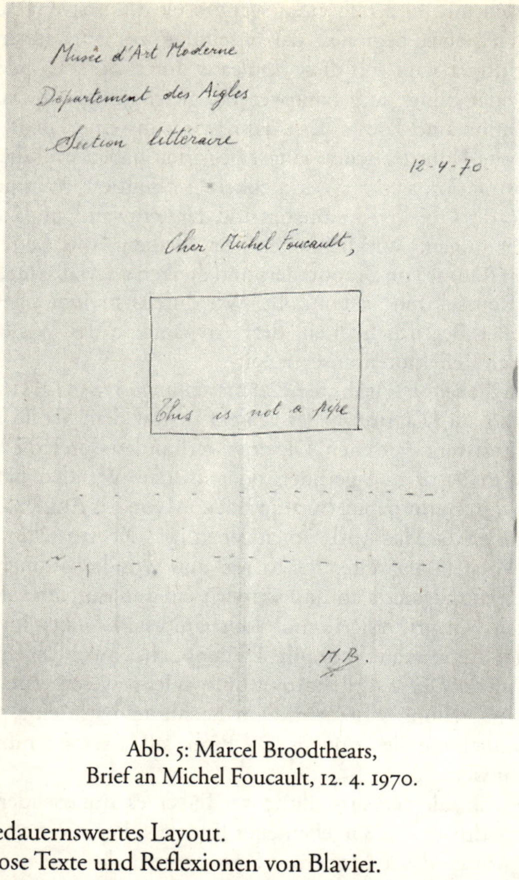
Musée d'Art Moderne
Département des Aigles
Section littéraire
12-4-70
Cher Michel Foucault,
This is not a pipe
M.B.

Abb. 5: Marcel Broodthears,
Brief an Michel Foucault, 12. 4. 1970.

1) Ein bedauernswertes Layout.
2) Wertlose Texte und Reflexionen von Blavier.
3) Meine eigenen Einmischungen sind lächerlich geworden.
Die Lage der Kunst hat sich seit 70, dem Jahr des ursprünglichen Projekts, so entwickelt, daß sich das Projekt erübrigt.«[19]

Es scheint eher die eigene Lage zu sein, die den Künstler beschäftigt. Er schließt sein Adlermuseum und beginnt sich mit den Problemen des »Décors« zu beschäftigen, eine andere Art, Kunstwerken

19 Marcel Broodthaers. Section Littéraire du Musée d'Art moderne. Département des aigles: *Ceci est une pipe. This is a pipe. Dies ist eine Pfeife*, hg. v. Rainer Borgemeister u. Maria Gilissen, Leuven, New York 2001, o.S.

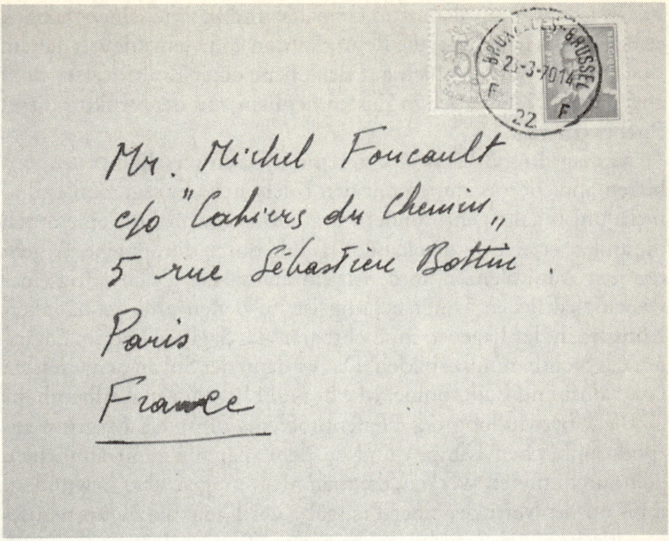

Abb. 6: Marcel Broodthears, Brief an Michel Foucault, Briefumschlag 1970.

ihre Wichtigkeit zu nehmen, und eine Bearbeitung der Palmenwelt des 19. Jahrhunderts, des Sehnsuchtelends, wie es sich höchst artifiziell in seinen folgenden Ausstellungen spiegelt.

Rainer Borgemeister und Maria Gilissen haben diese Sektion kürzlich rekonstruiert. Erhalten haben sich drei geschriebene Briefseiten mit unterschiedlichen Variationen des Pfeifenproblems in einem leeren Bildrechteck. Die Pfeife selbst fehlt. Dazu die gezeichnete Briefumschlagrückseite und die frankierte, aber nie abgeschickte Vorderseite. Und es existiert noch das Vorwort von Broodthaers mit dem Titel »Dies ist eine Pfeife«:

»Es entspräche nicht meinen Absichten, eine Aussage über den Text Michel Foucaults zu machen, denn es geht mir als moralischer Herausgeber weniger darum, Michel Foucaults Meinung von Magritte darzulegen. Mein Anliegen ist, die Form dieses Textes (den Stil?) zu verdeutlichen. Die Schlußfolgerungen sind demzufolge Schlußfolgerungen, die diese Form betreffen. Wie sieht nun diese Form aus, die ich für offensichtlich halte? Der Text ›Dies ist keine

Pfeife‹ ist das Äquivalent zum Gemälde und könnte seinen Anblick ersetzen. Das heißt, daß die Reproduktion von Gemälden in diesem Buch keinen Widerspruch auf der Ebene einer Kontroverse, wohl aber einen Widerspruch in Zusammenhang mit der Struktur dieses Buches darstellt.«[20]

Was sagt Broodthaers hier in seiner typisch verschlungenen, unklaren Sprache zusammen mit den Briefseiten? Er sagt, daß es ihm nicht um Inhalte geht, sondern um Formen, wobei die eine durch die andere ersetzt werden kann. Das Bild durch die Sprache. Es geht um jene Äquivalenzen, in denen ein Frans Hals gleichwertig einer wissenschaftlichen Untersuchung ist, in denen also der Denker-Künstler in der Lage ist, im Sichtbaren das Sagbare und im Sagbaren das Sichtbare auszubilden. Das ist dann der Stil an den Grenzen von Kunst und Philosophie, Macht und List, Mut und Albernheit.

Die Überwindung des Pfeifenproblems führt bei Magritte zur »philosophischen Lampe« und zu dem späten Renoir ähnlichen, lichtdurchfluteten Werken, die man nicht mögen, aber bewundern muß ob des Versuchs einer Preisgabe der Didaktik zugunsten des Malerischen. Bei Broodthaers bringt sie das Didaktische in seinen Ausstellungen nach 1972 durch das Atmosphärische in Verruf. Die Poesie inszeniert sich selbst, wird zu einem »Traum mit Sahne«, zu einem Sommernachtstraum mit einem eierlegenden Papagei, der nun als Vogel, der sprechen kann, den Adler ersetzt. Schließlich wird Foucault sich mit der »Sorge um sich« auseinandersetzen, tief in die Geschichte des Abendlandes zurückgehen, um der »Ästhetik der Existenz« einen intellektuellen und praktischen Raum zu erobern.

Diese Positionen der Denker-Künstler, diese »Alterswerke« machen Ernst mit dem Amalgam von Wissenschaft und Kunst, Praxis und Denken. Aus den Tableaus werden Tableaux vivants,[21] aber das ist ein neues Thema, oder um mit meinem Lieblingszitat von Foucault zu enden:

»Das Wichtigste im Leben und in der Arbeit ist, etwas zu werden, das man am Anfang nicht war. Wenn Sie ein Buch beginnen und wissen schon am Anfang, was Sie am Ende sagen werden, hätten Sie dann noch den Mut, es zu schreiben? Was für das Schreiben gilt und für eine Liebesbeziehung, das gilt für das Leben überhaupt. Das

20 Ebd.

21 Vgl. Sabine Folie, Michael Glasmeier, *Tableaux vivants. Lebende Bilder und Attitüden in Fotografie, Film und Video*, (Katalog) Kunsthalle Wien, 2002.

Spiel ist deshalb lohnend, weil wir nicht wissen, was am Ende dabei herauskommen wird.«[22]

22 »Wahrheit, Macht, Selbst. Ein Gespräch zwischen Rux Martin und Michel Foucault (25. Oktober 1982)«, in: Michel Foucault u. a., *Technologien des Selbst*, Frankfurt am Main 1993, S.15.

Arne Klawitter
Von der Ontologie der Sprache zur Diskursanalyse moderner Literatur

Foucaults Beschäftigung mit der modernen Literatur fällt in die Jahre zwischen 1962 und 1966. In dieser Zeit entwickelt Foucault eine »Ontologie der Sprache«,[1] die an Blanchots Entwurf in *L'espace littéraire* angelehnt ist. Inwiefern Foucaults Überlegungen zur Literatur über eine gewöhnliche Ontologie hinausgehen, welche Bedeutung sie für die Entfaltung des Foucaultschen Denkens haben und welche Bedeutung das Denken Foucaults für die Literaturkritik haben kann, möchte ich in meinem Aufsatz darlegen.

Im Jahre 1963 veröffentlicht Foucault neben seiner medizingeschichtlichen Untersuchung *Naissance de la clinique* eine Studie über den Schriftsteller Raymond Roussel. Als gleichwertiger Interessenschwerpunkt formiert sich damit, wie Didier Eribon in seiner Foucault-Biographie hervorgehoben hat, der »literarische Zyklus« im Werk Foucaults. Die Studie über Roussel, mit der Foucault bereits im Dezember 1961 begann, nimmt in diesem Zusammenhang eine besondere Stellung ein, denn sie markiert die Abwendung von einer »Anthropologie der Imagination«[2] und die Schwelle zu einer Ontologie der Literatur, in der das Sein der Sprache durch sprachliche Differenzen indiziert wird.

Den Ausgangspunkt meiner Betrachtungen bildet die Beobachtung, daß in der Rezeption bisher nur das diskursanalytische Denken Foucaults für die Literaturwissenschaft fruchtbar gemacht wurde, nicht aber sein sprachontologisches Denken, das oft als Vorstufe der Diskursanalyse abgetan oder gänzlich vernachlässigt worden ist. Ich denke hingegen, daß gerade hier die brisantesten Anregun-

1 Michel Foucault, »Das unendliche Sprechen«, in: *Schriften zur Literatur*, Frankfurt am Main 1988, S. 93 und 95; vgl. die Ausgabe der Schriften Foucaults: »Die Sprache, unendlich«, in: Michel Foucault, *Dits et Ecrits, Schriften*, Bd. I: 1954-1969, Frankfurt am Main 2001, Nr. 14, S. 342-356, hier: S. 346 und 348.

2 Michel Foucault, »Einführung«, in: *Dits et Ecrits, Schriften*, I, a a.O., S. 107-174, hier: S. 174. Dieses bereits 1954 publizierte Vorwort zu Binswangers Studie *Traum und Existenz* gibt Foucaults existenzphilosophische Position wieder.

gen zu finden sind, da die in den Schriften zur Literatur entwickelte Sprachontologie einen Zugang zur diskursanalytischen Problematisierung moderner Literatur ermöglicht. Von daher meine Hypothese, der im folgenden nachzugehen wäre: Foucault gelangt erst über den Entwurf einer Sprachontologie zu einer diskursanalytischen Beschreibung sprachlicher bzw. diskursiver Ereignisse.

In dieser Perspektive möchte ich keine Liste von Autoren oder Werken abarbeiten, mit denen sich Foucault befaßt hat. Mir geht es vielmehr um den systematischen Zusammenhang von Foucaults Überlegungen zur Literatur in ihrer Spezifität,[3] wozu ich eine Art Matrix des sprachontologischen Denkens entwickeln möchte. Damit versuche ich jene Kohärenz sichtbar zu machen, die man bislang Foucaults Schriften zur Literatur abgesprochen hat.[4]

Foucaults sprachontologische Problematisierung zielt auf einen nicht-signifikativen Status von Sprache. In seiner Studie über Roussel, in der Foucault erstmals seine sprachontologischen Überlegungen umfassend entfaltet, spürt er einen sonderbaren Raum der Sprache auf, in dem, unter der Voraussetzung, daß ihr referentieller Bezug zur außersprachlichen Welt abgeschnitten wird, Sprache in ihrer »rigorosen Autonomie«[5] in Erscheinung tritt. Foucault umschreibt diesen Raum mit der Figur einer »eingeschlossenen Sonne«.[6] Für ihn bietet sich im Werk Roussels die Sprache als Sonne dar, denn »sie gibt die Dinge dem Blick preis und präsentiert sie wie zum Greifen nah, aber in einer so blendenden Sichtbarkeit, daß sie, was sie zu zeigen hat, versteckt (...)«.[7]

Foucault sieht diese »Sonnenhöhle« nicht als einen psychologischen Zustand an oder als Ausdruck eines Subjekts. Er versteht die Leere nicht metaphorisch, sondern als Indikation für einen grundsätzlichen Zug des Seins der Sprache – ontologisch ausgedrückt: für den Umstand, daß es an Worten mangelt, weil sie weni-

3 Zum Begriff der Spezifität Gary Gutting, »Introduction: Michel Foucault, a User's Manual«, in: ders. (Hg.), *The Cambridge Companion to Foucault*, Cambridge 1996, S. 1-27, S. 3 f.

4 Vgl. Hans Herbert Kögler, *Michel Foucault*, Stuttgart, Weimar 1994, S. 68; Achim Geisenhanslüke, *Foucault und die Literatur*, Opladen 1997, S. 213; Jochen Hengst, *Ansätze zu einer Archäologie der Literatur. Mit einem Versuch über Jahns Prosa*, Stuttgart, Weimar 2000, S. 109.

5 Michel Foucault, *Raymond Roussel*, Frankfurt am Main 1989, S. 180.

6 Ebd., S. 178.

7 Ebd., S. 187.

ger zahlreich sind als die Dinge, und daß die Sprache aus diesem Mangel ihren Reichtum zieht.

Was bei Roussel Ausgeburt reiner Phantasie zu sein scheint, ist tatsächlich das Ergebnis der uneingeschränkten Praktizierung einer Technik, welche die Rede in eine Sinnleere stürzen läßt. Die von Roussel eigens entwickelten Verfahren, die er bis zur »postumen Offenbarung« verborgen gehalten hat,[8] zielen darauf ab, Benennungen zu schaffen, die unerwartete Bedeutungen hervorbringen und einen ungeahnten Spalt in der Sprache offenlegen. Roussels Texte inszenieren eine phonetisch minimale, semantisch aber immense Differenz eines Wortes, genaugenommen die Abweichung einer winzigen graphischen Markierung in Gestalt eines Buchstabens wie der schriftbildlichen Umkehrung des ersten Buchstabens bei *billard* und *pillard*.[9] In der abschließenden Wiederkehr des Ausgangssatzes wird fast unmerklich *billard* in *pillard* verwandelt, was jedoch zur Folge hat, daß sich der Sinn des ganzen Satzes in jedem seiner Wörter radikal verändert. Eingebettet im eponymen Satz, der also am Ende des Textes wiederkehrt, fungiert die kaum wahrnehmbare Klangmodulation (*b/pillard*) gleichsam als *Ursprung* und *Schwelle*: Sie gibt gewissermaßen als »gespaltener Ursprung«[10] Anlaß zu einem unentwegten Gleiten des Sinns und ist Schwelle zu einem doppelbödigen Raum der Sprache, der in der winzigen Differenz als eine »arglistige, öde und fallenreiche Leere«[11] sichtbar wird.

Man könnte hier im doppeldeutigen Sinne des Wortes von einem Schwindel der Bedeutung sprechen: als Taumel und Täuschung. Taumel, weil das Sprechen, obgleich höchst präzise, keinesfalls eindeutig ist und in seiner semantischen Ambivalenz zu flackern beginnt; Täuschung, weil der scheinbare Bedeutungsreichtum der Sprache ihren grundsätzlichen Mangel verbirgt, denn die Sprache spricht nur in der Abwesenheit der bezeichneten Dinge.

In diesem Gleiten des Sinns, in diesem *Schwindel* der signifikativen Sprache sieht Foucault die Aufhebung des strukturalistischen

8 Vgl. Raymond Roussel, *Comment j'ai écrit certains de mes livres*, Paris 1963 (zuerst publiziert im Jahre 1935, also zwei Jahre nach Roussels Tod).

9 Ich beziehe mich hier auf die Erzählung »Parmi les noirs«, einer Jugenderzählung Roussels, die ebenfalls in *Comment j'ai écrit certains de mes livres* zu finden ist.

10 Vgl. Michel Foucault, *Die Ordnung der Dinge. Eine Archäologie der Humanwissenschaften*, Frankfurt am Main 1971, S. 458.

11 Foucault, *Raymond Roussel*, a.a.O., S. 22.

Modells von Sprache. Denn dieses Gleiten des Sinns resultiert für Foucault in einer Suspension der Kategorie »Bedeutung«. Die Konsequenz resümiert er in einem Gespräch mit Paolo Caruso, wenn er davon spricht, daß man im Gegensatz zum Strukturalismus, der die Prozesse der Signifikation untersucht, vielmehr die Unterbrechung des Sinns in Betracht ziehen müsse, um zu erkunden, was sich statt dessen als diskursive Formation konstituiert. Während sich also die Strukturalisten den formalen Bedingungen des Erscheinens von Sinn zuwenden, wozu sie vom Modell des Sprachsystems ausgehen, befaßt sich Foucault »mit den Bedingungen der Veränderung oder Unterbrechung des Sinns, mit den Bedingungen, unter denen der Sinn erlischt, damit etwas anderes erscheinen kann«.[12] Man habe sich zwar daran gewöhnt, so Foucault, den Gesichtspunkt des Signifikats zu suspendieren und nach den Mechanismen des Bedeutens zu fragen. Aber an der Instanz des Signifikanten halte man beharrlich fest. Foucault will deshalb auch den Signifikanten in der Schwebe lassen, »um die Tatsache erscheinen zu lassen, daß hier wie dort im Verhältnis mit möglichen Objekt- und Subjektbereichen, im Verhältnis mit anderen Formulierungen und eventuellen Wiederverwendungen *Sprache* vorliegt«.[13]

Der Befund einer bloßen Selbstbezüglichkeit von Literatur, wie man ihn von einer formalistischen Herangehensweise an Literatur her kennt, reicht nicht aus, um das vorliegende Phänomen zu erfassen. Mit einer winzigen Modifizierung stellt Foucault die Literaturkritik auf den Kopf. Um die Tragweite dieser Modifikation zu verdeutlichen, sei hervorgehoben, daß Foucault in Roussels Verfahren keine Selbstreflexion oder Selbstreferentialität sprachlicher Zeichen erkennt, sondern eine *Selbstimplikation des Sprechens*. Darin liegt der entscheidende Unterschied: Während die Selbstreferentialität Zeichen voraussetzt, die auf ihr Funktionieren in einem Zeichenzusammenhang *verweisen* und damit *zeigen, daß sie zeigen*, wird bei der Selbstimplikation die Verweisungsfunktion aufgehoben. Die sprachlichen Figurationen werden als ontologische Hinweise aufgefaßt, d. h. sie indizieren das Sein der Sprache, während sie *zeigen, daß sie nicht zeigen*.

Die Konstruktion eines Raumes der Sprache, in dem Sprache in

12 Vgl. Michel Foucault, »Wer sind Sie, Professor Foucault?«, in: *Dits et Ecrits, Schriften*, Bd. I, a.a.O., Nr. 50, S. 770-793, S. 773.

13 Michel Foucault, *Archäologie des Wissens*, Frankfurt am Main 1972, S. 162.

ihrem Sein erscheint, macht die Konstitution eines Untersuchungsbereichs notwendig, der *jenseits* der Kategorie der Bedeutung liegt. Eine Formalontologie des literarischen Sprechens, wie Foucault sie vorschlägt, hätte sämtliche Formen der Verdopplung und Selbstbespiegelung, sämtliche Figuren des selbstimpliziten Sprechens zu untersuchen, um die Geometrie des leeren Raums der Literatur zu definieren, aus dem das souveräne Subjekt ausgeschlossen ist. An dieser Forderung orientiert sich auch Foucaults Lektüre der literarischen Werke von Roussel, Bataille, Klossowski und Blanchot.

In seiner Studie über Roussel formuliert Foucault die sprachontologischen Prämissen, auf deren Grundlage die späteren Lektüren erfolgen werden. In den Schriften zur Literatur (insbesondere sind hier »La folie, l'absence d'œuvre«, »Le langage à l'infini«, »Préface à la transgression«, »La prose d'Actéon« zu nennen) exemplifiziert Foucault in konkreten Analysen die wichtigsten Figuren des selbstimpliziten Sprechens:

– die *innere Verdoppelung*, wenn das Sprechen in seiner Selbstimplikation zugleich etwas sagt und den Code aussagt, aufgrund dessen es das sagt, was es sagt; wenn also Sprache sich selbst als Gesetz setzt;
– die *Spiegelreflexion*, sobald das Sprechen mit seinem Tod, dem Verstummen, konfrontiert wird und im Drang, unablässig weiterzusprechen, sich selbst zur Darstellung bringt;
– die *Überschreitung*, wenn das Sprechen seine Grenzen in Frage stellt, indem es eine unentwegte Profanierung vorantreibt und ein Spiel permanenter Grenzsetzung und Überschreitung in Gang setzt, um die Grenze zum Unmöglichen hin zu markieren;
– und das *Simulakrum*, wenn das Sprechen unablässig Trugbilder produziert, die sich so sehr ähneln, daß keine Unterscheidung möglich ist: Trugbilder dargestellter Dinge, Personen oder aber ein Trugbild von sich selbst, ein Trugbild der Sprache wie die »fiebernde Bibliothek« bei Borges, wo die Bibliothek als Trugbild ihrer selbst in Erscheinung tritt. (Ich denke übrigens, daß Foucault – zumindest was seine Beschäftigung mit Literatur angeht – nicht von der Bibliothek ausgeht, sondern gerade von der »fiebernden Bibliothek«, die im Begriff ist, außer sich zu geraten.)

Es handelt sich bei diesen vier Punkten jeweils um Figurationen der Selbstdarstellung von Sprache, d. h. um Konstruktionen der literarischen Rede, die aufgrund der Annahme eines Seins der Sprache gefunden werden können. Erstellt man ein Tableau dieser Figurationen, so lassen sich die vier genannten Figuren auf der gemeinsamen Ebene eines Sprechens des Seins der Sprache ansiedeln. Auf dieser Ebene befaßt sich Foucault mit den Beziehungen des Sprechens zu seinen ontologischen Bestimmungen und beschreibt die Figuren eines Sprechens des Seins der Sprache (die Selbstimplikation, der Tod bzw. das Verstummen oder Schweigen und schließlich die Lust bzw. das Begehren).

Die Annahme eines Seins der Sprache dient Foucault als Einstieg in ein Problem, das sich zwar schon in der *Histoire de la folie* abgezeichnet hat, in seiner Deutlichkeit aber erst in *Les mots et les choses* zum Vorschein kommt: Wie ist es möglich, die Bedingtheit des eigenen Denkens zu denken? Der Grundgedanke dabei ist, daß jede Sprech- bzw. Denkordnung notwendig etwas ausschließt, dieses aber gleichzeitig als deren Bedingung angesehen werden muß. Die Sprachontologie ermöglicht es Foucault, diesen Zusammenhang zu denken, allerdings unter Verwendung einer Metaphorik der Ursprünglichkeit.

Es ergibt sich aber ein noch schwerwiegenderes Problem. Denn die Annahme eines Seins der Sprache stellt eine notwendige Voraussetzung dar. Sie kann geglaubt werden oder auch nicht. In dem Augenblick jedoch, da das Sprechen und insbesondere die literarische Rede selbst *aussagt*, *daß* sie eine Leere sichtbar macht bzw. daß sie das Sein der Sprache indiziert, wird die *Annahme* eines Seins der Sprache hinfällig. Man kann nunmehr von einer diskursiven Konstruktion ausgehen.

Foucault konstatiert in diesem Zusammenhang ein »zweites Sprechen«. Damit ein nicht-signifikativer Text als ein Sagen der Unsagbarkeit gelesen werden kann, müssen seine Zeichen anzeigen (indizieren), *daß* sie nicht zeigen. Dazu folgen die Zeichen gewissen Regelmäßigkeiten, die aber nicht die Regelmäßigkeiten der Bedeutungsproduktion sein können. Dieses »zweite Sprechen« ist keine Metasprache, sondern gehört gleichsam zum Text, an dem die ontologischen Figuren der Sprachverdoppelung abzulesen sind. Es handelt sich folglich um ein verdoppeltes oder gegabeltes Sprechen, das auf signifikante Weise über seine Funktion spricht, das Sein der Sprache sichtbar zu machen.

Unter dem Gesichtspunkt dieses »zweiten Sprechens« ließe sich eine zweite Ebene in die Matrix einführen: die Ebene des Aussprechens des Seins der Sprache. Die ontologische Figur der inneren Verdoppelung des Sprechens wird auf der zweiten Ebene durch jenes »zweite Sprechen« ergänzt; die Spiegelreflexion das »unendlichen« Sprechens durch das Gesetz des Sprechens, also das Sagbare, wofür Foucault zunächst mit Blick auf die Literatur den Begriff der *Bibliothek* benutzt, um ihn später in der *L'archéologie du savoir* durch den des *Archivs* zu ersetzen. Genau an diesem Punkt wird es für Foucault möglich und notwendig, die Ordnung des Sprechens, also den Diskurs als solchen zu denken. Mit der Einführung der zweiten Ebene hat Foucault bereits seine diskursanalytische Problematisierung begonnen.

Um die letzte Position der Matrix besetzen zu können, wird eine Betrachtung der Aufsätze über Bataille, Blanchot und Klossowski erforderlich. Wenn es tatsächlich gelänge, eine Matrix des Foucaultschen Denkens über Literatur zu erstellen, dann würde nicht nur die Systematik der Überlegungen zur Literatur in ihrer Spezifität offenbar; man hätte auch eine Möglichkeit gefunden, eine Diskursanalytik der literarischen Rede zu entwickeln, die der modernen Literatur in einigen wesentlichen Aspekten tatsächlich angemessen wäre. Voraussetzung hierfür aber ist, daß man darauf verzichtet, eine gleichsam fertige Diskursanalyse, wie sie Foucault in *Les mots et les choses* und der *L'archéologie du savoir* als Analytik der Historizität und Endlichkeit von Wissensformationen präsentiert, auf Literatur und damit auf einen Gegenstand, für den sie nicht entworfen wurde, zu applizieren. Statt dessen wäre die diskursanalytische Methode an die Besonderheiten ihres Gegenstandes anzupassen. Dazu schlage ich den Rückgriff auf die Sprachontologie und eine Verkopplung von Sprachontologie und Diskursanalyse vor.

Auf der einen Seite bringt die Sprachontologie neue Anregungen für die Literaturkritik. Auf der anderen Seite werden ihre Grenzen offenbar: Weil die Sprachontologie den Blick auf die Bedingtheit und das Funktionieren diskursiver Praktiken versperrt, wird eine umfassende Deontologisierung notwendig, aber ohne daß die Suspension der Bedeutungskategorie zurückgenommen würde. Diese Deontologisierung wird mit *Les mots et les choses* erreicht.

Blickt man auf diese Studie voraus, die 1966 erscheint (im gleichen Jahr also, in dem Foucaults Beschäftigung mit Literatur abrupt abbricht),[14] kann man eine interessante Entdeckung machen: Die in *Les mots et les choses* untersuchten Positivitäten bzw. Empirizitäten der menschlichen Existenz (Sprache, Leben, Arbeit) erscheinen in Foucaults Überlegungen zur Literatur bereits in ihren negierten Oppositionen: statt der signifikativen Sprache nunmehr das Sein der Sprache als Gesetz, statt dem Leben der Tod, statt der Arbeit das Begehren. Schließlich reflektiert Foucault im Aufsatz über Klossowski (»La prose d'Actéon«) gleichsam die Grenze der Repräsentierbarkeit, indem er auf das Simulakrum, dessen Geschichte und Wiederentdeckung in der modernen Literatur abhebt.

So kann Foucaults Denken über Literatur gleichsam als die »dunkle« Rückseite seines diskursanalytischen Denkens aufgefaßt werden. Es käme nun darauf an, die bei Foucault noch weitgehend unsichtbar gebliebene Vorderseite des Denkens über Literatur zu beleuchten. Sie wäre gleichsam als eine *andere* Vorderseite zu verstehen, die Foucault nicht mehr in den Blick genommen hat, da ihn mit *Les mots et les choses* die Vorderseite des humanwissenschaftlichen Denkens interessierte.

Meine These ist, daß sich wiederum auf der Rückseite dieser anderen Vorderseite bereits eine diskursanalytische Denkweise verbirgt und daß es möglich ist, die diskursive Formation eines Sprechens zu konstruieren, das vom Unsagbaren spricht, aber nur um zu zeigen, wie unsagbar dieses Unsagbare des Sagbaren ist.[15]

Um diese These zu belegen, werde ich mich nun genauer mit Foucaults Lektüre von Batailles Erzählung *L'histoire de l'œil* auseinandersetzen. Im Gegensatz zur strukturalen Lektüre von Roland Barthes, der den Erotismus auf linguistische Gesetzmäßigkeiten beschränkt,[16] gesteht Foucault dem »hartnäckigen Prestige« des Auges in dessen außergewöhnlichen Erscheinungsweisen einen Spielraum zu. So kann er in der Erzählung *L'histoire de l'œil* eine sprachliche

14 Sieht man einmal von den wenigen Konferenzbeiträgen ab, die im Grunde die Überlegungen repetieren. Das Interesse für Literatur erwacht dann bei Foucault zwar später wieder von neuem, aber unter gänzlich veränderten Problemstellungen.

15 Vgl. Foucaults Bemerkungen zum »Diskurs über den Nicht-Diskurs«, in: »Das Denken des Außen«, in: *Dits et Ecrits, Schriften*, Bd. I., a.a.O., Nr. 38, S. 670-697, hier: S. 678.

16 Vgl. Roland Barthes, »Die Augenmetapher«, in: *Strukturalismus als interpretatives Verfahren*, hg. v. Helga Gallas, Darmstadt, Neuwied 1972, S. 25-34.

Konfiguration erkennen, durch die die leere Entheiligung von Batailles Erotismus als doppelte Geste von Grenzziehung und Überschreitung sichtbar wird.

Das Auge ist in Batailles Erzählung stets verdreht, es zeigt in der Ekstase das Weiße oder ist herausgerissen und gibt die schwarze Höhlung zu erkennen, in der es eingelagert ist. Aus seiner Höhlung herausgerissen oder in Richtung seiner eigenen Leere gedreht, wendet es sich sozusagen seiner Abwesenheit zu und weist auf eine Unmöglichkeit des Sehens.

Um die überschreitende Funktion des verdrehten Auges zu veranschaulichen, differenziert Foucault (zumindest implizit) zwischen Sehen und Blicken. Im ersten Fall kann das Auge entweder als Spiegel oder als Lampe in Erscheinung treten. Als Spiegel läßt es sich wegen seiner selbstreflexiven Funktion begreifen, wenn es sich beim Sehen selbst sieht. Dabei konstituiert sich die Souveränität des Selbstbewußtseins, sofern das Auge immer innerlicher wird, d. h., sich selbst beim Sehen sieht (so wie man sich beim Reden selbst vernimmt und sich dadurch seiner Worte versichert). Als Lampe erscheint das Auge, wenn es das Licht der Welt sammelt und es in ein individuelles und subjektives Bild verwandelt. Das Auge als Spiegel und Lampe sind zwei Konstruktionen der Subjektphilosophie (Repräsentation und Subjektivität).

Im Gegensatz zum Sehen charakterisiert Foucault das blickende Auge zwar auch als Lampe, aber als eine eigentümliche Lampe der Nacht, deren sonderbares, fremdes Licht die Welt nicht erhellt, sondern seine eigene Leere anzeigt. Dieses sonderbar dunkle Licht verweist auf den Ort, aus dem es kommt, und läßt die Nacht »aufscheinen«, aus der es erstrahlt. (Das ist übrigens eine Denkfigur, die auf Blanchot zurückgeht: die »andere Nacht« aus *L'espace littéraire*.)

Foucault entwickelt also eine Konzeption des Blicks, um sie gegen eine Konzeption des Sehens zu wenden, welche ihre Grundlage in der Subjektphilosophie hat. Dazu geht er vom Augen-Blick des Blickens als einer Grenzübertretung aus. Den Blick vergleicht Foucault mit einem Strom, der erhellt und darum sieht. Indem nun der Blick »die Grenze des Augapfels überschreitet, konstituiert er das Auge in seinem augenblicklichen Sein«[17] und reißt es in einem Strom mit sich, der zugleich Quelle dessen bildet, was in Batailles

17 Michel Foucault, »Vorrede zur Überschreitung«, in: *Dits et Ecrits, Schriften*, Bd. I, a a.O., Nr. 13, S. 320-342, hier: S. 335.

Erzählung zu sehen ist. Das aus seiner Höhlung herausgetretene Auge hingegen gelangt an seine Grenze, »wo es für einen Augenblick aufblitzt und dann nur mehr die kleine weiße blutunterlaufene Kugel eines Auges in Händen läßt, das aus der Augenhöhle gefallen ist und dessen Kugelmasse jeden Blick ausgelöscht hat«.[18] Wo einst das Auge die Welt erblickte, bleibt nunmehr die leere »Augenhöhle des Toreros«.[19]

Wie in der Roussel-Lektüre die Sonnenhöhle bietet das verdrehte Auge mit seiner verlassenen Höhlung für Foucault das Schauspiel einer Leere. Die leere Augenhöhle gilt ihm als Indikation einer nicht-signifikativen Leere. Zwar erscheint das verdrehte Auge einerseits als Zeichen, das in einem Verweisungszusammenhang steht; andererseits aber und zur gleichen Zeit ist es ein sprachliches *Monument*, d. h. ein sich selbst genügendes Objekt: ein *ausgehöhltes Signifikat*, das als »ein kleiner nächtlicher Augapfel«[20] in Erscheinung tritt. Sobald es aus seinem Funktionszusammenhang ausschert, *bedeutet* das verdrehte Auge nach Foucault *nichts* in Batailles Sprache.[21] An der Schwelle von Bedeutung und Sichtbarkeit markiert das verdrehte Auge die Grenze der signifikativen Sprache.

In Foucaults Betrachtung ist das verdrehte Auge als ausgehöhltes Signifikat nicht nur Indikation des Seins der Sprache, sondern in dieser Funktion zugleich absolutes Signifikat, indem es auf die Leerstelle des souveränen Subjekts verweist: »In diesem Abstand von Gewalt und Entrissenheit wird das Auge absolut gesehen, aber außerhalb jeglichen Blicks: das philosophierende Subjekt ist aus sich herausgeworfen worden, verfolgt bis an seine Grenzen, und es ist die Souveränität der philosophischen Sprache, die vom Grunde dieser Entfernung in der maßlosen, von dem aus seiner Höhle gerissenen Subjekt hinterlassenen Lehre spricht.«[22]

Foucault bleibt nicht bei der These von der Selbstimplikation des Sprechens stehen, sondern betrachtet nunmehr ihre diskursive Funktion. Mit diesem Schritt zeichnet sich eine Wende in Foucaults Denken ab, denn er lenkt seine Aufmerksamkeit auf den Zusammenhang zwischen einem selbstimpliziten Sprechen und einem

18 Ebd.

19 Ebd., S. 44; Foucault, »Vorrede zur Überschreitung«, a a.O., hier: S. 342.

20 Ebd., S. 39; Foucault, »Vorrede zur Überschreitung«, a.a.O., hier: S. 334.

21 Vgl. ebd., S. 42; Foucault, »Vorrede zur Überschreitung«, a.a.O., hier: S. 338.

22 Ebd. S. 40; Foucault, »Vorrede zur Überschreitung«, a.a.O., hier: S. 335 f.

Sprechen, das diese Selbstimplikation anzeigt. Dieser Zusammenhang zwischen einem nicht-diskursiven Sprechen und einem geregelten Aussprechen dieser Nichtdiskursivität verdeutlicht für Foucault die Grenze des epistemisch fundierten Diskurses. Im Grunde genommen macht dieser Zusammenhang den Diskurs als solchen, d. h. als epistemisch fundierte Ordnung des Sprechens, überhaupt erst sichtbar.

Die Wende im Denken von Foucault bedeutet zugleich eine Abkehr von der Literatur. Denn ausgehend von der Funktion jenes in sich verdoppelten Sprechens, welches Foucault in der modernen Literatur entdeckt, beginnt er eine Beschreibung der diskursiven Formationen von Wissen. In diesem Zusammenhang kommt dem Aufsatz über Bataille eine besondere Bedeutung zu, denn aus Foucaults Sicht markiert Batailles Diskurs als eine »nicht-dialektische Grenzsprache« die Grenze der herrschenden Diskursordnung (und zwar in der Überschreitung ihrer Prinzipien) und inszeniert zugleich das Aussetzen der Subjektphilosophie.

Welche Konsequenzen lassen sich daraus für die Betrachtung moderner Literatur ziehen? Mit der These der Selbstreferentialität glaubt man immer noch, die Essenz moderner Literatur erfassen zu können. Foucault geht aber viel weiter. Den »Gegendiskurs«, wie er ihn in *Les mots et les choses* nennt, sieht er in einer besonderen Funktion des literarischen Sprechens begründet, die in seiner Konzeptualisierung des verdoppelten bzw. zweiten Sprechens sichtbar wird: »In der modernen Zeit ist die Literatur das, was das signifikative Funktionieren der Sprache kompensiert (und nicht bestärkt).«[23] Die Kompensation wird durch ein Sprechen erreicht, das zeigt, daß es nicht zeigt. Dieses Prinzip erst macht Foucault zufolge die moderne Literatur zu einem »Gegendiskurs«.

»Gegendiskurs« ist an dieser Stelle jedoch ein irreführender Begriff. Ich möchte statt dessen den Begriff des »Grenzdiskurses« vorschlagen, indem ich auf die »nicht-dialektische Grenzsprache« verweise, die Foucault in seinem Aufsatz über Bataille hervorhebt. Statt eine neue Grenze zu fixieren, die Grenze also nur zu verschieben, sieht Foucault in der Überschreitung die Öffnung eines permanenten Grenzbereichs als einer »Region vor jeder Trennung«.[24]

23 Foucault, *Die Ordnung der Dinge*, a a.O., S. 77.

24 Michel Foucault, »J.-P. Richards *Mallarmé*«, in: *Dits et Ecrits, Schriften*, Bd. I, a a.O., Nr. 28, S. 559-571, hier: S. 569.

Der Raum, der in der unablässigen Überschreitung und Konstituierung der Grenze entsteht, könnte im Vorausblick auf die Formierung eines diskursanalytischen Denkens als derjenige »Raum der Differenzierung« angesehen werden, in dem die Unterschiede selbst erst auftauchen und der die Positivität des Diskurses bedingt.[25]

Als ein Denken der diskursiven Grenze ist die Archäologie von sich aus schon gezwungen, nach dem Ort zu fragen, von dem aus eine Kritik der gegenwärtigen Wissens- und Redeordnung durchführbar wird. Die zentrale Frage Foucaults betrifft den Ort, an dem die Differenzierungen des Diskurses und die Determinierung des Denkens vorgenommen werden bzw. an dem sie sich ereignen. Für Foucault ist es gleichzeitig der Ort, von dem ausgehend die Bedingungen und konstitutiven Regelmäßigkeiten des gegenwärtig diskursiv Sagbaren beschrieben werden können.

Folglich muß es also auch einen Diskurs von der diskursiven Grenze geben. Den Ansatz zu einer Analytik dieser Grenzregion, genauer zur diskursanalytischen Untersuchung des Grenzdiskurses bietet Foucault in seinem Essay über Blanchot. Die sprachontologische Betrachtung eines Sprechens des Seins der Sprache mündet dabei in die diskursanalytische Konzeption eines »Diskurses über den Nicht-Diskurs jeden Sprechens«.[26]

Der Titel des Essays »La pensée du dehors« gibt bereits die Problematisierungsrichtung an. Was bislang in verschiedenen Aufsätzen unterschwellig zur Sprache kam (als ein Negativ, als eine Art Äußerlichkeit oder Außen), wird nun systematisch gebündelt, indem Foucault die diskursive Formation eines Sprechens des Seins der Sprache in Hinblick auf deren Funktion untersucht. Für Foucault basiert jede diskursive Ordnung auf einem Außen, das diese Ordnung konstituiert, aber gleichzeitig von ihr verdeckt wird. Die Aussage eines nicht-signifikativen Seins der Sprache, welches erst im Verschwinden des Subjekts in Erscheinung tritt, begreift Foucault nun als Konstitutionsbedingung und zugleich als das Außen der modernen Diskursivität. Die diskursive Funktion eines Sprechens, welches das Sein der Sprache ausspricht, kann also

25 Vgl. Michel Foucault, *Archäologie des Wissens*, a a.O., S. 133.

26 Vgl. Michel Foucault, »Das Denken des Außen«, in: *Dits et Ecrits, Schriften*, Bd. I, a.a.O., S. 679 (hier in der Übersetzung aus: Michel Foucault, *Schriften zur Literatur*, a.a.O., S. 138).

darin erkannt werden, daß er ein nicht-diskursives Außen indiziert.

Mit der Konzeption eines »Diskurses über den Nicht-Diskurs« ist schließlich eine Alternative zum strukturalistischen Zeichenmodell entwickelt worden (und zwar noch bevor Derrida seinen Aufsatz über die *différance* vorgelegt hat). Die Indikation impliziert ein Zeichenmodell, das nicht auf der Binarität eines Signifikanten und eines Signifikats basiert, sondern auf der Markierung einer für den Diskurs konstitutiven Differenzierung, die sich nicht von dem diskursiv Determinierten her begreifen läßt. Deshalb wäre es unzulässig anzunehmen, der »Diskurs über den Nicht-Diskurs« bringe das Undarstellbare zur Darstellung oder lasse das Außen an sich sprechen. Foucault macht die Besonderheit seiner Konzeption deutlich, indem er in Hinblick auf die Sichtbarkeit im Diskurs, d. h. auf das diskursiv Darstellbare, die Aufgabe des »Diskurses über den Nicht-Diskurs« nicht dahingehend beschreibt, »das Unsichtbare sichtbar zu machen, sondern zu zeigen, wie unsichtbar die Unsichtbarkeit des Sichtbaren ist«.[27]

Um aber diese Funktion sicherzustellen, bedarf es laut Foucault sowohl einer Umkehrung der literarischen Fiktion als auch einer Umkehrung der philosophischen Reflexion. Die traditionelle Fiktion läßt uns an eine Kraft der Sprache glauben, unermüdlich neue Bilder hervorzubringen, wobei sie beansprucht, semantisch überdeterminiert zu sein. Diese Überlegenheit der fiktionalen Sprache sieht Foucault bei Blanchot zurückgenommen. Blanchots Fiktionen sind weniger dicht und in ihrer Bildlichkeit bestechend. Seine sprachlichen Bilder sind eher die »Transformation und Verschiebung der Bilder, neutrales Bindeglied und Zwischenraum zwischen den Bildern«.[28] Wenn diese Bilder der Verwunderung Raum geben, dann nicht aufgrund ihrer Fülle als vielmehr durch die Leere, von der sie umgeben sind und in der sie sich haltlos befinden.

Die philosophische Reflexion neigt auf der anderen Seite dazu, die Erfahrung des Außen wieder ins Bewußtsein und auf dessen Bestreben, zu sich selbst zu kommen, zurückzuführen. Statt sie auf eine dialektische Negation zu gründen, fordert Foucault mit Verweis auf Blanchot, die Reflexion unablässig außer sich geraten zu lassen, nicht um sich selbst zu vergewissern, sondern um sich ihrer äußer-

27 Ebd., S. 678.
28 Ebd., S. 678.

sten Grenze anzunähern, von der aus sich die eigene Rede unablässig in Frage stellt.

Um das nicht-diskursive Außen als solches im Diskurs und mit diskursiven Mitteln darzustellen, bedarf es einer bestimmten Figuration des Sprechens und gewisser diskursiver Schemata, die zugleich die Regelmäßigkeit des Diskurses sichern. Mit der Ermittlung des Kohärenzprinzips des »Diskurses über den Nicht-Diskurs« könnte im gleichen Zuge die letzte Position jener Matrix besetzt werden, die ich den Überlegungen Foucaults zur Literatur zu entnehmen versuche. Dieses Prinzip meine ich gefunden zu haben in der Simulation eines Außen innerhalb des Diskurses bei gleichzeitiger Darstellung der Unmöglichkeit, das Außen sehen zu lassen (der Dissimulation seiner Sichtbarkeit). Es handelt sich also um die Simulation eines Außen als eine diskursive Unsichtbarkeit.

Unter den Gegebenheiten des »Diskurses über den Nicht-Diskurs« erscheint die moderne Literatur als ein dissimulierendes Simulakrum, das durch die Gleichzeitigkeit von Einschreibung, Beschreibung und Entschreibung (von *inscription*, *description* und *déscription*)[29] gekennzeichnet ist, wie sie Foucault schon in seiner Lektüre eines Textes von Butor beschrieben hat. Es handelt sich gewissermaßen um eine simultane und sich überlagernde Dis-Simulation: Simulation des Seins der Sprache in der Selbstinszenierung der Sprache einerseits und Verbergung des Seins der Sprache in der Signifikation andererseits. Der modernen Literatur käme es dann zu, diesen Verbergungszusammenhang als Bedingung der modernen Diskursivität zur Darstellung zu bringen.

Gemäß Foucaults Forderung, ein diskursives Formationssystem als ein »System der Streuung«[30] zu beschreiben, lassen sich trotz eines gemeinsamen Kohärenzprinzips dennoch verschiedene diskursive Strategien kennzeichnen. Es handelt sich genaugenommen um Optionen, mit denen auf unterschiedliche Weise ein nicht-diskursives Außen zur Darstellung gebracht werden kann.

29 Vgl. Michel Foucault, »Le langage de l'espace«, in: *Dits et écrits*, Bd. I, Paris 1994, Nr. 24, S. 407-412, hier: S. 412. Besonders interessant ist, wie sich Foucault hier selbst des Verfahrens von Roussel bedient, um aus einer winzigen Abweichung zwischen *description* und *déscription* eine folgenschwere Konsequenz für seine Konzeption moderner Literatur zu ziehen. Leider geht dieser feine Unterschied in der deutschen Übersetzung des ersten Bandes der *Schriften in vier Bänden* verloren.

30 Vgl. Michel Foucault, *Archäologie des Wissens*, a.a.O., S. 58 sowie S. 174 und S. 182.

Bei Roussel läßt sich beispielsweise ein fiktives Sprechen feststellen, das lediglich den Anschein erweckt, als signifiziere es. Wenn ein Helot auf Korsettstangen aus Kalbslungen gleitet, wie in den *Impressions d'Afrique*, dann folgt die fiktionale Darstellung einem streng geregelten Verfahren, um eine sprachliche Differenz zu verdeutlichen oder ein Spiel von Wiederholungen mit geringfügigen Abweichungen zu offenbaren, die wiederum neue Wortfolgen oder absurde Geschichten erzeugen.

Bei Bataille, Blanchot und Klossowski hingegen besteht eine Verbindung zwischen literarischer Fiktion und reflexivem Diskurs, wobei sich die Reflexion den leitenden Begriffen des »Diskurses über den Nicht-Diskurs« zuwendet, um ein Denken des Außen zu ermöglichen. In diesem Zusammenhang spielen bei Bataille die Begriffe der Überschreitung und des Exzesses, bei Blanchot die Begriffe des Neutrums und der Entwerkung (*desœuvrement*) sowie bei Klossowski die Begriffe des allein gültigen Zeichens und des Simulakrums eine wichtige Rolle. Die Fiktionen sind dabei aber nicht einfach literarische Umsetzungen der theoretischen Überlegungen. Die literarische Fiktion besteht vielmehr in der Figuration eines Außen auf der Darstellungsebene (wie das verdrehte oder herausgerissene Auge).

Man könnte damit zumindest zwei verschiedene Möglichkeiten der Konstruktion eines Außen unterscheiden, zwei Möglichkeiten der Diskursivierung des Außen. Im ersten Fall werden sprachliche Konstruktionen erzeugt, die auf der Folie des herrschenden Diskurses absurd erscheinen. Sie werden dabei jedoch als absurde Konstruktionen bezeichnet, so daß damit zugleich die Signifikation als fingierte offenbar wird. Es handelt sich demzufolge um eine *fiktive Signifikation*. Indem die Rede die Signifikation fingiert (simuliert), verweist sie auf ein Außen.

Im zweiten Fall wird innerhalb einer fiktionalen Darstellung auf eine besondere Weise das Konstrukt eines nicht-diskursiven Außen figuriert. Diese figurativ-fiktionale Rede entwirft auf eine besondere Art und Weise Simulakren von Fiktionen, so daß sie als eine *diskursive Figuration eines nicht-diskursiven Außen* angesehen werden kann.

Die verschiedenen Diskursivierungen des Außen setzen die bestehenden diskursiven Schemata außer Kraft: Bataille wendet sich gegen den dialektischen Widerspruch und die Affirmation des Existenten, Blanchot wendet sich gegen die Voraussetzungslosigkeit der Präsenz des Seins, und Klossowski wendet sich gegen das Prinzip der Identität.

Die Personen in Klossowskis Roman *Les lois de l'hospitalité* bilden dazu eine Konstellation sich gegenseitig simulierender Trugbilder; Personen, deren Identitäten sich unablässig spalten oder doppeln, um aus Opfern Intriganten werden zu lassen, aus einer Heilsarmistin eine radikale Atheistin, aus einem Theologen einen Lüstling und Voyeur. Foucault prägt in diesem Zusammenhang den Begriff »Homme-Simulacre« (»Trugbild-Mensch«).[31]

Die unhintergehbare Präsenz Robertes gründet sich nicht auf eine allgegenwärtige Identität, sondern im Gegenteil auf eine unwiderrufliche Vielfalt und Wandelbarkeit. Das Andere, wie es hier in Erscheinung tritt, ist ein Simulakrum des Selben. Es ist nur anders in dem Maße, in dem es das Gleiche noch einmal ist, obgleich aufgrund einer winzigen, kaum vernehmbaren Abweichung nicht identisch mit ihm. Dieses Prinzip des Ähnlichen, aber Un-Identischen ist ebenso befremdlich wie gefährlich, denn es besagt, daß dort, wo es ähnliches gibt, es unendlich viel ähnliches, aber gleichsam unendlich viel Nicht-Identisches geben kann.[32]

Das Schauspiel der Identitäten erweist sich darüber hinaus als ein gigantisches Trugbild der Sprache. Die Simulation einer Identität mit vielen Namen und die Dissimulation dieser Identität unter der Vielzahl der Namen und gespaltenen Identitäten schaffen einen doppelten und zugleich doppelbödigen Diskurs ohne Ursprung. Wenn sich die gesamte Erzählung schließlich als die Rede des verborgenen Souffleurs entblößt, wird im gleichen Augenblick der leere Ursprung offenbar, um den die Simulationen kreisen.

Die Position des Souffleurs kann, sosehr sich dieser Gedanke auch aufdrängen mag, weder durch die Erzählinstanz noch durch den vermeintlichen Autor ausgefüllt werden. Auch hier findet der Leser nur ein verwirrendes Spiel von Trugbildern. Der entzogene und identitätslose Souffleur haucht von draußen den Personen die

31 Vgl. Michel Foucault, »La prose d'Actéon«, in: *Dits et écrits*, I, a.a.O., S. 331; dt. »Die Prosa des Aktaion«, in: *Dits et Ecrits, Schriften*, I, a a.O., Nr. 21, S. 434-449, hier: S. 441.

32 Vgl. dazu die Ausführungen von Maurice Blanchot, »Das Gelächter der Götter«, in: *Sprachen des Körpers. Marginalien zum Werk von Pierre Klossowski*, Berlin 1979, S. 75.

Stimme ein, und zwar über eine unsichtbare Distanz hinweg, die doch den Anschein unmittelbarer Nähe besitzt. Aus dieser Perspektive erweist sich das theatralische Spiel eines sich überlagernden und widersprechenden Stimmendialogs als eine diskursive Konstruktion, um mittels der unnahbaren Stimme des Souffleurs das Subjekt in seiner Identität und Präsenz auszuhöhlen und ein Außen des Subjektdiskurses zu indizieren. Es handelt sich um eine Diskursformation, die in bezug auf den epistemisch fundierten Subjektdiskurs, der notwendig die Identität des Subjektes mit sich selbst voraussetzt, als ein Außen angesehen werden kann.

Die Überlegungen zum »Diskurs über den Nicht-Diskurs« bieten einen vielversprechenden Ansatz zu einer Diskursanalyse moderner Literatur. Sie machen aber auch deutlich, daß man sich dazu nicht ohne weiteres der diskursanalytischen Methode bedienen kann, die Foucault in *Les mots et les choses* und in *L'archéologie du savoir* entwickelt hat. Die Methode muß deshalb notwendig modifiziert und auf ihren Gegenstand zugeschnitten werden, ansonsten verschließt man sich der Sprengkraft der Diskursanalytik.

Ich plädiere dabei nicht für einen Rückgriff auf die Kompromißlösungen, die man in der Forschungsliteratur finden kann, sondern für eine Rückkehr zu Foucaults Sprachontologie. Mein Vorschlag besteht in einer strategischen Verkopplung von Sprachontologie und Diskursanalyse. Was man bislang übersehen hat, ist, daß die Sprachontologie wertvolle Anregungen für die Literaturkritik und speziell für die Erarbeitung einer Diskursanalyse von Literatur geben kann – oder besser: von Diskursanalys*en* literarischen Sprechens. Denn der von mir vorgenommenen diskursanalytischen Konzeptualisierung liegt die Individualisierung eines besonderen Diskurses aus der Diskurs-Menge »Literatur« zugrunde: die Individualisierung des »Diskurses über den Nicht-Diskurs«.

Foucault interessiert sich jedoch weniger für die Konkretisierung und Individualisierung dieses Diskurses als vielmehr für seine epistemologische Relevanz. Er verläßt damit das Feld der Literaturkritik bzw. der Literaturwissenschaft. Die Überlegungen zur Literatur bieten Foucault den Einstieg in einen epistemologischen Zusammenhang: Wie kann man die dem Denken vorausliegenden Bedingungen denken, wenn sie doch durch genau dasjenige Denken, durch das sie gedacht werden sollen, verdeckt und damit undenkbar werden, weil dieses Denken zu derselben epistemischen Ordnung gehört wie sein Gegenstand? In einem Paradox ausgedrückt: Foucault geht es darum, das Denkunmögliche zu denken. Seine Antwort ist die diskursanalytische Wissensarchäologie als eine Methode zur Untersuchung der Geschichte der Denksysteme, die nicht auf eine Rekonstruktion der epistemischen Andersartigkeit vergangener Wissensordnungen zielt, sondern diese als »Geschichte unserer Gegenwart« begreift – nicht als Ursprung oder Vorstufe unseres Denkens, sondern als einen Ort, von dem aus die historische Begrenztheit unserer eigenen Wissensproduktion sichtbar wird. Die moderne Literatur, als »Diskurs über den Nicht-Diskurs« konzipiert, markiert für Foucault genau diesen Ort der epistemischen Grenze.

Das »Denken des Außen« bezeichnet für Foucault also einen neuen Anfangspunkt, denn er hat nun den Ort ausfindig gemacht, von dem aus eine differentielle Analyse der Diskursformationen begonnen werden kann. Für die Analyse moderner Literatur aber wäre es notwendig, den Weg zu betrachten, den Foucault bis zum Erreichen dieses Grenzpunktes zurückgelegt hat. Was man dabei feststellen kann, scheint mir von großer Relevanz für eine »Diskursanalytik moderner Literatur« zu sein.

Der entscheidende Impuls, den Foucault in meinen Augen der Literaturkritik gegeben hat, ist, die Literatur in keinem Fall ausgehend von der Kategorie der Bedeutung zu betrachten. Wenn man in der Annahme des Seins der Sprache keine Doktrin zur Bestätigung der eigenen Theorie, sondern eine heuristische Annahme erblickt, wäre man in der Lage, diesen Impuls in eine alternative Literaturanalyse zu verwandeln. Der springende Punkt dabei ist, daß die Figurationen, die das Sein der Sprache indizieren, als diskursive Ereignisse des »Diskurses über den Nicht-Diskurs« aufgefaßt werden können. Die in der Systematisierung von Foucaults Sprachontologie aufgestellte Matrix könnte in diesem Zusammenhang als geronnene Form einer »Diskursanalytik moderner Literatur« angesehen werden.

Die Indikation eines nicht-diskursiven Außen ist keinesfalls die einzige Funktion der Literatur; ebensowenig ist der »Diskurs über den Nicht-Diskurs« die ultimative Seinsweise des literarischen Sprechens unter den Gegebenheiten der modernen Episteme. Neben der Individualisierung des »Diskurses über den Nicht-Diskurs« ließe sich auch eine neue Konzeptualisierung der Literaturgeschichte vornehmen, indem man von der jeweiligen diskursiven Funktion des literarischen Sprechens in verschiedenen Epochen bzw. Diskursformationen ausgeht. Ein solches Vorhaben würde auf eine Archäologie der Literatur hinauslaufen. Eine Archäologie der Literatur käme dem Versuch gleich, eine differentielle Analyse von Diskursmodalitäten vorzunehmen.

Diskursanalyse und Literaturarchäologie verfahren nicht wie eine Textanalyse im traditionellen Sinne, obgleich die Analysen durchaus an Texten vorgenommen werden. Man sollte stets im Auge behalten, daß sich eine mögliche Diskursanalytik und eine Archäologie der Literatur jenseits der Vorherrschaft der Bedeutung abspielen. Genau aus diesem Grund scheint es mir überaus sinnvoll und erfolgversprechend, die Ergebnisse der sprachontologischen Überlegungen Foucaults gleichsam aus der Perspektive des späteren diskursanalytischen Denkens zu betrachten. In diesem Sinne können diese Ausführungen als ein Versuch angesehen werden, die zum Teil eingefahrenen Applikationen von Foucaults Diskursanalyse in eine andere Richtung zu lenken.

Peter Weibel
Die Diskurse von Kunst und Macht: Foucault

Wir wollen zweierlei tun: Einerseits jene Transformationen der Künste im 20. Jahrhundert beschreiben, die sich unter dem Druck und im Zusammenspiel mit der Techno-Transformation der Welt ereigneten. Diese Transformationen werden an jenem Begriffsdreieck *Werk – Autor – Sein* selbst schematisch aufgezeigt, welche die ontologische Ästhetik ausformuliert hat. Da der bürgerliche Kunstmarkt sich gegen diese Transformationen wehrt, welche zur Ausbildung einer technischen Kunst führten, geht es darum, die sozialen Mechanismen zu beschreiben, welche diese Transformation der Kunst verbergen und unterschlagen. Die Macht des Marktes, welcher die Kunstgeschichte schreibt und insofern definiert, was Kunst ist, stellt im Ästhetischen jenes »Bestellen des Bestandes« dar, welches Heidegger eigentlich der Technik unterstellt. Der Markt ist also gleichsam das Gestell der Kunst, das Dispositiv, und somit der Machtdiskurs, welcher der Kunst den Weg verstellt. Haben wir auf der einen Seite die Transformationen der Kunst durch die Techno-Transformation der Welt, und gibt es dazu eine Reihe von Theoretikern und Künstlern, von Walter Benjamin bis Jean Baudrillard, welche diese Transformationen emanzipatorisch kommentieren, so gibt es auf der anderen Seite den Markt, der diese Transformationen blockiert und sistiert. Bei dem Versuch, jenem System der Macht auf die Spur zu kommen, das den Diskurs der Kunst, die soziale Konstruktion der Kunst diktiert, können wir nicht anders, als den Theorien von Michel Foucault zu folgen.

Foucault hat nämlich jedem Diskurs (sei es dem der Wahrheit, der Schönheit usw.) nicht die Seinsfrage, sondern die Machtfrage gestellt. Er hat im System der Zeichen nach der Repräsentation nicht des Realen, sondern jener Macht geforscht, welche dieses Reale konstituiert. So wollen wir nicht nach der Kunst fragen, sondern nach jener Macht, welche diese als solche konstituiert. Unter verschiedenen Titeln hat Foucault diverse Diskurse der Macht untersucht. Die Macht der Medizin, die über Leben und Tod entscheidet, beschrieb er als »die Geburt der Klinik«, die Macht der Psychiatrie, die über Vernunft und Wahnsinn entscheidet, als Geburt des Narrentums, die Macht der Justiz, die über Freiheit und Strafen entscheidet, als »die Geburt des Gefängnisses«. So könnten wir aus einem fiktiven Nachlaß von Foucault ein Buch mit dem Titel »die Geburt der Galerie« herausgeben, welches jenes System der Macht beschreibt, das über Kunst und Nicht-Kunst entscheidet. Wir sehen durch die Aneinanderreihung der verschiedenen Geburtsorte Klinik, Gefängnis und Galerie, in welche gefährliche Nachbarschaften sich die Kunst begeben hat und befindet. Klinik, Gefängnis, Galerie sind die Geburtsstätten symbolischer Ordnungen, welche höchst effektive Systeme der Macht darstellen. »Die Geburt der Kunst aus dem Geiste der Galerie als Gefängnis«, so könnten wir Nietzsche paraphrasieren. Klinik, Gefängnis, Galerie sind drei verschiedene Namen für ein und denselben Ort des Seins. Medizin, Justiz, Kunst sind nur verschiedene Weisen der Entbergung von Wahrheit als der Unverborgenheit des Seienden. Wir fragen aber, wer produziert diese Wahrheit? Wer sagt, daß es sich um eine Entbergung und nicht um eine Verbergung handelt? Welcher Diskurs bestimmt, was unverborgen und was verborgen ist? Auch die Wahrheit ist nur gestellt. Was verstellt und entstellt jeder Diskurs beim Entbergen? Jeder Diskurs, der sich als Wahrheit inthronisiert, verdrängt einen anderen als unwahr. Foucault stellte als erster in der Nachfolge von Nietzsche dem Diskurs die Machtfrage: wem nützt er?

»Die Wahrheit ist von dieser Welt; in dieser Welt wird sie aufgrund vielfältiger Zwänge produziert, verfügt sie über geregelte Machtwirkungen. Jede Gesellschaft hat ihre eigene Ordnung der Wahrheit, ihre ›allgemeine Politik‹ der Wahrheit: d. h., sie akzeptiert bestimmte Diskurse, die sie als wahre Diskurse funktionieren läßt; es gibt Mechanismen und Instanzen, die eine Unterscheidung von wahren und falschen Aussagen ermöglichen und den Modus festlegen, in dem die einen oder anderen sanktioniert werden; es gibt bevorzugte Techniken und Verfahren zur Wahrheitsfindung; es gibt einen Status für jene, die darüber zu befinden haben, was wahr ist und was nicht.«[1]

Dieser Typus des Machtdiskurses bestimmt auch die Kunst. Dies wird ganz offensichtlich, wenn wir den ontologischen Beschreibungen der Kunst selbst folgen, aber statt nach der Unverborgenheit des

1 Michel Foucault, *Dispositive der Macht. Über Sexualität, Wissen und Wahrheit*, Berlin 1978, S. 51.

Seienden danach fragen, wer dieses Seiende hervorgebracht hat. Hat uns Nietzsche gezeigt, »wie die ›wahre Welt‹ endlich zur Fabel wurde«, so können wir mit Foucault zeigen, wie die Fabel zur wahren Welt wurde und zwar gerade durch den nietzscheanischen »Willen zur Macht«, der auch ein »Wille zur Wahrheit« ist. Daher ist es Nietzsches These, daß Kunst Täuschung ist.

Auch Kunst wird in dieser Welt aufgrund vielfältiger Zwänge produziert und verfügt über geregelte Machtwirkungen. Jede Gesellschaft hat ihre eigene Ordnung der Kunst. Sie akzeptiert bestimmte Diskurse, die sie als wahre und gute Kunst funktionieren läßt, und sie verwirft Diskurse, die sie als unkünstlerisch oder schlechte Kunst definiert. Es gibt Instanzen und Mechanismen (Sammler, Händler, Kuratoren), welche die Modi festlegen, in denen die einen oder anderen Diskurse als Kunst sanktioniert werden. Es gibt bevorzugte und kanonisierte Techniken und Verfahren zur Findung von guter Kunst, und es gibt einen hohen sozialen Status für jene, die darüber zu befinden haben, was Kunst ist und was nicht, was gute Kunst und was schlechte Kunst ist. Die Macht ermöglicht erstens nur bestimmte Formen der Diskurse von Zeichen und zweitens legitimiert sie nur bestimmte Diskursformen als wahre, schöne und gute. Man kann mit Foucault diese Diskursformel des Wissens und der Schönheit, der Wissenschaft und der Kunst durch fünf Merkmale charakterisieren:

1) Kunst ist um die Form jener Institutionen zentriert, die sie produzieren (Kunst als Kunst; Galeriekunst; Marktkunst; Kunst, die die Kunst selbst thematisiert, die weiße Wand der Galerie etc.).
2) Sie ist ständigen ökonomischen und politischen Anforderungen ausgesetzt, die einen raschen Wechsel der Stile bedingen, die an und für sich als Diskursformen vollkommen unvereinbar wären, würde nicht der Markt sie aus Bedürfnissen der Macht und aus den Notwendigkeiten der ökonomischen Produktion gewaltsam versöhnen und sanktionieren.
3) Kunst erfreut sich in den verschiedensten Formen enormer Verbreitung und Konsumtion, insbesondere durch die Massenmedien. Sie zirkuliert in allen nur erdenklichen Beziehungs- und Informationsapparaten, die sich relativ weit über den sozialen Körper des Fachpublikums hinaus ausdehnen.
4) Kunst wird aber bei dieser Distribution wie bei ihrer Produktion der überwiegenden Kontrolle einiger weniger großer politischer

und ökonomischer Apparate (Sammler, Museen, Galerien) unterworfen.
5) Schließlich ist die Kunst der Schauplatz und Einsatz zahlreicher politischer und ideologischer Kämpfe.

Ausstieg aus der Kunst als höchste Form der Kunst, diese Utopie der Antikunst, heißt also demnach:

1) Ausstieg aus der historischen Form der Kunst als Machtdispositiv.
2) Mit einer Kunst nichts mehr zu tun haben wollen, die durch diese fünf Merkmale einer Ökonomie der Macht bestimmt wird.
3) Votum für die Idee der Kunst, welche die Kunst nicht wie alle anderen Diskurse der politischen Ökonomie des Staates und des Marktes, also der Polizei, dem Heer, den Medien, der Medizin, der Justiz gleichstellt und unterwirft.
4) Streben nach einer Kunst, die sich eben der Justiz, dem Markt, den Medien, der Kirche, dem Militär, der Polizei, der Wissenschaft und allen anderen Diskursen der Macht und des Staatsapparates widersetzt und entzieht. Kunst als Diskursanalyse der Kunst ist etwas anderes und mehr als Diskurskunst.
5) Sehnsucht nach einer Kunst, die sich nicht in das allgemeine Funktionieren innerhalb des Räderwerks der Macht einfügt und die keine weitere Überwachungs-, Bestrafungs- und Normalisierungsinstitution darstellt, wie sie in der Praxis der Kuratorenfunktionäre und der Funktionärskunst auftritt.
6) Daher auch Gegnerschaft zu einer Konzeption der Kunst als Therapie.

Denn alle Machtdiskurse, von der Medizin bis zur Justiz, beanspruchen für sich bereits die Therapie. Die Medizin verkauft ihren Machtanspruch als Therapie, als Heilung. Kunst als Therapie lautet das Programm einer Kunst mit Machtanspruch, mit dem verdeckten Machtanspruch der angepaßten Staatsreformer. In unserem sozialen System, auf jenem Schlachtfeld, dessen Wachtürme Klinik, Gefängnis und Galerie heißen, ist auch die Kunst ein Diskurs der Macht. Indem der Kunst die Machtfrage gestellt wird, wird die Kunst selbst in Frage gestellt. Denn wer ist Clio, die Göttin der Geschichtsschreibung? Wer hat die Macht, die Kunstgeschichte zu schreiben? Nur der Künstler, das Kunstwerk, wie die Ontologie gerne behauptet? Oder auch der produktive und distributive Apparat, der das Kunstwerk umgibt (Sammler, Händler, Kuratoren, Kritiker etc.)? Die Ontologen verschweigen den Einfluß dieses sozialen Apparates, um seine Herrschaft als »implizites System« um so stärker zu machen. Es ist die Macht, welche die Erzählungen der Kunst und die Kunstgeschichte schreibt. Selbstverständlich will auch der Künstler an dieser Macht teilhaben, um ein Teil der Kunstgeschichte zu werden. Deswegen werden so viele Künstler per se zu Komplizen der Macht. Deswegen ist die Kunst der politisch und wirtschaftlich mächtigsten Länder auch die mächtigste, produktivste und distributierteste Kunst. Auf die gleiche Weise wie in einer Gesellschaft Geschichten geschrieben werden, so wird in dieser Gesellschaft auch Geschichte gemacht. Der Künstler versucht an dieser Macht teilzuhaben, indem er Kunst macht. Mit seinem Kunstwerk will der Künstler sich der Kunstgeschichte einschreiben, ein Teil ihrer Erzählungen werden, indem er die Kunstgeschichte umschreibt und fortschreibt. Welche Macht aber legitimiert einen beliebigen Diskurs als Kunst?

Es geht daher eindeutig darum, herauszufinden, welche Machtwirkungen unter unseren wissenschaftlichen Aussagen und Kunstwerken zirkulieren. Es geht um eine Neuordnung des Diskurses in der Kunst, wenn wir versuchen, die Kette und den Rhythmus der Transformationen, die mit den wahren Sätzen und den schönen Werken der Kunst und ihren ontologischen Begründungen gebrochen haben, zu untersuchen. Es geht darum, jenes ganze Ensemble von Praktiken in der Kunst, die der Macht als Stütze dienen, in Frage zu stellen. Denn offensichtlich ist Kunst nicht der Ort der Freiheit, des Wahren und des Absoluten, sondern Kunst ist eine Praktik, die mit einer ganzen Reihe von Institutionen, politischen Notwendigkeiten, gesellschaftlichen Regeln, ökonomischen Mechanismen verbunden ist, ohne die sie nicht existiert. Kunst ist daher nicht die Gefangene, sondern der Wärter – soviel zum Geschrei »Freiheit für die Kunst«.

Foucault paraphrasierend können wir zusammenfassen: Kunst ist zu verstehen als ein Ensemble von geregelten Verfahren zur Produktion, Zirkulation und Wirkungsweise von Aussagen. Dieses Ensemble von Verfahren ist an Machtsysteme gebunden, die sie produzieren und stützen, codieren und legitimieren. Insofern reproduziert Kunst Machtwirkungen, und man kann von einem Herrschaftssystem der Kunst selbst sprechen. Kunst als historische Diskursform, wie wir sie heute kennen, ist nur zu denken unter den ökonomischen und politischen Bedingungen – und ganz und gar nicht unter ontologischen –, welche den Kapitalismus herausgebildet und entwickelt haben. Insofern wäre es ein Hirngespinst, die Kunst von der Macht zu trennen und die Kunst von jeglichem Machtsystem zu befreien, weil damit auch die Kunst selbst verschwinden würde. Es geht vielmehr darum herauszufinden, ob es möglich ist, eine neue Politik der Kunst zu konstituieren, die nicht in der Veränderung des Bewußtseins der Menschen bestünde, sondern in der »Veränderung des politischen, ökonomischen und institutionellen Systems der Produktion von Wahrheit [von Kunst, P. W.] (...) die Macht der Wahrheit [der Kunst, P. W.] von den Formen gesellschaftlicher, ökonomischer und kultureller Hegemonie zu lösen, innerhalb derer sie gegenwärtig wirksam ist.«[2] Wenn also jemand sagt, die amerikanische oder die französische Kunst ist die beste der Welt, so ist es genau das, was man ihr vorwerfen könnte. Denn welcher Machttypus ist es, der Diskurse der Kunst zu produzieren vermag, die mit derart mächtigen Wirkungen ausgestattet sind, daß wir uns ihnen so vollkommen unterwerfen? Der soziale Körper der Kunst ist derart von vielfältigen Machtbeziehungen überzogen, ist derart von Institutionen der Macht wie Sammlern, Banken, Corporations, Museen, Magazinen und Galerien konstituiert, daß die Kunst, die von diesem Diskurs produziert wird, kaum mehr von der Macht selbst unterschieden werden kann, weil umgekehrt auch diese Machtbeziehungen nicht ohne den Diskurs der Kunst und der Künstler funktionieren können. Hat der Diskurs der Kunst daher in seiner historischen Erscheinungsform seine Autonomie verloren? Ist die Kunst nur mehr Simulation dessen, was Kunst und die Funktion von Kunst einmal waren? Künstler sind der Legitimation von gültiger, marktvalider Kunst durch die Macht unterworfen, doch die Macht selbst bedarf, um ihre Macht ausüben zu können, wiederum des Diskurses der Kunst, der sie legitimiert. Weil so jeder Diskurs an die Macht gebunden ist und die Macht über den Diskurs operiert, entsteht ein Paradox: Es geht nicht um die Frage, was Kunst herstellt oder darstellt, sondern es wird der Diskurs der Kunst selbst in Frage gestellt. Diese Erkenntnis entspringt der Koketterie der Kunst mit

2 Ebd., S. 54.

den kreativen Äußerungen der sogenannten geisteskranken Künstler und mit der Art Brut, der rohen Kunst ohne Diskurs. Es wird mit der Illusion gespielt, daß die »wahre Kunst immer da ist, wo man sie nicht erwartet, da wo niemand an sie denkt noch ihren Namen nennt« (J. Dubuffet). Doch die Macht des Marktes ist so groß, daß sie auch die rohe Kunst in einen Diskurs der Macht verwandelte, indem er deren Vertreter innigst umarmte und ins Zentrum rückte, genau dorthin, wohin die professionellen Künstler, welche die Diskursformen des Anderen, des sogenannten Geisteskranken, ausbeuteten, ohnehin mit aller ihnen zur Verfügung stehenden Macht drängten.

Die Erweiterungen des Bildbegriffes, vom Tafelbild zum Bildschirm, und der damit verbundenen Bildmedien, haben die Kunstgeschichte, die über das Monopol der Bilder waltete, in eine Geschichte der visuellen Kultur verwandelt, in der die Kunst ihr Monopol auf die Bildproduktion und -distribution verloren hat. Wenn die Kulturwissenschaften eines Tages so weit sein werden, daß unter visueller Kultur nicht nur die Bilder der Kunst und der Massenmedien, sondern auch die der Natur- und Formalwissenschaften verstanden und zusammengefaßt werden, dann ist eine Methoden- und Funktionsvielfalt eingetreten, in der die historische Kunst und mit ihr dann auch die historische Macht verlöscht.

Walter Seitter
Kriegskunst, Friedenskunst
Eine Problematik in Foucaults Geschichtskunst

Läßt sich die *Kriegskunst* schlicht und einfach unter die *Künste* subsumieren – wie das von den sprachlichen Formen nahegelegt wird? Irgend etwas widersetzt sich einer glatten Subsumtion. Denn bei den *Künsten* denkt man doch eher an solche Hervorbringungen oder »Gattungen« wie die Malerei und die Dichtung, die Musik und vielleicht die Architektur. Die Kriegskunst paßt da nicht recht dazu. Eher kommt man auf den Gedanken, mit der Kriegskunst verwandte oder zumindest vergleichbare Künste wie die Jagdkunst, die Liebeskunst zu sammeln und so eine eigene Gruppe von Künsten zu bilden, die man *Lebenskünste* nennen könnte, während man die anderen, die vorhin genannten, vorläufig als *Kunstkünste* bezeichnen könnte. Aber dann stellen sich Bedenken ein: Ist nicht auch die Kriegskunst, ebenso die Jagdkunst, ein Spezialistenkönnen, das nicht unbedingt von jedem beherrscht oder auch nur angestrebt werden muß? Versteht man nicht unter Kriegskunst ganz spezielle Fähigkeiten, im Krieg eine führende Rolle etwa als Oberbefehlshaber, Feldherr oder Offizier zu spielen, die richtigen Grundsatzentscheidungen zu treffen, die zum Krieg führen oder nicht, die besten strategischen und taktischen Optionen zu wählen und durchzusetzen – in Hinblick auf den Ausgang des Krieges wie auch in Hinblick auf Schonung der – zumindest der eigenen – Ressourcen?

Kriegskunst und Jagdkunst, aber auch die Heilkunst, über deren Berechtigung nur wenig Zweifel bestehen dürfte, können kaum dem Bereich der *Lebenskünste* zugeschlagen werden, wenn man darunter diejenigen Vermögen versteht, die jedem Menschen nicht bloß zu wünschen sind, sondern die jedem Menschen zugemutet werden müssen, weil sie ihm ja schon zugemutet, abverlangt sind. Versucht man in diesem Bereich einzelne Fähigkeiten, also Künste zu unterscheiden, so könnte man da wohl die Liebeskunst nennen, wenn man den Anspruch, der mit dem Menschsein verbunden ist, so hoch schrauben will, daß man sagt, jeder Mensch soll in der Lage sein zu lieben. Weniger hoch wäre bereits der Anspruch, daß jeder in der Lage sein soll, zu erreichen, daß er geliebt wird – oder zumindest nicht nur gehaßt oder verachtet oder ignoriert wird. Damit wäre ein Bereich der Lebenskunst anvisiert, der sich auf die *Praxis* im aristotelischen oder die *Handlung* im arendtschen Sinn bezieht: die Kunst, mit anderen Menschen Beziehungen zu entwickeln, die haltbar und gedeihlich und womöglich interessant sind. Soll man diesen Bereich mit *Liebeskunst,* mit *Freundschaftskunst,* mit *Umgangskunst* bezeichnen? Aristoteles würde da wahrscheinlich gar nicht den Begriff der Kunst, sondern den der Tugend als Grundbegriff ansetzen. Aber manchmal läßt sogar er die beiden Begriffe ineinander übergehen. Oder soll man von *Friedenskunst* – jetzt mehr in einem informellen und privaten Sinn – sprechen? Wäre damit alles Kriegerische verpönt oder könnte man die Kriegskunst – ebenfalls in einem informellen Sinn – als die andere Seite der Friedenskunst gelten lassen? Zwei Seiten der Umgangskunst?

Die Kriegskunst im spezialisierten Sinn – also die Feldherrenkunst – könnte mit der Politikkunst, im speziellen Sinn der Staatsmannskunst, aber auch mit der Heilkunst assoziiert werden. Auch sie eine Spezialistenkunst, die einen Berufsstand definiert. In der Benennung *Medizin* fällt der Allgemeinbegriff *Kunst* weg und hier hat sich im Abendland wohl eine Annäherung an den Allgemeinbegriff *Wissenschaft* eingeschlichen. Von der Medizin als der Spezialisierung des Arztes läßt sich aber vielleicht die Kunst des Gesundseins unterscheiden, die jedem Menschen zugemutet werden darf und folglich dem Bereich der allgemeinen Lebenskunst zuzuordnen ist. Kant nennt sie »Diätetik« – im Unterschied zur »Therapeutik«, die dem Arzt zu überlassen sei.[1]

Nach diesem Überblick über einige der Fähigkeiten, die man »Künste« nennen kann, läßt sich anstelle der eingangs vorgeschlagenen Zweiteilung nun eine Dreiteilung vornehmen. Die erste Gruppe bilden die behelfsmäßig so genannten *Kunstkünste* oder *Erscheinungserzeugungskünste* (Malerei, Musik usw.);[2] die zweite sind die anderen Spezialistenkünste wie Kriegskunst im Sinne von Feldherrenkunst, Politik oder Staatskunst als Kunst der Menschenführung oder Staatsführung, Medizin oder Heilkunst; die dritte

1 Immanuel Kant, *Der Streit der Fakultäten,* in: ders.: *Werke in sechs Bänden,* Bd. VI, Frankfurt am Main 1964, S. 375.

2 In diesen Künsten werden Erscheinungen nicht bloß instrumentell oder beiläufig erzeugt: der bloße Schein ist da zentral.

Gruppe bilden die Lebenskünste, die jedem Menschen zuzumuten sind und die wiederum in einzelne Sparten oder Richtungen aufgeteilt werden können: Wahrnehmungskunst, Rede-, Lese-, Schreib-, Rechenkunst, Umgangskunst, Gesundheitskunst; zu dieser würde auch die Kunst des Schlafes gehören, während die logisch gleichwertig erscheinende Kunst des Wachens eine Basis oder einen Grundzug der Lebenskunst überhaupt auszumachen scheint.[3]

Unterscheidbarkeit und Unterscheidung, Spezialistentum oder Integration vieler Künste in einer Person – das sind einige logische, existentielle, auch politische Probleme, die sich da auftun. Die sprachlich-logischen Probleme rühren auch daher, daß der Ort unseres Sprechens von einer Geschichte getragen wird, die den Sprachgebrauch in bezug auf die hier in Rede stehende Thematik einschneidend verändert hat. Die Hauptänderung besteht darin, daß in der Neuzeit der Begriff *Kunst*, der sich seit der Antike auf viele Fähigkeiten in dem gesamten, jetzt gerade überblickten Feld bezogen hat, sich weitgehend auf die Künste zurückgezogen hat, die heute unter dem ehrfurchtgebietenden Begriff der *Kunst* figurieren. Der antike Begriff der Kunst bezeichnete vielerlei von allen respektierte und auch angestrebte Fähigkeiten. Ehrfurchtgebietend ist der neue Begriff der Kunst deswegen geworden, weil er bestimmte Fähigkeiten bzw. Hervorbringungen bezeichnet, die Bewunderung erwecken und lange Zeit den Vorhof politischer und vor allem religiöser Macht gebildet haben. Im Zuge zunehmender Ablösung von diesen Machtkonstellationen übertrug sich auf den jetzt *Kunst* genannten Bereich etwas von den hochgespannten Erwartungen und dem Schauer, die früher in jenen Machträumen geboten erschienen. Eine zweite Sprachveränderung folgte alsbald, als der mit dem alten griechischen Wort für *Kunst* verwandte Begriff *Technik* seinen Siegeszug antrat und eine andersartige, entschiedener moderne Produktions- und Orientierungsweise bezeichnete als »Kunst«. Aus dem weiten Feld des alten Kunstbegriffs erhob auch der Begriff *Wissenschaft* sein Haupt höher als zuvor, das hatte etwa zur Folge, daß die Medizin heute eher mit *Wissenschaft* als mit *Kunst* assoziiert wird.

Ein Begriffsgegensatz, der damit zusammenhängt und den Michel Foucault zum Emblem einer seiner Problemstellungen ge-

3 Siehe Walter Seitter, *Geschichte der Nacht*, Bodenheim, Berlin 1999; ders., *Kunst der Wacht. Träumen und andere Wachen*, Berlin, Wien 2001.

macht hat, ist der zwischen *ars erotica* und *scientia sexualis*.[4] Indem das moderne Europa (seit der christlichen Spätantike) diese Wissenschaft entwickelt hat (und zwar im Zusammenhang mit einer Verschärfung der Sexualmoral und -kontrolle), habe es jene Kunst, die bislang in allen Hochkulturen gepflegt worden sei, vernachlässigt, ersetzt, verloren. Foucault möchte damit eine historische bzw. ethnographische Feststellung treffen; aber der Ton der Kritik, zumindest des Bedauerns gegenüber dem Abendland ist nicht zu überhören. Zweifellos liegt hier eine Motivation für seinen später unternommenen Versuch, den antiken Begriff der Lebenskunst und damit den weiten Begriff der Kunst, der in der europäischen Vormoderne gang und gäbe war, zu reaktualisieren.

Eine elaborierte *ars erotica* hat Foucault zwar dann der alten griechischen und römischen Kultur nicht mehr zugesprochen, aber der griechische Begriff der *Lebenskunst* wird für ihn zum Instrument, mittels dessen er sich fragen kann, ob und wie es möglich sei, die beiden Spezialisierungen, die zum modernen Begriff der Kunst geführt haben, zu relativieren:[5] zum einen die Spezialisierung auf gegenständliche Artefakte, zum anderen die Spezialisierung auf die Spezialisten, die man Künstler nennt. Die erste Spezialisierung rückgängig machen würde heißen: auch aus menschlichen Leben Kunstwerke machen; die zweite Spezialisierung aufheben würde heißen: Jedes Individuum soll aus seinem Leben ein Kunstwerk machen können.

Den zweiten Schritt hat bekanntlich Joseph Beuys schon früher explizit postuliert: »Jeder Mensch ein Künstler!«[6] Im Programm von Beuys ist auch der erste Schritt enthalten: in der etwas anderen Formulierung von der »sozialen Plastik«. Gewiß kommen die Vorschläge von Beuys von anderen Voraussetzungen her als diejenigen von Foucault. Bei Beuys ist es das Künstlertum mit seinen Avantgardetraditionen des 20. Jahrhunderts, die die Grenze zwischen Kunst und Leben aufheben wollten – und zwar in der Richtung, daß die ihrerseits zur Religion erhobene Kunst die Macht über das gesamte

4 Siehe Michel Foucault, *Sexualität und Wahrheit 1. Der Wille zum Wissen*, Frankfurt am Main 1977, S. 68 ff.

5 Siehe Michel Foucault, »Sex als Moral. Gespräch mit Hubert Dreyfus und Paul Rabinow«, in: *Von der Freundschaft als Lebensweise. Michel Foucault im Gespräch*, Berlin 1985, S. 77 ff.

6 Siehe Joseph Beuys, *Jeder Mensch ein Künstler*, Frankfurt am Main 1972.

Leben ergreifen sollte. Dazu kommen bei Beuys allerdings auch theoretische Gedanken aus der Anthroposophie, in der wiederum Anleihen aus unterschiedlichen religiösen Quellen zusammenfließen. Das Hauptmotiv seiner Lehre ist aber das der menschlichen Selbstbestimmung, und hierin trifft er sich wieder mit Foucault, der auf der Suche nach einer Ethik ist – weil es doch nicht »egal« zu sein scheint, wie man lebt –, zugleich aber die Ethik von heteronomen Normen und Gesetzen freihalten will.

Foucaults gesamtes Werk bis in die 70er Jahre hatte die Frage der Ethik nicht direkt zum Thema gemacht. Indirekt hat er sie sehr wohl anvisiert: und zwar im Grunde genommen im Modus der polizeilichen oder inquisitorischen Spionage. Er hat die institutionellen Erfindungen der Neuzeit, die sich das Wohl der Menschen, die Freiheit des Individuums, den Fortschritt der Gesellschaften auf die Fahnen geschrieben hatten, auf ihre tatsächlichen Wirkungen hin untersucht und hat im Zuge seiner dichten Beschreibungen festgestellt, daß viele dieser Wirkungen in eine andere Richtung als in die versprochene gingen: daß sie jedenfalls für bestimmte Menschengruppen zu krassen Diskriminierungen führten oder sogar die vorgesehenen und erreichten Wohltaten für die Geförderten mit konträren Nebeneffekten verbunden waren. Er hat einerseits als glänzender, aber unbarmherziger Beobachter »deskriptiven Klartext« geliefert, andererseits als empfindlicher und mitempfindender Liberaler, ja Hyperliberaler jedwede strukturelle Modifizierung oder Erniedrigung oder Eliminierung von Menschen aufgedeckt und damit beklagbar gemacht. Die Realunion von Liberalismus und Polizei, die er als Kern der politischen Moderne bis in die feinsten Verzweigungen von Medizin, Familie und Psychologie aufgestöbert hat, hat er auch selber verkörpert. Es ging anscheinend nicht anders.

Kommt in diesem Komplex auch so etwas wie »Kunst« vor? Ja: Foucault hat die Erfindungen und die Maßnahmen der modernen Monarchen, Reformer und Ideologen durchaus bewundert. Er hat ihre Machteinsätze als Strategien bezeichnet und sie damit halb verdeckt der Kriegskunst zugeschlagen, sie andererseits aber auch als Technologien benannt, und damit auf die Seite der seit dem 19. Jahrhundert widerspruchslos anerkannten, rein wohltätigen Ingenieurskunst gesetzt. Explizit hat er den Begriff der Macht stärker an die Kriegskunst angelehnt als an die Ingenieurskunst. Allerdings gehört es gerade zur modernen Kriegskunst, sich je nach Opportunität allen kriegerischen Anscheins zu entledigen.

Die Matrix für Foucaults Rückgriff auf den Begriff der Kunst ist der Begriff der Macht, die bis zu *Überwachen und Strafen* nur als Macht der anderen, als Übermacht vorkommt, die zwar auch Produktion und Gesundheit fördern kann, aber damit ihrem eigenen letztlich sadistischen Egoismus nicht wirklich entkommt. In dem Moment, in dem der Begriff der Macht überhaupt thematisiert wird, wird seine Einseitigkeit oder vielmehr seine Andersseitigkeit, seine sichere Übermächtigkeit und seine eindeutige Bösartigkeit (für bestimmte Betroffene) relativiert. Als Modell für die Macht wird der Krieg eingesetzt.[7] Der Krieg als die Ursituation von Macht, in welcher diese noch gleichmäßig verteilt ist, und zwar nicht etwa schlummernd, sondern ubiquitär aktiv: Kräfteverhältnisse, d. h. -verhalten »zwischen« Strategien und Widerständen. Der Vorrang des Krieges als Modell für die Analyse der Macht kommt daher, daß er das Aufkommen der Macht »von unten« verständlich macht.[8] Der »Erklärung durch das Niedere, das Untere« gehörte immer schon Foucaults Vorliebe.[9] Nun entleiht er sie einem bestimmten Diskurs der frühen Neuzeit, den er den »historisch-politischen Diskurs« nennt. Es handelte sich um widerspenstige Adelige, um biblisch inspirierte Rebellen, welche die neuen Monarchien nicht nur als Ergebnisse einstiger Kriege betrachteten, sondern sogar noch unter dem aktuellen Frieden den Krieg herauslesen zu können meinten.[10] Dem Krieg gehört aber nicht nur eine epistemologische Präferenz, sondern auch eine »moralische«. Immerhin ist der Krieg diejenige Situation, in der gerade nicht eine Seite eindeutig und einseitig Macht ausübt, sondern zwei Seiten ihre Mächtigkeiten als

7 Siehe Michel Foucault, *Sexualität und Wahrheit 1. Der Wille zum Wissen*, Frankfurt am Main 1977, S. 113.

8 Siehe ebd., S. 114.

9 Die methodische oder theoretische Herangehensweise »von unten« mündet häufig in eine »Reduktion« komplexer Sachverhalte auf niedrige oder elementare Faktoren. Von dieser Problematik ist eine »inhaltliche« Problemstellung zu unterscheiden: daß einer modern-liberalen Auffassung zufolge die Politik nicht auf alle menschlichen Erwartungen und Sehnsüchte einzugehen hat, sondern nur gewisse Rahmenbedingungen zu sichern hat; die Limitierung der Zuständigkeiten der Politik reduziert ihrerseits die Konfliktstoffe.

10 Michel Foucault, *Vom Licht des Krieges zur Geburt der Geschichte*, Berlin 1986, S. 12 ff.

Gewaltsamkeiten gegeneinander ausagieren. Krieg heißt: zwei Machtseiten, die im Moment keine andere Form der Koexistenz finden, als sich gegeneinander aufzustellen, um die jeweils andere niederzumachen. Das Ergebnis kann natürlich und wird häufig sein, daß eine Machtseite ganz oder weitgehend niedergeschlagen wird, so daß dann keine Koexistenz mehr möglich oder nötig sein wird – es sei denn in der Form der Unterordnung, der Unterdrückung, der lautlosen Erniedrigung, die so still sein kann, daß man sie für Frieden halten könnte. Als ob der Friede dasselbe wäre wie Stille. Auf der anderen Seite kann der Krieg auch der Ausgang, der Aufstand aus so einer lautlosen Konstellation von Überlegenheit und Unterordnung sein. *Diese* historische Situierung des Krieges oder des Kriegswunsches – des sehr verständlichen Kriegswunsches – hat Foucault in jenem »historisch-politischen Diskurs« ausfindig gemacht, dem zufolge Politik immer nur eine Fortsetzung des Krieges ist.[11] Der epistemologische und der moralische Vorrang des Krieges überlagern sich zu einer großartigen Vorrangstellung des offenen Krieges, der seinen Kriegscharakter nicht vertuscht.

Foucaults theoretischer Bellizismus ist ein eindeutiges Faktum – und in der Zeit nach dem Zweiten Weltkrieg, der zu offizieller Ächtung des Krieges geführt hat, eine erstaunliche »Kriegserklärung« gegenüber dem großen pazifistischen Konsens.[12] Der ist in Deutschland allerdings noch fester als anderswo. So kam es, daß ein in Italien herausgegebener Sammelband in seinem Titel von *Friedensverbrechen* und in seinem Untertitel von *Unterdrückung* spricht. Die deutsche Ausgabe vermeidet beide Ausdrücke.[13] Was aber ist von Foucaults theoretischen Äußerungen zu halten? Ich glaube, sie sind wichtige Reflexionspunkte zur Philosophie der Politik, deren systematische Ausarbeitung Foucault immer von sich gewiesen hat, ohne daß sie deswegen obsolet sein müßte. Sein theoretischer Bellizismus impliziert nicht unbedingt eine Verharmlosung des Krieges oder

11 Ebd., S. 8 f.; ders.: *Sexualität und Wahrheit 1. Der Wille zum Wissen*, Frankfurt am Main 1977, S. 114 ff.

12 Siehe dazu Walter Seitter, »Von einem Pazifismus zum andern«, Aachener Antrittsvorlesung vom 14. 12. 1983, in: *Etappe* 2 (1988).

13 Siehe *Befriedungsverbrechen. Über die Dienstbarkeit der Intellektuellen*, hg. v. F. Basaglia und F. Basaglia-Ongaro, Frankfurt am Main 1980. Seit den 90er Jahren des 20. Jahrhunderts verschont der Krieg bekanntlich auch Europa und Nordamerika nicht mehr. Allerdings neigt er zu einer gewissen »Informalisierung« –, die ihn nicht harmloser macht.

eine leichtfertige Rechtfertigung des Krieges. Er stellt keine »Philosophie des Krieges« dar, eher schon formuliert er die logische Stellung des Krieges im größeren Ganzen der Politik. Vor allem legt er kritisch den Finger auf das Wort *Frieden* und den Gebrauch, den man von ihm macht. Auf die riesige Unklarheit, die in diesem Wort steckt. Bezeichnet es einen Zustand, in dem Niederschlagung und womöglich Vernichtung dominieren? Oder einen Zustand, in dem mehrere Machtseiten Formen erträglicher, gar gedeihlicher Koexistenz gefunden haben?

Ich würde Foucaults Behauptung von der Präponderanz des Krieges in eine andere Formulierung übersetzen: diejenige von der strukturellen Unterlegenheit des Friedens, der nicht als eine Möglichkeit der anderen gegenübersteht, sondern sich in einer Minderheitenposition gegenüber zwei Formen des Unfriedens befindet – gegenüber dem offenen Krieg und dem verdeckten Krieg, d. h. der Unterdrückung. Unterscheidet man von diesem Zustand ganz scharf den Begriff des Friedens, dann übernimmt dieser gewisse Züge von Foucaults Kriegsbegriff, und es wäre möglich und sinnvoll, das Konzept einer *Friedenskunst* auszuarbeiten.

Krieg ist – zumindest momentane – Waffengleichheit. Gegen die großen modernen Realunionen aus Liberalismus und Polizistentum kämpfte Foucault als kleine Personalunion aus Liberalismus und Partisan. Natürlich war die Waffengleichheit keine totale: hier teils vergangene, teils immer noch wirksame und sich erfolgreich reformierende Machtkomplexe, da ein brillanter Einzelkämpfer, dessen Jahre bald gezählt sein sollten, dessen Schriften aber weiterhin Leser und Bewunderer finden. Und der – das muß man dazusagen – den Schutz des Staates und einen prominenten Platz im staatlichen Universitätssystem durchaus akzeptierte.

Ich habe den Begriff »Kriegskunst« verwendet, der bei Foucault indessen kaum vorkommt. Wann hat Foucault den Begriff »Kunst« zum ersten Mal aus seiner neuzeitlichen Festlegung herausgenommen und für die Problematik eingesetzt, die mit *Macht* und *Krieg* grundiert wird und dann zum Begriff *Lebenskunst* führt? Es war in den späten 70er-Jahren, als er die antiken *Regierungskünste* thematisiert hat, die von der Selbststeuerung bis zur Staatskunst reichen.

Den Begriff *Kunstwerk* aber hat er anscheinend in derselben Zeit vom neuzeitlichen Kunstbegriff abgelöst, als er sein Plädoyer für den Selbstmord formulierte: ein Plädoyer dafür, daß jemand, der seinem

Leben ein Ende setzen will, die Möglichkeit und die Fähigkeit habe, diesen Akt gut vorzubereiten und unter solchen Umständen und mit den Mitteln zu setzen, die er sich wünscht. Auch hier läßt sich Foucault allein vom Motiv der gewünschten Selbstbestimmung leiten. Wer sich töten will, weil er das wirklich will, solle das so tun können, wie er will: mit sicheren Mitteln und unter angenehmen Umständen, »um daraus ein Werk ohne Zuschauer machen zu können, ein Werk, das allein für mich da ist und gerade so lange, wie die kleinste Sekunde des Lebens dauert.«[14]

Er sagt nicht: aus dem Selbstmord ein Kunstwerk machen – aber er meint es. Er läßt »Kunst« weg, weil so ein Kunstwerk sich tatsächlich nicht im Betriebssystem Kunst abspielt – daher auch »ohne Zuschauer«. Und weil – wie im Deutschen – auch im Französischen dem lakonischen Wort *Werk* noch leichter und schneller Aura und Pathos zufliegen als dem *Kunstwerk.*

Wenn der wohlvorbereitete und wohldurchgeführte Selbstmord der erste Akt ist, der Foucault veranlaßt, den Begriff *Kunstwerk* über den neuzeitlichen Kunstbegriff hinauszutragen, so wird auch verständlich, daß es die Thematisierung des Krieges war, die Foucault an die Schwelle der erweiterten Kunstproblematik herangeführt hat. Denn was heißt Krieg anderes, als daß zwei, also auch ein relativ Schwächerer, vielleicht ein Todgeweihter, vielleicht ein Chancenloser, daß also auch so einer eine Chance hat und eine Chance ergreift, um seine wie auch immer geringe Mächtigkeit aufzubringen, auszuagieren – um vielleicht sogar unerwarteterweise zu siegen oder um bis zuletzt kämpfend und nicht etwa irgendwo verschwindend zu sterben. Der Selbstmord, für den Foucault plädiert, ist: Selbstbestimmung bis zuletzt, Selbstbestimmung gerade zuletzt. Übrigens konvergieren das deutsche Wort *Kunst* und das französische Wort für *Macht* genau im Infinitiv *können* – den Heidegger mit dem Ausdruck »Seinkönnen« zu einem anthropologischen Grundbegriff gemacht hat.[15]

14 Michel Foucault, »Ein so harmloses Vergnügen«, in: *Von der Freundschaft als Lebensweise. Michel Foucault im Gespräch*, Berlin 1985, S. 57. Der Text stammt aus dem Jahr 1979. Im Jahre 1981 hat Foucault in einem Gespräch mit dem Filmemacher Werner Schroeter das Thema Selbstmord noch einmal aufgegriffen: Michel Foucault, »Conversation avec Werner Schroeter«, in: *Dits et écrits,* Bd. IV, Paris 1994, Nr. 308, S. 251-260, hier: S. 256 f.

15 Siehe Martin Heidegger, *Sein und Zeit*, Tübingen 1967, S. 295 ff.

Mit seiner Verschränkung von Selbstmord und Lebenskunst liegt Foucault nicht völlig abseits von der traditionellen Auffassung der Lebenskunst. Für diese war nämlich immer schon die *ars moriendi* wenn schon nicht der Höhepunkt so doch ein Hauptpunkt der *ars vivendi*. Foucault bezieht sich auch in seinem Text ausdrücklich auf solche Lehren – aber nur kurz und ironisch und abschlägig.[16] Sie sind ihm zu moralisierend, zu abstrakt, zu nebulös. Er möchte etwas Bestimmtes, Präzises und Sicheres: etwas durch und durch Selbstbestimmtes.

Foucaults Plädoyer für den Selbstmord knüpft vielleicht an die ausdrücklichen Thematisierungen des Todesbezuges an, die sich in seinen frühen Schriften zur Literatur, d. h. zur Kunst, finden. Es verknüpft jedoch die Problematik des Sterbens mit einer im Grunde genommen hausfraulichen Sorgfalt, der es darauf ankommt, es sich zu Hause schön zu machen, und die ganz allgemein – ebenso wie die Medizin – der *Biotechnik* zugerechnet werden kann. Nur daß so ein Akt der Biotechnik eher der *Thanatotechnik* zuzuordnen ist. Allerdings fällt in seinem Konzept die Dimension der Mitmenschlichkeit nicht ganz aus: wenn der Selbstmörder Partner findet, die an seinen letzten Augenblicken teilnehmen. Insofern erinnert es sogar an ein Herzstück der alten *ars moriendi*: Der Sterbende versammelt seine Getreuen um sich. Dank den – wie man heute sagen würde humanitären – athenischen Hinrichtungsbestimmungen konnte Sokrates aus seinem von der Obrigkeit verfügten Tod so eine »selbstbestimmte Sterbeszene« machen.

Das Beispiel des Selbstmordes als Kunstwerk sowie Foucaults erste allgemeine Annäherungen an das Kunstwerk als Prinzip der Ethik könnten den Eindruck erwecken, es gehe ihm ausschließlich darum, die Ethik auf Selbstbestimmung zu begründen.[17]

War Selbstbestimmung tatsächlich das einzige Motiv, das für Foucault Gewicht hatte? Ich glaube: nein. Eine Linie seines Denkens, die das sichtbar macht, ist gerade seine Begeisterung für die Kunst – jetzt im üblichen neuzeitlichen Sinn: seine Begeisterung für

16 Siehe Michel Foucault, op. cit., S. 56.

17 Der taktisch eingesetzte Selbstmord wird mehr und mehr zu einem Instrument des – informalisierten – Krieges, der so einem Sterben allerhöchsten »Sinn« verleiht. Auf der anderen Seite bewegt sich die Euthanasie-Diskussion in die Richtung von Foucaults Selbstmord-Plädoyer. Die Kontinuitäten zwischen unterschiedlichen Phänomenen nehmen zu: Thanatopolitik, Thanatotechnik.

Literatur, für Malerei, für Musik, für den Film. Ich sage ausdrücklich »Begeisterung« und unterstelle damit Foucault eine Haltung, die nicht das Privileg von Intellektuellen ist – bei ihm aber in mehrfacher Weise auch intellektuell gewirkt hat und von ihm auch bezeugt worden ist. Homer und Cimabue, Ucello und Bosch, Goya und Hölderlin, Stefan George, Hermann Broch und Thomas Mann haben ihn beeindruckt und angeregt. Über Velázquez und Manet, über Nietzsche und Roussel, über Blanchot und Klossowski hat er so geschrieben, daß man sieht, er hat gesehen, daß die Kunst gewiß eine Art von Selbstbestimmung des Künstlers erfordert: Der Künstler macht, was er will, er läßt sich nicht von irgend jemandem dreinreden. Aber auch, daß die Selbstbestimmung des Künstlers nicht pure Selbstentfaltung, Selbstdurchsetzung, Selbstverwirklichung ist. Sondern daß jedes Schaffen von einer anderen Notwendigkeit getragen, begleitet oder vollendet wird. Was ist diese »andere Notwendigkeit«? Ich setze dafür den primitivsten aller Begriffe: es ist *etwas*. Etwas, das gesehen wird, etwas, das hervorgebracht wird. Das kommt zum Künstler dazu: das stößt ihm zu – und das stößt er aus.

Ein Künstler ist gerade nicht ein bloßer Liberaler, der aufpaßt, daß »ihm nichts passiert«. Er ist zwar kein pathologischer Masochist; wohl aber gehört es zu seiner Berufung als Künstler, daß *ihm etwas passiert*, daß etwas durch ihn hindurchgeht, daß von ihm etwas ausgeht. Und dieses *etwas* ist nicht einfach er.[18]

Ob das künstlerische Schaffen ein Vergnügen ist, wage ich nicht zu entscheiden. Vielleicht ist es manchmal ein Vergnügen, ja eine Wollust. Mit Sicherheit ist es kein »einfaches Vergnügen« – wie der von Foucault theoretisch konzipierte Selbstmord. Und der Todesbezug im künstlerischen Schaffen, den Foucault in seinen frühen Schriften oft aber meist nur aphoristisch andeutet, ist gerade nicht einfach, sondern extrem ambivalent: Das Schreiben ist ein Anschreiben gegen den Tod, ein Hinausschreiben über den Tod hinaus

18 Ich glaube, der theoretische Spezialist für dieses *etwas* war Pierre Klossowski, der dafür alternativ drei Begriffe eingesetzt hat: Dämon, Übernatur, Wahrheit; und für die Output-Version des *etwas*: Simulakrum. Siehe Pierre Klossowski, »Rückkehr zu Hermes Trismegistos. Von der Mitwirkung der Dämonen im Kunstwerk«, in: ders., *Die Ähnlichkeit*, Bern, Berlin 1986, S. 101 ff.; Jean-Marie Monnoyer, *Le peintre et son démon. Entretiens avec Pierre Klossowski*, Paris 1995, S. 77; Pierre Klossowski, »Gespräch mit Alain Arnaud«, in: ders., op. cit., S. 116 und 119. Aussage, Darstellung, Simulakrum bilden die Erscheinungsseite des Kunstwerks, die genauso zentral ist wie seine Bedeutungsseite.

– und gleichzeitig ein Herbeischreiben, ein Erschreiben des Todes (der am ehesten denn doch bei Homer, bei Sade prägnant präsent ist); in der Moderne werde jedoch dieses Spiel mit dem Tod durch das Opfer durch das Auslöschen des Lebens des Autors ersetzt, der sich in der Sprache nicht ausdrückt, sondern aussetzt: Das Schreiben ist eine Tätigkeit, in der der Tätige sich aufs Spiel setzt, in der er sich selber verwandelt oder zumindest seine Beziehungen zur Realität verändert.[19]

Foucault deutet selber an, daß er mit der Erhebung des Kunstwerks zum Prinzip der Ethik nicht die pure Selbstverwirklichung im Auge hat. Es gehe nicht um die Durchsetzung eines schon bestehenden Selbst, sondern um die Formung des Selbst dank einer »kreativen Aktivität« und gerade nicht einer »authentischen« Haltung.[20] Eigentlich heißt das, daß man eben doch Künstler sein muß, um aus seinem Leben ein Kunstwerk zu machen: daß man aus seinem Leben nur dann ein Kunstwerk machen kann, wenn man auch sonst noch ein Kunstwerk macht. Damit käme man erst recht weg von der »Einfachheit« dessen, was Foucault mit dem perfekten Selbstmord beschreibt.

Es gibt ja einen Einwand gegen die Vorstellung, man könne und solle aus Menschenleben Kunstwerke machen. Das ist der aristotelisch-arendtsche Einwand. Das Menschenleben bestehe nicht nur aus den Lebensvollzügen im biologischen Sinn und es könne auch nicht durch zusätzliche technisch-herstellerische Gestaltungen und Aufdauerstellungen zu einer Erfüllung gelangen – es sei denn, diese ermöglichten Vollzüge auf der dritten Dimension des Menschseins: dem Begegnen und Verstehen, dem Austausch und der Auseinandersetzung. Diejenige Biotechnik, die in so eine Richtung geht, ist die Auto- oder überhaupt die Biographik: eine Formgebung, die zum Leben dazukommt und die eine Form des Sprechens darstellt, das auf Interesse, Verstehen und Auseinandersetzung hoffen kann.[21] Dies allerdings um so mehr, als jemand in seinem Leben *etwas* erfahren und gemacht hat, das über das bloße Leben und Selbstsein auch hinausgeht. Das muß kein Kunstwerk sein. Das können ande-

19 Siehe Michel Foucault, »Die Sprache, unendlich«, in: *Dits et Ecrits, Schriften*, Bd. I, Frankfurt am Main 2001, Nr. 14, S. 342-356; »Was ist ein Autor?«, in: ebd., Nr. 69, S. 1003-1041; »Vorrede zur Überschreitung«, in: ebd., Nr. 13, S. 320-342.

20 Siehe Michel Foucault: op. cit., S. 81.

21 Zur Autobiographie bei Foucault siehe Eva Erdmann, »Die Literatur und das

re Werke sein: eine Familie (für die der Ausdruck »soziale Plastik« nicht unpassend ist), ein wirtschaftliches Unternehmen, es können wissenschaftliche oder politische Unternehmungen sein.

Foucault hat sein eigenes Unternehmen als Experimentieren angestellt, um sich und sein Denken zu verändern.[22] Damit reiht es sich in das ein, was man künstlerisches Schaffen nennt. Und wenn ich da noch eine nähere Spezifizierung vornehmen möchte, würde ich sagen, daß sein philosophisches Tun der Sache nach viel zur Philosophie der Politik beiträgt, seine Form aber ist hauptsächlich die einer *Geschichtskunst* – eines ingeniösen *Sehens und Schreibens in der Geschichte*, wie es bei Philosophen und bei Historikern nur selten vorkommt. Als Impetus dieses Unternehmens könnte man einen *Willen zur Kriegskunst* namhaft machen – mit der Foucault die ereignishaft-kriegerische Form der Wahrheitsproduktion, die er in den dominanten neuzeitlichen Erkenntnisstrategien stillgelegt sieht, wiederbeleben möchte.[23] Ein Sehen und Schreiben, das einerseits dem nahesteht, was Foucault den »historisch-politischen Diskurs« genannt hat, andererseits aber auch dem Visionär-Poetischen. *Reibungsvolle Auseinandersetzung* versus *reibungslose Durchsetzung.* Und *schöpferisches Ahnen* – das es nicht unter seiner Würde finden muß, sich durch den Staub der Archive durchzuarbeiten.[24]

Schreiben. ›L'écriture de soi‹ bei Michel Foucault«, in: *Ethos der Moderne. Foucaults Kritik der Aufklärung*, hg. v. E. Erdmann, Rainer Forst und Axel Honneth, Frankfurt am Main, New York 1990, S. 260 ff.

22 Siehe Michel Foucault, *Der Mensch ist ein Erfahrungstier. Gespräch mit Ducio Trombadori*, Frankfurt am Main 1996, S. 24.

23 Siehe Michel Foucault, »Macht-Wissen«, in: *Befriedungsverbrechen. Über die Dienstbarkeit der Intellektuellen*, hg. v. F. Basaglia und F. Basaglia-Ongaro, Frankfurt am Main 1980, S. 63 ff.

24 Foucaults Geschichtsvisionen oder -fiktionen verlieren ihren Wert nicht, wenn sie sich als korrekturbedürftig erweisen. Gerade als korrigierbare und korrigierte können sie ihre Qualitäten als Geschichtsschreibungslinien erweisen. Zu einer Diskussion über verschiedene Arten von Geschichtsschreibung kam es nach dem Erscheinen von Ernst H. Kantorowicz, *Kaiser Friedrich der Zweite*, Berlin 1927; siehe dazu *Stupor Mundi: Zur Geschichte Friedrichs II. von Hohenstaufen*, hg. v. G. Wolf, Darmstadt 1966, S. 5-48; Otto Gerhard Oexle, »German Malaise of Modernity: Ernst H. Kantorowicz and his ›Kaiser Friedrich der Zweite‹«, in: *Ernst Kantorowicz. Erträge der Doppeltagung*, hg. v. R. L. Benson, J. Fried, Stuttgart 1997, S. 33 ff. Die Grundvoraussetzung, daß es von jedwedem Ereignis mehr als eine Erzählung geben können muß, nenne ich das Prinzip der *Tychanalyse*; siehe Walter Seitter: »Die Erfindung der Tychanalyse«, in: *Einfache Lösungen. Beiträge zur be-*

Was ich Foucaults *Geschichtskunst* nenne, ist die intuitiv-literarische Form seines Philosophierens. Auf einer anderen Ebene oder quer dazu liegt die Problematisierung der Kriegskunst als einer technisch-praktischen Fähigkeit. Diese Problematisierung bildet die Ebene der Philosophie der Politik. Auf dieser Ebene ist zu fragen, ob der Perfektionierung des Selbstmords insgesamt eine paradigmatische Rolle zuerkannt werden kann. Es ist zu fragen, wie Foucaults impliziter Bellizismus gedacht ist und weitergedacht werden kann. Sein eigenes praktisches Kriterium – der Wille zur Selbstbestimmung – kann dabei leitend sein. Es ist aber fraglich, ob dieses Kriterium in der Präferenz für das Kriegerische auf Dauer gut aufgehoben ist. Oder ob es sich nicht zu einer komplexeren Form »konvertieren« muß. Analog zur Form der Wahrheit, zu der sich Foucault zuletzt doch gewendet hat.[25] In der dreifachen Sorgestruktur – Sorge um sich, Sorge um die anderen, Sorge um die Wahrheit – liegt, glaube ich, das Schema für eine Erweiterung und »Enteinfachung« des Willens zur Selbstbestimmung. Der Name für das Schema – nämlich für den *Willen zur Selbstbestimmung möglichst vieler Akteure* (nicht nur Menschen) – sowohl bei Platon wie bei Nietzsche: *Gerechtigkeit.*[26]

ginnenden Unvorstellbarkeit von Problemen der Gesellschaft. Aufsätze, hg. v. R. Bauer, A. L. Hofbauer, B. Ternes, Marburg 2000.

25 Siehe Walter Seitter: »Politik der Wahrheit«, in: *Michel Foucault. Eine Einführung in sein Denken*, hg. von M. S. Kleiner, Frankfurt am Main, New York 2001.

26 Das Geniale der Wahrheit und ihres Beitrages zur Gerechtigkeit liegt darin, daß sie es allen möglichen Realitäten ermöglicht, in Auseinandersetzungen überhaupt vorzukommen –, indem sie durch wahre Aussagen oder gute Darstellungen oder richtige Plazierungen, also durch bestimmte Medienleistungen, adäquat repräsentiert, ja zu ihrem eigenen Sosein aufgerufen und vielleicht zum ersten Mal überhaupt präsentiert werden. Es ist diese Funktion der Wahrheit, welche Francis Ponge, der große Sachliche in der Dichtung des 20. Jahrhunderts, oft beschworen hat und welche Bruno Latour mit seinem »Parlament der Dinge« im Auge hat: Bruno Latour, *Das Parlament der Dinge. Naturpolitik*, Frankfurt am Main 2001. Um zu wahren Aussagen zu gelangen, genügt nicht etwa, wie in der Moderne vielfach angenommen, die Tugend der Wahrhaftigkeit. Foucault hat die antike – in der Antike aber nur marginal hervorgehobene – Tugend der *Parrhesie* namhaft gemacht. Auch andere Tugenden wie die *Sachlichkeit* wären zu nennen. Sachlichkeit ist die Bereitschaft, solche Darstellungen zu produzieren, die den dargestellten Dingen oder Sachverhalten Präsenz ermöglichen. Ponge nannte diese Haltung »Parteiergreifung für die Dinge«. Sachlichkeit und Parteilichkeit müssen sich nicht ausschließen. Siehe auch Walter Seitter, *Physik der Medien. Materialien, Apparate, Präsentierungen*, Weimar 2002.

Thomas Lemke
Räume der Regierung: Kunst und Kritik der Menschenführung

»Die große Obsession des 19. Jahrhunderts ist bekanntlich die Geschichte gewesen (...). Hingegen wäre die aktuelle Epoche eher die Epoche des Raumes. Wir sind in der Epoche des Simultanen, wir sind in der Epoche der Juxtaposition, in der Epoche des Nahen und des Fernen, des Nebeneinander, des Auseinander. Wir sind, glaube ich, in einem Moment, wo sich die Welt weniger als ein großes sich durch die Zeit entwickelndes Leben erfährt, sondern eher als ein Netz, das seine Punkte verknüpft und sein Gewirr durchkreuzt.«[1]

In *Gullivers Reisen* schildert Jonathan Swift, wie es den Protagonisten nach Brobdingnag, dem Land der Riesen, verschlägt. Der Ich-Erzähler wird dort bald zu einem Vertrauten des Königs und berichtet diesem von der Erfindung des Schießpulvers. Er preist dessen ungeheure Zerstörungskraft, die es erlaube, ganze Städte auszulöschen und große Armeen zu vernichten. Gulliver bietet dem König an, ihn in die Geheimnisse des machtvollen Pulvers einzuweihen, damit er »zum unumschränkten Herrn über Leben, Freiheit und Vermögen seiner Untertanen«[2] werde. Die Antwort des Königs fällt anders als erwartet aus. Er ist vom Vorschlag Gullivers geradezu angewidert, verbietet ihm weiter davon zu sprechen und erklärt, »daß er eher sein halbes Königreich verlieren als jenes Geheimnis wissen wolle«.[3]

Gulliver zeigt sich von dieser Reaktion völlig überrascht. Es ist für ihn unverständlich, ja unvernünftig, daß der König etwas zurückweist, was ihn zum absoluten Herrscher über Leben und Tod seiner Untertanen macht. Den fehlenden Willen zur Macht führt er auf ein mangelndes Wissen zurück und beschreibt seinen Eindruck mit folgenden Worten: »(...) dieser Mangel entspringt aus der Unwissenheit jener Menschen, bei denen die Politik noch nicht zur Wis-

1 Michel Foucault, »Andere Räume«, in: *Aisthesis. Wahrnehmung heute oder Perspektiven einer anderen Ästhetik*, hg. v. Karlheinz Barck, Peter Gente, Heidi Paris und Stefan Richter, Leipzig 1991, S. 34-46, hier: S. 34.

2 Jonathan Swift, *Gullivers Reisen*, [1726], München 1999, S. 172.

3 Ebd., S. 170 f.

senschaft ausgebildet wurde, wie es die scharfsinnigeren Männer in Europa getan haben. Ich erinnere mich noch sehr wohl, wie ich einst dem König in einer Unterredung sagte, daß bei uns mehrere tausend Bücher über die Regierungskunst geschrieben worden seien, und wie er daraufhin, ganz gegen meine Absicht, unseren Verstand nur sehr gering einschätzte. Er gestand, daß er alle Geheimniskrämerei, Spitzfindigkeit und Intrige bei einem Fürsten oder Minister verabscheue und verachte. Er könne nicht begreifen, was ich unter Staatsgeheimnissen verstände, wenn nicht ein Feind oder eine feindlich gesinnte Nation dabei im Spiel sei. Er schloß die Kenntnis des Regierens in sehr enge Grenzen ein, in die des gesunden Menschenverstandes, der Vernunft, Gerechtigkeit, Milde, der schnellen Erledigung aller Zivil- und Kriminalprozesse und einiger anderer selbstverständlicher Dinge, über die lange nachzudenken sich nicht lohnt.«[4]

Swifts Kunstgriff besteht darin, uns die vertraute politische und vorgeblich moralisch hochstehende Welt im Spiegel des Königs der Riesen als zugleich monströs und kleingeistig erscheinen zu lassen. Die Macht über Leben und Tod der Untertanen, die Gulliver für ein Gebot der Vernunft hält, ist für den König nichts anderes als das Produkt einer Insektenmoral. Was aber ist jene Kunst der Regierung, welche den Gegenstand von Swifts Kritik bildet? Im folgenden möchte ich dem Verhältnis von Kunst und Kritik, Regierung und Raum genauer nachgehen, um zu zeigen, daß die Kunst der Regierung zugleich Räume der Kritik eröffnet.

I.

Zunächst ist festzuhalten, daß die Kunst der Regierung der Wissenschaft von der Politik nicht entgegensteht; im Gegenteil: Die Regierungskunst tritt in dem Moment auf, in dem die Politik einen eigenständigen Gegenstand bezeichnet, der wissenschaftlich erforscht und praktisch verändert werden kann. Wissenschaft und Kunst sind noch nicht prinzipiell voneinander getrennt, sondern bezeichnen nur unterschiedliche Gegenstände der Reflexion, was Diderot sehr

4 Ebd., S. 172. Den Hinweis auf die Textstelle bei Swift entnehme ich Michel Senellart, *Les arts de gouverner. Du regimen médiéval au concept de gouvernement,* Paris 1995, S. 11-13.

schön in seinem Enzyklopädieartikel zur »Kunst« herausstellt. Diderot schreibt, daß wir es mit Kunst zu tun haben, »wenn der Gegenstand auf eine praktische Ausführung gerichtet ist«, mit Wissenschaft hingegen, »wenn der Gegenstand unter verschiedenen Gesichtspunkten nur betrachtet« wird. In diesem Sinn seien Metaphysik und Theologie Wissenschaften, Moral und Pyrotechnik jedoch Künste.[5]

Kunst meint hier also keinen ausdifferenzierten ästhetischen Raum, der einem eigenen Code gehorcht und dessen Produkte Selbstzweck sind; im Gegenteil: Die Künste bezeichnen ein »System von Regeln oder von Hilfsmitteln & Regeln (...), die auf ein & dasselbe Ziel gerichtet sind«.[6] Bei dem hier verwendeten älteren Kunstbegriff geht es also noch nicht um die Gegenüberstellung von Theorie und Praxis, Spekulation und Anwendung, sondern um ein *know how* oder ein *savoir faire*. Es ist die Idee einer Methodik, die »das *Denken* als ein *Tun* organisiert, also als rationale Organisation einer Produktion und als regulierten Eingriff in die angeeigneten Bereiche«.[7] In diesem Sinn spricht Foucault in seinen späten Arbeiten von einer Kunst der Regierung. Ihm zufolge wird Regierung »als eine Kunst, d. h. als Technik, die bestimmten Regeln entspricht, betrachtet. Diese Regeln gehören nicht einfach zu den Sitten und Traditionen, sondern zum Wissen und zwar zum rationalen Wissen«.[8]

So nahe die Regierungskunst den Wissenschaften steht, so sehr unterscheidet sie sich vom Alltagsverstand, sie ist ein Gebiet für Experten und Spezialisten, für »scharfsinnigere Männer« wie es bei Swift heißt.[9] Die Kunst der Regierung hat etwas »Spitzfindiges«, »Geheimnisvolles«; sie ist weder auf Kunstfertigkeit oder Geschicklichkeit zu reduzieren, noch ist sie ein tradiertes Verfahren, eine etablierte moralisch-politische Praxis, die von einer Generation an die nächste weitergegeben wird. Sie entsteht in dem Moment, in dem Kunst mehr meint als eine Nachbildung oder Annäherung an Na-

5 Denis Diderot, »Kunst« [1751 ff.], in: *Die Welt der Enzyklopedie*, hg. von Anette Selg und Rainer Wieland, Frankfurt am Main 2001, S. 217-220, hier: S. 218.

6 Ebd., S. 217.

7 Michel de Certeau, *Kunst des Handelns*, Berlin 1988, S. 137.

8 Michel Foucault, »Für eine Kritik der politischen Vernunft«, in: *Lettre International*, Nr. 1, 1988, S. 58-66, hier: S. 63.

9 Jonathan Swift, *Gullivers Reisen*, a a.O., S. 172.

tur. Sie praktiziert einen Bruch mit dem mittelalterlich-scholastischen Naturrecht, das eine konzeptionell oder praktisch autonome Kunst der Regierung nicht kennt. Innerhalb dieser politischen Tradition war die Regierung der Menschen vielmehr in ein Kontinuum eingepaßt, das der Lenkung der Natur durch Gott oder der Leitung des Körpers durch die Seele nachgebildet war. Ziel irdischer Regierung war es nicht, die Stärke des Staates zu fördern oder die Individuen zu Wohlstand zu führen, sondern das Seelenheil in einer jenseitigen Welt zu sichern.

In der frühen Neuzeit entwickelt sich langsam die Idee, daß das Verhältnis des Souveräns zu seinen Subjekten nicht die Verlängerung des göttlichen Kontinuums auf Erden ist. Die Regierung stellt bald eine Kunst dar, die sich in signifikanter Weise von traditionellen Formen des Wissens unterscheidet. Es reicht nun nicht mehr aus, daß die Könige Richter, Philosophen oder Geistliche sind, sondern diejenigen, welche die Menschen im Rahmen eines Staates regieren, müssen »Politiker« sein. Die Kunst der Regierung greift auf eine spezifische politische Kompetenz zurück, die sich völlig von einer moralischen, juristischen oder theologischen Autorität unterscheidet. Die Lenkung des Staates kann sich daher nicht mehr auf die Anwendung allgemeiner Prinzipien wie göttliche Weisheit, menschliche Vernunft oder natürliche Gesetze stützen, sondern fußt auf konkretem und meßbarem Wissen. Dieses Wissen bestimmt sich nicht mehr länger durch den Bezug auf transzendente Prinzipien, sondern begründet sich in der Immanenz der Kräfteverhältnisse. Die Kunst der Regierung besitzt kein Vorbild, sondern rekurriert auf empirisch-rationales Wissen, das systematisch gewonnen und praktisch eingesetzt wird.

Die Regierungskunst wird zu einer Technik der Staatsführung. Dabei ist sie auf die Entwicklung eines historisch neuen Komplexes von Analysen und Meßtechniken angewiesen, der ein praktisches Wissen um die Kenntnis des Staates und seiner Stärke, der Elemente, aus denen er sich zusammensetzt, und der Faktoren seines Reichtums organisiert. Staatsraison und Polizeywissenschaft stellen ebenso wie Merkantilismus und Kameralistik in den folgenden Jahrhunderten dieses Wissen bereit. Diese »Künste« sind unverzichtbar für eine gute Regierung des Staates – »gut« meint hier nicht mehr eine moralisch-juridische Einheit, sondern eine physikalisch-strategische Größe: die Stärkung der Kräfte des Staates und das Anwachsen der ihm eigenen Ressourcen in Auseinandersetzung mit konkurrierenden Staaten.[10]

II.

Regierung als Kunst der Staatsführung – in diesem Sinn bezieht sich der Protagonist aus *Gullivers Reisen* auf die Kunst der Regierung. Der Text aus dem beginnenden 18. Jahrhundert markiert jedoch nur den Endpunkt eines historischen Prozesses, in dem Regierung schließlich allein als »politische Regierung« begriffen wird. Die Kunst der Regierung beschränkt sich aber gerade nicht auf das Feld der Politik; vielmehr bildet die Ausdifferenzierung eines eigenständigen Bereichs der Politik mit autonomen Gesetzmäßigkeiten und Praxisformen nicht die Grundlage, sondern ist ein Element und Effekt der Regierungskunst. Die besondere Leistung von Foucault liegt darin, die Kunst der Regierung in einen umfassenderen historischen Kontext zu stellen, ihre Genealogie zu verfolgen, die ihn von den antiken Existenzkünsten über die Konstitution des modernen Staates und der kapitalistischen Ökonomie zur Analyse neoliberaler Regierungskünste führt. Die Rekonstruktion der Problematik der Regierung steht im Mittelpunkt seiner Vorlesungsreihen von 1978 und 1979, bestimmt aber auch seine späteren Arbeiten am Projekt einer »Geschichte der Sexualität«. Das Ergebnis dieser Forschungen zeigt, daß die semantische Konzentration des Begriffs der Regierung auf staatliche Institutionen und politische Praktiken die Folge einer signifikanten Verengung seines Bedeutungsfeldes ist, die historisch relativ spät einsetzt. Bis ins 18. Jahrhundert hinein bezeichnete die politische Regierung nur ein besonderes Feld der Regierungskünste, welche sich allgemeiner auf unterschiedliche Handlungsfelder und Praxisformen erstreckten, die auf die Führung von Menschen zielen. Im Mittelpunkt der Abhandlungen zur Regierungskunst standen nicht nur politische Probleme, sondern auch Fragen der Selbstbeherrschung, die Leitung der Familie, die Erziehung der Kinder, die Lenkung der Seele oder die Steuerung eines Haushalts.[11]

10 Siehe Thomas Lemke, *Eine Kritik der politischen Vernunft. Foucaults Analyse der modernen Gouvernementalität*, Hamburg, Berlin 1997, S. 151-169.

11 Vgl. Michel Foucault, »Das Subjekt und die Macht«, in: *Michel Foucault. Jenseits von Strukturalismus und Hermeneutik*, hg. v. Hubert Dreyfus und Paul Rabinow,

Zwischen dem 15. und dem 18. Jahrhundert kommt es zu einer Fülle von Traktaten zur Regierungskunst, in denen immer wieder drei Felder oder Register der Regierung unterschieden werden. Die Regierungsliteratur der frühen Neuzeit differenziert zwischen der Regierung seiner selbst (Moral), der Regierung der Familie (Ökonomie) und der Regierung des Staates (Politik). Foucault weist darauf hin, »dass sich trotz dieser Typologie die Künste des Regierens stets auf eine wesensmäßige Kontinuität untereinander (...) beziehen und diese auch postulieren«.[12]

Zwischen Moral, Ökonomie und Politik besteht eine innere Verbindung; sie bilden ein neues Kontinuum, welches das alte theologische Modell mit Gott an der Spitze zunehmend untergräbt. Es handelt sich zum einen um eine aufsteigende Kontinuität: Derjenige, der den Staat will regieren können, muß zunächst sich selbst, dann aber auch seinen Haushalt, seine Familie etc. regieren können, um schließlich jene Kompetenz zu erwerben, welche für die Führung der politischen Geschäfte unverzichtbar ist. Die Regierungskunst geht also davon aus, daß die Formen der politischen Regierung eng verbunden sind mit den Prinzipien persönlichen Verhaltens und den Techniken der Selbstformierung. Die Regierungskünste rekurrieren zum anderen aber auch auf eine absteigende Kontinuität: Die Regierung des Staates wirkt über die Lenkung des *oikos* bis in die Lebensführung der Individuen hinein. Die Disziplinierung und Zivilisierung des Individualkörpers in der frühen Neuzeit bildet eine zentrale Voraussetzung für die Etablierung des Kapitalismus und die Konstitution des modernen Nationalstaates. Sie erlaubt es, ökonomisch produktive, militärisch nützliche und politisch gehorsame Körper zu schaffen.

Innerhalb dieser Kontinuität nimmt die Regierung des *oikos* eine Schlüsselstellung ein; sie funktioniert als eine Art Transmissionsriemen zwischen der Mikroebene der Subjekte und der Makroebene des Staates. Foucault zufolge besteht die Regierungskunst in der »Einführung der Ökonomie in die politische Amtsführung«.[13] Diese Integration der Ökonomie in die Politik kennzeichnet zunächst

Frankfurt am Main 1987, S. 243-261, hier: S. 255; ders., *Was ist Kritik?*, Berlin 1992, S. 10 f.

12 Michel Foucault, »Die Gouvernementalität«, in: *Dits et Ecrits, Schriften*, Bd. III, Frankfurt am Main 2003, Nr. 239, S. 796-823, hier: S. 803.

13 Ebd., S. 804.

jene merkantilistischen und kameralistischen Praktiken, welche die Staatsführung nach dem Modell der Hauswirtschaft konzipieren und an der Person des Souveräns ausrichten. Ab dem 18. Jahrhundert konstituiert sich im Rahmen der liberalen Regierungskunst ein konzeptionell und praktisch abgesonderter Raum der Ökonomie, dem schließlich eine eigene Rationalität zukommt. Die Ökonomie trennt sich nun vom traditionellen Kontext des *oikos*, der Hauswirtschaft, und bezeichnet langsam ein eigenes Realitätsniveau mit autonomen Gesetzen, die sich von denen der Politik und der Moral unterscheiden.[14] Erst jetzt läßt sich in einem substantiellen Sinn von einer Kunst der Regierung sprechen. Die Regierungskunst ersetzt eine rechtlich-moralische Begrenzung durch eine politisch-ökonomische Regulation, die keine natürlichen Grenzen mehr kennt. An die Stelle einer Reflexion über die inneren Gesetze der Natur tritt die Analyse der inneren Natur der Regierungspraktiken. Die Kunst der Regierung funktioniert nun nach eigenen, von ihr selbst geschaffenen Prinzipien, die einer nationalstaatlich organisierten und kapitalistisch verfaßten Gesellschaft immanent sind, sie stützt sich auf eine »zweite Natur«: die Natur der Gesellschaft.[15]

14 Foucault zufolge markiert die physiokratische Kritik am Merkantilismus eine historische Zäsur innerhalb der Regierungskunst: »Für Quesnay ist eine gute Regierung eine ›ökonomische Regierung‹; bei Quesnay taucht erstmals diese Vorstellung von einer ökonomischen Regierung auf, die im Grunde eine Tautologie ist – denn die Kunst des Regierens ist gerade die Kunst, die Macht in der Form und nach dem Vorbild der Ökonomie auszuüben. Doch wenn Quesnay von einer ›ökonomischen Regierung‹ spricht, dann ist (...) das Wort ›Ökonomie‹ bereits auf dem Weg, seine moderne Bedeutung anzunehmen, und genau in diesem Moment wird erkennbar, dass das eigentliche Wesen dieser Regierung, d. h. der Kunst, die Macht in der Form der Ökonomie auszuüben, das zum Hauptgegenstand haben wird, was wir heute Ökonomie nennen.« (Foucault, »Die Gouvernementalität«, a.a.O, S. 805).

15 Vgl. Thomas Lemke, *Eine Kritik der politischen Vernunft*, a.a.O., S. 169-194; Denis Meuret, »Eine politische Genealogie der Politischen Ökonomie«, in: *Zur Genealogie der Regulation: Anschlüsse an Michel Foucault*, hg. v. Richard Schwarz, Mainz 1994, S. 13-53; Michel Senellart, »La Critique de la raison gouvernementale«, in: *Foucault au Collège de France: Un Itinéraire*, hg. v. Guillaume le Blanc und Jean Terrel, Pessac 2003, S. 131-147.

III.

Foucault weist darauf hin, daß die Kunst der Regierung noch einen zweiten wichtigen Aspekt besitzt. Neben das Postulat einer Kontinuität zwischen Moral, Ökonomie und Politik tritt noch eine weitere Bestimmung von Regierung, die sich in einem frühneuzeitlichen Traktat über die Regierungskunst von Guillaume de La Perrière findet: »Regieren ist das richtige Verfügen über die Dinge, derer man sich annimmt, um sie dem angemessenen Zweck zuzuführen«.[16] Die Definition von La Perrière macht klar, daß die Kunst der Regierung nicht in einer direkten Leitung von Menschen besteht, sondern diese indirekt führt: über die Konstitution einer »Ordnung der Dinge«, von der die Menschen ein Teil sind. Drei Dimensionen dieser Ordnungspraxis sind zu unterscheiden: erstens eine epistemische Ein-Ordnung als Sortierung, Identifizierung und Kategorisierung, als ein Wissen von den zu ordnenden Dingen; zweitens eine strategische An-Ordnung im Sinn von Gestaltung, Arrangement und Disposition; drittens eine normative Ver-Ordnung als Bestimmung der legitimen und illegitimen Verbindungen, der richtigen und falschen Grenzen zwischen den Dingen. Möglicherweise umfaßt der Begriff des Dispositivs bei Foucault die Einheit dieser drei Ordnungs-Dimensionen;[17] ich möchte hier jedoch die Aufmerksamkeit auf einen anderen Punkt lenken und im folgenden zeigen, daß die Ordnung der Dinge ihre Ver-Ortung voraussetzt.

In seinen Vorlesungen zur Regierungskunst setzt Foucault die Macht der Souveränität in Kontrast zur Kunst der Regierung. Anders als jene, die »nicht über die Dinge, sondern zunächst über ein Territorium und infolgedessen über die es bewohnenden Subjekte ausgeübt«[18] wird, bezieht sich die Macht der Regierung »eben nicht auf das Territorium (...), sondern auf eine Art Komplex, gebildet aus den Menschen und den Dingen. Das heißt, dass diese Dinge, für

16 Foucault, »Die Gouvernementalität«, a.a.O, S. 808. Es handelt sich um die Abhandlung *Le Miroir politique, contenant diverses manières de gouverner et policer les républiques* (Paris 1555).

17 Vgl. Michel Foucault, *Dispositive der Macht*, Berlin 1978, S. 119-125; Gilles Deleuze, »Was ist ein Dispositiv?«, in: *Spiele der Wahrheit. Michel Foucaults Denken*, hg. v. François Ewald und Bernhard Waldenfels, Frankfurt am Main 1991, S. 153-171.

18 Foucault, »Die Gouvernementalität«, a.a.O, S. 806.

welche die Regierung die Verantwortung übernehmen muss, die Menschen sind, aber die Menschen in ihren Beziehungen, ihren Verbindungen und ihren Verwicklungen mit jenen Dingen«.[19] Regiert wird Foucault zufolge also nicht der Raum, sondern die Beziehungen der Menschen zu den Dingen. Darunter versteht Foucault die ökonomischen Ressourcen ebenso wie die ideologischen Formen, die moralischen Sitten, aber auch die religiösen Gebräuche.[20] Bemerkenswert an dieser Konzeption ist zunächst, daß Menschen *als* Dinge regiert werden. Während das Ziel mittelalterlicher Regierungsformen darin bestand, Menschen-Seelen zum Heil zu führen, werden hier Menschen-Dinge regiert: die Bevölkerung als ganze oder einzelne Segmente – Frauen, Kinder oder Arme; regiert werden aber auch Waren oder Reichtümer, Boden und Verkehrswege in Beziehung zur Bevölkerung. Foucaults Anregungen folgend, können wir feststellen, daß die Regierungskunst weder von einer Interaktion zwischen zwei bereits bestehenden Einheiten – hier die Menschen, dort die Dinge – noch von Subjekten und Objekten ausgeht; vielmehr ist die Qualifikation »Mensch« bzw. »Ding« und die moralisch-politische Unterscheidung zwischen ihnen selbst ein Instrument und Effekt der Regierungskunst und liegt dieser nicht voraus. Innerhalb der Regierungskunst wird die Grenze zwischen einer sozial relevanten und politisch anerkannten menschlichen Existenz und jenen »homines sacri«[21] gezogen, die keinen rechtlich-moralischen Schutz genießen und auf den Status von Dingen zurückgeworfen sind, mag es sich dabei um mittelalterliche Vogelfreie, die Insassen von Konzentrationslagern oder embryonale Stammzellen handeln.

Diese Konzeption von Regierung als Steuerung von Beziehungen zwischen Menschen und Dingen präzisiert Foucault in einem späteren Interview. Die Regierungskunst deckt »nicht bloß eingesetzte und legitime Formen der politischen oder wirtschaftlichen Unterwerfung ab, sondern auch mehr oder weniger bedachte und

19 Ebd., S. 806. Vgl. die Nähe dieser Position zu den Prämissen der actor network theory (Bruno Latour, »On actor-network theory. A few clarifications«, in: *Soziale Welt*, 47. Jg., 1996, S. 369-381; *Actor Network Theory and After*, hg. v. John Law und John Hassard, Oxford 1999).

20 Vgl. Foucault, »Die Gouvernementalität«, a.a.O, S. 806 f.

21 Giorgio Agamben, *Homo Sacer. Die souveräne Macht und das nackte Leben*, Frankfurt am Main 2002.

berechnete Handlungsweisen, die dazu bestimmt waren, auf die Handlungsmöglichkeiten anderer Individuen einzuwirken. Regieren heißt in diesem Sinne, das Feld eventuellen Handelns der anderen zu strukturieren.«[22] Die Kunst der Regierung besteht in der »Führung der Führungen«,[23] in der Leitung der Subjekte durch ein »Feld eventuellen Handelns«, d.h. durch ein Terrain, das von ihr künstlich geschaffen wurde. Immer wieder taucht in den Abhandlungen über die Regierungskünste die Metapher des Schiffes auf, wobei die Regierung mit der Führung eines Schiffs verglichen wird. Das Schiff dient Foucault als ein politisches Sinnbild, das die Eigenart der Regierungskunst herausstellen soll. Es führt den Boden, auf dem Menschen und Dinge angeordnet sind, mit sich – ohne ihn anzueignen oder zu besitzen: »ein schaukelndes Stück Raum (...), ein Ort ohne Ort, der aus sich selber lebt, der in sich geschlossen ist und gleichzeitig dem Unendlichen des Meeres ausgeliefert ist«.[24]

Die Kunst der Regierung besteht also in einer mehr oder weniger systematisierten und kalkulierten Form der Machtausübung, welche nicht direkt auf die handelnden individuellen oder kollektiven Akteure einwirkt oder deren Handlungsoptionen unmittelbar einschränkt. Im Gegenteil: Die Kunst der Regierung zielt eher auf eine indirekte und reflexive Bestimmung der Handlungen, sie »operiert auf dem Möglichkeitsfeld (...): sie stachelt an, gibt ein, lenkt ab, erleichtert oder erschwert, erweitert oder begrenzt (...); aber stets handelt es sich um eine Weise des Einwirkens auf ein oder mehrere handelnde Subjekte, und das, sofern sie handeln oder zum Handeln fähig sind. Ein Handeln auf Handlungen«.[25] Regiert wird also die Art und Weise, in der die Akteure ihr Verhalten »regieren«. Das »richtige Verfügen über die Dinge, (...), um sie einem angemessenen Zweck zuzuführen«, von dem de La Perrière spricht, erfordert eine Kunst des Ver-Führens; das Zuführen setzt ein Anführen voraus. Die Macht der Regierung ähnelt in dieser Hinsicht dem, was Gramsci als Eigenschaft »historisch organischer Ideologien« be-

22 Foucault, »Das Subjekt und die Macht«, a.a.O., S. 255.

23 Ebd.

24 Foucault, »Andere Räume«, a.a.O., S. 46.

25 Foucault, »Das Subjekt und die Macht«, a.a.O., S. 255. Vgl. Michael Makropoulos, »Möglichkeitsbändigungen. Disziplin und Versicherung als Konzepte zur sozialen Steuerung von Kontingenz«, in: *Soziale Welt*, 41. Jg., 1991, S. 407-423.

zeichnet hat: die »Menschen organisieren, das Terrain bilden, auf dem sich Menschen bewegen«.[26]

Die Kunst der Regierung operiert über ein Arrangement heterogener Elemente, eine effektive Relationierung von Wissens-, Macht- und Subjektivitätsgefügen. Bevor ein Raum »in Besitz genommen« bzw. »kolonisiert« wird, muß er zunächst gewußt werden, jeder »Zu-Griff« oder »Ein-Griff« erfordert einen »Be-Griff«. Machträume sind daher zugleich »Räume des Wissens«[27] und an epistemische und technologische Existenzbedingungen gekoppelt, was sich sehr gut anhand des virtuellen Raums des Internet oder des mikrobiologischen Raums des Genoms zeigen läßt. Dieses »Macht-Wissen« (Foucault) ist nicht zu trennen von Subjektivierungsformen, der Schaffung von Innen-Räumen, die mehr sind als die Inkorporierung äußerer Zwänge oder die Bewahrung einer mehr oder weniger großen Distanz zu ihnen. Vielmehr werden Individuen als Subjekte konstituiert, indem sie die Räume der Regierung passieren oder sich darin positionieren.[28] Im Mittelpunkt der Kunst der Menschenführung stehen also nicht Individuen, sondern situative Kontexte, wahrscheinliche Handlungen und Gelegenheitsstrukturen. Die Kontrollstrategien zielen nicht auf den Menschen an sich, sondern

26 Antonio Gramsci, *Gefängnishefte,* Band 4, Hamburg, Berlin 1994, S. 876. Werner Sombarts Definition der Organisation deckt sich fast völlig mit der von Foucault zitierten Bestimmung der Regierungskunst: »Organisieren heißt: viele Menschen zu einem glücklichen, erfolgreichen Schaffen zusammenzufügen; heißt Menschen und Dinge so disponieren, daß die gewünschte Auswirkung uneingeschränkt zutage tritt« (Werner Sombart, *Der Bourgeois,* München u. a. 1923, S. 71). Hier ist nicht der Ort, die theoretischen Parallelen zwischen Foucaults Begriff der Regierung und der kritischen Organisationssoziologie herauszuarbeiten. Eine mögliche Vergleichsperspektive habe ich an anderer Stelle skizziert (Thomas Lemke, »The Critique of the Political Economy of Organization as a Genealogy of Power«, in: *International Journal of Political Economy,* 29. Jg, No. 3, S. 53-75; siehe auch Klaus Türk/Thomas Lemke/Michael Bruch, *Organisation in der modernen Gesellschaft. Eine historische Einführung,* Wiesbaden 2002; *Menschenregierungskünste. Anwendungen poststrukturalistischer Analyse auf Management und Organisation,* hg. von Richard Weiskopf, Wiesbaden: 2003.)

27 Hans Jörg Rheinberger, »Von der Zelle zum Gen. Repräsentationen der Molekularbiologie«, in: *Räume des Wissens. Repräsentation, Codierung, Spur,* hg. v. Hans-Jörg Rheinberger, Michael Hagner und Bettina Wahrig-Schmidt, Berlin 1997, S. 265-279.

28 Vgl. Patricia Ewick, »The Subject is Alcohol«, in: *Economy & Society,* 29 Jg., 2000, S. 308-315.

auf die Veränderung und Steuerung von Situationen, in denen Menschen handeln, um auf diese Weise das »gewünschte« Verhalten zu fördern.[29]

Wenn hier von Räumen die Rede ist, so handelt es sich dabei nicht um unsere alltagsweltliche Vorstellung eines »natürlichen«, das heißt immer schon vorhandenen geographischen oder physischen Raums, der eingenommen oder durchquert wird. Der Raum der Regierung ist weder eine »Bühne«, auf der ein bestimmtes Stück aufgeführt, noch ein »Behälter«, der angefüllt wird, sondern ein Problem-Raum, der sich durch eine spezifische Verschränkung von Wissens-, Macht- und Subjektverhältnissen auszeichnet.[30] Diese »problematisierende«[31] Dimension der Regierungskunst werde ich anhand von mehreren, scheinbar sehr weit auseinanderliegenden Beispielen erläutern.

Die Globalisierung der Märkte und das Auftauchen neuer Informations- und Kommunikationstechniken markieren eine wichtige Transformation bestehender ökonomischer Raumdispositive.[32] Ein

29 Clifford Shearing, »Gewalt und die neue Kunst des Regierens und Herrschens«. in: *Kölner Zeitschrift für Soziologie und Sozialpsychologie,* Sonderheft 37, 1997, S. 263-278; Susanne Krasmann, »Regieren über Freiheit. Zur Analyse der Kontrollgesellschaft in foucaultscher Perspektive«, in: *Kriminologisches Journal,* 31. Jg., 1999, S. 107-121; Pablo de Marinis, *Überwachen und Ausschließen. Machtinterventionen in urbanen Räumen der Kontrollgesellschaft,* Pfaffenweiler 2000.

30 »Der Raum, in dem wir leben, durch den wir aus uns herausgezogen werden, in dem sich die Erosion unseres Lebens, unserer Zeit und unserer Geschichte abspielt, dieser Raum, der uns zernagt und auswäscht, ist selber auch ein heterogener Raum. Anders gesagt: wir leben nicht in einer Leere, innerhalb derer man Individuen und Dinge einfach situieren kann. (...) wir leben innerhalb einer Gemengelage von Beziehungen, die Plazierungen definieren, die nicht aufeinander zurückzuführen und nicht miteinander zu vereinen sind« (Foucault, »Andere Räume«, a.a.O., S. 38). Zum Verhältnis von Raum und Macht s. a. Michel Foucault, »Space, Knowledge and Power«, in: *The Foucault Reader*, hg. v. Paul Rabinow, London, New York 1984, S. 239-256.

31 »Problematisierung bedeutet nicht die Repräsentation eines präexistenten Objekts und auch nicht die diskursive Erschaffung eines nichtexistierenden Objekts. Es ist das Ensemble diskursiver und nichtdiskursiver Praktiken, das etwas ins Spiel des Wahren und Falschen eintreten läßt und es als Gegenstand für das Denken konstituiert (sei es in Form moralischer Reflexion, wissenschaftlicher Erkenntnis, politischer Analyse etc.)« (Michel Foucault, »Geschichte der Sexualität«, in: *Ästhetik und Kommunikation*, Nr. 57/58, 1985, S. 157-164, hier: S. 156; Thomas Lemke, *Eine Kritik der politischen Vernunft*, a.a.O., S. 339-343).

32 Siehe Walther Jahn/Stephan Lanz/Klaus Ronneberger, »Macht und Raum. Zu

»Raum der Ströme«,[33] welcher die Gleichzeitigkeit sozialer Praktiken ohne geographische Nähe erlaubt, tritt neben die traditionelle Raumordnung, in der Bedeutung, Funktion und Örtlichkeit eng verwoben waren. Ermöglicht wird so eine tendenzielle Aufhebung der Trennung von Arbeit, Wohnen und Freizeit ebenso wie eine Aufweichung von öffentlichen und privaten Milieus. Es entstehen damit auch neue Formen von Identität und Individualität: In den transformierten ökonomischen Räumen leben »flexible Menschen«[34] und hybride Subjekte wie »Ich-AGs« und »Arbeitskraftunternehmer«.[35]

Ein anderes Beispiel ist die »Regierung der Schwangerschaft«[36] auf der Grundlage von Visualisierungs- und Diagnosetechniken. Seit Ultraschall, Fruchtwasseruntersuchungen und genetische Tests zur allgemeinen Schwangerenvorsorge gehören, ist der Frauenleib zu einem »öffentlichen Ort«[37] geworden. Das pränatale Wissen ermöglicht die »Entdeckung« eines neuen Raums und Interventionen in diesen Raum. Damit verändert sich nicht nur das Verhältnis zwischen der schwangeren Frau und dem behandelnden Arzt; es entsteht tendenziell auch ein neues Subjekt: Aus der sogenannten »Leibesfrucht« der Schwangeren wird über die pränatale Visualisierung und Diagnostik eine »Person« mit einem Recht auf Leben und körperliche Unversehrtheit. Diese Rechte des Fötus können im Konfliktfall gegen die Selbstbestimmungsrechte der Frau abgewogen und das Verhalten der Schwangeren unter Umständen moralisch mißbilligt und/oder rechtlich sanktioniert werden. Bei Alkoholmißbrauch oder Drogensucht etwa dürfen staatliche Instanzen die Rechte des ungeborenen Lebens gegen den »unverantwortlichen« Lebensstil der Mutter geltend machen.[38]

postfordistischen Territorial- und Kontrollstrategien«, in: *Widersprüche*, 17. Jg., 1997, S. 129-150.

33 Manuel Castells, »Bausteine einer Theorie der Netzwerkgesellschaft«, in: *Berliner Journal für Soziologie*, 11. Jg, 2001, S. 423-439, hier: S. 430.

34 Richard Sennett, *Der flexible Mensch. Die Kultur des neuen Kapitalismus*, Berlin 1998.

35 Günter Voß/Hans J. Pongratz, »Der Arbeitskraftunternehmer. Eine neue Grundform der Ware Arbeitskraft?« in: *Kölner Zeitschrift für Soziologie und Sozialpsychologie*, 50. Jg., 1998, S. 131-158.

36 Lorna Weir, »Recent developments in the government of pregnancy«, in: *Economy & Society*, 25 Jg., 1996, S. 372-392.

37 Barbara Duden, *Der Frauenleib als öffentlicher Ort*, Hamburg, Zürich 1991.

38 Vgl. Lorna Weir, »Recent developments in the government of pregnancy«, a.a.O.;

Eine ähnliche Entwicklung läßt sich auch mit Blick auf die Sequenzierung und Kartographierung des menschlichen Genoms feststellen. Genomanalyse und genetische Diagnostik ermöglichen nicht nur eine neue Repräsentation des menschlichen Körpers, sie beanspruchen darüber hinaus, die materialen Grundlagen für Verhaltensauffälligkeiten und Charaktereigenschaften sichtbar zu machen. Damit wird ein neuer sowohl medizinisch wie sozial relevanter Bereich für Präventions- und Kontrollstrategien eröffnet. Es etabliert sich ein genetisches Wissen vom menschlichen Körper, von Gesundheit und Krankheit, Normalität und Devianz, das die Menschen zu einem »vernünftigen« Umgang mit ihrem angeborenen Risikopotential anhält. Genetische Risiken und Dispositionen werden zum Gegenstand von Handlungsoptionen und Entscheidungszumutungen; sie sind weniger passiv hinzunehmen, sondern sollen über die Einwirkungen auf Lebensstil, Gesundheitsverhalten, Ernährungsgewohnheiten etc. aktiv gesteuert werden.[39]

IV.

Diese Territorialisierungsbewegung der Regierungskünste – die Konstitution von Räumen und ihre Inbesitznahme durch die Kartographierung von Handlungspfaden – ist jedoch immer von Deterritorialisierungen begleitet, welche das vorgefundene Territorium umgestalten und neu erschaffen.[40] Sie öffnen die Räume der Regie-

Mariana Valverde, *Diseases of the Will. Alcohol and the Dilemmas of Freedom*, Cambridge 1998; Patricia Ewick, »The Subject is Alcohol«, a.a.O.

39 Vgl. Nikolas Rose, »The Biology of Culpability: Pathological Identity and Crime Control in a Biological Culture«, in: *Theoretical Biology*, Bd. 4, 2000, S. 5-34; Thomas Lemke, »Mutationen des Gendiskurses. Der genetische Determinismus nach dem Humangenomprojekt«, in: *Leviathan*, 30. Jg., 2002, S. 400-425.

40 Die Begriffe Territorialisierung bzw. Deterritorialisierung stammen von Gilles Deleuze und Félix Guattari: »Der Begriff des Territoriums wird hier in einem sehr weiten Sinne verstanden, der den Gebrauch überschreitet, den Ethologie oder Ethnologie von ihm machen. Das Territorium ist das Synonym von Inbesitznahme, einer in sich geschlossenen Subjektivierung. Das Territorium kann sich deterritorialisieren, das heißt sich öffnen, sich auf Fluchtlinien begeben, also sich verflüchtigen, oder sich zerstören« (Félix Guattari, »Über Maschinen und Menschen (Ein Interview mit Félix Guattari von Olivier Zahm)«, in: *Texte zur Kunst*, 2. Jg., 1992, S. 81-96, hier: S. 96; Gilles Deleuze/Félix Guattari, *Tausend Plateaus. Kapitalismus und Schizophrenie II*, Berlin 1992, S. 703-706).

rung für neue Areale, wobei sie sich weder an eingerichteten Wegen orientieren noch vorgegebenen Zielen folgen. Der Boden, auf welchem dieser Kampf zwischen Inbesitznahme und Öffnung stattfindet, ist keine feste Grundlage oder ein fixer Bezugspunkt, sondern eine bewegliche Materie. Foucault zufolge ist die Verallgemeinerung und Ausbreitung der Regierungskünste seit dem 16. Jahrhundert nicht von einer parallelen Bewegung zu trennen, die zugleich ihre Begrenzung und die Bedingung ihrer Entfaltung ist:

»Als Gegenstück zu den Regierungskünsten, gleichzeitig als ihre Partnerin und ihre Widersacherin, als Weise ihnen zu mißtrauen, sie abzulehnen, sie zu begrenzen und sie auf ihr Maß zurückzuführen, sie zu transformieren, ihnen zu entwischen oder sie immerhin zu verschieben zu suchen, als Posten zu ihrer Hinhaltung und doch auch als Linie der Entfaltung der Regierungskünste ist damals in Europa eine Kulturform entstanden, eine moralische und politische Haltung, eine Denkungsart, welche ich nenne: die Kunst, nicht dermaßen regiert zu werden bzw. die Kunst, nicht auf diese Weise und um diesen Preis regiert zu werden. Als erste Definition der Kritik schlage ich also die allgemeine Charakterisierung vor: die Kunst, nicht dermaßen regiert zu werden.«[41]

Wie Regierung ist auch Kritik eine Kunst. Weder folgt sie notwendig aus sozialen Bedingungen, noch gibt sie einen normativen Maßstab des praktischen Handelns vor. Sie ist die Kunst der »freiwilligen Unknechtschaft«.[42] Auch Kritik stellt eine Praxis dar, die erst den Boden schafft, auf dem sie wurzelt und wächst. Die Kunst der Kritik ist nicht eine einfache Entgegensetzung und frontale Reaktion auf die Intensivierung der Regierungspraktiken, sie funktioniert vielmehr Seite an Seite mit ihnen. Die Regierungskünste sind also nicht kritikresistent, im Gegenteil: Sie integrieren oder »konsumieren« Kritik. Die Geschichte der Regierungskünste ist nicht zu trennen von der Geschichte ihrer Kritik. Die »Kunst, nicht dermaßen regiert zu werden« war immer ein Motor zur Veränderung der Regierungskünste, die Kritik der Macht Teil ihrer Modernisierung. Daraus folgt jedoch keine Depotenzierung der Kritik, sondern im Gegenteil der Nachweis ihrer Wirksamkeit.[43]

41 Foucault, *Was ist Kritik?*, a.a.O., S. 12.

42 Ebd., S. 15.

43 Vgl. Judith Butler, »Was ist Kritik? Ein Essay über Foucaults Tugend«, in: *Deutsche Zeitschrift für Philosophie*, 50. Jg., 2002, S. 249-265.

Die »Integration« der Kritik und ihre Rolle für die Dynamisierung der Regierungskünste läßt sich sehr gut am Beispiel dessen aufzeigen, was die Soziologen Luc Boltanski und Eve Chiapello die »künstlerische Kritik« genannt haben. Boltanski und Chiapello unterscheiden in ihrer neuesten Arbeit (1999) zwei Formen der Kapitalismuskritik seit dem 19. Jahrhundert. Die erste bezeichnen sie als »Sozialkritik«, in deren Zentrum Ausbeutung, Armut und Ungleichheit stehen, die vom Kapitalismus produziert werden. Historisch stützte sich diese Form der Kritik vor allem auf die Arbeiterbewegung. Der zweite Kritiktyp fand sich zunächst in kleineren Künstler- und Intellektuellenkreisen. Diese »künstlerische Kritik« (*critique artistique*) beklagt die Uniformität einer Massengesellschaft, fehlende individuelle Autonomie und den Verlust authentischer sozialer Beziehungen.

Boltanski und Chiapello zeigen anhand der Untersuchung von Management-Diskursen von den 1960er Jahren bis in die 1990er Jahre, daß ein Teil der Veränderungen des Kapitalismus in dieser Zeit auf eine spezielle Aneignung und strategische Umformulierung der »künstlerischen Kritik« zurückgeht. Sie sprechen in Anlehnung an Max Webers berühmte Studie von einem »Neuen Geist des Kapitalismus«. Die fundamentale »Krise der Regierbarkeit«[44] nach dem Mai 1968 endete damit, daß Aspekte der künstlerischen Kritik aufgegriffen und zu einer Flexibilisierung und Deregulierung des kapitalistischen Regimes eingesetzt wurden. Die Forderungen nach Autonomie und Selbstverwirklichung sind in die neuen Unternehmensstrategien integriert und individuelle Leistungsanreize, »gleitende« Arbeitszeiten sowie Formen von Teamarbeit eingeführt worden. Die Flexibilisierung der Produktion und die Transformation des Disziplinarregimes reagierten auf die Kritik an Massenproduktion, Uniformierung und Standardisierung. Sie ermöglichten es, die hohen Kosten der Überwachung zu vermeiden, indem sie das Personal in den produktiven Prozeß und dessen Steuerung einbanden. An die Stelle der Fremd- trat die Selbstkontrolle, und traditionelle Autoritätskonzepte wichen partizipativen Managementtechniken, die den »humanen Faktor« als betriebswirtschaftliche Ressource erschlossen. Die gesellschaftstranszendierenden Themen wurden da-

44 Luc Boltanski/Eve Chiapello, »Die Rolle der Kritik in der Dynamik des Kapitalismus und der normative Wandel«, in: *Berliner Journal für Soziologie*, 11. Jg., 2001, S. 459-477, hier: S. 469.

bei ihres ursprünglichen Kontextes entkleidet, so daß die Kritik an Hierarchie und Überwachung von der prinzipiellen Kapitalismuskritik abgekoppelt werden konnte.[45]

In ähnlicher Weise hat Ulrich Bröckling anhand von (Selbst-) Management-Ratgebern gezeigt, wie diese Elemente feministischer und linker Bewegungen aufnehmen, um sie zur Modellierung eines »unternehmerischen Selbst« einzusetzen. Einzelne Motive der Kritik an repressiven, patriarchalen, autoritären und bürokratischen Tendenzen von Wohlfahrtsstaat und Versicherungsgesellschaft werden dabei zu einer Effektivierung und Optimierung betrieblicher Prozesse genutzt und eine Harmonie zwischen Selbstverwirklichung und Selbstverwertung postuliert: »Was vor nicht langer Zeit noch als Remedium gegen Entfremdung, Ausbeutung oder Unterdrückung in Anschlag gebracht wurde, nutzen diese Gebrauchsanweisungen zur erfolgreichen Vermarktung der eigenen Person inzwischen als sozialtechnologisch zu erschließende Ressource. Sie postulieren Autonomie statt Reglementierung, Empowerment statt Kontrolle und übersetzen die Parole vom Recht auf Differenz in den Distinktionszwang des ›Brand yourself‹ (...). Die Grenzen zwischen Kritik und Affirmation verschwimmen, wenn Nonkonformismus zur Norm wird und jeder Einspruch als kybernetische Rückkopplung eingebaut wird, die Anpassungsbedarf signalisiert und ein flexibles Aussteuern ermöglicht. Spätestens seit Management-Gurus ›kreatives Chaos‹, ein ›Liberation Management‹ jenseits der Hierarchien und die ›permanente Revolution‹ betrieblicher Strategien und Strukturen propagieren (...), ist die Subversion der Ordnung Teil ihrer Optimierung«.[46]

Die selektive Aufnahme kritischer Motive für eine Transformation der Regierungskünste bedeutet nun keineswegs eine Entwertung der Kritik, sondern sie ist in dem Maße unvermeidlich, in dem die Regierungstechniken Bestandteil sozialer Kämpfe und politischer

45 Vgl. Luc Boltanski/Eve Chiapello, *Le nouvel esprit du capitalisme*, Paris 1999, S. 148-153; Boltanski/Chiapello, »Die Rolle der Kritik in der Dynamik des Kapitalismus und der normative Wandel«, a.a.O.; Jörg Potthast, »Der Kapitalismus ist kritisierbar. Le nouvel esprit du capitalisme und das Forschungsprogramm der ›Soziologie der Kritik‹«, in: *Berliner Journal für Soziologie*, 11. Jg., 2001, S. 551-562.

46 Ulrich Bröckling, »Das unternehmerische Selbst und seine Geschlechter. Gender-Konstruktionen in Erfolgsratgebern«, in: *Leviathan*, 30. Jg., 2002, S. 175-194, hier: S. 176.

Auseinandersetzungen sind. Regierung ist immer auch eine Kunst der Kriegsführung: ein Wissen um die Stärken und Schwächen des Gegners und der Einsatz von Strategien und Taktiken. Foucault hat an einer Stelle für das Verhältnis von Macht und Machtkritik den Vergleich mit einem Kampfsport gebraucht: »Wie beim Judo ist die beste Erwiderung auf ein gegnerisches Manöver nicht das Zurückweichen, sondern seine Ausnutzung für sich selbst als Ausgangspunkt für die nächste Phase«.[47] Die Voraussetzungen des Widerstands sind also nicht außerhalb, sondern nur im Inneren der jeweils gegebenen Regierungskünste zu finden, in der beweglichen Materialität der sozialen Verhältnisse. So greifen neuere Formen kollektiver Kritik wie etwa die Antiglobalisierungsbewegung auf Netzwerkstrukturen, Kommunikationspraktiken und Projektmanagement zurück – also auf ebenjene organisationalen und technologischen Innovationen, die heute vornehmlich von transnational operierenden Unternehmen entwickelt und eingesetzt werden.

Kommen wir zum Schluß noch einmal auf die Charakterisierung von Regierung als Strukturierung von »Möglichkeitsfeldern« zurück, von der oben die Rede war. Wenn die Kunst der Regierung auf die Strukturierung von Möglichkeitsfeldern zielt, dann ist Kritik die Kartographie des Nicht-Möglichen: Sie ist nicht die Macht des Möglichen, sondern ein Vermögen, das Transformationen und Umstrukturierungen in Hinblick auf andere, künftige Praktiken ermöglicht.[48] Vielleicht ist das, was Jacques Derrida als das Un-Mögliche bezeichnet, etwas, das dieser Ein- und Zurichtung von Möglichkeitsräumen widerstrebt, das auf etwas anderes zielt, nicht auf eine U-topie, auf ein Nirgendwo also, sondern auf Hetero-topien – »andere Räume«,[49] die in den aktuellen Auseinandersetzungen zu verorten sind:

»Das Un-Mögliche (*l'im-possible*), von dem ich häufig rede, ist nicht das Utopische. Im Gegenteil. Das Un-Mögliche gibt dem

47 Michel Foucault, *Mikrophysik der Macht. Über Strafjustiz, Psychiatrie und Medizin*, Berlin 1976, S. 124.

48 Michael Hardt und Antonio Negri verwenden das lateinische Verb *posse*, um die innere Verbindung von Wissen und Sein und die schöpferische Kraft der Menge zu bezeichnen: »*Posse* bezieht sich auf die Macht der Menge und ihr Telos, es verkörpert die Macht des Wissens und des Seins, die stets offen gegenüber dem Möglichen ist« (Michael Hardt/Antonio Negri, *Empire. Die neue Weltordnung*, Frankfurt am Main 2002, S. 414; Hervorheb. im Orig.).

49 Foucault, »Andere Räume«, a.a.O.

Wunsch, der Handlung und der Entscheidung die Bewegung. Das Un-Mögliche ist die Figur des Wirklichen selbst. Es hat deren Härte, Nähe und Dringlichkeit. (...) Dieses Un-Mögliche ist nichts Negatives, es ist eine Bejahung. Diese Bejahung erlaubt uns, auf kritische Weise den Pseudohandlungen, den Pseudoentscheidungen und den Pseudoverantwortlichkeiten Widerstand zu leisten. Wenn man sich mit dem Möglichen begnügen würde, würde man Regeln anwenden oder Programme ausführen, würde man vorhersehbare Kausalitäten vorgeben, würde sich ›pragmatisch‹ an das anpassen, was scheinbar bereits im Gang wäre, und man würde infolgedessen in der Politik wie anderswo weder etwas tun noch etwas entscheiden. Es würde niemals wirkliche Verantwortung übernommen. Vielleicht werden Sie mir sagen, das sei genau das, was längst passiere. Vielleicht ist das so. Aber um dieses selbst zu denken, muß der Bezug zwischen dem Möglichen und dem Unmöglichen, also dem Un-Möglichen, anders gedacht werden.«[50]

Foucaults Genealogie der Regierung ist ein wichtiger Schritt in diese Richtung. Sie zeigt uns, daß es möglich ist, »Politik anders als ›politisch‹ zu machen«.[51] Man sagt, Politik sei die Kunst des Möglichen. Vielleicht ist das richtig. Aber möglicherweise läßt sich eine neue Politik erfinden oder vielmehr das Politische neu erfinden: als die Kunst des Unmöglichen.[52]

50 Jacques Derrida, »Ich mißtraue der Utopie, ich will das Unmögliche«, in: *Die Zeit*, 5. März 1998, S. 47-49, S. 48 f.

51 Michel Foucault, *Dispositive der Macht*, Berlin 1978, S. 194.

52 Ulrich Bröckling hat mich auf folgende Textstelle in einem Buch von Peter L. Berger und Richard John Neuhaus aufmerksam gemacht: »We need not resign ourselves to the often cynically invoked axiom that ›politics is the art of the possible.‹ In fact politics is the art of discovering *what* is possible« (Peter L. Berger/Richard John Neuhaus, *To Empower People. The Role of Mediating Structures in Public Policy*, Washington/D.C. 1977, S. 43).

Wilhelm Schmid

Aus dem Leben ein Kunstwerk machen

*Versuch über Kunst und Lebenskunst, ausgehend von Foucault**

Lebenskunst: Ein alter Begriff zieht neues Interesse auf sich, individuell und gesellschaftlich, in der Philosophie und in den Künsten. Diese Entwicklung geht auf Foucault zurück, der bemerkte, »daß Kunst in unserer Gesellschaft zu etwas geworden ist, das nur Gegenstände, nicht aber Individuen oder das Leben betrifft. Daß Kunst etwas Gesondertes ist, das von Experten, nämlich Künstlern, gemacht wird. Aber könnte nicht das Leben eines jeden ein Kunstwerk werden?«[1] Kaum eine Aussage Michel Foucaults ist in den zurückliegenden Jahren so häufig zitiert worden wie diese. Was aber könnte mit dem schillernden Begriff des Lebens als »Kunstwerk« gemeint sein? Geht es um die alte avantgardistische und, wie man dachte, längst gescheiterte Verschmelzung von Kunst und Leben? Wo liegen die Schnittstellen zwischen Kunst und Lebenskunst, und läuft das Projekt der Lebenskunst etwa darauf hinaus, die Autonomie der Künste in Frage zu stellen? Aber es erscheint sinnvoll, zunächst einige Grundzüge der Geschichte der Lebenskunst zu skizzieren, um zu sehen, wie es überhaupt zur Verknüpfung von Kunst und Lebenskunst gekommen ist.

Eine kurze Geschichte der Lebenskunst

Die Lebenskunst war, was im beginnenden 21. Jahrhundert kaum noch vorstellbar erscheint, einst in der Philosophie beheimatet, ja man kann sogar die These wagen, daß – jedenfalls in der Antike –

* Dieser Text erschien erstmalig in: *Kunstforum International*, Band 142 (1998), »Lebenskunstwerke« (LKW).

1 Michel Foucault, »Zur Genealogie der Ethik« (Interview, 1983), in: Hubert L. Dreyfus u. Paul Rabinow: *Michel Foucault. Jenseits von Strukturalismus und Hermeneutik*, Frankfurt am Main 1987, S. 273; frz.: »A propos de la généalogie de l'éthique: un aperçu du travail en cours«, in: *Dits et écrits*, Bd. IV, Paris 1994, Nr. 344, 609-631, hier: S. 617.

die Suche nach einer Lebenskunst das leitende Anliegen der Philosophie gewesen ist. Philosophie wird oft mit reiner Theoriebildung gleichgesetzt, aber in der Antike war die theoretische Arbeit kein Selbstzweck, sondern leitete die philosophische Lebensführung und deren praktische Einübung an. Dies diente zur Neuorientierung des Lebens in Zeiten voller Ungewißheit, als Traditionen und Konventionen, die das Leben der Gesellschaft wie jedes einzelnen geregelt hatten, zerbrachen. Schon damals läßt sich zwischen *populärer* und *philosophischer* Lebenskunst unterscheiden: Erstere zielt auf die mühelose Bewältigung des Alltäglichen, die sorgenfreie Leichtigkeit des Seins; letztere ist charakterisiert durch die weitsichtige, vorausschauende Sorge, und zwar auf der Grundlage eines Wissens von den wesentlichen Grundstrukturen und Zusammenhängen des Seins. Alle Erforschung des Seins hat nur die Ermöglichung einer philosophischen Lebensform zum Ziel. Worin diese Lebensform besteht, davon haben die diversen Schulen – Pythagoreer, Sophisten, Kyrenaiker (zurückgehend auf Aristipp von Kyrene), Akademiker (zurückgehend auf Sokrates und Platon), Peripatetiker (zurückgehend auf Aristoteles), Kyniker, Epikureer, Stoiker – stark divergierende, immer aber sehr bestimmte Auffassungen; um so markanter treten die Überschneidungen bei wichtigen Punkten hervor: Einen asketischen Umgang mit Lüsten privilegieren alle Schulen mit Ausnahme der kyrenaischen; allen geht es um die Erlangung von Autarkie (Selbstmächtigkeit) und Eudaimonie (Glückseligkeit); die Sorge um sich selbst wird von Sokrates eingeführt und von anderen übernommen; die Freimütigkeit wird von Kynikern in besonderem Maße manifestiert; die Pflege der Freundschaft spielt für alle Schulen eine große Rolle; unabdingbar für jede philosophische Lebenskunst ist die meditative Vorbereitung auf den Tod.

Ihre größte Wertschätzung erfährt die philosophische Lebenskunst in der jahrhundertelangen Tradition der stoischen Schule, beginnend etwa 300 vor Christus: Dies ist die Zeit der Arbeit am Begriff der Lebenskunst (griech. *peri bíon téchne,* lat. *ars vitae, ars vivendi*); Lebenskunst soll das Selbst stärken und geradezu zu einer uneinnehmbaren Festung im Sturm des Lebens machen; das Selbst soll den okkupierenden Geschäften entfliehen können, sich selbst zu eigen werden, widrige Gegebenheiten gleichgültig hinnehmen, Entbehrungen mit Gelassenheit ertragen, nötigenfalls sogar dem eigenen Leben selbst ein Ende setzen. Kunst und Lebenskunst werden in Bezug zueinander gesetzt: »So wie Holz das Material des Zimmermanns ist, Bronze das des Bildhauers, so ist das Material der Lebenskunst das Leben jedes einzelnen«, heißt es in den *Diatriben* des Stoikers Epiktet. Die Arbeit der Gestaltung geht bei der philosophischen Lebenskunst über das jeweilige Individuum und seine unmittelbare, momentane Existenz noch hinaus: *Ars longa, vita brevis* – Seneca bezieht diese hippokratische Sentenz auf die Kunst des Lebens, die nicht nur das Selbst hier und jetzt im Auge hat, sondern ein umsichtiges und vorausschauendes Denken befördert.

Dann aber verschwindet die Lebenskunst in den Klöstern, sie wird im christlichen Sinne uminterpretiert von den Kirchenvätern: Aus der Sorge des Selbst für sich und die eigene Seele wird beispielsweise die »Seelsorge« eines christlichen Hirten für das verwerfliche Selbst, um dessen arme und sündige Seele zu Gott zu führen. Gänzlich in Vergessenheit gerät die philosophische Lebenskunst in der mittelalterlichen Philosophie der Scholastik, aufs neue wiederentdeckt erst in der Philosophie der Renaissance, bei Petrarca, Pico della Mirandola, Erasmus von Rotterdam – und vor allem bei Montaigne, der im 16. Jahrhundert das ganze Spektrum antiker Lebenskunst in seinen *Essais* erneut präsentiert,[2] jedoch mit anderen, nie zuvor gekannten Vorzeichen: Es ist ihm existentiell ernst damit, Essays, also *Versuche*, keineswegs nur in der Schrift, sondern im Leben anzustellen, *Experimente* zu machen und auf diese Weise Erfahrungen zu sammeln. Die frühe Form einer modernen Lebenskunst findet sich bei ihm, die nun nicht mehr, wie in der Antike, aus »Anweisungen« zum richtigen Leben besteht, sondern die Möglichkeiten des Lebens selbst erst in Erfahrung bringt und erprobt. In der Zeit nach Montaigne ist der Raum offen für Autoren wie Gracián, La Rochefoucauld, La Bruyère, Montesquieu, Vauvenargues, Chamfort, Shaftesbury, Ferguson, die allesamt die Tradition der Reflexion über die Lebenskunst fortführen. In der deutschen Philosophie des 18. Jahrhunderts hat es sogar einen regelrechten Lebenskunstdiskurs gegeben, der sich aber offenkundig darin erschöpft, mit kategorischem Ton immer neue Verhaltensmaßregeln zu verkünden, so daß Christoph Martin Wieland die Notwendigkeit sieht, sich von dieser berühmten »*Kunst zu leben, Filosofie* genannt«

2 Vgl. Michel de Montaigne, *Essais*, neue deutsche Gesamtübersetzung v. Hans Stilett, Frankfurt am Main 1998; frz.: *Les Essais*, hg. v. Pierre Villey, Paris 1988.

zu distanzieren, von der er nicht darüber belehrt werden will, wie er zu leben habe.[3]

Eine neuerliche Blüte, wenn auch allzu kurz, erlebt die Lebenskunst an der Wende vom 18. zum 19. Jahrhundert in der Frühromantik: In seiner Schrift über den »Wert des Lebens« bezieht sich Schleiermacher auf die »Kunst des Lebens«, Friedrich Schlegel verweist auf die »Lebenskunstlehre« und Novalis auf die »Kunst zu leben« in der Zeitschrift *Athenäum*, Schlegels Roman *Lucinde* handelt vom »Leben als Kunstwerk«, die Briefe von Caroline Schlegel-Schelling legen Zeugnis ab von der romantischen Suche nach der »Kunst zu leben«.[4] Dem romantischen Verständnis zufolge dient die literarische Kunst der Realisierung von Lebenskunst, nämlich der Realisierung des romanhaften Lebens, der ästhetischen Existenz, des Einsseins mit allem, der Aufhebung der Zeit in einem intensiven Augenblick. Das aber erweist sich als ein unzeitgemäßer Traum in der Epoche, die der Herrschaft der Zeit zu frönen beginnt; nicht von ungefähr verschwindet die Lebenskunst aus dem Horizont der modernen Philosophie (Hegelianismus, Neukantianismus), die sich nur mehr der Rationalität der wissenschaftlichen Systembildung und der Moralität der auf Pflichterfüllung gegründeten Gesellschaft verschreibt; sie stürzt in den Orkus der Moderne, deren wissenschaftlich-technische Rationalität und industrielle Arbeitsorganisation die Träume einer romantischen wie auch die Klugheit einer pragmatischen Lebenskunst überflüssig zu machen scheint. Was in Kulturen wie der französischen überlebt, ist die *populäre* Lebenskunst des *savoir-vivre*, des Wohlbefindens, des leichten Lebens, des guten Essens und Trinkens.

Der heimatlos gewordenen *philosophischen* Lebenskunst aber wird schließlich Asyl gewährt von den Künsten, den künstlerischen Avantgarden der Moderne des 20. Jahrhunderts. Daß die Lebenskunst bei ihnen heimisch werden kann, hat mindestens zwei Gründe: Zum einen nehmen sie, bewußt oder unbewußt, das Vorhaben der Romantik wieder auf, das Leben mit Kunst zu verknüpfen und sich mit dem romantischen Projekt einer Lebenskunst der Verein-

3 Christoph Martin Wieland, »Fragmente von Beyträgen zum Gebrauch derer, die sie brauchen können oder wollen«, in: *Der Teutsche Merkur*, Weimar, April 1778; siehe auch in: *Wielands Gesammelte Schriften* I, 14, Berlin 1928.

4 Caroline Schlegel-Schelling, *Die Kunst zu leben* (Briefe), hg. v. Sigrid Damm, Frankfurt am Main, Leipzig 1997.

nahmung des Lebens durch die moderne Rationalisierung entgegenzustellen. Zum anderen liegt es zweifellos in der Konsequenz des schwindenden Objektbezugs in den modernen Künsten, nicht mehr nur darauf zu verzichten, irgendwelche Natur »nachzuahmen« und statt dessen Autonomie zu exerzieren und Subjektivität zum Ausdruck zu bringen, sondern nun das Subjekt und sein Leben selbst als Gegenstand der Kunst zu betrachten. Im Durchgang durch die Erfahrung der modernen Künste aber bleibt das Verständnis der Lebenskunst nicht dasselbe wie in der philosophischen Tradition. In welcher Weise es verändert und womöglich bereichert wird, wird im folgenden zu sehen sein.

Das Material der Lebenskunst

Der historische Hintergrund kann besser verständlich machen, wie etwa Paul Klee dazu kommt, sich ausweislich eines Tagebucheintrags von 1902 für den »Begriff Lebenskunst« mehr noch als für seine Kunst zu interessieren. Lebenskunst, darunter versteht er: Konventionen keine Folge mehr zu leisten, sondern eigenständig zu leben und zu arbeiten, Sorge für sich selbst zu tragen und sich ständig um die Erweiterung des eigenen Horizonts zu bemühen. Klee will mit sich selbst und seinem Leben zurechtkommen, um die Grundlage für seine Kunsttätigkeit im engeren Sinne zu schaffen und das Leben nicht ungenutzt dahingehen zu lassen: »Die Kunst, das Leben zu meistern, ist die Grundbedingung zu allen weiteren Äußerungen«. Nicht ohne Ironie stellt er schon im Frühjahr 1901 folgendes Programm auf: »Zuoberst die Kunst des Lebens, dann als idealer Beruf: Dichtkunst oder Philosophie, als realer Beruf: die Plastik und zuletzt in Ermangelung einer Rente: die Zeichnungskunst (Illustration)«.[5]

Wie jede Kunst bedarf auch die Lebenskunst eines Materials, dem in irgendeiner Weise Form zu verleihen ist. Ihr Material ist »das Leben« – nicht so sehr das Leben im biologischen Sinne, auch nicht das Leben, das auf eine etwas mystische Weise als Unmittelbarkeit verstanden wird, sondern das Leben, so wie es gelebt wird, vollzogen durch *Akte* des Lebens, die von einer relativ willkürlichen Anhäu-

5 Paul Klee, *Tagebücher 1898-1918*, bearb. v. Wolfgang Kersten, Stuttgart 1988.

fung struktureller und kontingenter Faktoren bedingt sind, äußerlichen, von außen herrührenden, und innerlichen, im Subjekt selbst verankerten Faktoren. Da findet sich *Existentielles*, das die Grundlagen und Grundfragen der Existenz berührt, also das, was Leben überhaupt ermöglicht oder verunmöglicht und daher tiefer greift als anderes, und *Akzidentelles*, das nicht den Kern der Existenz betrifft, sondern in seiner Zufälligkeit beiläufig ist. Bunt zusammengewürfelt aus alldem ist die große Fülle des Materials des Lebens, bestehend aus Affekten, Erfahrungen, Beziehungen, Begegnungen mit anderen, Träumen, Gedanken, Ängsten, Schmerzen, Wünschen, Lüsten, Zufällen, Zwängen usw. – eine amorphe Masse, die, wenn sie sich nicht im Disparaten, Diffusen, unentwegt in Transformation Befindlichen verlieren soll, der Formung und Gestaltung bedarf. Das ist Lebenskunst: Eine fortwährende Arbeit der bewußten Gestaltung des Lebens und des Selbst, um daraus ein Kunstwerk zu machen.

Ein Beispiel dafür, was das heißen kann, offeriert Paul Klee: Existentielle Reduktion, um die unüberschaubare Vielfalt des Erlebten zu reduzieren auf das, was für das eigene Selbst als wesentlich erscheint; einfach zu werden, Ballast abzuwerfen, »bis nur sehr wenig mehr da« ist, nämlich das, was die Grundzüge der eigenen Existenz, die charakteristische Linie des persönlichen Stils ausmachen soll. Kunst im Sinne gestalterischer Tätigkeit auf das Material des Lebens zu wenden, dafür steht auch die Bewegung, die es sich zur Aufgabe macht, »Kunst zu leben«: Den Konstruktivisten erscheint es möglich, mit Hilfe der Kunst »leben zu lernen«, wie Alexander Rodtschenko sagt; nämlich ein aktives, organisierendes und in diesem Sinne konstruktives Leben zu führen. Teil dieser Kunsttätigkeit ist es, dem Subjekt einen neuen Bezug zu alltäglichen Gegenständen zu vermitteln, so daß diese aufhören, bloße Objekte zu sein. Dazu aber ist es nötig, sie der gewohnten Perspektive zu entziehen und sie in ein anderes Licht zu stellen, »die gewöhnlichen Gegenstände auf eine ungewöhnliche Weise zu sehen«, um nicht mehr nur die vorgefundenen Sichtweisen für die einzig möglichen zu halten, sondern zu lernen, sich darüber hinwegzusetzen. Selbst die Kunstform der Fotografie wird eingesetzt, um die Vielfältigkeit möglicher Perspektiven aufzuzeigen, »die Welt von allen Blickpunkten aus zu zeigen«, »sie von allen Seiten zu sehen« und auf diese Weise das alltägliche Leben und die im Alltag verwendeten Formen der Gesellschaft zu gestalten.[6] Der Begriff von Kunst, der dabei im Spiel ist, wenn Kunst sich auf das Leben richtet, ist jedoch noch genauer zu betrachten.

Der Begriff von Kunst in der Lebenskunst

»Kunst« ist die Arbeit der Gestaltung, die das Subjekt der Lebenskunst, seiner selbst bewußt, im Grunde auf sich selbst richtet, also auf das zunächst nur zufällig gegebene Konglomerat dessen, was es selbst an einem bestimmten Punkt in Raum und Zeit an Stoff des Lebens konzentriert und inkarniert und was nun, aufgrund einer bewußten Wahl, Form bekommen soll, bezogen auf das Selbst (Selbstgestaltung) und auf das reflektierte Leben des Selbst mit sich und in der Vernetzung mit anderen, das Leben in Gesellschaft, in sozialen und ökologischen Zusammenhängen (Lebensgestaltung). Kunst meint dabei ein Wissen und Können; ein *Wissen*, da die Kenntnis von Zusammenhängen – dessen, »was ist« – die Voraussetzung zur Ausübung von Lebenskunst darstellt, und ein *Können*, da die Kunst in der Erschließung von Möglichkeiten und in der Anwendung von Techniken – sachkundig handeln zu können und dies auch wirklich zu tun – besteht. Das Wissen aber kann im Begriff des Könnens inbegriffen sein, und zwar auf verschiedenen Ebenen:

1. Auf einer kreativen, erfinderischen Ebene meint Können, den Horizont der *Möglichkeiten* zu eröffnen, ihn experimentell auszumessen. In der Tat muß ein Gestaltungspotential zuallererst geschaffen werden, sei es durch eine Idee, durch Vorstellungskraft, durch die Arbeit des Wissens oder durch die faktische Befreiung von beengenden Verhältnissen, in jedem Fall durch einen schöpferischen Akt, bei dem es darum geht, Möglichkeiten aufzufinden und zu erarbeiten, auch diejenigen Möglichkeiten, die es erlauben, mit Bedingungen zurechtzukommen, zu denen bis auf weiteres keine Alternative ausfindig zu machen ist.
2. Auf einer regelgeleiteten, technischen Ebene ist mit Können die *Realisierung* von Möglichkeiten gemeint. Dadurch wird das Potential aktualisiert, die Potenz wird zum Akt, und dies ist nicht möglich ohne »Know-how«, ohne praktisches und technisches Wissen-wie und dessen Umsetzung. »Ich kann das« bedeutet nun nicht mehr

6 Alexander Rodtschenko, *Alles ist Experiment. Der Künstler-Ingenieur*, hg. v. Pierre Gallissaires, Hamburg 1993.

nur, über Möglichkeiten zu verfügen (was möglicherweise auch eine leere Behauptung sein könnte), sondern sie zu konkretisieren und mit Hilfe erlernter und eingeübter Methoden, Praktiken und Techniken eine Vorstellung oder Idee zu realisieren: Können als Kompetenz und Können als praktischer Vollzug.
3. Auf der Ebene der Ausgestaltung und Verfeinerung tritt das Können als *kunstvolle* Realisierung von Möglichkeiten in Erscheinung, »gekonnt« im gebräuchlichen Sinne des Wortes. Die Voraussetzung dafür ist die vertiefte Kenntnis der Strukturen dessen, »was ist«, die gesteigerte Reflektiertheit und die große Vertrautheit mit allen Aspekten des jeweiligen Gegenstandsbereichs, die genaue Kenntnis selbst der filigranen Details, die außerordentliche Fertigkeit in der Anwendung von Bearbeitungsmethoden.

Alle diese Momente schwingen mit im Begriff des Könnens und durchdringen das Leben, so wie es gelebt wird, mit Kunst: Können als Verfügung über ein Potential, als Aktualisierung im Akt des Vollzugs und schließlich als gekonnte Umsetzung, die der Gestaltung die Finesse verleiht, die sie zum herausragenden Kunstwerk macht. Entscheidend aber ist jeweils die *Wahl*, die das Subjekt der Kunst und Lebenskunst bewußt und reflektiert für sich selbst trifft: Dies zu machen und nicht jenes, in dieser Form und an diesem Ort, mit diesem Material und jenen Mitteln, ernsthaft oder ironisch, allein oder gemeinsam mit anderen. Jede Kunst, so auch die Lebenskunst, ist eine Abfolge von Wahlakten: Die Kunst kann darin bestehen, eine bestehende Struktur zu durchbrechen und eine andere Ordnung der Dinge zu inaugurieren, gemäß einer frei gewählten Regel auch noch dort, wo eine bestehende Regel durchbrochen wird. Vieles wird dabei freilich nicht vom Subjekt geschaffen, sondern, unter etlichen Umformungen, anderen Zusammenhängen nur »entliehen«. Von einem Geniesubjekt kann insofern die Rede sein, als es in jedem Fall um eine geniale, nämlich erfinderische, gekonnte und eigenständige Tätigkeit, um ein Zeugen und Hervorbringen, ein Wachsen- und Werdenlassen (griech. *gennān*) geht.

Künstlersubjekt und Subjekt der Lebenskunst

Das Subjekt der Lebenskunst, der/die *artifex vitae*, wird, wiewohl Subjekt, bei dieser Arbeit der Gestaltung für sich selbst zum Objekt; anstelle auf äußere Objekte richtet sich die Kunsttätigkeit hier auf das Subjekt selbst, aus der Objektkunst wird eine *Subjektkunst*. Allerdings lassen sich Objekt- und Subjektkunst nicht so ohne weiteres auseinanderhalten, denn jede Kunst ist eine Technik, mit der ein Subjekt an sich selbst arbeitet, während es an einer äußeren Form arbeitet; die Arbeit am Objekt wirkt immer auf das Subjekt selbst zurück. Mit einer alten lateinischen Formel, *fabricando fabricamur*, kann dies am besten zum Ausdruck gebracht werden: Etwas gestaltend, gestalten wir uns selbst; durch die Arbeit der Gestaltung etwa eines Gegenstandes werden wir selbst gestaltet; die Herstellung von etwas ist zugleich die Herstellung von uns selbst. Sollte dies zutreffen, dann wäre jede Kunst ohnehin auch eine Lebenskunst.

Die Verwandtschaft von Künstlersubjekt und Subjekt der Lebenskunst zeigt sich darin, daß beide »Autonomie« für sich beanspruchen. Das aber heißt im Wortsinne: *Sich selbst das Gesetz zu geben*. Im Dadaismus wird das Verständnis von Kunst *und* Lebenskunst in diesem Sinne praktiziert: Dada bezeichnet nicht nur eine völlig autonome Kunstauffassung, sondern auch ein »Recht auf Selbststeuerung für die Lebensführung«, oder, wie Raoul Hausmann dies ausdrückt: »Der Mensch ergreift Besitz von sich« und zieht das ganze Register der menschlichen Lebensäußerungen, »angefangen von der groteskesten Selbstpersiflage bis zum heiligsten Wort des Gottesdienstes auf der reif gewordenen, allen Menschen gehörenden Kugel Erde«.[7] Sich als Individuum selbst zum Kunstwerk zu machen, sich zu stilisieren, das verwirklicht am konsequentesten eine Dadaistin wie Elsa von Freytag-Loringhoven: Man denke nur an ihren BH aus zwei Dosen Tomatensuppe und an die Glühbirne auf ihrem Hintern.[8] Die Wahl, die sie freimütig trifft und mit der sie die Ästhetik ihrer Existenz begründet, rückt sie bewußt und militant ins Zentrum.

7 Zeitschrift *Die freie Straße* 10 (Dez. 1918). »Der Mensch ergreift Besitz von sich«, in: *Die Aktion* 7, 14/15 (1917). »Recht auf Selbststeuerung« reklamiert von Heinrich Stadelmann-Ringen, in: *Die Aktion* 7, 31/32 (1917), Spalte 420.

8 Vgl. *DADA New York. Von Rongwrong bis Ready-made*. Texte und Bilder, hg. v. Brigitte Pichon und Karl Riha, Hamburg 1991, S. 62.

Wenn Kunst die Arbeit der Gestaltung ist, bedeutet dies für das Künstlersubjekt wie für das Subjekt der Lebenskunst jedoch nicht immer nur aktiv zu gestalten, sondern mehr noch, sich gestalten zu *lassen*, nicht aktiv zu wählen, sondern passiv sich wählen zu *lassen* – vom Material, von der Idee des künftigen Werks, von einer Farbe, einer Faszination, einer »göttlichen« Inspiration. Was nur ein Motiv ist, wird auf diese Weise selbst zum Subjekt, wie dies der französische Phänomenologe Maurice Merleau-Ponty am Beispiel von Cézannes Mont Sainte-Victoire dargelegt hat: Der Berg macht sich selbst sichtbar auf dem Tableau des Malers, dessen Inspiration von der Stimme des Objekts herrührt, das ihn ruft. Und so viele Maler es gibt, so viele verschiedene Arten gibt es für das zum Subjekt gewordene Objekt, sich sehen zu lassen und gemalt zu werden, und alle Arten zusammengenommen vermögen es nicht zu erschöpfen. Nicht »ich« bin es, der wahrnimmt, sondern »es« nimmt in mir wahr: Die Wahrnehmung besitzt mich, und ich bin besessen von ihr.[9] Sich schließlich auch träumen zu lassen: Dafür stehen in der Kunst des 20. Jahrhunderts die Surrealisten, die den Traumgesichtern folgen, die aus der Nacht auftauchen und wieder darin verschwinden. Die Träume künden von Lüsten, die das enge Reich der bestehenden Realität zu sprengen in der Lage sind; eine Lebenskunst, offen für den anderen und das andere, geht aus dieser Erfahrung hervor. Der Mensch der Lust, den Surrealisten wie Paul Éluard im Blick haben, ist nicht eingeschlossen in sich selbst und erfährt sich selbst als einen Anderen.

Die Verwandtschaft von Künstlersubjekt und Subjekt der Lebenskunst kommt auch zum Vorschein, wenn es nicht um den Akt der Herstellung von Kunst, sondern um die *Darstellung* des Subjekts im Kunstwerk geht, seine Repräsentation, in der eine Subjekt*konzeption* zum Ausdruck kommt, die als Konzept in die Lebenskunst übernommen werden kann. Die Infragestellung der Identität des Subjekts, wie sie in den Werken des Konstruktivismus, Dadaismus und Surrealismus unternommen worden ist, ist dabei von besonderem Interesse; eine singuläre Künstlerin wie Cindy Sherman führt zudem in ihrer Arbeit beeindruckend vor, welche Vielzahl von Aspekten, Gestalten, »Identitäten« in einem Subjekt wohnen können und daß dessen Gesicht eine formbare Plastik ist. Sie selbst stellt

9 Maurice Merleau-Ponty, *Das Sichtbare und das Unsichtbare*, München 1986; frz.: *Le visible et l'invisible* (postum 1964, unvollendet).

dieses Subjekt dar, indem sie immer wieder andere repräsentiert, fotografisch (*Untitled Film Stills, Disgust Pictures, History Portraits, Sex Pictures*), schließlich auch filmisch (*Office Killer*) inszeniert, Experimente mit romantischen und verruchten, gewöhnlichen und katastrophischen, historischen und fiktionalen Existenzen macht, Träume und Alpträume, Ideen und Horrorvisionen zum Ausdruck bringt, inkarniert in Gestalten, die unter ihrer Regie aus Versatzstücken zu Subjekten zusammengesetzt werden. Das Subjekt kann alternieren, kann sich ändern, kann von Grund auf ein anderes sein, setzt sich aus Lebensfragmenten und widersprüchlichen Erfahrungen zusammen, ist eine Collage und Montage, und dies kann ebenso für das Subjekt der Lebenskunst gelten. Es handelt sich um ein multiples Selbst, und vielleicht ist es die aufgebrochene Identität, die die Voraussetzung für seine Sensibilität und sein wählerisches, kritisches Urteilsvermögen, für seine Fähigkeit, neue Haltungen und Perspektiven zu gewinnen, darstellt. Nicht die völlige Auflösung des Subjekts steht dabei in Frage, sondern seine Zusammensetzung auf neue Weise, die Raum für andere und anderes läßt – keine starre Identität, sondern eine transformative Form anstelle der Geschlossenheit des Subjekts.

Experimenteller Werkbegriff und Kunstwerk des Lebens

Neben der Geschlossenheit des Subjekts ist es die Geschlossenheit des hergestellten Objekts, die durch die Künste im 20. Jahrhundert in Frage gestellt worden ist; der herkömmliche Werkbegriff ist durch sie neu definiert worden, und die Lebenskunst folgt ihnen hierin, was das Leben als Werk angeht. Das unauflösliche Amalgam von Akt und ständig sich änderndem Resultat macht aus dem Kunstwerk ein *work in progress*, ein im Entstehen begriffenes Werk, das im Falle der Lebenskunst die gesamte Lebensdauer für sich beansprucht und am Ende des Lebens dennoch fragmentarisch bleiben kann. Das Kunstwerk muß nicht mehr abgeschlossen, vollkommen, ein rundes Ganzes oder sonstwie gelungen, harmonisch und in diesem Sinne schön sein; das Ästhetische des Werkes schließt nicht Häßliches, Widersprüchliches und Widerständiges aus, und abgesehen davon, daß das Werk damit seine herkömmliche Geschlossenheit und Einheit verliert, kommt ihm zudem seine Objekthaftigkeit abhanden.

Daß das Werk ein Werk des *Lassens* sein kann, hat Marcel Duchamp vorgeführt, dessen Kunst sich auf einen winzigen Eingriff in Gegebenes beschränkt (Verkehrung des Pissoirs und eine verkehrte Signatur: *Der Brunnen*, 1917), um eine Modifikation einzuführen, eine Akzentsetzung nur, eine Nuance, die dem immer noch gegenständlichen »Werk« eine ironische Eigentümlichkeit zu geben vermag. Das Werk muß nicht mehr der gestaltete Gegenstand, sondern kann der Akt des Kunstschaffens selbst sein, etwa bei Jackson Pollocks *Action painting*. Das Werk kann die Provokation und Gestaltung einer Situation sein, wie beim Situationismus von Guy Debord, der sich der Zumutung des sinnentleerten modernen Lebens etwa mit einer Filmvorführung entgegenstellt, bei der ein Projektor nichts als Licht auf die Leinwand wirft – eine Situation, die das Nachdenken über das Wesen des Films provoziert, der in der Tat nur ein Spiel mit dem Licht ist: Das Licht ist alles, die Schatten der handelnden Personen aber sind vernachlässigenswert. Wie sehr bei der Kunstform des Situationismus die Lebenskunst mitgedacht ist, erweist der Situationist Raoul Vaneigem, der 1967 ein *Handbuch der Lebenskunst für die jungen Generationen* publiziert. Das Werk kann aber auch darin bestehen, eine Situation einfach sich ereignen zu lassen, sie in jedem Augenblick ihrem möglichen Scheitern auszusetzen und die Kategorie des Gelingens gänzlich aus der Kunst zu verbannen, wie bei Fluxus und Happening. Das Werk kapriziert sich sogar auf seine eigene Abwesenheit, so daß aus seiner Negation heraus ein unvorhergesehenes, subjektloses Werk neu entstehen kann, wie bei der Herstellung von Stille in *4'33"* von John Cage, denn anstelle des Klavierstücks, das nicht gespielt wird, formiert sich ein Werk des Zufalls, komponiert von irgendwelchen Tönen und Geräuschen, vom Pochen des eigenen Herzens, vom Atem des Selbst und der anderen, vielleicht auch vom Lied eines Vogels, durchschnitten vom Getöse einer Maschine – ein Werk des Lebens eben, wie es gelebt wird. Oder das Werk liegt überhaupt, wie ein Nukleus, nur in einem durchdachten Konzept verborgen, das einer umständlichen Ausführung gar nicht erst bedarf, wie bei der Konzeptkunst.

Die Aufmerksamkeit auf das Werk des Lassens, auf den jeweils besonderen Akt des Lebens, auf die einzelne Geste, auf die Bewegung des Körpers, auf die Gestaltung und das Geschehenlassen von Situationen, auf die Kreation eines neuen Werkes aus seiner Negation heraus, auf das durchdachte Konzept: Die Auflösung des herkömmlichen Werkbegriffs hat kein Verschwinden der Kunsttätigkeit zur Folge; diese Tätigkeit, die auch ein Lassen sein kann, ist wichtiger als die Fixierung auf das endgültige Resultat. All diese Momente des avantgardistischen Werkbegriffs prägen auch das Kunstwerk des Lebens in einer erneuerten Lebenskunst: Es geht nicht mehr um den Ausschluß des Widersprüchlichen aus dem Werk, das das Leben ist; es geht nicht primär ums Gelingen in einem vordergründigen Sinn, schon gar nicht um eine »Vollendung«. Das Scheitern kann ein Bestandteil dieses Werkes sein. Es ist eine falsche Annahme zu glauben, mit der Gestaltung des Lebens und des Selbst müsse zwangsläufig ein Gelingen oder gar eine Perfektionierung beabsichtigt sein. Für die Kunst und Lebenskunst sind, um sich nicht unter den Zwang einer Zweckerfüllung setzen zu lassen, Gelingen und Mißlingen grundsätzlich gleichberechtigt.

Wenn das ganze Leben zur Performance wird

Offenkundig kann die Lebenskunst von den Künsten einiges an eigenwilligen Sichtweisen und Verfahrensweisen übernehmen, um es zur Selbstgestaltung des Subjekts und zur Realisierung des Lebens als Kunstwerk zu gebrauchen. Es sind die Künste, die einen Fundus an Sensibilität und Alterität für das einzelne Individuum wie auch für die gesamte Gesellschaft erarbeiten; sie intensivieren die Wahrnehmung und produzieren Möglichkeiten des Andersseins und Anderslebens. Wenn die Künste im 20. Jahrhundert als »Avantgarden« bezeichnet worden sind und sich auch selbst so verstanden haben, dann in diesem Sinne: als Voraustrupps zur Erkundung von Möglichkeiten eines anderen Lebens, da das Leben, wie es gewöhnlich gelebt wird, zu sehr von heteronomen Mächten vereinnahmt wird und totalitären Machtansprüchen zu wenig entgegenzusetzen hat. Zur historischen Beglaubigung dieses Anliegens trug bei, daß die Arbeit der Avantgarden von den Nationalsozialisten zur »entarteten Kunst« erklärt worden ist. Seither charakterisiert die *Aktualisierung des Anderen* definitiv den ästhetischen Akt der Moderne: »Aber daß es noch etwas anderes gibt, ist die Voraussetzung von Kunst«.[10] Diese Kunst hält Distanz zum gewöhnlichen Alltag und zum gegebenen Leben und führt eine Differenz ein, durch die das Andere Eingang finden kann: In diesem Sinne ist sie Alteration, und die Lebenskunst greift dies auf, um das Leben nicht immer nur so zu belassen, wie es ist. Die Haltung der Indifferenz ist keine Kunst, mag sie einem populären Verständnis auch als die eigentliche Lebenskunst erscheinen.

Mitten im Alltag dem Anderen Raum zu geben mag den Eindruck einer Auflösung der Grenzen zwischen Kunst und Leben erwecken. Es handelt sich jedoch nur um ein punktuelles Anderssein und Andersleben. Die Facetten des Anderen sind vielfältiger Natur: Das Andere kann darin bestehen, Gesten auszuarbeiten und den Körper selbst zum Träger des Anderen zu machen, wie etwa bei der *Body Art* von Carolee Schneemann, bei der der nackte Körper der Künstlerin selbst bemalt und drapiert als eine Geste erscheint, die sich, kaum vollzogen, in der flüchtigen Wirklichkeit auflöst (*Eye Body*, 1963). Oder das Andere ist körperlich als befremdlich erfahrbar, wie bei den »Projekten der Stille« der Performance-Künstlerin Gina Pane (1939-1990), die sich in der Nähe von Paris, weit entfernt von den Blicken der Betrachter, in einen Steinbruch legte oder sich stundenlang, die Arme verschränkt, in einem Museumsraum mit dem Rücken zum Publikum setzte, einer Mauer zugewandt, nur um die Stille herrschen zu lassen; nur Stille auch bei einem Projekt, bei dem fünf Personen für zwei Stunden nur mit den Blicken kommunizieren durften.[11] Ein Exerzitium der Lebenskunst stellt die Kunst der Performance ganz von selbst dar; nicht von ungefähr wird sie als »die Kunst zu leben« bezeichnet.[12] Die Performance ist ein Akt des Subjekts, der das Reale transformiert, indem er eine andere Realität manifestiert. Als Kunstform ist sie durch die Verfahrensweise des Experiments charakterisiert. Selbst wenn die Aktionen vorweg konzipiert sind, wird, was aus ihnen wird, der Erfahrung überlassen, die nicht von vornherein festgelegt werden kann.

10 Heiner Müller, »Für immer in Hollywood« (Gespräch mit Frank Raddatz), in: *Lettre International*, Berlin, 24 (1994), S. 4.

11 Zu Gina Pane siehe Elisabeth Jappe, *Performance Ritual Prozess. Handbuch der Aktionskunst in Europa*, München 1993, S. 26 f., 32 f., 66, 197 mit weiteren Verweisen.

12 Edith Almhofer, *Performance Art. Die Kunst zu leben*, Wien 1986.

Ein weitreichendes Experiment wagt dabei die New Yorker Künstlerin Colette, die seit 1969 den Vollzug ihres gesamten Lebens als permanente Performance betrachtet und mit Hilfe gewählter Regeln und Verfahrensweisen als *live-art* gestaltet. *Ich bin ein Kunstwerk* hieß eine Performance Colettes 1979 in New York, bei der sie höchst symbolisch einer Kunstkiste entstieg und ein T-Shirt mit der Aufschrift »Fragile« trug. Der erste Akt ihrer neuen Existenz bestand in der Aneignung des Namens »Colette«, den sie der berühmten französischen Romanautorin entlieh, vielleicht um sich auf deren Sinnlichkeit und Erotik zu beziehen, vielleicht auch um deren Klischees einer weiblichen Existenz umzubesetzen. Die wiedergekehrte Colette prozediert, indem sie »das Leben zelebriert« und Akte der Gestaltung sowohl in ihren privaten Wohnräumen (*Living Environment*) wie auch im öffentlichen Raum, auf der Straße vollzieht, die sie dem Verkehr streitig macht (*Street Works*). Das Konzept eines multiplen Selbst, mit dem eine Madonna ein globales Publikum verführt, findet sich außer bei Cindy Sherman schon bei Colette vorformiert, die dabei, wie sie etwa bei einer Performance 1985 in Berlin (*From Silk to Marble*) vorgeführt hat, mit einfachsten Mitteln arbeitet: Blick, Geste, Faltenwurf, Licht; aus der Variation dieser vier Elemente ergibt sich jeweils eine charakteristische Gestalt, ein durchstilisierter Typus, den sie verkörpert.[13]

Colette vollzieht die Modifikation und Transformation ihres Selbst erst recht auf den Darstellungen ihrer selbst, die sie bearbeitet, mit Farbschleiern, Linien und Punkten überzieht und mit wechselnden Kontexten versieht, womit sie erneut eine andere Gestalt produziert: Das ist kein Selbst, das unabhängig von seinem Umfeld, seiner Präsentation und Repräsentation wäre, vielmehr präsentiert Colette auch noch das Bild ihrer selbst, das sie repräsentiert, wie sie auf ein Bild ihrer selbst blickt. Was gewöhnlich die Arbeit der Medien ist, unternimmt sie selbst: Sie bringt ein Zeichen ihrer selbst in Umlauf und versucht nichts zu sein als dieses Zeichen, aber über die Signatur ihres Signums bestimmt sie selbst. Auf diese Weise produziert sie, auch dies nicht nur dem Zufall überlassend, noch die Erinnerung, die von ihren Akten zurückbleibt. Selbst die Kunst der

13 Colette, *From Silk to Marble*, Katalog Künstlerhaus Bethanien, Berlin 1985. Vgl. dies., *The Bavarian Adventure*, Katalog Frauen Museum, Bonn 1988. Siehe auch Ursula Bode, »Colette – Die Frau, die ihr Leben zum Kunstwerk macht«, in: *Art* 6 (Juni 1990).

Erinnerung bezieht sie damit in den Bereich ihrer Kunsttätigkeit ein und gestaltet ihr Selbst nicht nur aktuell, sondern auch retrospektiv, das ist ihre Art von *self-appropriation*. Der Rezipient aber verhält sich in irgendeiner Weise dazu: In der Distanz zwischen ihm und dem performativen Ereignis bzw. dessen Zeichen eröffnet sich der Raum für sein Unverständnis oder sein Kopfnicken, für sein Schulterzucken oder seine Faszination, für seine Träume und Ängste. Nichts bleibt wie zuvor, unwillkürlich bezieht das rezipierende Subjekt das Kunstwerk zurück auf sich selbst und das eigene Leben, und nimmt es zum Anlaß für seine eigene Deutung der Existenz.

Ästhetik und Hermeneutik der Existenz

Außer den produktionsästhetischen sind in der Tat auch einige *rezeptionsästhetische* Aspekte von Bedeutung für die Gestaltung des Lebens als Kunstwerk. Sie umfassen zunächst die Aufnahme der Künste ins Leben, um sie zum Bestandteil der individuellen Ästhetik der Existenz zu machen und mit ihrer Hilfe das Leben zu gestalten, das Selbst zu formen und zu sensibilisieren, dem Anderen in ihm Raum zu geben und ein Andersleben zu erproben. Die Erfahrung, die das rezipierende Subjekt im Raum der Kunst macht, ist die Erfahrung der Freiheit und des Freiraums, in dem sich die Kreativität entfaltet, die keine Grenzen kennt; Erfahrung eines zweckfreien Raums, in dem niemand vorgegebenen Zwecken zu dienen hat, so daß eine Kultur der Gelassenheit sich ausbreiten kann inmitten der vorwärtsstürmenden Zeit, die von allen Seiten anbrandet, an diesem Felsen jedoch sich bricht. Die Zeit bleibt an der Schwelle zu diesem Raum zurück, so daß nur mehr der Raum existiert, den allein die Kunst, d. h. die Praxis der Freiheit, dominiert.

Diese Erfahrung ist zu machen etwa in den von Daniel Buren gestalteten Räumen. Da war beispielsweise eine spektakuläre »Ausstellung« 1991 in Bordeaux, in einem riesigen alten Gebäude, dessen große Halle er mit einer Spiegelinstallation, schräg ansteigend vom Erdgeschoß zum ersten Stock, völlig veränderte: Die Architektur des Raumes wurde verdoppelt und in der Doppelung gebrochen, der Raum buchstäblich umgekehrt; die vorgefundenen, gemauerten Bögen traten durch eine schwarzweiße Linienstruktur stark hervor und schlossen sich im Spiegel zu Kreisen und Ovalen zusammen.

Der Titel der Arbeit: *Dominant-Dominé*. Dominant ist der Raum selbst, dominiert das Subjekt, das ihn betritt und ihn auf neue Weise erfährt; das Subjekt wird multipliziert, und im konvertierten Raum spürt es die Konversion seiner selbst. Eine Studie wie diese erweist die Wechselbeziehung von Raum und Subjekt, denn das Subjekt verändert den Raum ebenso wie umgekehrt der Raum, sei er real oder imaginär, das Subjekt, das sich in ihm bewegt: Eine durch Kunst vermittelte Einsicht der Lebenskunst. Nicht von ungefähr verweist Buren selbst auf seine Herkunft aus dem Situationismus, wenn es ihm darum geht, den herkömmlichen Kunstbegriff aufzulösen und statt dessen die Herstellung von Orten und Ereignissen als situatives Kunstwerk zu betrachten, als konzeptualistische Arbeit »in situ«, durch die hindurch im rezipierenden Subjekt »etwas anderes« geschehen kann.

Viele Werke der Kunst handeln explizit oder implizit von Fragen und Problemen der Lebenskunst; insbesondere in Filmen, in der Literatur und in Theaterstücken werden Phänomene und Bedingungen des Lebens, Lebensmöglichkeiten und Widersprüche des Lebens durchgespielt.[14] Eine ganze *Hermeneutik der Existenz* wird dabei nicht nur inszeniert, sondern bei den Rezipienten selbst inauguriert, die die Werke entschlüsseln, sie auf ihre eigenen Fragen hin interpretieren und in eigenes Lebenkönnen transformieren. Die Sentenz Bertolt Brechts, wonach alle Künste beitragen »zur größten aller Künste, der Lebenskunst«, könnte auch auf diese Weise zu verstehen sein. Die jeweilige Aufnahme der Werke setzt einen Reflexionsprozeß in Gang und regt das rezipierende Subjekt dazu an, inmitten der ganzen Bandbreite des Wirklichen und Möglichen den eigenen Weg zu durchdenken und schließlich sich selbst in der Auseinandersetzung mit dem Dargebotenen neu zu bestimmen.

Das Werk entsteht in den Augen der Anderen

Diese rezeptive Seite ist nicht etwa nur ein Nachtrag zum Kunstwerk und gelegentlich sogar sein Mißbrauch. Das Kunstwerk existiert vielmehr nicht unabhängig von den Augen der Anderen, und vielleicht läßt sich, analog zu Duchamp, auch für das Kunstwerk des

14 Vgl. Markus Barth, *Lebenskunst im Alltag. Analyse der Werke von Peter Handke, Thomas Bernhard und Brigitte Kronauer*, Leverkusen 1998.

Lebens sagen, daß es in den Augen der Anderen überhaupt erst entsteht. Was Kunst »ist«, steht eben nicht objektiv und zweifelsfrei von vornherein fest; einen Anspruch darauf zu erheben, was als Kunst anzuerkennen ist und als Kunstwerk zu gelten hat, ist nur die eine Seite des Kunstprozesses, die andere aber ist den Rezipienten überlassen, die diesen Anspruch affirmieren und dem Kunstwerk die Geltung verschaffen, die es nicht von selbst schon hat und die es nur behaupten, nicht erzwingen kann. Mit jedem Kunstwerk, und auch mit jedem Kunstwerk des Lebens, beginnt dieses Spiel von neuem, jedesmal mit ungewissem Ausgang.

Mit der Art der *Aufnahme durch Andere* wird das Kunstwerk des Lebens wie andere Kunstwerke auch interpretiert und beantwortet. Die Rezeption ist die Weiterarbeit an dem Prozeß, durch den das Werk entsteht, das nie abgeschlossen ist; die Offenheit und Unabgeschlossenheit des Werkes erweist sich auch hier. Von den Rezipienten vor allem, also aus der Distanz, wird das Kunstwerk überhaupt als »Werk« wahrgenommen, und ihr Blick darauf muß mit der Intention seiner Herstellung durchaus nichts zu tun haben; der konstitutive Mangel an Übereinstimmung von Außensicht und Binnensicht sorgt vielmehr für die beständige Spannung zwischen Fremd- und Selbstinterpretation, in der das Werk lebt. Selbst den Tod seines Urhebers kann es überdauern in den Augen der Anderen, denn die Arbeit der Rezipienten löst das Werk von der Gebundenheit an seine Herkunft und läßt es selbständig existieren wie ein imaginiertes Bild.

Die Geschichte seiner Rezeption wird schließlich zum Bestandteil des Werkes und ist, wie das Werk selbst, nicht abschließbar; die Weiterarbeit am Werk besteht darin, daß es kritisiert, affirmiert oder verworfen, in jedem Fall aber beurteilt wird, und da es kein hermetisch in sich verschlossener Raum ist, antwortet es darauf und wird von dieser Antwort wiederum selbst verändert. Die Kriterien zur Beurteilung sind so divergent wie bei der Beurteilung der Werke anderer Künste auch; das Kunstwerk des Lebens wird danach befragt, ob es »Sinn macht«, ob es offene oder verborgene Beziehungen zu exemplarischen Werken Anderer unterhält, welche originäre Regel der Gestaltung ihm selbst zugrunde liegt, welche Techniken auf welche Weise Anwendung gefunden haben, welchen Erfahrungen es Rechnung trägt, ob es den Rezipienten etwas »sagt« und ob es ihnen gefällt. Analog zur modernen Kunst ist es letztlich vergebens, nach objektiven Kriterien zur Beurteilung des Lebens als Kunstwerk zu suchen, denn subjektive Kriterien wirken entscheidend an der Bestimmung dessen mit, was als Kunstwerk gelten kann und was nicht.

Über die Aufnahme durch Andere vollzieht sich zudem der komplementäre Aspekt des Rezeptionsprozesses: die *Rückwirkung auf Andere*, die vom Kunstwerk, das das Selbst aus sich und seinem Leben macht, wiederum bewirkt werden kann. Das Einfallstor dieser Einwirkung ist die beschriebene Hermeneutik der Existenz, die vom Rezipienten betrieben wird und die keineswegs nur auf die Interpretation des Werkes beschränkt bleibt, sondern auf das eigene Selbst zurückbezogen wird, um den Vollzug der eigenen Existenz zu reflektieren und zu interpretieren und gegebenenfalls zu verändern. Es ist möglich, daß die Lebenskunst, deren Konturen so zu skizzieren sind, dem oberflächlichen Blick als etwas Leichtes und Einfaches erscheint, so daß es, wie beim Blick auf Werke der modernen Kunst, zu der vorschnellen Aussage kommt: »Das kann ich auch!« In aller Regel aber bedeutet das Leben zu führen, das tun zu müssen, was man *nicht* kann. Mit diesem Problem sieht sich, der Frage der Lebenskunst zu lange entwöhnt, das moderne und postmoderne Subjekt konfrontiert.

Das Leben löst sich nicht in Kunst auf, die Kunst nicht in Lebenskunst

Auf Befürchtungen, wie sie eingangs formuliert wurden, läßt sich jedenfalls nun antworten: Das Zusammenziehen von Kunst und Leben im Begriff der Lebenskunst hat keineswegs ihre unterschiedslose Verschmelzung zur Folge. Kunst ist als Tätigkeit der Gestaltung zwar Teil des Lebens, nur eben nicht des gewöhnlichen, alltäglich gelebten Lebens, sondern willentlich eines anderen, das quer zum Gegebenen steht oder abseits davon liegt. Lebenskunst mag das Leben mit den Künsten sein, um mit ihrer Hilfe das gelebte Leben und das Selbst zu gestalten und diese Praxis der Gestaltung selbst zur Kunst zu machen, aber weder das Leben noch die Kunst unterliegen dabei beliebiger Verfügbarkeit. Nicht nur, daß immer wieder neu mit dem Material des Lebens gearbeitet werden muß, das in zufälliger Konstellation vorgefunden wird – auch das entsprechende Können der Gestaltung steht dem Individuum nicht ohne weiteres zur Verfügung, vielmehr ist der einzelne abhängig von jenem Können, das in der jeweiligen Kultur, wenn überhaupt, ausgearbeitet und verfügbar ist. Das kulturelle Können wird dem Individuum gewöhnlich im Verlauf des Bildungs- und Erziehungsprozesses vermittelt, wenngleich diese Vermittlung in moderner Zeit nicht als sehr wesentlich erachtet worden ist, so wie auch in der Kunstauffassung der modernen Gesellschaft, anders als bei den Künsten selbst, eine Kunst, die auf das Leben bezogen und zur Lebenskunst wird, lange keine Rolle gespielt hat.

Weder steht also die Einebnung der Differenz zwischen Kunst und Leben noch auch diejenige zwischen Lebenskunst und anderen Künsten zur Debatte. Sich inspirieren zu lassen von den Künsten, ja sich faszinieren und überwältigen zu lassen, sich wegtragen zu lassen in eine andere Welt: Das ist nur möglich, *weil* die Künste autonom, eigengesetzlich, nicht Bestandteil des gewöhnlichen Lebens, seiner Konventionen und Traditionen sind. Nur so eröffnen sie einen Spielraum der Freiheit. Die Künste bewahren weiterhin ihre Autonomie und produzieren, was ihnen gefällt, affirmieren oder negieren sich selbst als »Kunst«, akzeptieren freilich auch, was umgekehrt ebenso freimütig als Kunst rezipiert oder verworfen wird. Sie werden lediglich ergänzt um die nun ihrerseits sich wieder verselbständigende Kunst, das Leben zu führen, das Selbst zu gestalten und neue Möglichkeiten des Lebens zu finden und zu erfinden, nicht ohne Bezug auf all das, was Künstler unter Bedingungen der Moderne selbst als Lebenskunst verstanden und praktiziert haben, um das eigene Leben zu formen und zu transformieren, Versuche anzustellen und zu experimentieren, Konzepte zu machen und sie zu erproben.

Die Künste bleiben also, was sie sind, während die Lebenskunst über den autonomen Bereich der Kunst hinaus noch eine ethische und politische Dimension eröffnet und zur Ethik und Politik der Lebenskunst wird. Aber haben nicht auch die künstlerischen Avantgarden ihre Arbeit immer wieder auf diese Weise verstanden? Die Surrealisten beispielsweise bezogen 1936 Position gegen die Moskauer Prozesse, 1939 gegen die Parolen »Frankreich erwache« und »Frankreich den Franzosen«; Surrealismus, das war nicht zuletzt auch das ethische und politische Engagement für eine veränderte Realität, in deren Rahmen es sich auf andere Weise als bisher leben ließe und das Experiment und die Erfahrung eines reicheren, freieren, *schöneren* Lebens zu machen wäre, schön im Sinne des Bejahenswerten, das durch die ästhetische Erfahrung vermittelt werden kann: Kunst um der Lebenskunst willen. Diese Kunst ist potentiell die Sache eines jeden und ist eine Tätigkeit, die jederzeit vollzogen werden kann. Jeder einzelne müsse »heute seine ganz besondere Art Kunst, seine eigene Arbeit für die neue soziale Organisation machen«[15] – dies ist auch der Sinn der Formel von Joseph Beuys, wonach »jeder Mensch ein Künstler« sei, eine Wiederaufnahme des weniger bekannten Satzes von Oscar Wilde, der bereits von der Sorge getragen ist, daß die Menschen der Moderne ansonsten selbst zu Maschinen werden könnten: »Wir dagegen wünschen uns die Menschen als Künstler.«[16] Gibt es überhaupt ein Leben des Menschen ohne Kunst?

Unverändert lebt am Ende des Jahrhunderts im Diskurs der Ästhetik jedenfalls die Idee fort, das Leben in Form von Lebenskunst zum Kunstwerk zu machen.[17] Vor allem aber erscheint es an der Zeit, der Lebenskunst in der Philosophie selbst wieder Raum zu geben und eine neue Philosophie der Lebenskunst zu begründen.[18] Sie kann nicht die antiken Elemente der Lebenskunst einfach wiederbeleben, will sie sich nicht der Gefahr aussetzen, die Lebenskunst-Vorstellungen erneut mit normativem Anspruch auszustatten. Der Anspruch einer erneuerten Lebenskunst kann nur ein *optativer* sein: Möglichkeiten zu eröffnen, den ganzen Horizont der Möglichkeiten aufzuzeigen, innerhalb dessen das Subjekt seine

15 *Beuys in Amerika*, hg. v. Klaus Staeck u. Gerhard Steidl, Heidelberg 1997.

16 Oscar Wilde in: *Weekly Herald*, Omaha, 24. März 1882, als Vertreter der »neuen romantischen Schule« auf einer Vortragsreise in Amerika; zitiert in: Richard Ellmann, *Oscar Wilde*, München 1991, S. 276.

17 Hannes Böhringer, *Kunst und Lebenskunst*, Bern 1987. Reinhardt Knodt: *Ästhetische Korrespondenzen. Denken im technischen Raum*, Stuttgart 1994. Paul Thomas Erne, »Die Kunst der Aneignung in der Aneignung der Kunst. Lebenskunst als Thema der Theologie im Anschluß an Kierkegaard«, in: *Zeitschrift für Theologie und Kirche* 2 (1996). – Kritisch jedoch: Heinrich Klotz, *Kunst im 20. Jahrhundert. Moderne, Postmoderne, Zweite Moderne*, München 1994. Wolfgang Müller-Funk, »Das ästhetische Leben«, in: *Wer inszeniert das Leben?*, hg. von Frithjof Hager u. Hermann Schwengel, Frankfurt am Main 1996. Thomas Medicus, »Orlando zieht in den Krieg. Der seltsame Fall des Lyrikers Rupert Brooke«, in: *Sinn und Form* 49, 4 (1997).

18 Vgl. Wilhelm Schmid, *Philosophie der Lebenskunst – Eine Grundlegung*, Frankfurt am Main 1998.

Wahl treffen kann. Das Experiment tritt in den Vordergrund: Das ist es, was die erneuerte Lebenskunst der Nähe zu den modernen Künsten verdankt, ohne die sie nicht denkbar ist.

René de Ceccatty
Homosexuelle Freundschaft als Schöpferkraft und Lebensweise

Ich fühle mich weder durch meine gegenwärtige gesellschaftliche Stellung (ich bin Schriftsteller, kein Philosoph, Historiker oder Hochschullehrer) noch durch meine frühere Verbindung zu Michel Foucault (ich war einer seiner Bekannten, wir mochten uns und trafen uns regelmäßig) berechtigt, um mich mit einem so wichtigen Thema wie seiner Auffassung von der männlichen Homosexualität als Kunstwerk zu beschäftigen.

Die Begegnung mit ihm war von großer Bedeutung für mein Leben; dies habe ich in einem meiner Romane, *La sentinelle du rêve* (Paris 1988), beschrieben, als ich auf seinen Tod zu sprechen kam. Ich habe als regelmäßiger Beobachter an seinem Seminar *Moi, Pierre Rivière* teilgenommen. Zu dieser Zeit arbeitete ich über die Phänomenologie und die *Daseinsanalyse** von Ludwig Binswanger, den Foucault Ende der 50er Jahre in Frankreich eingeführt hatte, der für ihn aber nun keine große Bedeutung mehr hatte. In *Wahnsinn und Gesellschaft* hatte er zwar über die Psychiatrie geschrieben, aber aus einem anderen Blickwinkel. Er schlug mir vor, an seinem Seminar teilzunehmen und Beiträge zu liefern, wie ich wollte. Ich war vor Schüchternheit wie versteinert und tat nichts dergleichen.

In Japan haben wir uns dann später wiedergesehen, wo ich zu dieser Zeit lebte und er an einer Reihe von Tagungen teilnahm. Nach meiner Rückkehr haben wir uns regelmäßig zu gemeinsamen Essen oder Kinobesuchen getroffen. Ich profitierte von seiner Gleichgültigkeit für die Welt der Medien, die ihm damals ein Grauen war, genauso wie er die entmutigende Ausbeutung der »neuen Philosophie« verabscheute. Er hatte sich zu einer geduldigen Detailarbeit zurückgezogen, deren Ergebnis *Sexualität und Wahrheit* war (zumindest die Bände, die veröffentlicht wurden), und pflegte uneigennützige Freundschaften mit einigen jungen Schriftstellern, zu denen Mathieu Lindon, Hervé Guibert, Gilles Barbedette und ich gehörten. Wir arbeiteten auch an einigen Projekten zusammen. Ich

* Dt. im Orig.

habe ihn auf den Fall Herculine Barbin hingewiesen, für dessen Veröffentlichung er bei Gallimard sorgte. Dieser Fall hatte Oskar Panizza zu einer Erzählung inspiriert, was Foucault bis dahin nicht wußte. Neben den Übersetzungen, die ich ihm regelmäßig zukommen ließ, verband uns vor allem die Zeitschrift *Gai Pied*, die er mitbegründet hatte. Ihren Leiter, Jean Le Bitoux, der Foucault recht gut kannte, hatte ich gebeten, mit ihm zusammen ein Interview zum Thema Homosexualität mit Foucault zu machen.

Als Foucault diese Monatszeitschrift unterstützte, deren Ziel anfangs darin bestand, über die Entwicklung von Mentalitäten nachzudenken (mit Hilfe von literarischen, soziologischen, politischen und ökonomischen Analysen, die vom zunehmenden Sichtbarwerden von bestimmten sexuellen Verhaltensweisen in der Gesellschaft ausgingen), hatte er die Befürchtung zum Ausdruck gebracht, daß seine eigene Sexualität, die übrigens wie die von Roland Barthes allgemein bekannt war, verstärkt in das öffentliche Interesse gerückt werden könnte. Aber er hatte Vorsorge getroffen: keine autobiographische Erklärung, kein »coming-out«. Er war der Meinung, daß persönliche Lebensentscheidungen eine umfangreiche Bearbeitung benötigten, bevor sie öffentlich präsentiert oder – und hier gilt das noch mehr – literarisch umgesetzt werden konnten. Während er in privaten Gesprächen sehr offen war, war er in Interviews äußerst zurückhaltend. Es war Claude Mauriac, der in der Reihe *Temps immobile* plötzlich ein intimes Bild von Foucault in die Öffentlichkeit brachte. Als Foucault selbst sich schriftstellerisch mit der Homosexualität beschäftigte, tat er das anonym, und zwar in einem Dialog mit einem gewissen Thierry Voeltzel, der als alleiniger Autor des Buches *Vingt ans et après* (Paris 1978) genannt wird. Dieses Buch, das von Claude Mauriac entworfen wurde, handelt vor allem von den sexuellen Vorstellungen Claude Mauriacs, der von der heimlichen Homosexualität seines Vaters und von seinen eigenen homosexuellen Neigungen besessen war und der folglich begeistert war, einen angeblich sexuell freien Diskurs von seiten eines recht jungen und völlig unbedarften Burschen hören zu können, der allerdings durch die Fragen des anonymen Foucault auf den richtigen Weg gebracht wurde. Foucault schien jedoch bei diesem Gespräch nicht wirklich präsent zu sein, er schien eher wie ein Philosoph, der eine umfangreiche Arbeit der geschichtlichen Reflexion über die Denksysteme hinter sich hatte und kurz davor stand, *Sexualität und Wahrheit* abzufassen. Er war lediglich als Repräsentant einer anderen Generation anwesend und sprach ausschließlich aus dieser Position heraus. Es gab bei diesem Unternehmen eine Art von utopischer Naivität, denn es ist offensichtlich, daß es völlig unmöglich ist, über den Bereich der Sexualität zu sprechen, indem man beschließt, bestimmte Gegebenheiten seiner Präsenz auf der Welt auszuklammern.

Es gibt keine sexuelle *epoche*. Erstens ist es völlig unmöglich, von Sexualität zu sprechen und dabei von seiner eigenen Sexualität zu abstrahieren; zweitens ist es unmöglich, ernsthaft von seiner eigenen Sexualität zu sprechen und von allen Faktoren zu abstrahieren, die unsere Existenz bestimmen; drittens ist es unmöglich, von Sexualität zu sprechen, ohne die vorherrschende Sprache zu berücksichtigen, die bestimmte sexuelle Begriffe zuläßt oder verbietet oder umleitet und neuorientiert. Kurz gesagt, es ist unmöglich, in einer absoluten, unpersönlichen und objektiven Weise von Sexualität zu sprechen. Foucault wußte das ganz genau. Das Ziel von *Sexualität und Wahrheit* bestand nämlich nicht darin, die großen Phasen der Sexualität, sondern vielmehr die Vorstellungen von der Sexualität in den verschiedenen Zivilisationen nachzuzeichnen, die durch ihre Verkettung die unsere hervorgebracht haben.

Und Foucault wußte auch, daß die autobiographische Arbeit – die so etwas wie ein Spiegel der wissenschaftlichen Forschungsarbeit wäre, mit der er sich bei seinem riesigen intellektuellen Vorhaben beschäftigte – zwar eine (literarische und innerliche) Notwendigkeit war, welche aber Erfordernissen unterworfen war, die ihm lästig waren. Wenn Berichte vom individuellen Leben, vom einzigartigen Leben ihn auch begeisterten (*Alexina B., Pierre Rivière*), so glaubte er darin nicht die transparente Übertragung einer nackten Wahrheit zu finden, die so etwas wie die Enthüllung eines inneren Kerns wäre (Sexualität, Kriminalität, Triebe aller Art), sondern einen Bericht, der inneren und äußeren Organisationsgesetzen unterworfen ist (genau wie bei jedem anderen Bericht, ganz gleich zu welchem Bereich er gehört), das heißt aufgezwungenen oder willkürlichen Normen. Es ist die Konvergenz von verschiedenen juristischen, medizinischen, psychologischen, ökonomischen, sexuellen und gesellschaftlichen Betrachtungsweisen, die es ermöglicht, den literarischen Gegenstand zu definieren, der das Gedächtnis von Pierre Rivière ist. Nur tyrannische Diskurse (wie der juristische Diskurs, der psychiatrische Diskurs, der medizinische Diskurs) können –

weil sie gerade durch ihre Methode ihren Gegenstand selber definieren – behaupten, eine Wahrheit zu erfassen, welche ebendie ist, auf der sie durch von ihnen selbst erlassene Gesetze die Legitimität begründen.

Der Bereich der Sexualität ist in verschiedenen Diskursen zirkuliert. Erst in jüngerer Zeit wurde ein Diskurs zur Erkenntnis der Sexualität des Individuums installiert, und zwar durch unterschiedliche aufeinanderfolgende Phasen, die sich vom juristischen Bereich (wie soll man die sexuellen Handlungen, die dem Gesetzgeber zufolge die familiäre und damit die gesellschaftliche Ordnung bedrohen, erfassen, definieren und zügeln: das war das Problem des 18. Jahrhunderts, in dem dieses Bewußtsein in diesen Ausdrücken formuliert aufgetaucht ist) bis zum psychischen Bereich erstreckt haben (wie soll man die innere Reorganisation des Chaos des Unbewußten definieren; wie soll man Verhaltensweisen, die familiäre Anarchie hervorbringen, wieder ins gesellschaftliche Leben eingliedern; wie soll man ihnen einen entwicklungsfähigen Platz geben?).

Michel Foucault hat ausführlich über solche Themen geschrieben, aber seine Absichten sind in seinen Vorlesungen, Gesprächen und Essays verstreut. Es gibt keinen »kanonischen Text« von Foucault über die Homosexualität. Es hat aufeinanderfolgende und manchmal widersprüchliche Ansätze gegeben. Warum? Er hat seine intellektuelle Autobiographie nicht veröffentlicht, wenngleich sie doch geplant war und anfänglich sogar geschrieben wurde. Das ist das, was zur *Archäologie des Wissens* wurde. Diese intellektuelle Autobiographie hätte zwangsläufig intime Elemente umfaßt: keine Bekenntnisse zu seinem Gefühlsleben oder zu seinen sexuellen Praktiken, aber eine Reflexion über die Art und Weise, in der sein intellektuelles Verhältnis zur Welt eine Sichtweise der Sexualität beinhaltete – der Sexualität der anderen und der eigenen.

Der zweite Grund, aus dem er nicht zu einem Diskurs über die Homosexualität gelangt ist, beruht auf seiner Auffassung vom Schreiben über Philosophie und Geschichte. Er hat sich nie vorgenommen, ein philosophisches System klassischer Art zu konstruieren, das aus klar definierten Begriffen besteht (wie etwa in der Nachkommenschaft Aristoteles – Hegel – Heidegger), sondern er hat ein philosophisches Reflexionsmodell erstellt, das sich aus Kant (kritische Philosophie der Reflexion der Bedingungen der Möglichkeit einer Wissenschaft der Erkenntnis, der Wahrnehmung und der

Einbildungskraft), von Kierkegaard (Lebensphilosophie als Kunstwerk), von Bachelard und von den Epistemologen im allgemeinen herleitet, von Historikern der *Annales*, den Stoikern und den Kirchenvätern (Sorge um sich). Wie man weiß, wurde der späte Foucault von diesem zuletzt genannten antiken Einfluß beherrscht, was aber nicht bedeutet, daß die anderen Einflüsse verschwunden wären oder daß die Frage der Konstruktion des Ichs als Kunstwerk eine erst spät einsetzende Überlegung gewesen wäre. Ansonsten könnte man den Sinn seines Essays über Raymond Roussel nicht verstehen.

Der dritte Grund liegt in der Natur des Gegenstandes »Homosexualität« selbst. Dieser Ausdruck ist relativ neu und repräsentiert nicht die Gesamtheit der Verhaltensweisen, die die körperliche Anziehung zwischen zwei Partnern desselben Geschlechts umfaßt, sondern entspricht einer Notwendigkeit der psychiatrischen und juristischen Klassifizierung am Ende des 19. Jahrhunderts, und zwar rund um eine Reflexion über das »dritte Geschlecht«, den Zwitter, die sicherlich imaginär und beherrscht von dem war, was man Inversion nannte: die Sexualität betrachtet als Dynamik, der Sex betrachtet als eine Kraft mit umgekehrten Vorzeichen. Es ist Westphal, dem man die Integration der »Inversion« in den Bereich der Psychiatrie zu verdanken hat.[1]

Dieser Begriff »konträre Sexualempfindung« wurde bei Charcot und Magnan zur »Inversion des Geschlechtstriebes«. Foucault hat in seinen Vorlesungen über die *Anormaux* gezeigt, wie die Psychiatrie ein Gebiet besetzt hat, das von der Hirtendichtung vorbereitet worden war und zur Verpflichtung führte, ein Geständnis abzulegen. Eine einzigartige und wesentliche These von Foucault lautet: »Die Sexualität im Abendland ist nicht das, was man verschweigt, ist nicht das, was man verschweigen muß, sondern das, was man gestehen muß.«[2] Die sogenannte Sexualwissenschaft bedient sich bei allen angrenzenden Erkenntnissystemen, darunter auch bei der Physik, nicht bei der Physiologie, aber bei der Physik.

Der vierte Grund ist durch die Zeitumstände bedingt. Michel

1 Carl Westphal, »Die conträre Sexualempfindung«, in: *Archiv für Psychiatrie und Nervenkrankheiten*, Bd. II, 1870, S. 73-108, frz.: »L'attraction des sexes semblables« [1878], in: *Gazette des hôpitaux.*

2 Michel Foucault, *Les Anormaux. Cours au Collège de France 1974-1975*, Paris 1999, S. 157; dt.: *Die Anormalen, Vorlesungen am Collège de France (1974-1975)*, Frankfurt am Main 2003.

Foucault, der 1926 geboren wurde, gehörte zu einer Zwischengeneration. Er war nach dem Krieg ins Erwachsenenalter gekommen, also in einer Zeit starker Regression und ideologischer Repression auf sexueller Ebene (auch wenn die Sichtweise der »Repression« Foucault ebenso wenig gefiel wie die der »Befreiung der Sitten«). Außerdem hatten die 50er Jahre unter der außergewöhnlichen Rückkehr des Autoritäts- und Ordnungsdenkens zu leiden, und das nach den großen Emanzipationsbewegungen in bezug auf die familiären und psychiatrischen Normen, wie sie von Florence Tamagne[3] beschrieben werden. Er hatte das Problem jedes jungen Erwachsenen: Wie soll man seine Sexualität in seinem gesellschaftlichen Umfeld definieren? Welchem Vorbild soll man folgen? Welches Vorbild soll man bekämpfen, nachahmen, erfinden, mit welchem Partner und in welcher Weise? Fragen, auf die man mit einer illusorischen Freiheit antwortet, was für einen Intellektuellen verwirrend ist. Seine Entwicklung fiel also in eine Zeit, in der die Homosexualität im Kino in unterdrückter, entstellter, karikaturhafter oder sublimierter Weise dargestellt wurde und in der die Literatur eine unvorstellbare Regression erlebte: Man war von Proust, Cocteau und Gide zu Peyrefitte, Roger Martin du Gard, Mauriac und Montherland übergegangen. Jean Genet wurde nur heimlich gelesen.

Dann hat er die großen *Gay*- und Schwulen-Bewegungen beiderseits des Atlantiks nicht nur unterstützt, sondern auch aktiv an ihnen teilgenommen, da er häufig Vorlesungen in den USA hielt. Er starb 1984, als Opfer der Krankheit, die dem gesamten Diskurs über die Homosexualität eine neue Richtung gegeben hatte und die wegen ihres tragischen und epidemischen Aspektes die verschiedenen Gesetzgeber, Schriftsteller, Ärzte und Journalisten aller Art gezwungen hatte, die Darstellungsweisen von homosexuellen Beziehungen und ihrer Verbindungen zum gesellschaftlichen Leben radikal zu verändern. Die Kampagnen zur Aids-Verhütung hatten dazu geführt, daß öffentlich ausgesprochen wurde, daß homosexuelle Praktiken nicht nur Minderheiten betrafen, also jene Minderheiten, die sich mutig öffentlich geoutet und beschlossen hatten, die vorherrschenden Normen durch andere Normen zu konterkarieren und somit den jungen Leuten alternative Vorbilder vorzuschlagen. Das führte fast überall in der westlichen Welt zur »Schwulen-Hochzeit«,

3 Florence Tamagne, *Histoire de l'homosexualité en Europe, Berlin, Londres, Paris 1919-1939,* Paris 2000.

betraf aber auch Frauen und Männer mit vielfältigen und nicht normierten Sexualpraktiken, die bis dahin dem juristischen, psychiatrischen und medizinischen Blick völlig entgangen waren.

Hat Foucault vorausgesehen, daß die Krankheit, die ihn töten sollte und über die zu schweigen er beschlossen hatte, so beträchtliche Konsequenzen für die Geschichte der Mentalitäten haben sollte? Es scheint mir daher notwendig zu sein, sich mit den vier Reihen der literarischen, philosophischen, epistemologischen und geschichtlichen Faktoren zu beschäftigen, um zu verstehen, was Foucault über homosexuelle Verhaltensweisen und über die Homosexualität als Kunstwerk geschrieben hat.

Foucault hat sich im wesentlichen auf die Arbeiten von Kenneth J. Dover und J. Boswell gestützt, um »unsere« aktuelle Auffassung von der Homosexualität (im vorletzten Jahrzehnt des 20. Jahrhunderts) vom antiken Verständnis der sexuellen Praktiken zwischen den Menschen zu unterscheiden. In einem Artikel in der *Libération* über Dovers Buch *Homosexualität in der griechischen Antike* äußert er sich sehr deutlich:

»In der gesamten Studie von Dover kann man sehen, wie sich immer deutlicher abzeichnet, was den größten Unterschied zwischen der griechischen Erfahrung und der unseren ausmacht. Für uns ist es die Bevorzugung des (hetero- oder homosexuellen) Objektes, die den wesentlichen Unterschied ausmacht; für die Griechen ist es die Stellung des (aktiven oder passiven) Subjektes, die die große moralische Grenze festlegt: im Verhältnis zu diesem konstitutiven Element einer im wesentlichen männlichen Ethik sind die Entscheidungen für bestimmte Partner (Knaben, Frauen, Sklaven) ziemlich unwichtig.«[4]

Im selben Artikel, der diejenigen eines Besseren belehren sollte, die naiv an ein antikes Paradies der freien Liebe glaubten, formulierte Foucault eine interessante programmatische Idee:

»Die Beziehung zwischen zwei Individuen des gleichen Geschlechts ist eine Sache. Aber das gleiche Geschlecht wie das eigene zu lieben, mit ihm Lust zu empfinden, das ist eine ganz andere Sache, das ist eine regelrechte Erfahrung, mit ihren Objekten und ihren Werten, mit derselben Lebensweise des Subjektes und dem

4 Michel Foucault, »Des caresses d'hommes considérées comme un art«, in: *Liberation*, 1. Juni 1982, in: *Dits et écrits*, Bd. IV, Paris 1994, Nr. 314, S. 315-317, hier: S. 316.

Bewußtsein, das es von sich selbst hat. Diese Erfahrung ist komplex, sie ist unterschiedlich und sie verändert ihre Formen. Es müßte eine ganze Geschichte über den ›anderen des gleichen Geschlechts‹ als Lustobjekt geschrieben werden.«

Im Grunde hat er diese Geschichte in gewisser Weise in *Sexualität und Wahrheit* geschrieben, wo er nacheinander die Begriffe definierte, in denen man sich die Sexualität vorgestellt hat: *aphrodisia* (in der Antike), Fleischeslust (in der christlichen Zivilisation) und Sexualität (seit dem Ende des 19. Jahrhunderts). Sex wird nacheinander betrachtet: 1. als Mittel zur Initiation in die gesellschaftlichen Rollen und paradoxerweise als Faktor zur Stabilisierung dieser gesellschaftlichen Beziehungen, unabhängig von der Grundeinheit der Ehe; 2. als Faktor der Umgehung der Unterwerfung unter die theologische Ordnung; 3. als Faktor der gesellschaftlichen und psychischen Unordnung. Das Geschlecht ist nacheinander das Streitobjekt des Gesetzgeber-Philosophen (in der Antike), des Theologen (im Mittelalter und zur Zeit der Klassik und Romantik) und des Arztes, des Juristen und des Psychiaters (seit dem Ende des 19. Jahrhunderts). Außerdem haben sich zahllose Zwischenstufen abgezeichnet. Und die Literatur war dabei ein Mittel, um die vorherrschenden Normen zu umgehen, zu bekämpfen oder zu unterstreichen.

Die sexuellen Typologien wurden von einer Epoche zur nächsten variiert, und insbesondere die alltäglichen Hinweise auf die Sexualität wurden unterschiedlich wahrgenommen. Die antiken Kategorien der Passivität und der Aktivität wurden lange Zeit aufrechterhalten – sagen wir bis zu Sade, bis zum Ende des 18. Jahrhunderts. Die Texte Sades übersetzen durchaus die Besessenheit, die sein Jahrhundert noch hatte, was die (passive oder aktive) Form der sexuellen Praxis betrifft: die signifikanten Kriterien sind die Penetration und ihre Art und Weise. Der *bougre* (Arschficker) praktiziert aktiv die Sodomie (ganz gleich, ob mit einem Mann oder einer Frau), und der *bardache* (Gefickte) erleidet sie. Aber Sade macht daraus keinen Identitätsunterschied: es handelt sich um einen Unterschied von sexuellen Handlungsweisen, die untereinander austauschbar sind und sehr oft vom selben Individuum begangen werden. Diese Differenzierung wurde von den Juristen, Ärzten, Psychiatern und Romanciers nach und nach aufgegeben. Proust, der sich darauf beschränkte, die Idee eines dritten Geschlechts zu übernehmen (Inversion oder Uranismus), sah in der Unterscheidung von aktiv und passiv kein besonders wichtiges Kriterium.

Eine entscheidende Veränderung geschah laut Foucault von dem Moment an, in dem »man zu erkennen begann, welche Bedeutung das sexuelle Verhalten bei der Definition der Individualität bekam«, das heißt am Ende des 19. Jahrhunderts. In einem der besten Interviews, die er gegeben hat, sagt er dazu.

»Es ist interessant festzustellen, daß verbotene Verhaltensweisen vor dem 19. Jahrhundert auch dann, wenn sie strengstens verurteilt wurden, immer als Exzeß, Ausschweifung oder etwas Übertriebenes betrachtet wurden. Das homosexuelle Verhalten galt immer als eine Art Exzeß des natürlichen Verhaltens, als ein Instinkt, der nur schwer in bestimmten Grenzen zu halten war. Seit dem 19. Jahrhundert galt Homosexualität als anormales Verhalten. Und wenn ich im Zusammenhang mit Homosexualität von Ausschweifung spreche, meine ich nicht, daß sie toleriert wurde. Ich denke, daß man vor dem 19. Jahrhundert nicht oder nur sehr selten auf die Idee trifft, daß die Individuen durch ihr sexuelles Verhalten oder ihre sexuellen Wünsche definiert werden. ›Sag mir, was du dir wünschst, und ich sage dir, wer du bist‹, diese Bitte ist charakteristisch für das 19. Jahrhundert.«[5]

Man sollte hinzufügen, daß diese Maxime nicht auf das 19. Jahrhundert beschränkt ist, sondern auch die *Lesbian and Gay studies* infiziert hat. Aber ich glaube, es ist hier nicht angezeigt, eine Debatte über den Kommunitarismus zu beginnen. Eine Debatte, die Foucault übrigens noch gar nicht kennen konnte.

Die Frage ist, warum und ab wann die Sexualität als ein Indiz für etwas anderes als sie selbst betrachtet wurde. Welche Konsequenzen kann die Sexualität oder, genauer gesagt, das sexuelle Objekt einer individuellen Orientierung für die Beschreibung eines Individuums in seiner Gesamtheit haben? Foucault war grundsätzlich äußerst mißtrauisch gegenüber der Vorstellung – die nicht nur bei den Juristen, Ärzten und Psychiatern am Ende des 19. Jahrhunderts vorherrschend war, sondern auch bei den Schwulen (und natürlich auch bei den »Homophoben«) –, daß die Sexualität mehr über ein Individuum aussagt als über seine sexuellen Entscheidungen und

5 »Michel Foucault, An interview with Stephen Riggins«, in: *Ethos*, Herbst 1983, in: *Dits et écrits*, Bd. IV, a.a.O., Nr. 336, »Une interview de Michel Foucault par Stephan Riggins«, S. 525-537, hier: S. 532)

über das, was es tut, um sich Lust mit einem anderen menschlichen Wesen zu verschaffen. »Ich meine«, sagt er des weiteren in diesem Interview, »daß die Leute immer noch glauben und dazu verleitet werden zu glauben, daß das Begehren ein Indiz für ihre innere Identität ist und daß die Sexualität, ohne ein großes Geheimnis zu sein, immer noch ein Symptom ist, also ein Ausdruck dessen, was in unserer Individualität besonders geheim ist.« Foucault hatte wahrscheinlich ein zwiespältiges oder unentschiedenes Verhältnis zu dieser Vorstellung.

Im selben Interview entschlüpft Foucault eine persönliche Bemerkung, was selbst in seinen Interviews sehr selten ist:

»Ich habe in der Tat Schwierigkeiten, die Erfahrung der Lust zu machen. Die Lust scheint mir eine sehr schwierige Angelegenheit zu sein. Sie ist nicht so einfach, wie die Dinge zu genießen. Und ich muß gestehen, daß das mein Traum ist. Ich möchte und ich hoffe, daß ich an einer Überdosis Lust sterben kann, ganz gleich welcher Art. Denn ich meine, das ist sehr schwierig, und ich habe immer den Eindruck, keine wahre Lust zu empfinden, keine volle und totale Lust; und diese Lust ist für mich mit dem Tod verbunden.«

Ein Satz, der von Pasolini stammen könnte. Etwas später antwortet Foucault auf die Frage seines Gesprächspartners über den möglichen »ethischen« Gehalt von *Sexualität und Wahrheit*: »Das wäre eine Ethik, die nicht vom Problem der tiefen Wahrheit beherrscht würde, welche unser Sexualleben bestimmt. Meiner Meinung nach ist das Verhältnis, das wir zu uns selbst haben, wenn wir Liebe machen, eine Ethik der Lust, der Intensivierung der Lust.« Man kann in dieser Äußerung mehr als eine Antwort auf den christlichen Puritanismus sehen (man neigt viel zu sehr dazu, Foucault mit Hilfe dieser Schablone zu lesen, die er selbst allerdings immer wieder kritisierte), nämlich eine Reminiszenz an die Antike, wie er später in *Der Gebrauch der Lüste* zeigen sollte.

In einem Interview mit B. Gallagher und A. Wilson in Toronto (das ursprünglich für *Body politic* gemacht wurde, dann aber postum in *The Advocate* im August 1984 erschien) äußert Foucault sich direkter zu seiner Auffassung vom Verhältnis von Lust, sexueller Entscheidung und schöpferischer Freiheit:

»Die homosexuelle Bewegung braucht heute eher eine Lebenskunst als eine Kunst des Wissens oder der wissenschaftlichen (oder pseudowissenschaftlichen) Erkenntnis dessen, was Sexualität ist.

Die Sexualität gehört zu unseren Verhaltensweisen. Sie gehört zur Freiheit, die wir auf dieser Welt genießen. Die Sexualität ist etwas, das wir selber schaffen – sie ist unsere eigene Schöpfung und nicht so sehr die Entdeckung eines geheimen Aspektes unseres Begehrens. (...) Alle glauben, daß die Sexualität das Geheimnis des schöpferischen kulturellen Lebens ist; sie ist eher ein Prozeß, der für uns heute mit der Notwendigkeit verbunden ist, unter dem Deckmantel unserer sexuellen Entscheidungen ein neues kulturelles Leben zu schaffen.«[6]

Er kehrt das üblicherweise gedachte Verhältnis der Determination von Sexualität und Schöpfung um. Im Gegensatz zu Sartre, der in *Saint Genet, Komödiant und Märtyrer* versucht hatte, die homosexuelle Freiheit als eine Art, sich eine familiäre Abhängigkeit wiederanzueignen – eine Abhängigkeit im Hinblick auf die Kindheit (im Fall von Genet) – und freiwillig die Unterwerfung und Erniedrigung wiederzubeleben, neu zu definieren, läßt Foucault in diesen wenigen Sätzen durchblicken, daß die Freiheit keine von der Sexualität auferlegten Grenzen hat und daß die Sexualität vielmehr der Bereich ist, in dem die Kreativität sich genauso fröhlich entfalten kann wie in der Kunst. Er fährt fort: »Wir müssen uns nicht nur verteidigen [er spricht von den Schwulen], sondern wir müssen uns auch zeigen, und zwar nicht nur als Identität zeigen, sondern als schöpferische Kraft.« Der Tonfall dieser Sätze erinnert stark an Bachelard.

Schließlich stellt Foucault in diesem sehr langen und sehr mutigen Interview (er äußert sich ausführlich zum Drogengebrauch und zu sadomasochistischen Praktiken) eine Hypothese auf, für deren Beweis ihm nicht mehr die Zeit blieb:

»Eine meiner Hypothesen – ich bin sicher, daß sie sich verifizieren würde, wenn wir diese Aufgabe anpacken würden – lautet, daß die Homosexualität (ich meine hier die Existenz von sexuellen Beziehungen unter Männern) seit dem 18. Jahrhundert ein Problem geworden ist. Wir sehen, wie sie zusammen mit der Polizei und dem juristischen System zu einem Problem wird. Und ich meine, wenn sie in dieser Epoche zu einem Problem wird, zu einem gesellschaftlichen Problem wird, dann deshalb, weil die Freundschaft verschwunden ist. Solange die Freundschaft noch etwas Wichtiges dar-

6 Michel Foucault, »Sexe, pouvoir et la politique de l'identité«, in: *Dits et écrits*, Bd. IV, a.a.O., Nr. 358, S. 735-746.

stellte, solange sie noch gesellschaftlich akzeptiert wurde, ist niemandem aufgefallen, daß Männer sexuelle Beziehungen untereinander hatten. Man kann aber auch nicht sagen, daß sie keine sexuellen Beziehungen gehabt hätten, es ist einfach nur so, daß das keine Bedeutung hatte. Das hatte keinerlei gesellschaftliche Folgen, die Sache war kulturell akzeptiert. Ob sie miteinander schliefen oder sich küßten, hatte keine Bedeutung. Absolut keine. Aber als die Freundschaft als kulturell akzeptierte Beziehung verschwand, stellte sich die Frage: ›Was treiben die Männer da eigentlich zusammen?‹ Und in diesem Moment ist das Problem aufgetreten. Wenn Männer heutzutage miteinander schlafen oder sexuelle Beziehungen haben, wird das als ein Problem wahrgenommen.«

Es muß daran erinnert werden, daß dieser Text zwanzig Jahre alt ist und daß die Person, die dort spricht, einer in der Provinz ansässigen Ärztefamilie entstammt. Uns scheint dies alles überholt, aber Foucault hatte im Grunde recht: das Auftauchen der Sexualität, des Begehrens und der Lust, die in einer Beziehung von zwei Freunden geteilt wurde (eine Erfahrung, die in der Jugend fast überall auf der Welt gemacht wird, wenn vielleicht auch nicht der Lust, so doch zumindest der Begierde, der Erregung), stellte nicht zwangsläufig die Identität der Individuen in Frage und verwandelte die Freundschaft nicht unbedingt in Liebe, in mehr oder weniger auf sich genommene Homosexualität.

Die leidenschaftlichen Briefe von Giacomo Leopardi an seinen Freund Antonio Ranieri, mit dem er bis zum Lebensende zusammen war, seine herzlichen Küsse, seine ständige Intimität und seine Eifersuchtsanfälle sind Verhaltensweisen des 18. Jahrhunderts. Das hinderte ihn aber nicht daran, heftig abzulehnen, was er als »Päderastie« bezeichnete, die, wie er wußte, in der Antike hoch geschätzt wurde. Als er an Ranieri schrieb: »Ich muß dir sagen, daß ich nicht mehr ohne dich leben kann, daß ich von einer so krankhaften Ungeduld erfüllt bin, dich wiederzusehen, daß es mir gewiß scheint, daß ich, wenn du dich auch nur ein bißchen verspätest, an Melancholie sterben werde, bevor ich dich wiedergesehen habe« (Brief vom 2. April 1833), hatte er etwa zehn Jahre zuvor in seinen Notizbüchern geschrieben: »Bei uns muß man davon ausgehen, daß [die Päderastie] ein Verbrechen gegen die Natur ist, eine Neigung, welche nur der Exzeß der Libido, der die Vorlieben und Neigungen der Menschen verfälscht, hervorbringen kann.« (*Zibaldone*, 4. Oktober

1821) Wie Foucault hervorgehoben hat, verband Leopardi als prüder Mann des 18. Jahrhunderts die Sexualität unter Personen desselben Geschlechts mit dem *Exzeß*. Aber das hinderte ihn keineswegs daran, dem, was man heute eine homosexuelle Leidenschaft für Ranieri nennen würde, einen wichtigen Platz in seinem Leben einzuräumen.

Ein wenig aus Wut und aus Provokation hatte Foucault auf unsere Anfrage nach einem Interview im April 1981[7] geantwortet: Er protestiere gegen die »Jugendorientiertheit« der Zeitschrift, von der er sich letzten Endes ausgeschlossen fühlte, und gegen die »sauberen« Modelle der Homosexualität. Er beharrte auf der Erfindung von vielfältigen Modellen und Lebensweisen, um Stereotypien zu entgehen, und er erinnerte daran, daß die große Stärke der Homosexualität gerade darin liegt, eine Alternative und Gegenmodelle zu den Institutionen vorzuschlagen. Die Freundschaft erschien ihm als eine Möglichkeit, die Gesellschaft zu »durchdringen« und unmerklich wirksame Gegenkräfte zu schaffen. Interessant an Foucaults Argumentation ist seine Art und Weise, das Problem der Identität und somit des Kommunitarismus zu umgehen und letztendlich die Sexualität beiseite zu schieben, die kein wesentlicher Gegenstand der Analyse mehr ist. Er sagt ganz klar, daß das Problem nicht mehr in der Sichtbarkeit oder Unsichtbarkeit von sexuellen Verhaltensweisen liegt, sondern daß die Tatsache, daß es gesellschaftlichen Widerstand gibt, darauf beruht, daß es Beziehungsformen gibt, die als gefährlich für das allgemeine gesellschaftliche Gleichgewicht betrachtet werden können.

Dieser Text erschien in einer Form, die, wie ich meine, Foucault mißfallen hat und die auch mir in mancherlei Hinsicht mißfallen hat. Foucault wollte sich in *Gai Pied* nur unter der Bedingung äußern, daß sein Name nicht erschien. Er wollte als etwa 50jähriger Leser sprechen, der sich in dem Bild des Homosexuellen, das in der Zeitschrift gezeichnet wurde, die er selbst gegründet oder zumindest aus der Taufe gehoben hatte, nicht wiedererkannte. Außerdem hatte er um die Anwesenheit eines heterosexuellen Freundes gebeten, der seine Jugendtorheiten miterlebt hatte. Beide wollten sich ganz frei über die Sexualität in den 40er und 50er Jahren äußern und über ihre eigene Freundschaft, ihren doppelten Lebensweg sprechen. Ich

7 Michel Foucault, »De l'amitié comme mode de vie«, in: *Gai Pied*, Nr. 25, in: *Dits et Ecrits*, Bd. IV, a.a.O., Nr, 293, S. 163-167.

habe mir Notizen über unser Vierergespräch gemacht (ich weiß nicht, warum auf seiten der Interviewer immer von einer dritten Person gesprochen wird, obwohl wir nur zu zweit waren, Jean Le Bitoux und ich, die Foucault und Paul Veyne gegenübersaßen, aber vielleicht täuscht mich meine Erinnerung). Da war also Paul Veyne, der Historiker der lateinischen Welt und René-Char-Spezialist. Wahrscheinlich fürchtete Foucault, daß die homosexuelle »Komplizenschaft« zu gewissen Entgleisungen führen könnte, und hoffte, daß die Anwesenheit von Paul Veyne unser Gespräch auf ein anderes Niveau heben würde. Ich bedaure sehr, daß die volle Fassung unseres Gespräches nicht erschienen ist. Es war teilweise sehr lustig, sehr frei und gab eine bessere Vorstellung von der Ironie, mit der Michel Foucault, trotz allem, jede Überlegung zu sexuellen Verhaltensweisen anstellte. Schließlich erschien der Text in einer gekürzten Fassung, ohne die Beiträge von Paul Veyne und mit dem Namen von Michel Foucault (der immerhin, das ist schon richtig, sehr gut an seinem Stil zu erkennen ist).

Was mir jedenfalls wesentlich zu sein scheint, ist das Auftauchen dieses Begriffes der Freundschaft, der im Mittelpunkt von Foucaults Reflexion über die Homosexualität steht. War das ein Wiederauftauchen der aristotelischen »philia« aus der *Nikomachischen Ethik*? In diesem Falle wäre auch der Begriff Lust aus dieser Sicht zu überdenken. War das die Freudsche Freundschaft als Trägerin von verdrängten oder bewußt unterdrückten Sexualtrieben? War das der Name, den Foucault neuen Formen von menschlichen Beziehungen gab, in denen auch das Geschlecht eine andere Rolle spielt? Die sexuelle Beziehung ermöglichte eine gesellschaftliche Reorganisation: sie war auf der einen Seite nicht mehr dem Schema der Ehe (mit dem Schwerpunkt der Fortpflanzung) und auf der anderen Seite nicht mehr der Verwerflichkeit preisgegeben. Die Besonderheit dieser neuen Form von Freundschaft bestand darin, den Gegensatz Ehe – Bordell oder den heterosexuellen Konformismus und die Verdrängung von verbotenen (ganz gleich, ob hetero- oder homosexuellen) Lüsten auszuschließen und gleichzeitig den Fluchtweg der Freundschaft in Stil von »Gefühlsduselei« zu vermeiden. Die moderne Homosexualität wurde zu einem Mittel, um einen neuen gesellschaftlichen Spielraum zu definieren, der den verschiedenen Karikaturen ein Ende machen würde, deren Opfer der Homosexuelle klassischer Form war – mit den verschiedenen menschlichen Typen, die in der Literatur und im Kino noch ihr Unwesen trieben, zwar mit mehr oder weniger Finesse, manchmal auch mit viel Subtilität, aber die auf keinen Fall der neuen gesellschaftlichen Umgebung entsprachen, wie Foucault sie sich erträumte und wie sie vor allem die amerikanischen Militanten erträumten – aber auch mit der Einförmigkeit des Ehemodells und der höchst unbefriedigenden Form von Männerfreundschaften.

Indem Foucault den Begriff der Freundschaft in den Vordergrund stellte, zeigte er, daß die Analyse von sexuellen Verhaltensweisen, die mit der Identität verbunden sind (wie sie die Psychiatrie, die Medizin, die Justiz und die Polizei etabliert hatten), ihn nicht nur nicht interessierte, sondern auch völlig fehl am Platz war und daß die Stärke von homosexuellen Beziehungen (zwischen Männern oder zwischen Frauen) nur darin bestehen konnte, neue Beziehungsnetze zwischen den Menschen zu erfinden. Die Lust, die zwei menschliche Wesen sich verschaffen, ganz gleich in welcher Form, begründet kein gesellschaftliches Modell. Daher seine Ablehnung des Bildes vom jungen Schwulenpaar. Pasolini hat dieses Bild ebenso verabscheut. Ebenso Genet. Die Gefahr, die eine solche Schwärmerei für diese »Freundschaft« darstellte, bestand offensichtlich darin, daß sie wieder an bestimmte leidenschaftlich-jugendliche Freundschaftsvorstellungen anknüpfte und somit auch an die Verdrängung. Foucault beharrte in anderen Interviews übrigens auch auf weniger sozialisierbaren Formen von Sexualität (wie etwa sadomasochistischen Beziehungen) oder von Lust (wie etwa dem Gebrauch von Drogen).

Man kann sich natürlich fragen, wie Foucault die Legalisierung der »Homosexuellenehe« aufgenommen hätte. Er hat sich darum bemüht, die öffentliche Anerkennung von homosexuellen Beziehungen in die Gesetzgebung zu integrieren. Aber hätte er auch die heftige Kritik geteilt, die Pierre Bourdieu am Ende von *La Domination masculine*[8] an dieser Legalisierung formuliert hat? Laut Bourdieu ist die Homosexuellenehe auf seiten der Homosexuellen ein Verzicht auf die Kräfte der Subversion, deren Träger sie gegen die herrschende Norm sind. Ich meine, daß Foucault pragmatischer gewesen wäre. Die Existenz eines neuen Modells der Ehelichkeit, die auch homosexuelle Paare einschließt, bedeutet nicht, daß dieses

8 Siehe meine Antwort auf dieses Kapitel: »Un mariage moderne«, in: *La Nouvelle Revue française*, September 1999.

Modell allen aufgezwungen wird, die es betrifft. Sie ist im Gegenteil eine Art und Weise, die herrschende Norm (die heterosexuelle Ehe) zu schwächen, indem ihr Privileg als Monopol abgeschafft wird.

Aber die Prosaik der ehelichen Situation, die die gesellschaftliche Integration von Männer- oder Frauenpaaren beinhaltet, könnte, wie Bourdieu meint, die transgressive Kraft der homosexuellen »Flatterhaftigkeit« untergraben. Genau genommen, sollte man laut Foucault die homosexuelle Kreativität nicht in Begriffen wie *Transgression* oder *Emanzipation* denken, sondern eher als *Erfindung*. Es gibt ein homosexuelles Projekt, das (wie er in mehreren Interviews gesagt hat) nicht mehr als defensive Reaktion auf die Konstruktion des Begriffs Homosexualität, die Konstruktion der homosexuellen Typologie verstanden werden sollte. Auf alltäglicher und psychologischer Ebene braucht dieser Kampf nicht mehr geführt zu werden. Sichtbarkeit oder Unsichtbarkeit sind übrigens auch kein Problem mehr. Jeder hat das Recht, darüber zu entscheiden, wie er sich in die Gesellschaft einfügen will. Ich glaube, was Foucault anstrebte – und zwar quer zu den amerikanischen Modellen und insbesondere quer zur Dichotomie (die er sich zu eigen gemacht hatte) zwischen dem »boy friend«, dem Herzensfreund, dem Alltagsfreund, dem wahren Lebensbegleiter, mit dem Freud und Leid geteilt wird, und dem »lover«, dem Partner für die Lust, mit dem keine Identitätsverschmelzung, sondern eher eine Lusttechnik gesucht wird, die mit dem zusammenhängt, was er später die »Sorge um sich« (*souci de soi*) oder sogar »die Kunst der Sorge um sich« (*l'art de soi*) genannt hat –, was er also anstrebte, war die Definition einer Lebensweise, die es ermöglicht, sich von der Strenge der gesellschaftlichen Keimzelle der Familie zu befreien. Der Sex braucht nicht mehr gerechtfertigt werden: weder durch die Konstruktion einer psychologischen Identität noch durch die Schaffung eines gesellschaftlichen Mikroorganismus, in dem die Unzucht sozusagen durch das wirtschaftliche Kleinunternehmen, das ein Paar oder gar eine Familie darstellt, oder durch das Gefühl geläutert wird. Damit der Sex frei von jedem Identitätsverdacht sein kann, muß er voll und ganz seine autonome Funktion entfalten, die zwar durch gefühlsmäßige Zärtlichkeit erworben werden kann, ihr aber nicht mehr unterworfen ist. Nur um diesen Preis würde er es dem Individuum, das einen solchen Gebrauch davon machen würde, ermöglichen, sich frei zu konstituieren – mit der Freiheit eines Künstlers seiner selbst (*d'un artiste de soi*).

Aus dem Französischen von Ronald Voullié

Pravu Mazumdar

Repräsentation und Aura: Zur Geburt des modernen Bildes bei Foucault und Benjamin

Man könnte das Folgende als ein Leseexperiment betrachten: im Sinne einer Anzahl von Eingriffen in eine diskursive Materie und der anschließenden Beobachtungen der dadurch ausgelösten Wirkungen. Das liefe auf ein Verfahren der *diskursiven Zusammenziehung* hinaus, das Aussagen aus unterschiedlichen diskursiven Kraftfeldern aufliest und zu einer erkennbaren Figur verdichtet. Gemäß einem solchen Verfahren versuche ich, gewisse Aussagen über Bilder, die zu unterschiedlichen Zeiten und in unterschiedlichen Zusammenhängen bei Foucault und Benjamin auftauchen, aufeinander zu beziehen und die Transformation sichtbar zu machen, aus der das moderne[1] Bild hervorgeht.

Es läßt sich natürlich nicht leugnen, daß dabei zwei unterschiedliche und vielleicht unvereinbare Theorien herangezogen werden. Doch muß das kein Unglück sein, vorausgesetzt, man versteht unter Theorie eine *Perspektive*, d. h. eine bestimmte und begrenzte Ansicht einer Sache. Ob allerdings ein solches Experiment im Hinblick auf die Sache selbst weiterbringt, ob der daraus hervorgehende Doppelblick besser, reicher oder weiter sehen läßt, wird nicht im voraus zu klären sein.

Benjamin und Foucault liefern zwei Bilder jener Revolution, aus der die industrielle Moderne hervorgegangen ist. Benjamins Bild der Revolution beinhaltet eine Revolution des *Bildes*, die vom allgemeinen Prozeß der Industrialisierung des Lebens im 19. Jahrhundert ausgelöst wurde. Diese Revolution trägt den Titel *Verlust der Aura*. Sie besteht darin, daß das Bild in einem ungeahnten Maße reproduzierbar wird und damit seine Aura verliert. Der Einsatz des Aurabegriffs macht also die industrielle Revolution des Bildes auf eine bestimmte Weise sichtbar. Gewissermaßen schreibt Benjamin damit ein Kapitel eines heute noch fortzuschreibenden Buches etwa mit dem Titel: *Gott und die industrielle Revolution*.

1 Unter »modern« verstehe ich jene Epoche, die gegen Ende des 18. Jahrhunderts einsetzt und die bei Foucault die »Epoche des Menschen« heißt.

Foucaults Bild der Revolution, gleichsam der Inhalt eines anderen Kapitels aus demselben Buch, impliziert eine Revolution des *Diskurses* am Ende des 18. Jahrhunderts. Diese Revolution wird erst durch den Einsatz einer »archäologischen« Zeichenontologie sichtbar. Der Diskurs, zu dessen Elementen sowohl Bilder als auch Wörter gehören, beruhte in der »klassischen Epoche« auf der Figur der Repräsentation. Das Sein meldete sich in einer Vielzahl der Repräsentationen, die sich im Element des klassischen Wissens zu einer Ordnung fügten. Zu Beginn der industriellen Moderne aber ging die Transparenz der Repräsentation verloren und mit ihr die Einheit des Diskurses. Foucaults Bild der Revolution trägt also den Titel *Verlust der Transparenz der Repräsentation*, kurz: *Verlust der Transparenz.*

Verlust der Aura, Verlust der Transparenz: ein doppelter Verlust oder ein einziger? Ich will im folgenden versuchen, diese zwei Bilder der Revolution miteinander in Beziehung zu setzen.

1. Vom Bild als Repräsentation zum Bild als Objekt[2]

In Foucaults Archäologie der Humanwissenschaften vollzog sich eine neuartige[3] Distanzierung von der Figur der Repräsentation, die so sehr zum wissenschaftlichen Alltag gehört hatte und zum Teil noch gehört, daß sie beinahe unsichtbar gewesen war. Erst durch diese Distanzierung, oder eher *Problematisierung*, konnte die Repräsentation als solche sichtbar werden: als eine *kontingente* Denkfigur, die noch vor der Schwelle der industriellen Revolution eine gesamte Landschaft des Wissens zu fundieren vermochte.

Im allgemeinen funktioniert die Archäologie als eine ›Ausgra-

2 Aus systematischen Gründen sehe ich mich genötigt, die chronologische Folge umzukehren und Foucault vor Benjamin zu behandeln. Das hat sich im Verlauf dieser parallelisierenden Lektüre aufgedrängt, da der Begriff der Aura stärker vom Begriff der Repräsentation profitiert als umgekehrt. Die bekannte Dunkelheit des Benjaminschen Aurabegriffs geht auf die darin implizite Voraussetzung einer Ontologie der Zeichen zurück, von der erst die Zeichen als diskursive *Kräfte* offenbart werden können. Eine solche Ontologie der Zeichen wird aber erst in Foucaults Archäologie ausgearbeitet.

3 Die archäologische Distanzierung von der Repräsentation erscheint als neuartig vor dem Hintergrund der herkömmlichen transzendentalphilosophischen Distanzierung, die sich in der Frage nach der *Rechtmäßigkeit* (und nicht dem Sein) der Repräsentation erschöpft.

bung‹ der historischen Seinsweisen der Zeichen. Es geht ihr darum, das bereits Gesagte zusammenzutragen und *als Gesagtes* noch einmal zu sagen und somit sichtbar zu machen. Ebenso wie der ideengeschichtlichen Historiographie geht es auch der archäologischen Lektüre um eine Aufzeichnung des bereits Gesagten. Doch werden dabei die vergangenen Aussagen nicht nur in ihrem Inhalt oder ihrer Form aufgelesen, sondern im Ereignis ihres bloßen Ausgesprochenseins. Dieses Verfahren der »réécriture«,[4] wie Foucault es nennt, läßt eine Reihe neuartiger Zusammenhänge in Erscheinung treten, allen voran das sogenannte klassische Wissen selbst in seiner spezifischen epistemischen Verfaßtheit. Im Zuge des archäologischen Verfahrens der wiederschreibenden Freilegung tritt das uns heute fremd gewordene klassische Wissen zwischen zwei Epochenschwellen zutage. Diese Schwellen gestatten erst, das klassische Wissen in seiner archäologischen Kontingenz zu definieren. Durch sie erst wird die klassische Epoche von der ihr vorausgehenden und der ihr nachfolgenden Epoche epistemisch unterscheidbar.

An der ersten Schwelle geht das klassische Wissen aus dem Zusammenbruch der Wissenswelt der Renaissance hervor, genauer: aus der Spaltung der Figur der *Ähnlichkeit*, die im 16. Jahrhundert das Unsichtbare mit dem Sichtbaren verbunden und dem Wissen seine Konsistenz verliehen hatte. Aus den Spaltprodukten der Ähnlichkeit organisiert sich die Figur der *Repräsentation*, die auf neue Weise das Unsichtbare ans Licht bringt: nicht kraft seiner Ähnlichkeit gegenüber einem Sichtbaren, sondern kraft seines Vermögens, von einem Sichtbaren *vertreten* zu werden. Die neue Auffassung von Erkenntnis beruht darauf, daß eine sichtbare Sache *für eine andere, unsichtbare zu stehen* vermag.

An der zweiten Schwelle findet der Zusammenbruch des klassischen Wissens statt. Dieser wird dadurch ausgelöst, daß die Repräsentation jene vollkommene Transparenz verliert, die den Blick der Erkenntnis ungehindert zum Objekt der Erkenntnis gleiten ließ. Das hat weitreichende Konsequenzen für die Seinsweise des modernen Bildes.

4 Die Archäologie ist nicht mehr und nichts anderes als eine Wiederschreibung: »Elle n'est rien de plus et rien d'autre qu'une réécriture: c'est-à-dire dans la forme maintenue de l'extériorité, une transformation reglée de ce qui a été déjà écrit.« (Michel Foucault, *L'archéologie du savoir*, Paris 1969, S. 183; dt.: *Archäologie des Wissens*, Frankfurt am Main 1973).

Doch impliziert der archäologische Befund keineswegs etwa die schlichte epistemische Inaktualität der Figur der Repräsentation in der nachklassischen Wissensepoche. Auch im Zeitalter des Menschen spielt die Repräsentation eine entscheidende Rolle bei der Arbeit des Wissens. Kippt die klassische Episteme dennoch am Ende des 18. Jahrhunderts, dann nicht etwa, weil die Figur der Repräsentation plötzlich verschwindet, sondern lediglich weil sie ihre Transparenz verloren hat und es infolgedessen zu einem radikalen Wandel der inneren Beziehung zwischen der Seinsweise der Zeichen und der Figur der Repräsentation kommt.

Welche Rolle spielt die Repräsentation in der klassischen Wissenswelt? Die Archäologie sieht in ihr den spezifisch klassischen Modus der Erschlossenheit des Seienden. Repräsentieren heißt Denken, und das repräsentierende Denken offenbart das Seiende als eine Verteilung zwischen einer repräsentierenden Idee und einem repräsentierten Objekt. Daß die Idee das Objekt repräsentiert, besagt zunächst, daß die Idee selbst nicht Objekt sein kann und von sich selbst ablenken muß, um damit erst ein von ihr unterschiedenes Objekt zu offenbaren. Paradoxerweise *sieht* man also die Idee, gerade um sie *nicht zu sehen*, sondern etwas anderes, das sich in ihr repräsentiert findet. In einem Wort: Die wahre Repräsentation ist vollkommen transparent für das repräsentierte Objekt. Sie ist – in Descartes' Terminologie – *klar*.

Wenn nun aber die Repräsentation vollkommen transparent ist, wenn man also durch die Repräsentation hindurch gleich das repräsentierte Objekt vernimmt, wie kommt es überhaupt zum Eindruck, daß nicht das Objekt selbst, sondern eine *Repräsentation* des Objekts vorliegt? Was macht das Fenster der Repräsentation, trotz seiner Durchsichtigkeit, sichtbar? Die Erklärung dafür liegt in der klassischen Seinsweise des Zeichens, das kein eigenes Sein hat, sondern eher den Charakter eines der Repräsentation eingebauten Spiegels, in dem sich die Repräsentation selbst reflektiert findet und damit in die Sichtbarkeit gelangt. Wird das Objekt erst in der Repräsentation sichtbar, so wird die Repräsentation selbst erst durch den Einsatz des Zeichens sichtbar. Das klassische Zeichen funktioniert als eine Doppelung der Repräsentation, in der gleichzeitig das Objekt der Repräsentation und die Repräsentation selbst sichtbar werden. In diesem Sinne zeigt ein Bild nicht nur das Abgebildete, sondern auch die Tatsache, daß es als ein *Bild* vorliegt. Wäre das nicht so, dann würde man stets das Bild eines Dings mit dem Ding selbst verwechseln. In Descartes' Terminologie wird also die Repräsentation durch den Einsatz des Zeichens *klar* und *deutlich*.

Diese Beziehung der Doppelung der Repräsentation wird von der Archäologie geradezu als eine Definition des klassischen Zeichens vorgeführt. In ihr finden sich das Zeichen und das Denken miteinander wesentlich verflochten. Sobald aber die prinzipielle Transparenz der Repräsentation in Frage steht, wird auch die klassische Seinsweise des Zeichens zum Problem. Als die Fähigkeit der Repräsentation, sich selbst repräsentierbar zu sein, gerinnt das Zeichen zur Dichte eines Erkenntnishindernisses im Herzen des Denkens. Das impliziert eine Zertrümmerung der Doppelung der Repräsentation und in der Folge eine Gesamterschütterung des klassischen Diskurses.

Für die Sprachzeichen, d. h. die Erschlossenheit des Sagbaren, besagt das den Verlust der ontologischen Einheit der Sprache. Mit der Trübung der Repräsentation in der Epoche Kants nimmt die Sprache vier unterschiedliche und unvereinbare Seinsweisen an, im Rahmen der Versuche, die Repräsentation erneut durchsichtig zu machen und in den Dienst der Erkenntnis zu stellen.[5] Für die Bildzeichen, d. h. die Erschlossenheit des Sichtbaren, besagt die Trübung der Repräsentation den Verlust der ontologischen Einheit des Bildes. Das Bild zerstreut sich, das einzelne Bild verwandelt sich in eine Masse der Reproduktionen, während das Original technisch und diskursiv zusehends in den Hintergrund gerät. Diese Zerstreuung des Bildes geht auf einen Anlaß und eine Ursache zurück. Den historischen Anlaß dafür bieten die *neuen Reproduktionstechniken* zu Beginn der industriellen Revolution des Bildes. Die diskursive Ursache dafür ist die *Trübung der Repräsentation* am Ende des 18. Jahrhunderts.

Übersieht man den Gesamtraum von Foucaults Reflexion über Kunst, so fällt auf, daß darin zwei moderne Maler in besonderem Maße vorkommen: Manet und Magritte. Das kleine Buch über Magritte handelt vornehmlich von Wechselbeziehungen zwischen Bild und Sprache, deren gezielter Einsatz die klassische Unterscheidung zwischen der Ähnlichkeit des Bildes und dem Unterschied

5 Sie erscheint zugleich als Objekt (1) der *Philologie*, (2) der *Formalisierung*, (3) der *Interpretation* und (4) als das nichtobjektive, dinghafte und selbstbezügliche *literarische Wort*.

sprachlicher Referenz sprengt und damit eine wesentliche Voraussetzung des traditionellen ikonischen Illusionismus ins Schwanken bringt.[6] Zu den grundlegenden Transformationen aber, aus denen das moderne Bild hervorgeht, gehört der Übergang vom repräsentationalistischen Bild zum Bild als Objekt. Das Bild hört gewissermaßen auf, ein durchsichtiges Fenster zu sein. Es ist nicht mehr eine Sehhilfe im Hinblick auf die Wahrheit eines transzendenten Objekts. Es ist statt dessen ein undurchsichtiger Gegenstand, der dem Blick Einhalt gebietet. Das Bild als Blickbahn verwandelt sich in das Bild als Sackgasse für den Blick. Diese Transformation tritt mit besonderer Deutlichkeit hervor, wenn man Foucaults Besprechungen von Velázquez und Manet nebeneinanderstellt.

Es ist bekannt, aus welchem Grund die archäologische Bildwahl in *Die Ordnung der Dinge* gerade auf *Las Meninas* von Velázquez (siehe Abb. auf S. 71) fällt. In diesem Bild findet sich in mustergültiger Weise die Repräsentation selbst repräsentiert: in all ihren Elementen und Bezügen, die in dem Bild gleichsam eingewickelt liegen und erst von der Bildbeschreibung auseinandergefaltet werden. Zu Beginn des Buches, an der Schwelle zur eigentlich archäologischen Erzählung vom Aufstieg und Fall der Repräsentation, schwebt diese Bildbeschreibung in ihrer kreisenden Artikulation des Augenblicks der Repräsentation. Damit wird einleitend die Zeitlichkeit des Diskurses von der Gleichzeitigkeit des Bildes verdoppelt.

Was aber an der Bildanalyse sofort auffällt, ist, daß sie einen Ort *außerhalb des Bildes* als die Mitte bestimmt, von der aus sich das Bild organisiert. Dieser Ort, an dem das Auge des Betrachters ruht, ist zugleich ideal und real: ideal, insofern er als eine Fortsetzung des Repräsentationsgehalts des Bildes fungiert, und real, da von ihm ausgehend die Repräsentation erst möglich wird. Deshalb kann er auf drei unterschiedliche Weisen besetzt werden: vom realen Maler im Augenblick der Herstellung des realen Bildes; vom Modell, das vom im Bild repräsentierten Maler gerade porträtiert wird; und vom realen Betrachter, der das Bild anschaut.

Damit wird dieser Ort vom Sein drei unterschiedlicher Seienden besetzt: vom Sein des Malers, sofern das Bild *als Bild* erscheint und im Augenblick seiner Fertigstellung gleichsam ein letztes Mal vom Maler betrachtet wird; vom Sein des Modells, sofern das Bild *nicht*

6 Michel Foucault, *Dies ist keine Pfeife*, München u. a. 1997, S. 25.

als Bild erscheint, sondern als Realität des in ihm Repräsentierten, darunter auch des dargestellten Malers, der diesen dem Bild äußeren Punkt anblickt und das darin befindliche Modell porträtiert; und schließlich vom Sein des Betrachters, sofern das Bild erneut *als Bild* erscheint, aber in einem beliebigen Augenblick *nach Beendigung* seiner Anfertigung, so daß es nicht mehr gemalt, sondern nur noch betrachtet werden kann. Damit hat das klassische Bild im allgemeinen eine dreifache Beziehung zum Sein. Erstens zum *repräsentierenden* Sein des Malers: Damit ist das Bild eine Repräsentation *durch* den Maler. Zweitens zum *repräsentierten* Sein des Modells: Damit ist das Bild eine (in *Las Meninas* unsichtbare) Repräsentation *des* Modells. Drittens zum repräsentierenden Sein des Betrachters: Damit ist das Bild Ausgangspunkt seiner eigenen Repräsentation *durch* den Betrachter. Der Maler repräsentiert das Sein des Modells. Der Betrachter hingegen repräsentiert ein Bild.

Von diesem dem Bild äußeren Ort des Seins aus ist also das Bild in einer dreifachen Beziehung eingebettet: als gemaltes Bild, als Realität und als Bild des Bildes im Auge des Betrachters. Damit birgt dieser Ort vor dem Bild potentiell alle drei ontologischen ›Quellen‹ des klassischen Zeichens: den *repräsentierenden* Blick des Malers, den *repräsentierten* Blick des Modells und die *Doppelung der Repräsentation* im Blick des Betrachters, dem das Bild *als Bild* erscheint. Beides: die Repräsentation und ihre Doppelung im Bild finden sich an diesem Ort untrennbar verwoben. Gleichsam als Spiegel dieser dreifachen Verknotung stellt das Bild selbst in seinem eigenen inneren Bildraum diese drei Beziehungen zum Sein anhand von drei Gestalten dar. Der Maler findet sich vor der Leinwand dargestellt, mit dem Pinsel in der Hand; das Modell findet sich als das Spiegelbild im Bildhintergrund dargestellt; und der Betrachter als der zufällige Besucher im Bildhintergrund neben dem Spiegelbild, an der Schwelle zum Raum des Ateliers.

Entscheidend ist dabei die Tatsache, daß das klassische Bild einem *Ort* und nicht einem eindeutig Seienden, einem Subjekt oder einem Objekt, zugewendet ist. Dieser Ort vor dem Bild gehört konstitutiv zum Bild selbst, als der Ort der Doppelung der Repräsentation, an dem ein betrachtend-betrachtetes Auge ruht und die Repräsentation selbst *als Repräsentation* sichtbar wird. Seine Besetzung ist zwar variabel. Mal ist es das Auge des Malers, mal des Modells, mal des Betrachters, das ihn ausfüllt. Doch, während diese drei Gestalten ein- und ausziehen, bleibt der Ort selbst der konstante Bezugspunkt, dem das Bild zugewendet ist und von dem her es seine ikonische Ordnung bezieht. Der Ort vor dem Bild erscheint als der Sitz einer seltsamen ikonopoetischen Kraft, die gleichsam an den Blicken der Figuren im Bild zieht und ihre Köpfe dreht, bis sie sich diesem Ort zugewendet finden.

Mit diesem Ort entdeckt Foucault, was man das *Sein des Bildes* nennen müßte. Das Bild lebt nicht nur von der Funktion des Verweises auf das repräsentierte Ding. Es erschöpft sich nicht in der Relation zwischen Bezeichnendem und Bezeichnetem. Vielmehr schwingt mit dem Bild notwendigerweise so etwas wie ein *Raum* mit. Nicht der Raum *im* Bild, in dem die repräsentierten Dinge koexistieren, sondern der ontologische Raum, in dem das Bild selbst existiert. Folglich ist die Bedingung der Möglichkeit des Bildes nicht bloß das existierende Ding, das sich im Bild verdoppelt findet. Die ontologische Voraussetzung des Bildes ist in erster Linie die Beziehung zwischen dem Bild und einem ihm äußeren Ort, von dem aus es gemalt und betrachtet werden kann und auf den die Linienführung des Bildraums und dessen innere Geometrie verweisen. Das Bild von Velázquez, das Foucault als die »manifeste Essenz«[7] der klassischen Repräsentation bezeichnet, *öffnet* sich diesem Ort wie eine reife Frucht und bezieht erst von ihm her seine Existenz.

Bei Manet wird diese *Offenheit* des klassischen Bildes schrittweise zurückgenommen. Nach hinten wird das Bild abgedichtet, so daß der Bildraum flach wird. Der Ort vor dem Bild, dem sich das Bild ehemals öffnete, wird ersetzt durch ein gleißendes frontales Licht, von dem sich die opake Oberfläche des Bildkörpers beschienen findet. Ich beziehe mich auf den bei Merve erschienenen tunesischen Vortrag Foucaults,[8] der trotz der editorischen Unsicherheiten[9] die archäologische »Logik« der eben erst skizzierten Geschichte des modernen Bildes erkennen läßt.

Foucaults Lektüre der Bilder Manets besteht im Auflesen all der in den Bildern eingestreuten Hinweise, die sich zu der Aussage verdichten: »Dies hier ist ein Bild, und als Bild nichts weiter als ein Objekt unter anderen: ein rechteckiges Objekt, undurchsichtig und an der Oberfläche bemalt, mit einer Vorder- und Rückseite versehen,

7 Michel Foucault, *Die Ordnung der Dinge*, Frankfurt am Main 1971, S. 45.

8 Michel Foucault, *Die Malerei von Manet*, Berlin 1999.

9 Ebd., S. 62.

von vorne von einem Außenlicht beleuchtet und auf eine Mehrzahl möglicher Standorte bezogen, von denen aus dessen Bemalung zu sichten ist.« Durch seine gegenständliche Darstellung hindurch bezieht sich das Bild bei Manet auf sich selbst. Sein fernster und nächster Gegenstand ist nicht die Welt, sondern das Bild selbst. Am Ende seines Vortrags resümiert Foucault: »Manet hat gewiß nicht die nicht-repräsentative Malerei erfunden, da alles bei ihm repräsentativ ist. Aber er hat in die Darstellung die materiellen Grundelemente der Leinwand einbezogen. Er war im Begriff, das Bild als Objekt, die Malerei als Objekt zu erfinden. Das war die grundlegende Bedingung dafür, daß man sich eines Tages ganz von der Repräsentation löste und die Fläche lediglich mit ihren Eigenschaften, ihren materiellen Eigenschaften spielen ließ.«[10] Diese Eigenart des Bildes beschränkt sich jedoch nicht auf Manet: ihre innerste Tendenz beseelt die unterschiedlichsten Richtungen der Kunst des 20. Jahrhunderts. Die Erfindung des Bildes als Objekt ist nach Foucault »der Kern der großen Veränderung, die von Manet in der Malerei bewirkt wurde«.[11]

Doch ist der Ausdruck »Bild als Objekt« nicht eindeutig. Er kann erstens bedeuten, daß ein Bild zum *historischen Gegenstand* eines anderen Bildes wird. Im Sinne dieser ersten Art von Bildobjektivität werden die Bilder der Tradition zu Objekten der Bilder Manets, die keine »Replik auf Giorgione, auf Raphael und Velázquez [sind, Verf.], sondern (...) eine neue substantielle Beziehung der Malerei auf sich selbst (...) bezeugen«.[12] Das Bild als Objekt kann aber auch bedeuten, daß die *Physis des Bildträgers* zum Gegenstand des darauf gemalten Bildes wird. Dieser zweiten Art von Bildobjektivität gilt Foucaults Aufmerksamkeit in seinem tunesischen Vortrag über Manets Bildobjekte. Dort beobachtet und beschreibt er den systematischen Prozeß, von dem Manets Malweise durchdrungen ist und in dem die Leinwand anfängt, »in ihrer Physis in Erscheinung zu treten und all ihre Eigenschaften in seine [Manets, Verf.] Darstellungsweise einzubeziehen«.[13] Drittens ist unter Objektivität des Bildes zu verstehen, daß das Bild als Original zum Objekt des Bildes als Reproduktion wird, womit sich das Original tendenziell in eine

10 Ebd., S. 47.

11 Ebd., S. 10.

12 Michel Foucault, *Schriften zur Literatur*, Frankfurt am Main 1988, S. 161.

13 Foucault, *Die Malerei von Manet*, a.a.O., S. 46 f.

Masse der Reproduktionen verwandelt. Zur Beschreibung dieser dritten Art von Bildobjektivität hat Benjamin den Begriff der Aura eingeführt. Doch wird darauf noch zurückzukommen sein. Soviel steht bis jetzt aber fest: allen drei Bedeutungen von Bildobjektivität ist gemeinsam, daß das Kunstwerk nicht mehr primär das ›transzendente‹ Sein eines Gegenstandes repräsentiert, sondern das ›transzendentale‹ Sein des Kunstwerks.

In Manets Bildern erscheint also primär nicht die ferne Welt, sondern das Bild selbst. Am Objekt gewordenen Bild erschaut man nicht mehr die »einmalige Erscheinung einer Ferne, so nah sie sein mag«. Man könnte Foucaults tunesische Erörterungen in Benjamins Terminologie zusammenfassen: Bei Manet ist das Bild im Begriff, seine Aura zu verlieren. Es sagt nichts weiter als: Dies ist ein Bild, bloß ein Bild. Manets Hinweise auf die zweidimensionale Materialität des Bildes bestehen erstens in der Abschneidung der Tiefenwirkung der Perspektivik der Repräsentation, so daß dadurch der Bildraum sich abflacht und die Figuren darin wie Reliefs in einem Fries herausragen. Die zwei Achsen der rechteckigen Leinwand kehren auf der Ebene des Bildinhalts als ein Spiel der Horizontalen und Vertikalen wieder. Zweitens signalisieren die Bilder Manets den Objektcharakter des Bildes anhand der Drehung der Blicke der Figuren nach vorne und nach hinten, ohne daß ihnen ein Gegenstand ihrer Betrachtung innerhalb des Raumes der Repräsentation beigegeben wäre. Drittens wird die Materialität des Bildes von der Lichtverteilung signalisiert, die den Gesamteffekt eines frontal einfallenden Lichts erzeugt, dessen Quelle sich außerhalb des Raums der Repräsentation befindet. Viertens signalisiert das Bild durch Modifikationen in Spiegelung und Perspektive eine Zerstreuung der Betrachterposition in eine Mehrzahl unvereinbarer Standorte, von denen aus die bemalte Leinwand zu besichtigen wäre. Alle diese Indizien liest Foucault in seinem tunesischen Vortrag an einzelnen Werken Manets auf.

Insgesamt konstituieren diese Effekte den Übergang vom Bild als Repräsentation zum Bild als Körper. Schrittweise verliert die Repräsentation ihre Transparenz und erlangt die Dichte eines Objekts. Und das Bild verwandelt sich in einen bemalten, opaken und flachen Quader, frontal beleuchtet von einem Licht, das in seiner sonnenlichtähnlichen Homogenität ein zutiefst modernes Licht ist.

Tendenziell sind bei Manet alle Lichtquellen aus dem Raum der

Repräsentation beseitigt. Die einzige gebliebene Lichtquelle ist genau dort, wo ehemals das Auge war. Dieses Licht ist keine jener begrenzten Lichtquellen, die imstande sind, die Intimität von Innenräumen zu beschwören, sondern eher eine technische Imitation des Sonnenlichts: jenes gleißende Scheinwerferlicht, das im Atelier der noch jungen Photographie den Dingen zu ihrer Sichtbarkeit verhilft. Dieses homogene frontale Licht an der Stelle des repräsentierenden, repräsentierten und betrachtenden Blicks funktioniert als ein neues, konstruktives Prinzip der Sichtbarkeit. *Wir* machen die Olympia nackt, sagt Foucault. Unser Blick *beleuchtet* ihre Nacktheit.[14]

An die Stelle des Spiegels im Herzen der Repräsentation tritt also die bemalte und opake Oberfläche und damit das objektive und beleuchtete Sein des Bildes. Der Blick, der uns aus dem Raum der Repräsentation entgegenblickte, hat seine auratische Tiefe verloren.[15] Das Bild hat sich gleichsam umgestülpt. Der Raum der Repräsentation ist nicht mehr tief, sondern flach, und die Figuren ragen reliefartig aus dem Hintergrund heraus. Das Bild zieht uns nicht mehr in seinen Illusionismus hinein. Es wölbt sich und ragt uns entgegen in seiner neu gewonnenen und bezeichneten Materialität.

2. Verlust der Aura

Vielleicht gehört es zu den allgemeinsten Effekten der Industrialisierung, daß die Dinge aufhören, einzeln zu existieren: sie verwandeln sich in Serien. Von dieser allgemeinen Tendenz der Dinge bleibt das Bild nicht ausgenommen, so daß sich jedes Bild im Zuge der Industrialisierung potentiell in eine Serie verwandelt. Im Kontext der technischen Reproduzierbarkeit des Kunstwerks heißt das:

14 Ebd., S. 37.

15 Der Blick, der aus dem Bildinneren heraustritt und den Ort des Betrachters bestimmt, ist wesentlich für das auratische Bild. Nach Benjamins spätester Bestimmung des Aurabegriffs im Aufsatz über Baudelaire ist das auratische Bild ein *blickendes* Bild: »Die Erfahrung der Aura beruht also auf der Übertragung einer in der menschlichen Gesellschaft geläufigen Reaktionsform auf das Verhältnis des Unbelebten oder der Natur zum Menschen. Der Angesehene oder angesehen sich Glaubende schlägt den Blick auf. Die Aura einer Erscheinung erfahren, heißt, sie mit dem Vermögen belehnen, den Blick aufzuschlagen.« (Walter Benjamin, *Charles Baudelaire*, Frankfurt am Main 1974, S. 142 f.).

das Original verwandelt sich in eine Masse der Reproduktionen.

Das Augenmerk Benjamins richtet sich auf diese Disposition, die von der industriellen Einstellung den Dingen zugrunde gelegt wird und sie dazu bewegt, sich in potentiell endlose Serien zu verwandeln. Benjamins Ergebnis ist bekannt: er sieht durch die Serialisierung des Bildes den Verfall der Aura ausgelöst, wobei er diesen Verfallsprozeß durchaus begrüßt, da er darin das implizit Revolutionäre und die Möglichkeit einer neuen Politik sieht.

Die Aura ist das Immaterielle an einem Kunstwerk, das genau dann verfällt, wenn sich die Materialität des originären Bildes in die Materialität der Reproduktion rettet. Entweder verfällt also die Aura, und die Materialität des Bildes findet sich in der Reproduktion ersetzt und erneuert. Oder die Materialität des Bildes verfällt und zeigt durch das jeweilige Stadium ihres Verfalls Alter und Originalität – und damit die Aura – des Bildwerks an. Aura und Materialität des Bildes können nicht gleichzeitig in Erscheinung treten.

An der konstitutiven Immaterialität der Aura liegt es denn auch, daß sie sich nur anhand der Kategorie der *Ferne* beschreiben läßt. Die Aura ist die »einmalige Erscheinung einer Ferne, so nah sie sein mag«.[16] Sie ist also erstens Ausdruck einer *irreduziblen Ferne*, die den Körper des Bildes und seinen Repräsentationsgehalt voneinander trennt; zweitens die *Erscheinung* einer Ferne, die aus dem Bildkörper hervorleuchtet und seine Materialität gleichsam überflutet; und drittens die *einmalige* Erscheinung einer Ferne, die in der Tiefe der Vergangenheit das Ereignis des Bildursprungs und den historischen Augenblick des erstmaligen und einmaligen Bildwerdens anzeigt und ihre geschichtlichen Spuren und Ablagerungen im Element der Bildmaterialität hinterläßt.

Ein »sonderbares Gespinst von Raum und Zeit«[17] ist sie also, wie Benjamin sie kennzeichnet, und dasjenige, was dem Bildwerk den Charakter einer unaufhebbaren Distanz verleiht. Denn keine Annäherung kann die auratische Ferne überwinden, und wenn man ganz dicht an das Kunstwerk heranträte und es sogar berührte, würde man lediglich Marmor, Leinwand oder Farbauftrag berühren, aber nicht die Aura. Diese auratische Unnahbarkeit sieht Benjamin im Kultcharakter des Bildes begründet. »Das *wesentlich* Ferne«, sagt

16 Walter Benjamin, *Das Kunstwerk im Zeitalter seiner technischen Reproduzierbarkeit*, Frankfurt am Main 1977, S. 15.

17 Walter Benjamin, »Kleine Geschichte der Photographie« in: ebd., S. 57.

er, »ist das Unnahbare. In der Tat ist Unnahbarkeit eine Hauptqualität des Kultbildes. Es bleibt seiner Natur nach ›Ferne so nah es sein mag‹. Die Nähe, die man seiner Materie abzugewinnen vermag, tut der Ferne nicht Abbruch, die es nach seiner Erscheinung bewahrt.«[18]

Mircea Eliade berichtet von der Heterogenität von Raum und Zeit in sakralen Kulturen.[19] Der Raum der religiösen Existenz ist organisiert nach privilegierten oder heiligen Orten, die gemäß der Logik des *templums* konstituiert sind: oft an höher gelegenen Orten und als Abbild des kosmischen Ganzen. Die Zeit ist organisiert gemäß den privilegierten Augenblicken der Feste, in denen ein primordialer Weltschöpfungsakt wiederholt wird, um den Kosmos zu erneuern. Eliade weist darauf hin, daß *templum* und *tempus* eine gemeinsame Etymologie aufweisen[20] und daß erst ihre Verknotung – dieses »sonderbare Gespinst von Raum und Zeit«, das nach Benjamin auch das Wesen der Aura ausmacht – die Bruchstelle markiert, an der die Transzendenz in das Leben der Menschen fluten kann. Diese Bruchstelle, könnte man sagen, gibt den ursprünglichen Ort des auratischen Bildes ab sowie die Quelle seines Kultwerts nach Benjamins Bestimmung. Kraft seiner Teilhabe an der auratischen Abgrenzung dieser heiligen Bruchstelle erlangt das Bild den Charakter der Einzigartigkeit und des Originals. Erst von dieser Teilhabe her bezieht das Original seine Autorität und Kraft. Ihm gegenüber verblaßt jede Kopie, da ihr diese Teilhabe fehlt. Mit der Säkularisierung und der Einführung der technischen Reproduzierbarkeit des Bildes wird der Unterschied zwischen heilig und profan eingeebnet. Die heilige Bruchstelle verschwindet und mit ihr der auratische Raum des Bildes. Damit verschwindet auch das einmalige Kunstwerk. An dessen Stelle erscheint der Streuraum der Kopie, der wuchernden und potentiell allgegenwärtigen Kopie, die im Haushalt und im Reisekoffer einer mobil gewordenen Menschheit ihre Stellung bezieht.

Das auratische Original repräsentiert *das Sein*. Die Quelle seiner Aura liegt genau darin, daß das Bild ein fernes und souveränes Sein *repräsentiert*, im Falle des Kultbildes: eine blickende Gottheit, die als

18 Ebd., S. 16.

19 Mircea Eliade, *Das Heilige und das Profane: Vom Wesen des Religiösen*, Frankfurt am Main 1984.

20 Ebd., S. 67 ff.

Bild nah, aber als Sein fern bleibt. Bedeutet nun Aura »einmalige Erscheinung einer Ferne, so nah sie sein mag«, so tritt im auratischen Bild mit dem Objekt die *Ferne* einer Gottheit in Erscheinung: die Ferne als unaufhebbare Distanz und *Band der Repräsentation*, das zwischen dem repräsentierenden Bild und dem repräsentierten Objekt unterscheidet, das also die Gottheit zugleich offenbart und von jeder repräsentierenden Bildmaterialität abhebt. Als Erscheinung der Ferne ist die Aura die *erscheinende Repräsentation*, die Doppelung der Repräsentation, in der sichtbar wird, daß das Bild nicht die Gottheit selbst, sondern eben nur ein Bild ist.

Zum Phänomen des auratischen Bildes gehört also (a) das Repräsentierte, d.h. die Gottheit, (b) die Repräsentation, d.h. das Bild, und (c) die Repräsentation der Repräsentation, d.h. die Aura, in der die Ferne als Unterschied zwischen Gottheit und Bild erscheint und in der sich die Repräsentation verdoppelt. Ist das repräsentierte Sein auch einmalig, so muß das Bild keineswegs einmalig sein: es kann mehrere Bilder desselben Seins geben. Aber die Aura des Bildes, als die Repräsentation der Repräsentation des einmaligen Seins, ist eine einmalige Erscheinung. Wenn das repräsentierte Sein einmalig ist, dann kommt der Erscheinung seiner Repräsentation auch dessen Einmaligkeit zu. Das also, was das traditionelle originäre Bild von einer modernen Reproduktion unterscheidet, ist seine Aura: die einmalige Erscheinung der Tatsache, daß ein beliebiges Bild das einmalige Sein der Gottheit repräsentiert.

Im Unterschied zum auratischen Original hingegen repräsentiert eine Reproduktion nicht das Sein sondern *eine Leistung*. Die Vorlage der Reproduktion ist nicht das einmalige göttliche Sein, sondern bestenfalls das Original: ein originäres Bild des einmaligen Seins. Die Reproduktion repräsentiert also nicht das Sein direkt. Sie repräsentiert aber auch nicht das Sein des Bildes, denn sie offenbart nicht das Bild *als* Bild. Sie benutzt das Original gleichsam als Pforte zu einem Sein, das zwar in der Reproduktion mitrepräsentiert wird, aber nicht als Ergebnis ihrer eigenen Repräsentationsleistung. Die der Reproduktion eigene Repräsentationsleistung bezieht sich ausschließlich auf das Bildoriginal und bildet dessen Repräsentationsleistung ab. Die Reproduktion repräsentiert also in erster Linie nicht das Sein, auch nicht das Sein des Bildes, sondern die Leistung des Originals, durch die erst auch in der Reproduktion das Sein sichtbar wird. Die Reproduktion repräsentiert nicht die Gottheit, sondern den Blick des Originals auf die Gottheit, unterschlägt jedoch, daß es sich dabei um einen *Blick* handelt.

Da eine Reproduktion nicht das Sein, sondern die Leistung des Repräsentierens repräsentiert, fehlt in ihr das repräsentierte Sein. Das Repräsentierende ist ein Bild, das Repräsentierte ist auch ein Bild samt seiner Repräsentationsleistung. Beide Pole der Repräsentation sind Bilder, so daß es weder einen ontologischen Niveauunterschied zwischen ihnen gibt noch die auratische Sichtbarkeit dieses Unterschieds in der gedoppelten Repräsentation. Bei der Reproduktion eines Originals gibt es weder die unaufhebbare »Ferne« zwischen Bildoberfläche und Sein, noch die »einmalige Erscheinung« dieser Ferne. Deshalb entfällt bei ihr die Aura.

In diesem Sinne birgt jede Reproduktion einen Säkularisierungseffekt in sich. Denn: an die Stelle des repräsentierten göttlichen Seins tritt die endliche Subjektivität der bildenden Leistung des Originals und damit auch diejenige seines empirisch einmaligen Urhebers, des Künstlers. »In dem Maße«, sagt Benjamin, »in dem der Kultwert des Bildes sich säkularisiert, werden die Vorstellungen vom Substrat seiner Einmaligkeit unbestimmter. Immer mehr wird die Einmaligkeit der im Kultbilde waltenden Erscheinung von der empirischen Einmaligkeit des Bildners oder seiner bildenden Leistung in der Vorstellung des Aufnehmenden verdrängt.«[21] Säkularisierung des Kultwerts des Bildes bedeutet also die Verschiebung des »Substrats seiner Einmaligkeit« von der Ebene der *transzendenten Ferne* des repräsentierten Seins auf die Ebene der *transzendentalen Nähe* des repräsentierenden Seins. Überspitzt gesagt, wäre damit gemeint: mit seiner Säkularisierung hört das Kunstwerk auf, *Repräsentation* zu sein, sie ist nur noch *Ausdruck*. Das Kunstwerk ist nicht länger ein Fenster, das man nur in der Doppelung sieht und durch das hindurch man auf das transzendente Sein blickt. Es ist statt dessen ein materielles Objekt, das die Spuren der transzendentalen Energie des endlichen Bildners trägt. Das Bild ist nicht länger eine Blickbahn: es ist Schöpfung eines Bildners und opake Zielscheibe des Betrachterblicks.

Mit der technischen Reproduzierbarkeit des Bildes aber verliert das Original sogar seine Autorität als Vorlage der Reproduktion. In Photographie und Film verschwindet das Original zusehends. Al-

21 Walter Benjamin, *Das Kunstwerk im Zeitalter seiner technischen Reproduzierbarkeit*, Frankfurt am Main 1977, S. 16.

lein vom Herstellungsverfahren her ist man nicht mehr auf ein Original angewiesen. Das Produktionsverfahren ist streng genommen ein Reproduktionsverfahren, das von vornherein auf Serien und Serialität des Produkts, in diesem Falle des Bildes, angelegt ist. Somit beinhaltet die technische Reproduktion des Bildes zwei unterschiedliche Schritte der Einebnung von Transzendenz. Erstens: die Einebnung der Transzendenz des repräsentierten Seins gegenüber dem repräsentierenden Bild. Diese erste Einebnung findet bei jeder einzelnen Reproduktion statt. Zweitens: die Einebnung der transzendentalen Rangordnung oder ›Autorität‹ des Originals gegenüber der Reproduktion. Diese zweite Einebnung findet bei der technischen Herstellung von Serien der Reproduktionen statt. Die doppelte Einebnung beinhaltet eine doppelte Säkularisierung, die zu den wesentlichsten Effekten der technischen Reproduktion des Kunstwerks gehört.

Insgesamt geht es bei der Reproduktion um einen tiefen Eingriff in die materielle Dauer des auratischen Kunstwerks. Die Reproduktion bewirkt einen Abbruch des Vorgangs des natürlichen Verfalls eines Originals. Sie sichert damit die Unsterblichkeit des Kunstwerks, aber um den Preis, daß (a) seine Einmaligkeit verlorengeht, während es sich in eine Masse der Reproduktionen verwandelt und (b) das ferne Original sich in der Reproduktion vergegenwärtigt, um damit *»dem Aufnehmenden in seiner jeweiligen Situation entgegenzukommen«*.[22] Die zwei Prozesse also, die von der Reproduktion ausgelöst werden, sind: *Vermassung* und *Allgegenwärtigung*. Beide Prozesse sichern die allgemeine Verfügbarkeit des Kunstwerks. Was dabei verschwindet, ist das Alter und das spezifische Verfallsstadium des Originals. Nicht die Einmaligkeit, sondern die Verfügbarkeit zählt, befindet Benjamin. Damit beschreibt er die Disposition des modernen Bildes, sich in Serien auseinanderzufächern. »Die Entschälung des Gegenstandes aus seiner Hülle, die Zertrümmerung der Aura, ist die Signatur einer Wahrnehmung, deren ›Sinn für das Gleichartige in der Welt‹ so gewachsen ist, daß sie es mittels der Reproduktion auch dem Einmaligen abgewinnt.«[23]

22 Ebd., S. 13.
23 Ebd., S. 15 f.

3. Schluß: Die Umbettung des Bildes

Was bei den Beobachtungen Foucaults und Benjamins über das moderne Bild auffällt, ist, daß es beiden nicht um die Autonomie des Bildwerks geht, sondern eher darum, das Bild in seinem spezifischen Sein, d. h. seiner Einbettung in Machtverhältnisse, in den Blick zu bekommen. Sowohl bei der Trübung der Repräsentation als auch beim Verfall der Aura verschwindet ein bestimmtes Abhängigkeitsverhältnis, in dem das Kunstwerk eingebettet ist: Abhängigkeit von der Repräsentation, Abhängigkeit vom kultischen Zusammenhang.

Nach Benjamin ist »die Einzigkeit des Kunstwerks (...) identisch mit seinem Eingebettetsein in den Zusammenhang der Tradition.«[24] Diese Einbettung im Kultischen ist nichts anderes als die Aura. Von ihr her bezieht das Kunstwerk seinen sogenannten Kultwert. Der Verfall der Aura besagt also die Auflösung der Abhängigkeit des Bildes vom Kultischen. Der fortschreitende Verfall der Aura führt über einen Zwischenzustand der schwebenden und für Benjamin faschistischen Autonomie des Kunstwerks, des *l'art pour l'art*, hin zur Neuknüpfung eines neuen Abhängigkeitsverhältnisses der Kunst. Dieses neue Abhängigkeitsverhältnis besteht in einer wesentlich modernen Einbettung der Kunst in Politik. Im Sinne dieser vorausgesehenen und theoretisch herbeigesehnten Umbettung des Kunstwerks ist Benjamins kämpferischer Imperativ zu verstehen, der an die Stelle einer Ästhetisierung der Politik die Politisierung der Ästhetik setzen will.

Bei Foucault haben wir gesehen, daß das Kunstwerk sich in ein Objekt verwandelt. Doch wäre im Lichte seiner späteren Machtanalysen die Transformation des Bildes von der Repräsentation des Seins zur Materialität des Bildkörpers in Beziehung zu setzen zur Transformation der Macht an der Schwelle zur industriellen Moderne: jener Transformation, die sich in der Geburt des Gefängnisses, der Klinik, des Asyls usw. manifestiert. Das moderne Bild ist nicht mehr *Effekt* und Ergebnis der Repräsentation des Seins. Vielmehr funktioniert es als *Ursache* neuer Effekte. Es kann als strategisches Element ins Gefüge der modernen Machtmaschinen zur gezielten Herstellung von Effekten eingesetzt werden. Ein Beispiel dafür wäre das Dispositiv der Werbung.

Um aber die Umbettung des Bildes von seinem traditionellen *Be-*

24 Ebd., S. 16.

zug auf Ursprünge in seinen modernen *Bezug auf Machteffekte* genauer zu fassen, müßte man die Machtbegriffe Benjamins und Foucaults nebeneinanderstellen. Doch wäre das eine andere Übung.

Wir haben bei Foucaults Analyse des Velázquezbildes die wesentliche Ferne zwischen zwei Orten und ihr Zusammenspiel beobachten können. Es handelte sich einerseits um den Ort des Bildes und andererseits um den Ort des auf das Bild blickenden Auges und schließlich um die unaufhebbare Distanz zwischen beiden Orten, die erst das Bild *als* Bild, das Bild in seinem eigenen Sein ermöglicht. Diese Distanz ist aber nicht nur eine irreduzible Ferne – »so nah sie sein mag« –, sondern zudem noch eine erscheinende Ferne, das heißt: im Bild selbst aufgenommene und auf einmalige Weise erscheinende Ferne des Ortes vor dem Bild, die an den Blicken zu lesen ist, die aus dem Bild heraustreten.[25] Mit dem Bild erscheint auch dieser Ort immer mit. Und wenn das Bild ein Original ist, dann ist dieser einmalig erscheinende Ort vor dem Bild ein einmaliger Standort, den der Betrachter einnehmen muß, um in seine wesentlich betrachtende Beziehung zum Bild einzutreten.

Mit dem Verfall der Aura geht genau die Einmaligkeit dieses Ortes verloren. Mit der Flut der Reproduktionen, mit der potentiellen oder aktuellen Vielheit des Bildes ergibt sich eine Serie von Raumpunkten, die gleichermaßen geeignet sind, das betrachtende Auge zu beherbergen und das betrachtende Sein zu definieren. Im Falle von Manets *Un bar aux Folies-Bergère*[26] strahlt sogar dasselbe Bild eine Mehrzahl von Punkten aus, von denen aus das Bild betrachtet und gemalt werden kann. Die Zerstörung des Hier und Jetzt des Bildes und der damit einhergehende Verfall der Aura signalisiert mehr als nur die technische Reproduzierbarkeit des Bildes. Sie signalisieren zudem noch, daß das Bild zu einem *Objekt* in der Welt geworden ist, mit einer eigenen Mobilität und einem Tauschwert, vermittels dessen das Objekt, Reproduktion wie Original, einem Ortswechsel unterzogen werden kann. Dieser Ortswechsel ist begründet in dem Wechsel des Eigentümers, und das käufliche Bild wandert von der Hand des Verkäufers in die Hand des Käufers. Zur Sammlung und Neuordnung dieses Streuraums des Bildes bedarf es eines neuen Verhältnisses, worin das Bild einzubetten wäre. Sowohl bei Foucault als auch bei Benjamin ist dieses neue Verhältnis das Politische.

25 Siehe Anmerkung 15.

26 Siehe Foucault, *Die Malerei von Manet*, a.a.O., S. 42 ff.

Wolfgang Ernst
Das Gesetz des Sagbaren. Foucault und die Medien

Seien wir ehrlich: Viele von uns sind vom phantasmatischen Wunsch getrieben, mit den Toten zu sprechen.[1] Die längste Zeit aber waren Tote unansprechbar und stumm: eine archäologische Situation. Der amerikanische Maler Elihu Vedder hat diese Szene 1863 festgehalten – ein menschliches Ohr an den steinernen Lippen der altägyptischen Sphinx. Marc Tansey hat dieses Motiv postmodern aufgegriffen und das *Geheimnis der Sphinx* als Gemälde variiert: Nun wird ihren Lippen ein Mikrophon vorgehalten. Im Zeitalter technischer Aufzeichnungsmedien wird das Gespräch mit den Toten grammophon. Wer je das Privileg, das intellektuelle und anschauliche Vergnügen hatte, einer Vorlesung Michel Foucaults am Collège de France beizuwohnen, der erinnert sich an die Szene: ein überfüllter Saal, an dessen Tisch mit heller, klarer Stimme Foucault liest, umringt von einer Batterie diverser Mikrophone und Aufzeichnungsgeräte. In deren Gedächtnis ist Foucault nun selbst Medium geworden: Hier spricht der Tote, hier spricht Foucault. »On ne vit pas, on ne meurt pas (...) dans le rectangle d'une feuille de papier«, sagt Foucaults Stimme auf einer Compact-Disc des Merve-Verlags.[2] Bekanntlich hat Foucault, dessen biologischer Körper irreversibel zerfallen ist, nicht nur einen Zweitkörper, bestehend aus dem *Korpus* seiner Texte, sondern auch einen medialen Drittkörper. Es gibt nicht mehr nur das Lesbare in den Archiven, sondern auch das Hör- und Sehbare, das audiovisuelle Gedächtnis Foucaults. Alle Macht (*arché*) geht von Archiven aus und kehrt zu ihnen zurück;[3] dazwischen spielt sich das ab, was wir metaphorisch »Leben« nennen. Das gilt auch für Foucault als Objekt des medialen Wissens. Öffnen wir also den Nachlaß Foucaults nicht nur in Form von Papierakten; im Unterschied etwa zu Friedrich Nietzsche liegt uns

1 Stephen Greenblatt, *Verhandlungen mit Shakespeare*, Berlin 1990, »Einführung«.

2 *You can't jude a book by it's cover,* arrangiert v. Hans Peter Kuhn/Hanns Zischler, Berlin 1995, *track* 2.

3 Siehe Jacques Derrida, *Mal d'archive. Une Impression Freudienne*, Paris 1995, S. 11; dt.: *Dem Archiv verschrieben*, Berlin 1997.

Foucault auch grammophon und in bewegten Bildern vor. Foucault selbst hat postume Veröffentlichungen untersagt; dieses Gebot wird nun durch die Publikation seiner in Form von Kassetten überlieferten Vorlesungen unterlaufen. Sie speichern das Reale seiner Stimme im Unterschied zur edierten Fassung eines Textes; so eröffnen technische Medien einen geisterhaften, eben: medialen Raum zwischen Präsenz und Gedächtnis, rechtlich immer noch weitgehend undefiniert. Weil im Französischen die Tonbandaufzeichnung als Schriftstück gilt, als *écriture*, ließ sich eine Brücke bauen, Foucaults testamentarischem Publikationsverbot unautorisierter Texte gegenüber dennoch die Veröffentlichung seiner transkribierten Vorlesungen am Collège de France zu rechtfertigen.

Rekurs zum Archiv

In Kapitel III seiner *Archäologie des Wissens* definiert Foucault das Apriori als »Realitätsbedingung für Aussagen« und das Archiv gerade nicht als die uns vertraute hoheitliche Institution des Speicherns juristisch relevanten Wissens einer Gemeinschaft, sondern origineller als »das allgemeine System der Formation und der Transformation der Aussagen«,[4] als Gesetz dessen, was zu einer gegebenen Zeit überhaupt sagbar ist. Was Aussagen überhaupt erst konstatiert, sind Techniken, wie sie in der *écriture de soi* mit dem Selbst zusammenfallen. An die Stelle geisteswissenschaftlicher Geschichten tritt bei Foucault »die unbezweifelbare, weil archivierte Gegebenheit von Redepraktiken, deren Regelmäßigkeiten die Möglichkeit von Erfahrungen erst einräumen«.[5] Von hier aus läßt sich – mit anderer Emphase als bei Foucault selbst – über Medien als das technische und logische Gesetz dessen reden, was heute sagbar ist. Ich betone das »Heute«, weil dies angeblich immer der Ausgangspunkt von Foucaults historischen Arbeiten gewesen ist. Wo aber dieses Heute in den Medien liegt, ist Foucault bemerkenswert blind gewesen. Foucaults Gegenwart war eher durch ästhetische denn durch technologische Erfahrungen bestimmt, und seine Methodenlehre *Archäologie des Wissens* hat er nur bedingt in seinen konkreten Studien

4 Michel Foucault, *Archäologie des Wissens*, Frankfurt am Main 1973, S. 188.

5 Friedrich Kittler, »Spiele des Wahren und des Falschen«, in: *Frankfurter Allgemeine Zeitung*, 24. Juni 1994.

zur Durchführung gebracht. Damit ergibt sich die Möglichkeit, von Foucault ausgehend analytisch über Foucault hinauszugehen.[6] Medien *archäologisch zu wissen* bleibt sein Denkauftrag an uns. So meint Medienarchäologie die Beschreibung von Diskursen auf dem Niveau ihrer apparativen oder logischen Existenz, insofern sie Funktionen medienarchivischer Elemente sind. Foucaults historische Analysen brechen zumeist mit dem 19. Jahrhundert ab. Dieser Abbruch ist implizit durch eine medienarchäologische Grenze definiert: die Emergenz technischer Medien wie Photographie, Phonograph respektive Grammophon, Kinematograph, schließlich Radio und Fernsehen. Wenn Probleme auch auf physikalischer oder ingenieurs-, auf mathematischer und mechanischer Ebene liegen, versagt der an literarischen oder philosophischen Texten erprobte Diskurs buchstäblich. Hier wird das Gesetz des Sagbaren auf besondere Weise berührt.

Gewiß, Foucault war in seiner bemerkenswerten intellektuellen Neugierde auf das, was die Gegenwart bewegt, auch perzeptiv für Phänomene der Medienkultur. Sein Exkurs zur Oper Richard Wagners als Medienverbund des 19. Jahrhunderts aus Anlaß seines Besuchs der *Götterdämmerung*-Inszenierung in Bayreuth 1980 (Patrice Chéreau)[7] ist ebenso mediensensibel wie seine erfrischende Bemerkung zur Differenz von Rock- und E-Musik in einem Gespräch mit Pierre Boulez; in demselben Gespräch gesteht er dem Film die Qualität einer Medienanalyse der Gegenwart zu. Konkret wird dies in einem Interview aus Anlaß der Verfilmung des von ihm herausgegebenen Dossiers *Moi, Pierre Rivière* durch René Allio (F 1976). Indem hier der Diskurs eines normannischen Bauern aus den 1830er Jahren am gleichen Schauplatz und mit Laiendarstellern vor Ort verfilmt wird, wird durch das Medium Film der lokalen Bevölkerung als Mitspielenden und Zuschauern eine Situation eröffnet, welche nur mit der des antiken Theaters vergleichbar ist: das dargestellte Drama ist zugleich das Drama des eigenen Lebens. Allios Film gibt somit diesen Bauern ihr Gedächtnis zurück, weil er das Reale ihrer Sprache, ihre Intonationen, ihre Gesten und ihren Ausdruck in ei-

6 Siehe Wolfgang Detel, *Macht, Moral, Wissen: Foucault und die klassische Antike*, Frankfurt am Main 1998, Einleitung, S. 7-12, hier: S. 9; ferner Wolfgang Ernst, *M.edium F.oucault*, Weimar 2000.

7 Michel Foucault, »Imaginationen des 19. Jahrhunderts«, in: *die tageszeitung* (Berlin), Sonderausgabe, 11. Oktober 1980, S. 24 f.

ner Weise zu registrieren vermag, wie es Literatur nur intransitiv tut, denn »an Literatur über die Bauern gibt es viel, aber eine bäuerliche Literatur, einen bäuerlichen Ausdruck, so was gibt es kaum«.[8] Und so gibt es zahlreiche Momente, in denen Foucault für mediale Charakteristiken sensibel ist, ohne sich jedoch weitergehend auf ihr technologisches Dispositiv einzulassen. Der terminologische Gebrauch des Archivs durch Foucault ist charakteristisch für sein etwas unpräzises Verhältnis zu Technologien. Schon sein Begriff des »historischen Apriori« in Anlehnung an Immanuel Kant hat zu Mißverständnissen geführt; der Literaturwissenschaftler Anselm Haverkamp sieht darin gar eine geschichtsphilosophisch »transzendentale Metapher«. Durch *Medien*archäologie wird dagegen auf einen Raum verwiesen, der non-diskursiv verfaßt ist. Mediendispositive lassen sich als Ausprägungen des historischen Apriori auffassen. »Sie sind nicht transzendental und nicht diskursiv, steuern aber ihrerseits Diskurse.«[9]

Foucaults Machtanalyse wäre als Medienanatomie fortzuschreiben. Fragen wir ganz analog: Was ist das Nicht-Wahrnehmbare, die *An-aisthesis* am Medium? Genau jener *submediale Raum*, wie ihn Boris Groys definiert hat: »Der Archivträger ist dem Blick des Betrachters konstitutiv entzogen.«[10] Die Zeichenträger des Archivs gehören zu einer radikal gegenwärtigen Administration und sind mithin Archiv im Sinne von Foucault. Diesen Raum nennt Groys das Objekt einer paranoiden Vermutung, des Verdachts von Manipulation, Verschwörung und Intrige. Erst der paranoide Blick aber *gibt* zu sehen (Jacques Lacan). Hier Aufklärung zu schaffen, ist die Aufgabe einer Medienarchäologie, die Schaltpläne aufdeckt, d. h. zur Entzifferung gibt. Hinter der medialen Oberfläche stehen keine Geheimnisse, sondern schlichte Algorithmen und Maschinenbauteile – man muß sie nur zu lesen wissen.

8 In: *Cahiers du cinéma* Nr. 271, November 1976.

9 Udo Friedrich, »Diskussionsbericht«, in: *Poststrukturalismus. Herausforderung an die Literaturwissenschaft*, hg. von Gerhard Neumann, Stuttgart, Weimar 1997, S. 625.

10 Boris Groys, *Unter Verdacht. Eine Phänomenologie der Medien*, München 2000, S. 19.

Medienarchäologie

Versuchen wir, Foucaults Werk nicht schlicht endlos zu kommentieren, seine Reden also hermeneutisch nur zu verdoppeln. Denn damit wären wir noch in der Ästhetik des Speichermediums seiner Schriften, der Bibliothek, verfangen. Es gilt also, nicht nur intransitiv *über* Foucaults Wissensarchäologie zu reden; auf das Feld namens Medien bezogen, wollen wir vielmehr transitiv den medienarchäologischen Blick erproben. Was ist das Archäologische daran? In seinem bildmedienwissenschaftlichen Klassiker *Prints and visual communication* hat William M. Ivins 1953 beispielsweise für seine Geschichte (*story*) des Bilddruckwesens den Versuch gemacht, nach »pattern of significance« zu suchen – *quasi* archäologische Musteranalyse. Daß es dazu eines archimedischen (um nicht zu sagen: medienarchäologischen) Standpunkts außerhalb der narrativen Logik der Historie bedarf, fügt er gleich im Vorwort hinzu. Es geht also um den passionslosen Einblick in apparative Abläufe als *materialnahe* Einsichtnahme. Medienarchäologie meint in Anlehnung und gleichzeitig Abwandlung von Sigmund Freuds notorischem Aufsatz von 1914: Erinnern, Wiederholen, *Um*arbeiten, d.h. den Versuch, vergangene Medienkultur aktiv umzudenken und sie zu diskontinuieren, um die digitale Medienkultur überhaupt denkend nachvollziehbar zu machen und nicht in reiner Praxis sich ergehen zu lassen.

Gibt es einen blinden Fleck namens Medien bei Foucault?

Im Verlauf seiner Schriften hat Foucault den strukturalen Begriff der Archäologie in Anlehnung an Nietzsche durch den prozessualen der Genealogie ersetzt. Demnach gibt es keine Medien in einem metahistorisch dauerhaften Sinn, sondern nur als beständiges Werden (frei nach dem Weimarer Medienphilosophen Joseph Vogl[11]). Widerspricht dem die Materialität von Hardware technischer Medien? Das Medien-Werden von Apparaten, Symboliken, Technologien

11 Dazu Wolfgang Ernst, »Teleskopie der Medienhistorie?«, in: *Medienhochschulen und Wissenschaft: Strukturen – Profile – Positionen*, hg. von Karl Friedrich Reimers und Gabriele Mehling, Konstanz (UVK) 2001, S. 51-57.

läßt sich in der Tat als jeweils unterschiedliches Zusammentreffen heterogener Faktoren beschreiben. Wie schreiben Medien Geschichte, und wie läßt sich Mediengeschichte schreiben? Bernhard J. Dotzler pointiert, »daß Medien sich immer dort konstituieren, wo Leistungen des sogenannten Subjekts an Apparate übergehen«.[12] Sinn, Erfahrung, Wirklichkeit sind damit abhängige Variablen der Medien, deren wir uns bedienen. Foucault hat sich an solchen Versuchen beteiligt, die Ideengeschichte auf anonyme Prozesse zurückzuführen – zuerst auf sogenannte historische Aprioris, dann, weniger idealistisch, auf Techniken der Machtausübung. Die Funktionsweise jener historischen Aprioris und die Selbsthervorbringungen der besagten Machttechniken (Gefängnisarchitektur, medizinisches Protokollieren) aber bleibt bei ihm so mysteriös wie der Wille zur Macht selbst, der sich darin angeblich ausdrückt.[13] Damit ist der blinde Fleck der Beobachtungen des Bibliomanen Foucault auch schon benannt: die mediale Verfaßtheit von Kulturtechniken. Foucaults Wissensarchäologie versteht sich als reine Beschreibung der diskursiven Ereignisse. In der Informationsgesellschaft gilt es jedoch nicht nur, den wissensarchäologischen Blick auf Texte und Dinge zu pflegen (also mit Diskontinuitäten rechnen zu lernen), sondern das Projekt dort fortzudenken, wo Foucault endet: mit dem Auftauchen technischer Medien jenseits der Schrift. Vonnöten ist also die Transgression einer Wissens- zur Medienarchäologie, die nicht den metonymischen Assoziationen der Imagination folgt, sondern die konstitutive Leistung technischer Apparaturen der Speicherung, Übertragung und Berechnung von Daten beschreibt.

So attraktiv Foucaults Reformulierung des Archivs als Befreiung des Begriffs aus seiner eng archivwissenschaftlichen Umklammerung erscheint, so gegenstandslos ist er auf den zweiten Blick. Denn selten beschreibt Foucault dieses Archiv in seiner Materialität. Auf Gedächtniswelten übertragen, ist diese Macht konkreter benennbar, als Foucault selbst es will: Es sind die Apparate des Archivs und die Positivitäten seiner Institutionen. Demgegenüber bleibt Fou-

12 Bernhard J. Dotzler, »Galileis Teleskop. Zur Wahrnehmung der Geschichte der Wahrnehmung«, in: *Wahrnehmung und Geschichte. Markierungen zur aisthesis materialis*, hg. von Bernhard Dotzler und Ernst Müller, Berlin 1995, S. 9-26, S. 25.

13 Christoph Albrecht, (Rez.), über: Hartmut Winkler, *Docuverse. Zur Medientheorie der Computer*, München 1997, in: *Frankfurter Allgemeine Zeitung*, 31. März 1998.

caults Beschreibung des *Archivs* »ein eher virtuelles Phänomen«.[14] An dieser Leerstelle, an dieser von Foucault offengelassenen Variablen macht nun Medienarchäologie das Angebot, *Medien* einzusetzen. Fast scheint es, als ob bei Foucault der Begriff des *dispositif* als Stellvertretung oder Verdeckung von Einsichten in mediale Infrastrukturen fungiert. Im Französischen stammt der Begriff aus juristischen, medizinischen und militärischen Kontexten und bezeichnet die (materiellen) Vorkehrungen, die eine strategische Operation durchzuführen erlauben. Tatsächlich hat Medienarchäologie es nicht mit Erzählungen, sondern mit Dispositiven zu tun; sie sucht nach den Agenten, die aus dem Verborgenen des Non-Diskursiven, aus dem Raum des Archivs heraus, operativ *am Werk* dessen sind, was uns narrativ als Oberfläche, als Interface entgegentritt – die infrastrukturellen und medialen *parerga* des Diskurses, seine *Matrix*. Tatsächlich kommt auch Foucault dem nachrichtentechnischen Begriff des Mediums nahe, wenn er mit seiner Analyse den Ort auszumachen sucht, der in Systemen die Produktion des Diskurses kontrolliert, selektiert, organisiert und kanalisiert.[15]

Foucaults Medien: die Bibliothek, der Sand, das Meer

Foucaults Leitmedium war eindeutig die Bibliothek, in der er immediat saß, ob zu Hause oder im Lesesaal der alten Nationalbibliothek von Paris, auf deren Ikonographie sich sein Text über Gustave Flauberts Novelle *Die Versuchung des heiligen Antonius* ebenso bezieht wie Jorge Luis Borges' phantasmatische *Bibliothek von Babel* auf die kleine Stadtteilbibliothek Miguel Cané in Buenos Aires, in der er damals arbeitete. Foucault meint *die fiebernde Bibliothek* – und damit gerade nicht die medienarchäologische Beschreibung, den kalten Blick auf ihr technisches Dispositiv aus Regalen, Katalogen, Magazinen. Am Ort der Bibliothek schrieb Foucault *im Medium*, als Teil eines Medienverbunds, der auf der Hardware von Speichern (Bücher) und der Methode ihrer Vervielfältigung (der Rheto-

14 Jan Engelmann, »Aktenzeichen ›Foucault‹«, in: *Botschaften der Macht. Der Foucault-Reader. Diskurs und Medien*, hg. von Jan Engelmann. Geleitwort Friedrich Kittler, Stuttgart 1999, S. 215-226, hier: S. 220.

15 Michel Foucault, *Die Ordnung des Diskurses*, München 1974.

rik des Schreibens) beruht. Doch das Gedächtnis an Michel Foucault verlangt inzwischen, auch eine andere Datenästhetik zu kultivieren. Deren Wissenschaft heißt nicht Literatur und auch nicht Geschichte, sondern Medienarchäologie. Sich medienarchäologisch mit Foucault zu beschäftigen heißt, der Versuchung zum Geschichtenerzählen zu widerstehen, gleich dem antiken Asketen Antonius in der Datenwüste, den die Mächte des Teufels in Form lustvoller Halluzinationen heimsuchen – wie sie der Raum der Bibliothek mit all ihren Erzählungen (im Unterschied zur Trümmerlandschaft des Archivs) generiert. In Flauberts Novelle hat der Eremit in seiner Wüstenhütte jegliche Anwesenheit eines Bildes oder Objektes um sich beseitigt, um sich allein auf das Buch der Bücher, die Bibel, zu konzentrieren. Doch schützt die Datenaskese tatsächlich vor den Chimären der Imagination? Schützt uns der Blick auf Quellcodes und digitale Programme vor den Verführungen der erzählenden Phantasie? Sind Medien das Reale dessen, was im Symbolischen Kultur heißt?

»Fruchtbarer als der Schlaf der Vernunft, erzeugt das Buch vielleicht die Anzahl an Ungeheuern. Weit davon entfernt, für einen geschützten Raum zu sorgen, hat es ein finsteres Gewimmel und einen zweifelhaften Schatten freigesetzt, in dem sich Bild und Wissen mischen.«[16]

In Tunesien war Foucault Ende der 60er Jahre nicht nur dem Autor und dem Schauplatz von Flauberts Roman *Salammbô*, sondern eben auch dem heiligen Antonius nahe, auf einem schmalen Saum zwischen Meer und Wüste. Beide Pole sind physikalische Realisierungen des Anderen der Bibliothek und des Schreibens: statt Buchstaben in Büchern endlose Dünen und Sandkörner, statt gesetzten Schreibens das rhythmische Fließen von Wellen und das Rauschen von Wasser: *flow*, ganz so, wie die serielle Musik in der Variante Karlheinz Stockhausens durch elektronische Klangerzeugung die auf Tonband aufgenommene Stimme (ganz im Sinne Hermann von Helmholtz') manipuliert und in ein Kontinuum von Klangfarben zwischen Sinuston und »weißem Rauschen« auflöst.[17] Im Dorf Sidi

16 Michel Foucault, »Un ›fantastique‹ de bibliothèque«; dieser Text erschien auch als »Nachwort« zu Flauberts *Die Versuchung des heiligen Antonius* (Frankfurt am Main 1964) abgedruckt in: *Dits et Ecrits, Schriften*, Bd. I., Frankfurt am Main 2001, Nr. 20, S. 397-433, hier: S. 406.

17 Zit. nach: Pfaffenzeller, Harald, »Jean Barraqué, *La mort de Virgile*«, in: *Jean Bar-*

Bou Saïd schreibt Foucault in einem Haus, das ihn fast allein mit dem Meer korrespondieren ließ. Hier liegt seine Erfahrung dessen, was wir heute Medien nennen, *avant la lettre*: die Erfahrung des Rauschens und der Versuch, diesem Rauschen Information abzugewinnen. Bekanntlich hat Foucault jede Aussage als den Rand gegenüber einer ungeheuren Leere beschrieben wie eine maritime Küstenlandschaft. Daß diese Leere nicht leer ist, hat John Cage in seinem Klavierstück *4' 33"* ausgedrückt, wo der Pianist keinen Ton spielt, so daß damit das Hintergrundrauschen der (Um-)Welt überhaupt erst hörbar wird – das Gemurmel der Diskurse und des Nicht-Diskursiven.

Sand ist bekanntlich in der Lage, unter dem Namen Silizium als Mikrochip mit eingebrannten logischen Schaltkreisen unter Strom sich selbst zu berechnen. Längst fügen, jenseits der Buchstaben, Computer die diskreten Elemente von Welt zu navigierbaren Räumen zusammen, gerade weil sie nicht lesen, sondern rechnen; somit ist es an der Zeit, Foucaults Rhetorik der Bibliothek zu über- und zu Ende zu denken. Bibliotheken, die alles Sprechen speichern, um es für immer sicherzustellen, sind nicht länger allein von *autodafés* bedroht, sondern auch von den Mathematikern. Tatsächlich tritt an die Stelle der Bibliothekswissenschaft heute eine Programmierkunst, die von Programm-*libraries* als konkretesten aller Codes weiß. Bereits um 1800 entstehen innere Bilder nicht allein im Raum zwischen Buchstaben, sondern aus (be-)rechenbaren Codes. Joseph Marie Jacquards Lochkartenwebstuhl von 1805 hat Bilder aus Punkten *generiert*. Im digitalen Raum gilt für Bilder in einer bislang ungekannten Radikalität das Archiv der Algorithmen als Gesetz dessen, was überhaupt sehbar ist; ohne diese Programme zerrinnen Bilder buchstäblich zu nichts.[18]

raqué, hg. von Heinz-Klaus Metzger und Rainer Riehn (= Musik-Konzepte Bd. 82), München 1993, S. 10-58, hier: S. 17.

18 Stefan Heidenreich, »Die Wirklichkeit mag keine Bilder«, in: *Frankfurter Allgemeine Zeitung* Nr. 126 (Berliner Ausgabe) vom 31. Mai 2000, BS 8.

Mit der Konvention, mit dem Gesetz und Gefängnis des perspektivisch konstruierten Bildes brach der Pariser Maler Edouard Manet (etwa in seinem Gemälde *Alter Musiker* von 1862). Manets und Cézannes Bilder deklarieren als erste offen, daß die Fläche des Bildes eine Fläche ist. Sind Manets augenfällige Bildflachheit, seine Verweigerung illusionistischer Tiefenräumlichkeit, seine Abwendung von der theatralischen Bildinszenierung der Guckkastenbühne, die *Perspektivlosigkeit* seiner Gemälde ihrerseits ein Effekt der Photographie, d. h. der Tatsache, daß seiner Malergeneration als erster photographische Bilder als Vorlage dienten?[19] Auf der materiellen Flächigkeit der Bilder Manets insistiert auch Foucault in seinem Vortrag im Club Tahar Haddad in Tunis am 20. Mai 1971, nennt aber die Photographie als Dispositiv dieser Flächigkeit nicht – blind gegenüber technischen Medien? Damit sind wir an ein anderes Kunst-Stück erinnert, Foucaults notorische Ekphrasis von Diego Velázquez' *Las Meninas*. Foucault verliert sich in dieser Einleitung zu *Die Ordnung der Dinge* in Spekulationen über diese malerische Allegorie der »Interpretation der Interpretation« und übersieht bei dieser hermeneutischen *mise-en-abîme*, daß – einer Entdeckung von Michael Eckardt folgend[20] – die *abîme* selbst dem konkreten Vokabular entstammt (das »Herzstück«) und damit einen ganz anderen Hinweis auf die Entzifferbarkeit des Bildes eröffnet. Auch hier hätte der Diskursanalyse eine Prise medienarchäologischer Blick wohlgetan, denn Foucault tut eins nicht: das Bild einmal durchzurechnen, um zu erfahren, inwieweit hier ein Spiel der Differenz mit Albertis Gesetzen der Perspektivik vorliegt. Zwei seiner Annahmen hätten sich nämlich damit als unzutreffend erwiesen: »(1) Der Maler- und Betrachterstandpunkt liegt nicht gegenüber der geometrischen Mitte des Bildes (...). (2) Das Spiegelbild zeigt nicht unmittelbar das Königspaar, sondern seine Darstellung auf der nicht ein-

19 Siehe Helmut Mayer (Rez.), über: Michael Fried, *Manet's Modernism or The Face of Painting in the 1860s*, Chicago, London 1996, in: *Frankfurter Allgemeine Zeitung*, 6. August 1997, S. 33.

20 Michael Eckardt, *La recherche de l'abîme. Ein heraldischer Blick auf Diego Velázquez' Gemälde »Las Meninas«*, Studienarbeit im Rahmen des Projekts *Medienarchäologie des Wissens*, Bauhaus-Universität Weimar, Fakultät Medien, Wintersemester 1997/98.

sehbaren Leinwand.«[21] Solche Analysen des dreidimensionalen Raums – also eine Art *reverse engineering* der malerischen Konstruktion – lassen sich nicht mehr schlicht nur als Text auf zweidimensionales Papier schreiben oder malen. Eine digitale Analyse, also Medienarchäologie der Setzung von Perspektive in diesem Bild kann dessen philosophische Probleme nicht lösen, aber zeigen, »daß bestimmte Probleme *nicht* mit diesem Bild verbunden sind«.[22] Der Witz in Velázquez liegt ja genau im Spiel damit, daß der Blick des Betrachters fast identisch wird mit dem des vorgestellten Königs; quer dazu noch der Blick des Malers selbst. Das Verhältnis dieser Blickachsen ist der springende Punkt in diesem allegorischen Spiel mit dem Blick des Souveräns. Um diesen springenden Punkt zu kalkulieren, müssen wir den n-dimensionalen Raum selbst betreten. Genau dies hat der Computergraphiker Frederic Chordá für die Medienkunst-Zeitschrift des MIT in Boston, *Leonardo*, vollzogen: »We no longer find ourselves in front of the object of anlysis but rather inside of it«[23], *immediat*. Hier wird der Rechner selbst zum Analytiker oder auch Archäologen des (mathematisierten) Bildes. Foucault denkt die Perspektive – noch ganz altgriechisch – von der Geometrie, nicht aber von der vollständigen Kalkülisierung des Sehfeldes her. »Von Bedeutung ist nur, daß dabei die Verbindung von Schrift und Zahl zugrunde liegt und nicht die von Schrift und Bild, also Geometrie. So betrachtet, fällt Albertis Linearperspektive in den Bereich des Berechnens – kein ›iconic turn‹ fällt ab.«[24]

21 Klaus Rehkämper, »Searle, Foucault und *Las Meninas*«, in: *Bildgrammatik*, hg. von Klaus Sachs-Hombach und Klaus Rehkämper, Magdeburg 1998, S. 217-226, hier: S. 224.

22 Ebd., S. 226.

23 Frederic Chordá, »Computer Graphics for the Analysis of Perspective in Visual Art: *Las Meninas*, by Velázquez«, in: *Leonardo* 24 (1990) No 5, S. 563-567, hier: S. 565.

24 Rose-Marie Gropp, in ihrem Bericht »Der Ursprung der Pixel im Biedermeier«, zu Friedrich Kittlers Vortrag *Das errechnete Bild*, im Rahmen der Vorlesungsreihe *Das neue Bild der Welt*, Felix Burda-Gedächtnis-Vorlesung, München, in: *Frankfurter Allgemeine Zeitung* Nr. 161, 15. Juli 2002, S. 31.

Mediale Operationen spielen sich immer in Materialitäten ab, müssen also in oder auf Hardware implementiert werden, um wirkungsmächtig zu sein. Auch Foucault postuliert, daß eine Aussage eine »materiale Existenz« haben muß. Er charakterisiert eine Aussage als repetierbare Materialität, als Hybrid aus Logik und Maschine. Foucault hat mit seiner *Archäologie* das Modell für »einen Strukturalismus der Materialitäten« begründet.[25] Im kritischen Anschluß daran wäre also eine *Medienarchäologie des Wissens* zu formulieren. Am Beispiel der Schreibmaschine wird Medienarchäologie konkret. Foucault zufolge besitzt auch die scheinbar rein sprachliche *Aussage* eine Materialität, die konstitutiv für sie ist, bedarf sie doch »einer Substanz, eines Trägers, eines Ortes und eines Datums«.[26] Als tatsächliche Äußerung besitzt sie ihre singuläre räumlich-zeitliche Individualität, gegenüber Sprache als Konstruktionssystem für mögliche Aussagen.

»Können die Buchstaben des Alphabets, die ich zufällig auf ein Blatt Papier geschrieben habe (...), können die Bleilettern, die man zum Druck der Bücher benutzt – und man kann ihre Materialität bezüglich Raum und Umfang nicht leugnen –, können diese ausgebreiteten, sichtbaren, greifbaren Zeichen vernünftigerweise als Aussagen betrachtet werden? (...) die Buchstaben, die auf der Tastatur einer Schreibmaschine angezeigt sind, konstituieren keine Ausagen: es sind höchstens Instrumente, mit denen man Aussagen schreiben kann. Die Buchstaben umgekehrt, die ich zufällig auf ein Blatt Papier schreibe (...), um zu zeigen, daß sie in ihrer Unordnung keine Aussage konstituieren, was sind sie, welche Figur bilden sie? Was, wenn nicht eine Tabelle von auf kontingente Weise ausgesuchten Buchstaben, die Aussage einer alphabetischen Folge, die keine anderen Gesetze hat als den Zufall?«[27]

So nah steht Foucault an Markov und Shannon, auch wenn er die ergonomische Anordnung der Tastatur einer Schreibmaschine in seiner Diskussion von Wahrscheinlichkeit und Unwahrscheinlichkeit geflissentlich übersieht. Erst die gleiche Serie von Buchstaben,

25 Friedrich Kittler, »Geleitwort«, in: *Botschaften der Macht. Der Foucault-Reader*, a.a.O., S. 8.
26 Foucault, *Archäologie des Wissens*, a.a.O., S. 147.
27 Ebd., S. 124 f.

in einem Lehrbuch für Maschinenschreiben aufgezählt, ist die Aussage der alphabetischen Ordnung, die für jeweils nationale Schreibmaschinen angewendet wird. Als 1945 zugleich mit dem deutschen Reich die SS-Rune auf behördlichen Schreibmaschinentastaturen verschwand, fiel das Ende einer Historie und ihres Aufschreibesystems in eins.

Foucault oszilliert medienarchäologisch unentschieden zwischen der materiellen Verhaftetheit und der Virtualität der Aussage: »Es genügt (...) nicht irgendeine materielle Auswirkung von sprachlichen Elementen, es genügt nicht irgendein Auftauchen von Zeichen in der Zeit und im Raum, damit eine Aussage erscheint und zu existieren beginnt«;[28] sie wird erst dadurch zum Ereignis, daß sie einerseits mit einem Schriftzug oder mit der Artikulation eines Wortes verbunden ist, andererseits eine im Feld einer Erinnerung oder in der Materialität der Manuskripte, der Bücher und irgendeiner Form der Aufzeichnung zurückbleibende Existenz eröffnet. »Welche Aussagen verworfen werden, welche konserviert, welche reaktiviert, welche ständig präsent bleiben, ist abhängig vom institutionellen Gefüge, den materiellen Techniken (vom Buch bis zur Bibliothek) und den gesellschaftlichen Anwendungen, durch die hindurch sich die Grenzen und die Formen des Sagbaren konstituieren.«[29] Tatsächlich ist ja selbst der Begriff der *Metaphysik* »rein physikalisch zustandekommen«, indem nämlich gewisse Bücher bei Aristoteles »auf dem Regal ›nach‹ den Büchern zur Physik ihren Platz hatten«.[30]

Auch für Foucault ist der maßgebliche Leitfaden durch die Bibliotheken das Alphabet, das ihren Büchern zugrunde liegt. Weshalb die Maschine, zu der Foucault das Alphabet weiterdenkt, nicht jene ist, die alle Alphabete auf zwei Zustände reduziert (die 0/1-Logik des Computers), sondern die Schreibmaschine. »Was jede Vorstellungskraft und jedes mögliche Denken überschreitet, ist einfach die alphabetische Serie (A, B, C, D), die jede dieser Kategorien mit allen anderen verbindet.«[31] Die reine Buchstabenfolge, das Be-

28 Ebd., S. 125.

29 Ulrich Brieler, *Die Unerbittlichkeit der Historizität. Foucault als Historiker*, Köln, Weimar, Wien 1998, S. 215.

30 Walter Seitter, »Grundsätze der Optik«, in: ders., *Physik des Daseins. Bausteine zu einer Philosophie der Erscheinungen*, Wien 1997, S. 62-65 (hier: S. 65, Anm. 4).

31 Michel Foucault, *Die Ordnung der Dinge. Eine Archäologie der Humanwissenschaften*, Frankfurt am Main 1971, S. 18.

triebssystem aller Enzyklopädien, sortiert hier Begriffe, also ihrerseits Buchstabenfolgen; in Printmedien sind Programm und Daten im gleichen Raum angesiedelt. Die alphabetische Reduktion der Aussagbarkeiten hat Foucault, in Anlehnung an Borges, anhand der Aufzählung von Einträgen einer chinesischen Enzyklopädie exemplifiziert: ein taxonomischer Raum, der die Dinge und Begriffe in einer Weise kontingent ansiedelt, daß sie keine gemeinsame Ebene finden. Doch es gibt eine gemeinsame Ebene, ein ganz und gar mediales *tableau*: den materiellen Träger. Worauf zeichnet denn der feine chinesische Pinsel aus Kamelhaar? An dieser Stelle gibt es für Foucault Medien wieder nicht. Papier aber ist keineswegs schlicht eine reine weiße Fläche, sondern nichts weniger als die Materialität eines Tableaus. Ein Grundsatz der Digitalisierung von Wasserzeichen etwa lautet: »remove writing, noise and irrelevant information«; für Papierhistoriker ist Schrift schlicht Schmutz.[32]

»Die Skepsis des Archivars« Foucault[33] bezieht sich auf alle möglichen Praxisfelder, nur nicht auf die technischen Archive. Hier wird die inhärente Mediengrenze seiner Bibliotheksfixiertheit manifest, denn das, was die optischen und akustischen Analogmedien dem Buch voraushaben, wird konterkariert von der Unmöglichkeit, sie gleichermaßen einfach wie Bücher adressieren zu können. Schon deshalb spielt das, was bei Foucault Archiv heißt, aber Bibliothek meint, immer noch eine Leitfunktion. Die Archive aber, in denen audiovisuelle Analog- oder Digitalmedien landen oder vielmehr verschwinden, sind dagegen weder praktisch noch theoretisch erfaßt. Die Pointe der Computerisierung liegt nun gerade in der Möglichkeit, Daten durchgängig adressieren zu können; audiovisuelle Archive werden auf der elementaren Ebene von Pixeln oder Abtastwerten dadurch nicht nur analysier-, sondern auch berechenbar. Im Prinzip können Bilder und Soundtracks, wenn nur vollkommen adäquate Algorithmen der Gestalterkennung (*pattern recognition*) zur Verfügung stünden, in einer Weise zugänglich gemacht werden, von der Foucault nur träumte. Den Medienarchiven unterläge erst-

32 *Abstract* zum Vortrag von Christian Rauber, Peter Tschudin, Thierry Pun, »Retrieval of Images from a Library of Watermarks for Ancient Paper Identification«, in: Konferenzband EVA '97 Berlin: *Elektronische Bildverarbeitung & Kunst, Kultur, Historie*, Berlin 1997.

33 Jan Engelmann, »Aktenzeichen ›Foucault‹«, in: *Botschaften der Macht. Der Foucault-Reader*, a.a.O.

mals eine Organisation aus eigenem Recht, d. h. nicht bloß von Gnaden einer Bibliothek.[34] Die Adressierung und Sortierung nichtschriftlicher Medien ist eine eminent gedächtnispolitische Frage, eine Kulturtechnik im digitalen Zeitalter, hinter deren Möglichkeiten buchbasierte Diskursanalysen zurückbleiben.

Gegenentwurf: Foucaults mathematische Archäologie

Nicht in einem manifesten, oberflächigen Sinn können wir die Liaison zwischen Foucault und den Medien fassen. Medienarchäologie meint vielmehr ein formallogisches Verfahren, deren Teilmenge bekanntlich Aussagen, Aussageformen und deren Verknüpfungen sind, Foucaults liebstes Wort (*énonciation*). Bekanntlich hat Foucault die alteuropäische Frage nach der Wahrheit in Richtung Frage nach der Bedingung von Wahrheitssätzen verschoben. Auch dies entstammt der formalen Logik, der zufolge eine Aussage ein entweder wahrer oder falscher Satz ist. Entscheidend ist hier, daß ein Wahrheitswert feststehen muß, auch wenn kein Mensch (aber eine Maschine? fragt Alan Turing) darüber entscheiden kann. Die Ausage ist dabei eine Existenzfunktion, die ebenso Sätze wie materielle Objekte umfaßt. Foucault hat bekanntlich Mathematik und nicht – wie etwa G. W. F. Hegel – Kulturwissenschaften zur Begründung seiner Archäologie des Geistes gewählt. Das Gesetz des Sagbaren als Funktion seiner Aufschreibesysteme gilt auch in der Mathematik. Peter Damerow erinnert an *The Material Culture of Calculation*.[35] Solange – wie etwa bei Euklid – Zahlen aus Worten bestanden, anstatt aus numerischen Variablen, waren sie buchstäblich sagbar. Solange aber haftet an ihnen die Konnotation eines semantischen Inhalts – ein Ballast, um etwa formale Logik (und damit die »irrationalen Zahlen«) denkbar machen zu können. In der Epoche der mathematischen Informationstheorie gilt nämlich »die Abstinenz gegenüber den Inhalten und die Ausrichtung auf die formalen Aspekte der Kommunikation«, wie sie schon die neuen Wissenschaften der Seele, also die Psychotechniken um 1900 als Kopplung

34 In diesem Sinne ein gemeinsames Projektpapier von Harun Farocki, Friedrich Kittler und Gary Smith, »Medienarchive. Über die Adressierbarkeit von filmischen Archivalien«, Typoskript 1997.

35 *Pre-Print* Nr. 117 des Max-Planck-Instituts für Wissenschaftsgeschichte, Berlin.

von Geist und Apparatur praktizierten und den Menschen zur Funktion medialer Laboranordnungen machen.

So kommt ein Begriff der *Archäologie des Wissens* ins Spiel, der entgegen anderslautenden Deutungen nicht metaphorisch und auch nicht philosophisch, sondern strikt mathematisch lesbar ist: als Studium von Aussagen (*énoncés*) »at its mathematical face value«.[36] Foucaults wissensarchäologischer Begriff der Aussage steht der mathematischen Ästhetik der Bourbaki-Gruppe in Paris nahe, jenem »Rechenzentrum der Avantgarde«,[37] die mit mengentheoretischen Begriffen operierte (algebraisch), also nicht arithmetisch (»mit Zahlen«).

The set of possible statements (É) can be represented by a function ($f_É$) as follows:

$f_É$: R x P x A x L → S
Here *R* is the class of »referentials«, *P* is the class of »subjective positions«, *A* is the class of »associated domains«, *L* is the class of spatiotemporal locations, and *S* is the class of strings of signs.[38]

Der große Wurf Foucaults ist es gewesen, nicht einzelne Sparten der Kultur oder Wissenschaft zu analysieren, sondern mit seiner Diskursanalyse das allgemeine System von Aussagen und Aussagbarkeiten in den Blick zu nehmen. Ein analoger Zugriff wird nun auch von der Medientheorie erwartet.

Akustische Archäologie

Für den neuzeitlichen Begriff von Archäologie ist es kennzeichnend, grabend zu suchen. Genau dies aber kennzeichnet nicht den klassisch-griechischen Gebrauch des Wortes; in der gleichnamigen Schrift des Dionysios von Halikarnaß meint *archaiologia* schlicht

36 Martin Kusch, »Discursive formations and possible worlds. A reconstruction of Foucault's archeology«, in: *Science Studies* 1/1989, S. 17-25, hier: S. 17.

37 Dietmar Dath, »Das Rechenzentrum der Avantgarde«, in: *Frankfurter Allgemeine Zeitung* Nr. 89, 17. April 2002, S. 56.

38 Martin Kusch, »Discursive formations and possible worlds. A reconstruction of Foucault's archeology«, a.a.O., S. 18.

die Redaktion, das Bearbeiten alter Nachrichten. *Archai* wiederum sind die Prinzipien, die etwa Thales von Milet als »Urstoff« annahm, oder Pythagoras als die zahlenmäßig ausdrückbare Proportion. Diese archäologische Ästhetik läßt sich akustisch (sonifiziert) vernehmen. Aus seiner Beeinflussung durch serielle Musik mit ihrer Insistenz auf Reihen und Serien hat Foucault nie einen Hehl gemacht. In einem Gespräch mit Paolo Caruso gesteht er 1969, daß es die französischen Vertreter der seriellen und Zwölftonmusik waren, die ihn herausrissen »aus dem dialektischen Universum«. Wir denken hier vor allem an Boulez und den an Olivier Messiaen geschulten Jean Barraqué. Ihn hat bekanntlich die künstlerische Umsetzung von Hermann Brochs *Der Tod des Vergil* beschäftigt, nachdem ihn Foucault 1955 darauf aufmerksam gemacht hatte. Foucaults archäologische Diskursanalyse, die bekanntlich die Ränder gegenüber einer ungeheuren Leere und Rauschen gegenüber Schweigen abtastet, ist ihrerseits reziprok von der seriellen Musik beeinflußt worden. »Zu einer Zeit mit Boulez und der Musik zusammenzutreffen, in der man uns die Privilegien (...) der subjektiven Inhalte oder der gesellschaftlichen Bedeutungen beibrachte, hieß das 20. Jahrhundert aus einem Blickwinkel sehen, der nicht vertraut war: dem eines langen Kampfes um das Formale.«[39] So wird diese Musik für Foucault *zum Auslöser einer allgemeinen Distanzierung.*[40] Medienarchäologie läßt sich im Medium der Akustik betreiben, tatsächlich also auch hören; beispielhaft dafür steht Barraqués *Sonate für Klavier* (1950-52). Die hörbaren Pausen zwischen den »Tonzellen«, diese Momente der Stille sind geradezu definiert von den klingenden, kompositorisch verfügten Strukturen – mathematisch definierbare Ränder der Leere. Dies erhält bei einer reproduzierbaren Tonaufnahme dieses Stücks besondere Aktualität – denn bei zeitbasierten Medien wie der Musik spielen Apparaturen der *time-axis-manipulation* eine besondere Rolle. Was in der Partitur Barraqués noch »symbolisch als Fermaten notierte Pausen« waren, kann der Pianist im Medium der Tonaufzeichnung »aus einem kaum wahrnehmbaren Bereich bis zu

39 Michel Foucault, »Boulez ou l'écran traversé«, in: *Le Nouvel Observateur*, 2. Oktober 1982.

40 Didier Eribon, *Michel Foucault. Eine Biographie*, Frankfurt am Main 1993, S. 114, unter Bezug auf Paolo Caruso, »Gespräch mit Michel Foucault«, in: *La Fiera letteraria*, 28. September 1967.

fast einer halben Minute« steigern[41] – Zeitachsenmanipulation, wie sie erst im digitalen Medium so möglich ist, ganz im medienarchäologischen Sinne eines stochastischen Verhältnisses zu Daten.

Kybernetik, Nachrichtentheorie, Internet

Wir befinden uns jenseits jener medienarchäologischen Schwelle, an der Foucaults Analysen nicht von ungefähr abbrechen, denn die Nähe zur Gegenwart impliziert die Unmöglichkeit ihrer unmittelbaren Erfassung. Im Kampf zwischen sprachlicher Rhetorik und geschalteter Technik, zwischen buchbasierten und elektronischen Bibliotheken, also auf einem Schlachtfeld, dessen Fußvolk wir derzeit selbst sind, steht die von Foucault definierte Archäologie des Wissens erneut auf dem Spiel. Lassen wir uns die Spielregeln von der Kybernetik nennen, denn um die im Foucaultschen Sinne *gouvernementalité* der Dinge geht es in Verschaltungen, um die Modalität von Diskursanalyse als buchstäbliche Mikrophysik von Macht. In seinen Pariser Vorlesungen von 1978 wendet sich Foucault einer allgemeinen und spezifischen Regierungsanalyse zu, mithin: der Lenkungskunst.

»Diese Formen der Rationalität sind anderen Formen der Macht wie Erkenntnis oder Technik nicht fremd. (...) Wir treffen denselben Typen verlagert wieder, dichte und vielfältige Schaltungen, doch keinen Isomorphismus. (...) Wenn ich die Rationalität von Herrschaft untersuche, versuche ich Schaltungen darzustellen.«[42]

Solche *Schaltungen* gilt es nicht länger metaphorisch, sondern in ihrer Tatsächlichkeit zu benennen; charakteristisch für Foucaults Zurückhaltung, die analytische Schallmauer zu den Medien zu durchbrechen, ist dabei sein Festhalten an literaturwissenschaftlichen Begriffen, die gerade den technischen Anteil an Phantasmen eher verbergen. Und doch liegt gerade hinter dem Begriff der Literatur eine ganze Welt von Medialität verborgen: die Texte als kon-

41 Formuliert in Anlehnung an Herbert Henck, in seinem Begleittext zur CD *Jean Barraqué, Sonate pour piano*, ECM 1999.

42 Michel Foucault/Gerard Raulet, »Um welchen Preis sagt die Vernunft die Wahrheit? Ein Gespräch. Zweiter Teil«, in: *Spuren. Zeitschrift für Kunst und Gesellschaft*, 2 (1983), S. 38-40, hier: S. 40.

krete Objekte der medialen Operationen Speicherung und Übertragung in vokalalphabetischer Schrift.

Foucault gibt die *gouvernementalité*, die Verknüpfung von Herrschafts- und Selbsttechniken, die Differenz von Macht und Herrschaft, die Genealogie des modernen Staats (Pastoralmacht, »Polizeywissenschaft«), die Kunst der Regierung und Führung zu denken, die (von Foucault an der medienarchäologischen Grenze zum Digitalen 1966 nur flüchtig thematisierte) Schnittstelle zur Kybernetik als Kunst der Lenkung, der Steuerung, die nicht mehr von Menschen, sondern Maschinen geschaltet ist. Indem Foucault, am Ende, doch immer wieder die Aufmerksamkeit auf den Menschen lenkt, lenkt er von den Mechanismen ab, die über diesen Menschen als Funktion einer Hardware regieren. Jede nicht-beliebige Form der Datenverknüpfung ist einerseits durch die Kybernetik der Administration, andererseits aber (und hier wird Foucault nachlässig) von den Materialitäten ihrer Datenträger, ihrer Gedächtnismedien als Hardware bestimmt. Was heute regiert, heißt Kybernetik. Ihre *arché* zugleich als Ursprung und Kommando zu denken ist der medienarchäologische Anschluß an Foucaults Wissensarchäologie. Foucaults Wissensarchäologie, in ihrer Fixierung auf das Wissen der Bibliotheken, meint Buchseiten – den Schauplatz des Analogen. Er hat zwar die Litaneien der Rhetorik, nicht aber das unendliche Band der Papiermaschinen angedacht. Doch auch Foucault hat seinen Moment, wo er nicht mehr umhinkann, den Computer und sein mathematisches Dispositiv in Begriffen der Graphen- und der Nachrichtentheorie zu nennen:

»Heutzutage setzt sich die Lagerung an die Stelle der Ausdehnung (...). Die Lagerung oder Plazierung wird durch die Nachbarschaftsbeziehungen zwischen Punkten oder Elementen definiert; formal kann man sie als Reihen, Bäume, Gitter beschreiben. Andererseits kennt man die Probleme der Lagerung in der zeitgenössischen Technik: Speicherung der Information oder der Rechnungsteilresultate im Gedächtnis einer Maschine, Zirkulation diskreter Elemente mit zufälligem Ausgang (wie etwa [...] die Töne auf einer Telefonleitung), Zuordnung von markierten oder codierten Elementen innerhalb einer Menge, die entweder zufällig verteilt oder univok oder plurivok klassiert ist, usw.«[43]

43 Michel Foucault, »Andere Räume«, in: *zeitmitschrift, ästhetik und politik*, Heft 1/1990, S. 4-15, hier: S. 6.

Für einen Moment berührt Foucault damit den Cyberspace. Der aber ist keineswegs »ein *anderer* Ort«, wie es Margaret Wertheim in ihrem Buch *Die Himmelstür zum Cyberspace* unter Anspielung auf Foucaults Begriff der Heterotopien beschreibt,[44] Heterotopien nämlich sind tatsächliche Orte im Unterschied zum virtuellen Raum. Damit erreichen wir die n-dimensionalen Datenwolken, durch welche medientechnisch hochgerüstete Archäologen etwa die Skelettfunde eines Friedhofs sortieren: eine vollständige Geometrisierung und Mathematisierung materieller Lagen, die buchstäblich bereits jenseits der Stratigraphie und ihrer archäologischen Metaphorik liegt, jenseits auch der Zweidimensionalität der historischen Imagination als Effekt des Papiers, auf das Grabungsbefunde eingetragen oder eingezeichnet werden. Datenlagen aus Funden, die sich chronologisch über mehrere Jahrhunderte erstrecken können, aber aktuell im selben Raum liegen, *haben* ein Wissen, das erst im n-dimensionalen Rekonfigurieren dieser Daten entdeckt wird. Das Medium wird hier selbst zum Archäologen.[45]

Rauschen

Am Ende stellt sich damit auch Diskursanalyse dem Rauschen. Foucault hat es in einem Vortrag vor Medizinern 1966 einmal in die Frage »Message ou bruit?« gefaßt:

»Man kann sich fragen, ob sich die Theorie der medizinischen Praxis nicht in Begriffen umdenken ließe, die nicht mehr die des Positivismus sind, vielmehr in Begriffen, die heutzutage Praktiken wie die Sprachanalyse oder die Informationsverarbeitung erarbeiten. Wann findet endlich ein ›Seminar‹ statt, das Mediziner mit Theoretikern der Sprache und aller auf sie bezogenen Wissenschaften vereint?«[46]

44 Margaret Wertheim, *Die Himmelstür zum Cyberspace. Eine Geschichte des Raumes von Dante zum Internet,* Zürich 2000, S. 251.

45 In diesem Sinne der Vortrag von Peter Rowsome und Peter Rauxloh, »Analysing and Archiving Archaeology: the Practice of the Museum of London Archaeology Service«, im Rahmen der Vortragsreihe *Archive der Vergangenheit. Wissenstransfers zwischen Archäologie, Philosophie und Künsten,* Humboldt-Universität Berlin, 27. Juni 2002.

46 Michel Foucault, »Botschaft oder Rauschen?«, in: *Botschaften der Macht. Der Foucault-Reader,* a.a.O., S. 140-144, hier: S. 144.

In seinem Vortrag von 1966 hat Foucault zunächst der klassischen Psychoanalyse Sigmund Freuds die code-technische Operation zugeschrieben, den bislang nur als Störung wahrgenommenen Äußerungen von Kranken den Status von Botschaften gegeben zu haben, um dann seinerseits vor-diskursive Kommunikation, nämlich Körpersignale, implizit im Sinne der mathematischen Theorie der Kommunikation Claude E. Shannons zu deuten.

»Da die Krankheit nichts zu sagen hat, besteht kein Grund, daß ein einziger Code dieses ganze Rauschen ›informieren‹ könnte. (...) Man kann sich fragen, ob sich die Theorie der medizinischen Praxis nicht in Begriffen umdenken ließe, die nicht mehr die des Positivismus sind, vielmehr in Begriffen, die heutzutage Praktiken wie die Sprachanalyse oder die Informationsverarbeitung erarbeiten.«[47]

Vor aller Bio-Politik thematisiert Foucault also gleichsam im Vorbeigehen bio-inspirierte Prozesse ein-eindeutiger Art, wie sie in der Pflanzenphysiologie heute als intrazellulare Signalverarbeitung unter dem koketten Namen »Pflanzencomputer« vertraut sind. Bereits Foucaults frühe Dekomposition des emphatischen Autorbegriffs war von dieser Ästhetik bestimmt – der Autor als eine repressive Bündelung des Texts, ein Interferenzphänomen über dem Rauschen der Diskurse. Störung wird hier »nicht als Unglück, sondern als ästhetischer Glücksfall« erlebt;[48] so wird Ästhetik mit Nachrichtentheorie kompatibel (Bax Benses Vision). Dies zeigt auch Bill Violas frühes Videokunstband mit dem treffenden Titel *Information* (1973): Rauschen.

Eingangs hatte ich festgestellt, daß Foucault in Hinblick auf die Medien zumindest auf dem einen Auge blind ist. Lesen wir aber seine implizite Privilegierung des Rauschens recht, kommt es zu einem *re-entry* von Medialität auf der Ebene, die uns heute betrifft: als Informationstheorie. Wie überhaupt ein Aufgabenfeld der Medienarchäologie darin liegt, Algorithmen der Kultur (statt schlicht Kulturtechniken) zu entdecken und zu beschreiben. Buchstäblich als medienarchäologisch asketische Übung, nämlich als Abschreiben, hat Barraqué dies vollzogen, als er seine ersten Musikschallplatten erhielt:

47 Ebd., S. 144.

48 Wulf Herzogenrath, »Der Fernseher als Objekt. Videokunst und Videoskulptur in vier Jahrzehnten«, in: ders. u. a. (Hg.), *TV-Kultur. Das Fernsehen in der Kunst seit 1879*, Amsterdam, Dresden 1997, S 110-123, hier: S. 113.

»So wie Kinder ihr Spielzeug öffnen, um zu wissen, was im Innern vor sich geht. So war unversehens der Techniker in mir erwacht, ich wollte wissen, was sich hinter der Musik abspielte und (...) begann mir Musik zu kaufen, sogar Orchesterpartituren! Ich verlegte mich aufs Abschreiben und ging daran, die *Unvollendete* ⟨sc. Schuberts⟩ abzuschreiben! Dann fing ich an, selber solche Sachen zu schreiben.«[49]

– Aufruf zum Programmieren. »Ein großer Komponist ist zu allererst ein großer Techniker«, heißt es weiter, doch nicht ohne zu ergänzen: »Aber alle Musik, die nur Rechenwerk ist, verschwindet aus der Geschichte!«[50]

Seit dem 20. Jahrhundert erleben wir den Aufstieg des Rauschens zum Signal. Wenn solche Sequenzen sich von der »Ideologie der Kommunikation« befreien,[51] haben sie nichts mehr mitzuteilen, sondern ihre Aussage geschieht im reinen Feld von Zeitlichkeit. Xenakis trieb die serielle Musik über sich hinaus, indem er unter Rückgriff auf die Wahrscheinlichkeitsrechnung statistische Häufungen, *cumuli,* also Wolken als Klangklima über uns aufziehen ließ. So wird Klang aus dem Inneren des Klangmaterials als solchem heraus generiert, während Mallarmé mit seinem kühnen Würfelwurf – gleich dem Schriftsteller Foucault – noch im Reich des Symbolischen, nämlich dem buchstäblichen Medium der Literatur auf Papier verbleiben mußte. (...) *Au delá du hasard* heißt auch eine Komposition Barraqués für drei Frauenstimmen und vier Instrumentalgruppen von 1959. Daraus folgt die Einsicht, Medien nicht als geschlossene Systeme, als *black boxes* zu betrachten, sondern ihre Rezeptivität für Geräusche der Umgebung, worauf jede Hardware verwiesen ist, buchstäblich mit einzukalkulieren. Damit würde eine alte gesellschaftswissenschaftliche Forderung medienarchäologisch eingelöst. Öffnen wir uns damit einer Epistemologie, welche die Unordnung selbst kultiviert.

49 Jean Barraqué, »Propos Impromptu«, in: *Jean Barraqué,* hg. von Heinz-Klaus Metzger und Rainer Riehn, München 1993, S. 4-9, hier: S. 4.

50 Ebd., S. 9.

51 Daniel Charles, *Musik und Vergessen,* Berlin 1984, S. 99 f.

Tom Lamberty
Heterotop[olog]ie
IN: OUT[1]

A

Erstens: Erkenne die Lage!
Existenziell: das ist der Todesstoß für die Utopie
[15. 05. 48]

Die Lagebesprechung, von der zunächst die Rede sein soll, fand im April des Jahres 1967 in Ann Arbor im Bundesstaat Michigan statt. Die Teilnehmer der kleinen Lage gehören allesamt zu den PIs des IPTO der ARPA. Umgangssprachlich bezeichnet dies die Principal Investigator des Information Processing Techniques Offices der Advanced Research Projects Agency. Zumindest die letztere ist entweder unter diesem oder dem heute aktuellen Akronym DARPA (D für Defense – dessen Abkunft noch zu erläutern sein wird) sicher bekannt.

Zugegen, bei der Besprechung, einige der Koryphäen auf der Gehaltsliste des Verteidigungsministeriums, Marvin Minsky, John McCarthy, sowie der Einladende und Moderator der Veranstaltung Lawrence »Larry« G. Roberts und dessen Doktorvater Wes Clark. Larry Roberts, ein Nerd der frühen Rechnerjahre, plagte sich zu dieser Zeit mit der Realisierung eines Circuit-Switching Netzes ab und hatte sich an die Eingeladenen gewandt, weil er gerade nicht mehr weiterkam. Die Teilnehmer wiederum besaßen eigentlich gar kein gesteigertes Interesse an dieser Vernetzungsidee, weil sie befürchte-

1 Überarbeitetes Manuskript eines am 22. 09. 2002 am ZKM Karlsruhe gehaltenen Vortrages, dem seinerzeit die folgenden Worte vorangestellt waren: »Heute ist der Tag der Demographie – vor exakt 210 Jahren wurde (am 22. 09. 1792) unweit von hier die Erste Französische Republik proklamiert – daß Sie die Wahl haben und damit die Wahl Sie dann auch – eine Form der Verteilung im sozialen Raum, über deren härtere Form der Erodierung und gleichzeitige Implementierung ich in den kommenden 45 Minuten variieren möchte.«

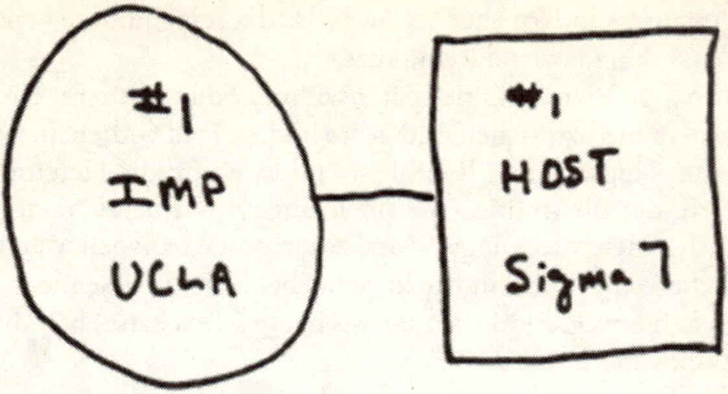

ten, wertvolle Rechenzeit ihrer jeweiligen Großrechner investieren zu müssen. Das Meeting ging seinem Ende zu, als Wes Clark, der bis dato eher unkonzentriert den Ausführungen zugehört hatte, sich einen Zettel griff, darauf einen Gedanken notierte, um ihn an den gerade vortragenden Larry Roberts weiterzureichen; der auf dem Zettel befindliche Satz ist überliefert und lautet:

»You've got the network inside out.«

Wenig später saß man dann gemeinsam im Taxi zum Dulles Airport, und Wes fand Gelegenheit seinen kryptischen Einwurf aufzulösen: Wes an Larry:

»Why don't you just have … why don't you have a small computer at each site to do all of this?«

Eine rhetorische Frage, die diesen knappen Parforceritt durch die Postgeschichte ab- und gleichzeitig ein neues Kapitel derselben aufschließt: Symposium – Zettelwirtschaft – Taxifahrt – Flughafen – Computer – ein network aus small computers.

Alles Weitere läßt sich in vieltausendfacher ähnlicher Form in den Ursprungsmythen des Mediums – Internet – auf jedem small computer mit network-Stöpsel weiterlesen.

Ein paar Tage zuvor, an einem Dienstag, dem 14. März 1967, einen Intercontinentalflug weiter östlich, im Orient der Vereinigten Staaten, Paris, Boulevard Raspail 28: Michel Foucault leitet einen Vortrag über »Andere Räume« (»Des espaces autres«) mit den Worten ein:

»Wir sind, glaube ich, in einem Moment, wo sich die Welt weniger als ein großes sich durch die Zeit entwickelndes Leben erfährt, sondern eher als ein Netz, das seine Punkte verknüpft und sein Gewirr durchkreuzt.«[2]

Eine knappe Viertelstunde später widmet Foucault dann einen bis dahin dem medizinischen und geologischen Feld vorbehaltenen Begriff zum Slogan seiner Raumlehre in nuce um: die Heterotopie – und erfindet übermütig eine noch ungetümer bezeichnete Lehre dazu: die Heterotopologie. Mediziner und Geologen wären also möglicherweise unbeeindruckt geblieben, die anwesenden Architekten keineswegs, und wie man bis heute sehen kann, hält die Aufmerksamkeit an.

Die »Topoi« sind aus der aristotelischen Rhetorik wohlbekannt, sie überkreuzen bereits in sich den Raum mit der Rede, genauer: die öffentliche Rede mit dem öffentlichen Raum. Die rhetorische Dimension ist im Laufe der Zeit abgeflacht, die räumliche mit dem fehlgeleiteten Präfix »U« 1516 zum Kunst- und Schlagwort »Utopia« aufgerüstet worden. Darauf referiert denn auch Michel Foucault, wenn er die Heterotopien explizit »im Gegensatz« zu den Utopien vorstellt.

Der Vortrag am 14. März und sein Thema unterliegen bereits einem Wiederholungszwang: Die Heterotopie verdankt ihr erstmaliges Erscheinen bei Foucault einem durchaus nietzscheanischen Lachen und dieses ist bekanntermaßen einem luziden Essay Jorge Luis Borges' über »Die analytische Sprache John Wilkins« geschuldet. Diese als solche geschilderte Konvulsion mitsamt erfolgreicher Niederkunft findet sich im Vorwort zu *Die Ordnung der Dinge* (*Les Mots et les Choses*) dokumentiert, welche im Jahr zuvor erschienen war.

Wenige Monate nach dem Erstdruck, der Foucault einige öffentliche Aufmerksamkeit verschaffte, war er im französischen Rundfunk zu »Utopie et Littérature« zu hören und nutzte die Gelegenheit, im Schlußwort die neu erfundene Wissenschaft zu postulieren:

> »... eine Wissenschaft (...) der Heterotopien, als eine Wissenschaft der absolut anderen Räume. Wir stehen an der Schwelle zu dieser Wissenschaft, die man auch Heterotopologie nennen könnte, ja es gibt sie bereits.«[3]

So tragen die Rundfunkwellen noch die Signifikate des Rundfunk-

2 Michel Foucault, »Des espaces autres«, in: *Dits et écrits*, Bd. IV, Paris 1994, Nr. 360, S. 752-762.

3 Daniel Defert, »Foucault, der Raum und die Architekten«, in: *Politics/Poetics. Das Buch zur documenta-Ruit 1997*, S. 274.

sprechers fort – und belegten bei einem Empfänger und Architekten namens Ionel Schein auf schlichte Weise, daß Nachrichten zeitgleich nie nicht und immer nicht ankommen: Schein hörte die genannte Rundfunksendung und glaubte dabei aus dem Buch verstanden zu haben; er setzte daraufhin ein Telegramm an Michel Foucault auf, das bei diesem, brieflich belegt, erst mal wieder ein Lachen auslöste:

> »Kannst Du Dich noch an das Telegramm erinnern, über das wir so sehr gelacht haben und in dem ein Architekt eine neue Stadtplanungskonzeption zu erblicken glaubte? (...) Dabei stand das gar nicht in dem Buch, sondern stammt aus einem Radiovortrag über Utopie.«[4]

Diese Zeilen sind nur überliefert, weil Michel Foucault seit Ende September 1966 an den Rändern Alteuropas im Hotel Dar-Saïd in Sidi Bou Saïd wenige Kilometer von den Ruinen Karthagos bzw. von Tunis entfernt lebte; unter Vertrag am Fachbereich Philosophie an der Universität Tunis. Das erwähnte Telegramm wurde selbstredend eingelöst, und Foucault hielt am 14. 03. 1967 den bereits zitierten Vortrag, in dem er dann zum dritten Male den Gedanken der Heterotopie/Heterotopologie paraphrasierte.

Dieser Vortrag blieb keiner, sondern wurde von flinken französischen Stenographenhänden live mitnotiert, um anschließend ins Alphabet rückübertragen und als Typoskript unter den Teilnehmern verteilt zu werden. Ein Fragment aus diesem Typoskript wurde zwölf Monate darauf in französischer Sprache, ohne weitere Resonanz, in der italienischen Zeitschrift *L'Architettura* publiziert.

Michel Foucault lauschte derweil in Sidi Bou Saïd an einer Hörermuschel, die mit einer Sprechmuschel verbunden war, die wiederum neben einem Radiolautsprecher in Paris lag, der einen Live-Kommentar der Ereignisse des 10. 05. 1968 übertrug. Das Typoskript und seine Begriffsarmatur fielen in der Folge dieser Ereignisse einer siebenjährigen Amnesie anheim, bevor sich Foucault selbst wieder an den Vortrag erinnerte und dann im Dezember 1977 eine abermals italienische Veröffentlichung, *Il dispositivo Foucault* unter Zugrundelegung des Vorwortes aus *Les Mots et les Choses* die Heterotopie reanimierte; sehr zur Freude Foucaults, der sich daraufhin »wie ein Althusser, der von den Trotzkisten durch die Mangel ge-

4 Ebd.

dreht« wurde, fühlte. Es währte dann noch mal sieben Jahre, bis, von Foucault sub specie mortis sanktioniert, der volle Text des Typoskriptes anläßlich der IBA-Ausstellung *Idee – Prozeß – Ergebnis* in Berlin breitenwirksam aufs neue vor einem Architekturpublikum aufgelegt wurde. Die Folgewirkungen sind bekannt, und Aufsätze wie der vorliegende bilden nolens volens einen Teil derselben.

B

Es ist als ginge ich in einem
Hagel von Geschossen und
empfinde das als Ruhe und meinen Raum
[16. 12. 47]

Die Genealogie der Foucaultschen Heterotopie und ihres Textbettes durchläuft also verschiedene mediale Aggregatzustände:
- Einem Gelächter entsprungen,
- in einen Letternsatz gefaßt,
- migriert ins elektromagnetische Spektrum und
- die zugehörige Tonbandaufzeichnung,
- telegrammatisch injiziert und wiedergekehrt in
- die unmittelbare Akustik eines Vortrags, um dann endgültig
- in typoskriptorale Kanäle und das dazu komplementäre Vergessen abzufließen.

Eine sich ihrem Gegenstand anverwandelnde mediale Genealogie, die allerdings charakteristische Verschiebungen hinterläßt, indem sie
- ihr jeweils kanalspezifisches Geräusch in Begriff und Kontext schleift,
- die Aussageform unter den medialen Environments der späten 60er aushärtet, und
- dementsprechend eine metonymische Metamorphose des Kernbegriffs befördert, die hier noch beschäftigen soll.

Aus der Nähe betrachtet, läßt die Tektonik der Heterotopie einige bezeichnende Verwerfungen erkennen: In *Les mots et les choses* steht die Heterotopie noch ganz im erkenntnistheoretischen Paradigma der Sprachkritik: Aller Anfang der *Ordnung der Dinge* steht im Zeichen der konvulsivischen Unordnung. Ein Gelächter, das sich vom Gefälle zwischen Materialität/Serialität der Zeichen (»die alphabetische Serie [A, B, C, D]«) und der Destruktion des bezeichneten Raumes (»er entzieht den Platz, den stummen Boden, an dem die Lebewesen nebeneinandergeraten können«) speist. Den »schimärischen« trostspendenden Utopien werden erstmals die »beunruhigenden« unbehaglichen Heterotopien anheimgestellt, die als »Tableaux ohne kohärenten Raum« paradoxerweise »auf einem heiligen Raum« ruhen – das ist dann: »China«.[5]

Der auslösende Essay von Borges verdient aus zwei Gründen einen Exkurs: John Wilkins wird von Borges als Ingenieur einer arbiträren Universalsprache dargestellt, der dabei einem Auftrag Descartes' Genüge zu tun versucht: Descartes, so Borges, habe in einem Brief vom November 1629, ausgehend von der effizienten Erlernbarkeit des Dezimalsystems (in einem Tag bis zur Unendlichkeit zu zählen in der Lage zu sein!), die Entwicklung einer Universalsprache prospektiert, in der sich Kombinatorik und Kabbalistik ein Stelldichein geben. Dazu wird dann eine einsame Fußnote gegeben, in der Borges eine lakonische Rechnung aufmacht, die ihn auf der Höhe der Zeit zeigt (obschon erst 1952 veröffentlicht, reicht die Entstehungsgeschichte des Essays in das Jahr 1936 zurück). Ausgehend von dem Diktum, daß die Zahl der Zählsysteme unbegrenzt sein müsse, werden dieselben auf einer Geraden von »vollständig« bis »elementar« abgetragen. In dem den Göttern und Engeln vorbehaltenen vollständigsten System gibt es eine unendliche Anzahl von Signifikaten, nämlich genau eines je Adresse, mithin der Kosmos des Analogen oder der reellen Zahlen. Das einfachste Zählsystem hingegen, so Borges mit Leibniz, kennt nur 2 Zahlen:

»Null wird als 0 geschrieben,
eins   1,
zwei   1 0,
drei   1 1,
vier   1 0 0, [...]«

Wo sich Descartes und Wilkins hier wiederfinden könnten, wird höflich ignoriert, was Borges darin wiederfindet, läßt sich dann – weiter im Essay – zum einen in der »chinesischen Enzyklopädie«

5 In *La Chinoise* läßt Godard das Buch dafür angeblich von einer Studentin mit Tomaten bewerfen; eine Szene, die im Film heute nach einem Hinweis von Ulrich Johannes Schneider nicht oder zumindest nicht mehr zu sehen ist.

und zum anderen in der Fiktionalität ebendieser Enzyklopädie, die ihrem Eigennamen damit doppelt den Boden entzieht, nachlesen.

Noch ein letzter Exkurs zum Exkurs und dann wieder retour:

Ein Begriff aus der Wilkinsschen »semiologischen Utopie« dient, unter Hinweis auf den Borges-Essay, als Adjektiv für einen Brief, den inzwischen alle erhalten haben dürften: den entwendeten Brief Edgar Allan Poes, wie er anno 1956 von Lacan ein letztes Mal entwendet wurde, um für immer zugestellt zu werden. Das Adjektiv für den Brief, welches Lacan bei Wilkins/Roget entlehnt, lautet: »Nullibiety« – und bezeichnet exakt die Qualität des entwendeten Briefes, »Nirgendwo« gefunden zu werden. Obgleich doch die Polizei in der Poeschen Erzählung den Brief überall gesucht habe, »im Sinne einer zweifellos theoretischen Erschöpfung des Raumes«, »der aber, und das ist der Witz der Geschichte, buchstäblich genommen wird«.

> »Die Forscher haben jedoch einen so starren Begriff vom Reellen, daß sie nicht bemerken, daß ihre Untersuchung es in ihr Objekt umwandelt.«[6]

Die »Nullibiety«, wiederaufgetaucht in der divinen klassifikatorischen Manie eines katholischen Bischofs, avanciert zum Merkmal des Buchstabens (der Letter) als »Symbol einer Abwesenheit« und zur Unschärferelation der Psychoanalyse an sich. Die Abwesenheit angesichts aller Anwesenheit in Form einer »Aufteilung des Raumes in Planquadrate«, ihre Mechanik des »Auf und Zu«, »In and Out«, tragen wieder zu Michel Foucault zurück.

Zunächst sollen noch einmal die Charakteristika der Utopien und Heterotopien in *Les mots et les choses* zusammengefaßt sein:

Die Utopien
- sind schimärisch und daher leicht zugänglich,
- entfalten sich in einem wunderbaren, glatten Raum,
- öffnen Städte mit weiten Avenuen und wohlbepflanzten Gärten.
- Die Heterotopien
- sind heteroklitisch: die Dinge sind darin »niedergelegt«,
- sie zerstören im voraus die »Syntax«, die die Wörter und Sachen »zusammenhalten« läßt,
- sie bestreiten in der Wurzel jede Möglichkeit von Grammatik.

6 Jacques Lacan, *Schriften* I, Olten und Freiburg i.Br. 1973.

Bevor wir diesen Befund mit dem späteren Rundfunkvortrag und besonders dem Vortragstext von 1967 abgleichen, bedarf es noch eines bedingten Rücksprungs an den Startpunkt unserer Unternehmung.

C

So trügerisch leicht die Vorvorgeschichten von Vorträgen zur Verfolgung einladen, befördert durch die Leimspur der ubiquitären Indexierbarkeit und Verschiebbarkeit der Lettern, so umständlich lassen sich die Tracks der Ingenieure durch anonyme Bedienungsanleitungen, Programmdokumentationen oder gar Codezeilen rückverfolgen, – noch dazu wenn das Material den branchenüblichen Klassifizierungsregeln unterliegt.

Wes Clark jedenfalls, der Stichsatzgeber unserer Einleitung, saß natürlich nicht ganz zufällig in jenem Meeting in Ann Arbor. Abgesehen von der akademischen Verbundenheit mit Larry Roberts aus den Tagen, da er dessen Doktorarbeit am Lincoln Laboratory des MIT (Massachusetts Institute of Technology) betreut hatte, verlief seine ingenieurwissenschaftliche Laufbahn bis Ann Arbor strikt parallel zu den technologischen Innovationen des Paläolithikums der Hardwareentwicklung. Clarks Name zieht sich wie ein blaßroter, mit dem Hintergrund verwobener Faden durch die Hardwareentwicklung, seit diese nicht mehr mit einer Schmiedearbeit verwechselt werden kann.

Clarks erster Auftrag begann mit einem Ressourcenproblem: Der in den Jahren 1941-43 exponentiell gestiegene Bedarf der U.S. Navy an Marinekampfflugzeugen und den in ihnen befindlichen Piloten warf die Frage nach einem »allgemein verwendbaren« Flugsimulator auf, der in der Lage wäre, möglichst beliebige – auch noch nicht existierende – Flugzeugtypen zu simulieren und ihre menschliche Besatzung im gleichen Gerät unter umgekehrten Vorzeichen zu dissimulieren. Auf diese Weise sollten Zeit und Kosten sowohl der Flugzeugentwicklung als auch der Pilotentrainings optimiert werden. Naheliegenderweise, da dem technischen Status quo der Ära Vannevar Bushs entsprechend, begann 1944 eine Arbeitsgruppe am Servomechanisms Laboratory des MIT mit dem Bau eines Analogcomputers, des ASCA (Airplane Stability and Control Trainer). Dabei stieß man bald auf einen ebenso altbekannten wie unüberwindlichen Effekt: Analoge Computer, grundsätzlich durchaus in der Lage, derartige Simulationen zu rechnen, produzieren unter komplexen Bedingungen – es ging immerhin um die zeitgleiche Verarbeitung von > 100 Differentialgleichungen – und eben analogen Eingangsgrößen unvermeidbare Genauigkeitsfehler, die sich zu intolerablen Größenordnungen aufmultiplizieren. Mit anderen Worten: dem kontingenten Kauderwelsch der Meßuhren war so kein technologisches Beikommen.[7]

Es sollte also ein ganzes Siegesjahr ins Land gehen, bevor das ASCA-Projekt in Projekt-Whirlwind und von analog auf digital umsigniert wurde und Wes Clark die Chance bot, am Design eines digitalen Computers mitzuarbeiten, um der sonstigen damaligen US-amerikanischen Digitalrechner-Wirklichkeit, die von adipösen ausfallsüchtigen Zahlenfressern dominiert wurde, etwas anderes entgegenzusetzen. Das Whirlwind-Design hob sich durch fünf wirkungsmächtige Innovationen vom Standard ab:

- Durch die Berechnung der für die Simulation benötigten aerodynamischen Gleichungen in dem Neologismus »Echtzeit«, die Simulation der Simulation halluzinierend.
- Durch die erstmalige Nutzung einer Kathodenstrahlröhre als Ausgabemedium, der Rechner lernte das »Zeigen«.
- Durch die neuen und verbesserten Speichertechnologien (der Ferritkernspeicher und das Magnetband) hielt der Terminus »Datenbank« Einzug in Technikerslang und -Schriftsätze.
- Durch die Verbindung von zwei Maschinen über die just entwickelte DRR (Digital Radar Relay) Technik, die eigentlich nur zur Übertragung der Daten vom Radar zum Rechner über herkömmliche Telefonkabel dienen sollte, ließ sich erstmalig von ei-

7 Aus diesem Dilemma hätte prima der Geschäftsführer der »Konrad Zuse Apparatebau Berlin« helfen können, der bereits seit 1942 im Auftrage der Henschel-Werke und des RLM (Reichs-Luftfahrt-Ministeriums) mittels der S2 seine eigenen wohlweislich »in Ja-Nein-Werte« aufgelösten Airplane Stability oder Flügelvermessungen angestellt hatte. Zuse aber saß seit Mai 1945 mit einer der modernsten Rechenmaschinen der Zeit in Wartestellung in Hinterstein im idyllischen Allgäu und berechnete aus Langeweile den durchschnittlichen Fettgehalt der Milch in der örtlichen Sennerei.

nem »Netz« sprechen, eines das allerdings noch »outside in« funktionierte.

- Durch die Bedienbarkeit des Apparates durch eine Einzelperson – direktes Erbe des »Trainingsgedankens«. Damit kam die erste umfassende Maschine-Mensch-Schnittstelle wenn schon nicht auf ihren Begriff, so doch auf ihr Interieur.

Während der gesammelten technologischen Fortschritte kam den Entwicklern allerdings insofern ihr Ziel abhanden, als sich in den Nachkriegsjahren die militärisch-politischen Strategien und damit die Budgetverteilungen rapide änderten. Rettung nahte kurz vor dem Konkurs des Whirlwind-Betriebs in Form des ersten Atombombentests der Union der sozialistischen Sowjetrepubliken im August 1949 und so ziemlich aller nur denkbaren paranoiden Reaktionen auf seiten der Vereinigten Staaten. Als Sieger im Antwortszenarien-Wettbewerb ging die Air Force hervor – mit dem für ihr bisheriges Selbstverständnis einigermaßen überraschenden Vorschlag zur Realisierung eines wasserdichten, passender: luftdichten Luftverteidigungsplanes. Mit einem Thema »Defense« hatte man gerade seitens der Air Force, die ein Helden- und Haudegen-Image pflegte, von allen Waffengattungen am allerwenigsten gerechnet. Das Projekt wurde vom eigens gegründeten ADSEC (Air Defense System Engineering Committee) gesteuert, das erst mal beim Nachbarn Großbritannien Informationen über die radargestützte Luftverteidigung zu Zeiten des Zweiten Weltkrieges einholte und dann vor allem mit Studien glänzte, die beispielsweise »Kill Ratios« (möglicher Angreifer) von 60 bis 70% vorrechneten, was im Vergleich zu den 10%-Raten der großen Luftschlachten des Zweiten Weltkriegs einen phantasievollen Wert darstellte.[8] Damit ließ sich das Air-Force-Verständnis von Defense jedenfalls wieder ins rechte Licht rücken.

8 Der später anderswo – bei der Automatisierung industrieller Produktionsprozesse im Zivilbereich – allerdings locker unter Beweis gestellt wurde.

Keine globale Linie (...) mehr, sondern ein Raum, der,
um mit richtigem Inhalt erfüllt zu werden
(cuius economia, eius regio) zunächst einmal völlig leer,
zur tabula rasa gemacht werden muß.
[22. 07. 48]

Man schreibt inzwischen das Jahr 1954, und das Konzept für einen durchdigitalisierten nationalen Luftverteidigungsplan ist entfaltet, Zeit also für einen griffigeren Namen als »Lincoln Transition System«, – das Projekt SAGE (Semi-Automatic Ground Environment) wird aus der Taufe gehoben. Im Wettbewerb dazu stand »Manhattan Project of Air Defense«, was keinesfalls überheblich war und außerdem der Beteiligung von Physikern wie Rabi und Oppenheimer Rechnung trug.
So sollte die neue Raumordnung aussehen:

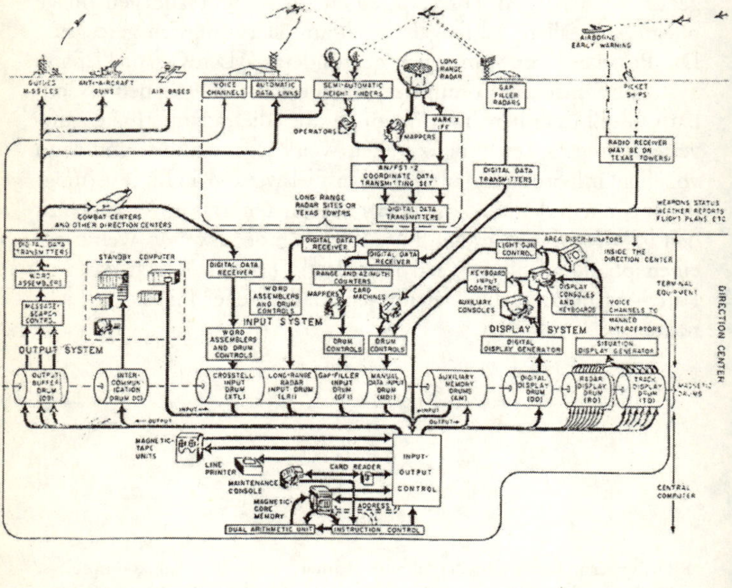

Und so ist sie dann im wesentlichen auch umgesetzt worden. Mit einem Schwert namens Konvergenz gerüstet, wird von SAGE gleich ein Dutzend angejahrter Befehls- und Ordnungssysteme kassiert, um konsequent das neue, halbautomatische Raumenvironment durchzusetzen. Im Designzentrum der ganzen Konstruktion steht nach wie vor Whirlwind und an Whirlwind Ingenieure wie Wes Clark.

Eine detaillierte Darstellung der Einzelkomponenten des Systems muß hier unterbleiben – was die folgenden Bilder und Bildunterschriften belegen sollen, ist die Prägkonfiguration eines durchgerechneten Raumes,

- der nicht mehr wie seine analogen Vorgängerverbundsysteme Radartechnik, Nachrichtentechnik, und Kartographie ausschließlich auf ein Außen referiert, das diese noch erfassen und abzubilden (und damit immer schon zu konstruieren) trachteten;
- der zunehmend weniger auf humane Schnittstellen und damit Plazierungen angewiesen ist, sondern deren konsequente Dissimulation betreibt,
- der alle wesentlichen Grundelemente der heute noch aktuellen Raumlehren bereitstellt.

Was sich hier mit einer herbeigeführten Ballung von Zufallsentscheidungen unterfüttert mit den finanziellen und wissenschaftlichen Ressourcen der Siegesmacht nicht nur des zweiten Weltkrieges, sondern über den Krieg an sich in einem Think Tank formiert, stellt den Raum vergleichbar grundsätzlich zur Disposition, wie das die im Mikro- bzw. Makrokosmos operierenden physikalischen Theoreme eines Einstein oder Heisenberg vermocht haben.

Dazu gehören unter anderen auch die ökonomischen Folgewirkungen von der Standardisierungsmacht einer IBM bis zur sozialen Architektur eines Silicon Valley, die ohne ein SAGE-Programm so nicht möglich gewesen wären. Menschen oder Operatoren, wie sie bei SAGE nunmehr heißen, erscheinen zwar durchaus noch im aufgelegten Schaltplan, werden aber vom Begleittext als »slow and noisy« Rauschfaktoren attribuiert bzw. als Futter für zukünftige Integrationsreleases bewertet.

Und die scheinbar triviale Analogie zwischen Rechner- oder Chiparchitekturen und Stadt- oder Gebäudearchitekturen (wie sie der altersmüde schon erwähnte Konrad Zuse im Hünfelder Atelier in breiten pastosen Ölfarben auf die Leinwände auftrug) sieht plötz-

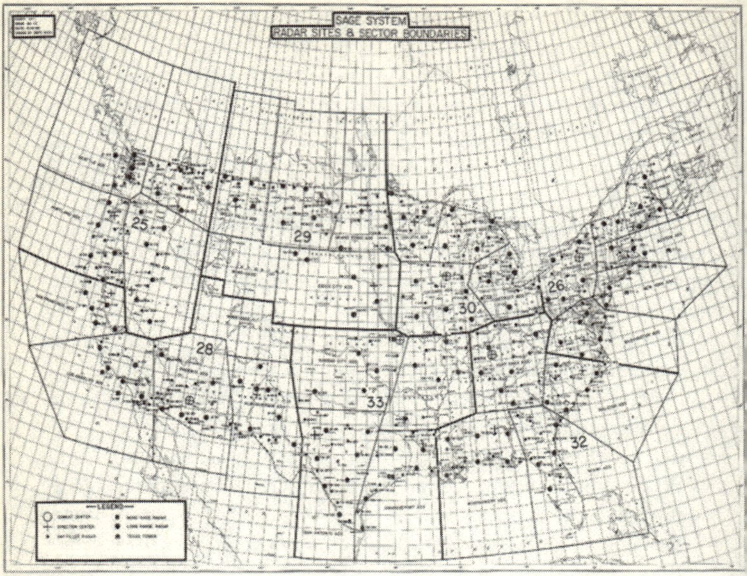

lich auf andere Weise nur allzu plausibel aus. Zum Abschluß des SAGE-Kapitels ein letzter Zoom auf einige der noch sichtbaren Elemente der neuen Ordnung und ein unkommentierter Sprung in die Gegenwart, der allein dazu dienen soll, das Vertrauen in obige Spekulationen etwas zu stärken.

- SAGE Sektorenübersicht – noch beschränkt auf das Territorium der USA und Kanadas und die dortigen Radarstationen; Satelliten, die heute dieses in den Zentimeterbereich hochaufgelöste Netz um den Planeten spannen, gab es zu dieser Zeit schockierenderweise nur in der UdSSR.
- Luftaufnahme eines SAGE-Sites in der quadratischen Zwillingsarchitektur. Da wir uns im Zeitalter vor der Erfindung integrierter Schaltkreise auf Siliziumchips befinden, war einiges an konventioneller Hardware nötig, um den Betrieb aufrechtzuerhalten; im linken Gebäudeteil waren auf zwei Geschossebenen die eigentlichen Röhrenrechner untergebracht, die Nebengebäude beherbergten die nötigen Dieselgeneratoren für die Energieversorgung als auch die Kühlanlagen.

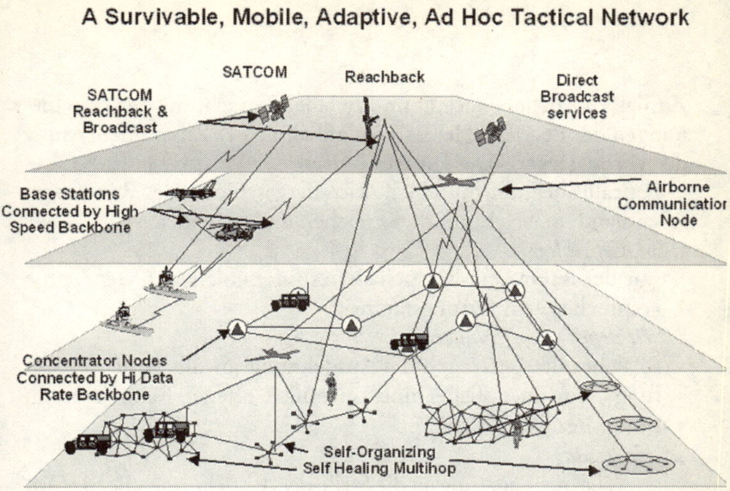

- Der SAGE-Operator-Arbeitsplatz – gut sichtbar eine Innovation, die sich bedauerlicherweise nicht durchgesetzt hat, eine Hommage an die eigene Wildwest-Vergangenheit, die ›Light-Gun‹, die als Eingabemedium fungierte und unter anderem zur Markierung der Schirmobjekte in freundliche oder feindliche diente.
- Die obige Szenen bilden seit 1961 (ab da war das gesamte SAGE-System scharf geschaltet) den Hintergrund für alle ernstzunehmenden Spekulationen über Räume.
- Zu guter Letzt ein Blick auf den heutigen Standard, wie er gerade um und über dem Irak konfiguriert und optimiert wurde – man möge sich dazu die entsprechenden unmittelbar abgeleiteten zivilen Nutzungsszenarien vorstellen wie bspw. GPS-, GSM- und DSL-Netze mit ihren jeweiligen Subdevices Navigationssystem, Mobiltelefon und PC.

E

Zurück zu Michel Foucault und zu einer Betrachtung der Verschiebungen des Begriffes Heterotopie anhand einer Zusammenfassung des Vortragstextes »Des Espaces Autres«:

Foucault beginnt mit einer Zeitraffergeschichte des Raumes im Abendland, in welcher er drei Epochen unterscheidet

1. *Im Mittelalter*

   war der Raum »ein hierarchisiertes Ensemble von Orten«, grob gesprochen »ein Ortungsraum«.

2. *Seit dem 17. Jahrhundert,*

   so Foucault, »setzt sich die Ausdehnung an die Stelle der Ortung«, ein unendlicher und unendlich offener Raum entsteht (unter Bezug auf Galilei).

3. *»Heutzutage*

   setzt sich die Lagerung an die Stelle der Ausdehnung, die die Ortschaften ersetzt hatte.«

   »(…) formal kann man sie als Reihen, Bäume, Gitter beschreiben. Andererseits kennt man die Bedeutsamkeit der Probleme der Lagerung in der zeitgenössischen Technik: Speicherung der Information oder der Rechnungsteilresultate im Gedächtnis einer Maschine, Zirkulation diskreter Elemente mit zufälligem Ausgang (wie etwa Autos auf einer Straße oder auch die Töne auf einer Telefonleitung), Zuordnung von markierten oder codierten Elementen innerhalb einer Menge, die entweder zufällig verteilt oder univok oder plurivok klassiert ist usw.«

   »Noch konkreter stellt sich das Problem der Plazierung oder der Lagerung für die Menschen auf dem Gebiet der Demographie.«

Damit sind die wesentlichen Operationen für ziemlich unterschiedslos Informationen wie Menschen hellsichtig benannt:

- Speicherung oder Lagerung,
- Übertragung oder Zirkulation (unter expliziter Nennung von Automobilen und »Tönen«),
- Berechnung oder Zuordnung.

Das ist – wenn nicht der SAGE-Raum selbst (von dem man seiner-

9 Für den Term »Lagerung« bin ich Walter Seitter, der den Text übertragen hat, sehr dankbar, und mit Giorgio Agambens *Homo Sacer* liegt auch eine präzisierende Positionsbestimmung dazu vor.

zeit durchaus wissen können konnte, da das Projekt propagandistisch massiv ausgeschlachtet wurde), so mindestens seine komprimierte Beschreibung. Verstärkend scheinen hier jene Elemente wieder auf, die über die unmittelbare Textgenealogie, wie eingangs geschildert wurde, in einem direkten Zusammenhang mit der Umformung des Textes stehen.[9]

Foucault fährt fort:

»Wir leben in einer Gemengelage von Beziehungen, die Plazierungen definieren, die nicht aufeinander zurückzuführen und nicht miteinander zu vereinen sind.«

Und dann folgt eine spannende Wendung: Anstatt eine womöglich strukturale Analyse der Relationen dieser Beziehungen im Raum zu unternehmen, schlägt Foucault in expliziter Abgrenzung eine andere Vorgehensweise vor:

»Was mich interessiert, das sind unter all diesen Plazierungen diejenigen, die die sonderbare Eigenschaft haben, sich auf alle anderen Plazierungen zu beziehen, aber so, daß sie die von diesen bezeichneten oder reflektierten Verhältnisse suspendieren, neutralisieren oder umkehren.«

Dieses Verfahren ist natürlich das von Borges abgekupferte, aber aus dem Reinraum der Sprachspiele, in dem es sich in *Les mots et les choses* noch befand, in den kontaminierten Realraum der Gegenwart herübergezogen. Und die Plazierungen, die sich auf alle anderen suspendierend, neutralisierend oder revers (oder alles auf einmal) beziehen, das sind entsprechend die Nullibietäten.

Foucault eröffnet in der Folge zwei Arten von Nullibietäten: Utopien und Heterotopien, aber nur um die erstgenannten umgehend seinerseits zu suspendieren: Die Utopie konzediert im besten Falle noch den Respekt an den Ursprung dieser Auseinandersetzung. Ab diesem Abschnitt handelt der Text ausschließlich von jenen Nullibietäten, die Foucault »Heterotopien« getauft hat, die in einem fast schon pataphysischen Septalog präsentiert werden, der aus den gleichen Gründen zu schätzen ist, aus denen vermutlich Foucault die chinesische Enzyklopädie aus der Feder von Borges geschätzt hat:

Grundsatz	Funktion	Beispiel	Feld
1	Universell / nicht universal Krisen- und Abweichungs-Heterotopie	Adoleszenz, Psychiatrie	Konvergenz
2	Spezifität bezogen auf die Funktionsweise in der Gesellschaft	Friedhof	Genealogie
3	Serielle Kombinatorik Zusammenlegen der Plazierungen	Kino, Theater	Kontingenz
4	Bruch mit der herkömmlichen Zeit	Museum, Feriendorf	Echtzeit
5	Permeabilität Öffnung / Schließung	Kaserne, Motel	Schaltung
6	Denunziatorische Heterotopie Illusions-Heterotopie / Kompensations-Heterotopie	Bordell, Kolonie	Simulation
(7)	Das Schiff Träume / Abenteuer / Freibeuterei	Schiff	Raum

F_{IN}

Wozu eigentlich diese ganze umständliche Wes-Clark-Geschichte? Weil es nicht scheint, daß die Heterotopie zur affirmativen Beschreibung eines Produktes taugt, dessen exakte Blaupause ein Projekt war, das einen heterotopischen Stil in Denken und Handeln zeitgemäßer denn je macht.
In? Out? Inside Out.

Bernd Stiegler
Michel Foucault und die Fotografie

Die Herausgeber der französischen Edition der *Dits et Ecrits* haben ihrer Verwunderung durch ein »sic« Ausdruck verliehen, als Foucault in einem Gespräch über »Entstehung und Auswirkungen kapitalistischer Ausbeutung« bei der Unterscheidung zwischen Diskursen im weiteren Sinne, unter die etwa Handelsregister, Lohnsätze oder Zölle fallen, und Diskursen im engeren Sinne, für letztere neben Entscheidungen der Verwaltungsräte und Fabrikordnungen auch Fotografien als Beispiel benennt.[1] Können Fotografien, so wäre die implizite Frage der Herausgeber direkt zu stellen, als dezidiert nichtsprachliche Gegebenheiten überhaupt Diskurse sein? Und in welcher Art und Weise wären sie analysierbar? Wie könnte eine Diskursanalyse der Fotografie aussehen?

Die Verwunderung der Herausgeber mag auch dadurch begründet sein, daß, im Gegensatz zur Malerei, die Fotografie im Œuvre Foucaults eine alles in allem marginale Stellung einnimmt. In seinen Büchern findet sie keine Erwähnung, und gerade einmal zwei der zahlreichen in den *Dits et Ecrits* versammelten Texte behandeln die Fotografie, und beide sind eher okkasioneller Natur und jeweils anläßlich einer Ausstellung entstanden: Der erste ist dem französischen Maler-Fotografen Gérard Fromanger[2] und der zweite dem amerikanischen Fotografen Duane Michals gewidmet. Gleichwohl hat zumindest der erste der beiden Aufsätze einen programmatischen Charakter, widmet sich ausführlich dem Phänomen der Fotografie und skizziert sogar so etwas wie eine Art Diskursgeschichte dieser technischen Bilder. Eine Lektüre dieser beiden Texte kann daher ein erster Versuch sein, die oben aufgeworfenen Fragen zu beantworten; einen zweiten werde ich durch die Rekonstruktion des –

1 Michel Foucault, »Die Wahrheit und die juristischen Formen«, in: *Dits et Ecrits. Schriften*, Bd. II, Frankfurt am Main 2002, S. 669-792, hier: S. 784.

2 Fromanger gehörte wie Foucault der G. I. P. an und arbeitete bei seinen Bildern auch mit Motiven, die sich direkt auf sein politisches Engagement bezogen. Vgl. hierzu die schöne Analyse von Tom Holert, »Der Staub der Ereignisse und das Bad der Bilder. Foucault als Theoretiker der visuellen Unkultur«, in: *Michel Foucault. Zwischenbilanz einer Rezeption. Frankfurter Foucault-Konferenz 2001*, hg. von Axel Honneth und Martin Saar, Frankfurt am Main 2003, S. 335-354.

wahrscheinlich nur Spezialisten bekannten – Einflusses Foucaults auf die Theorie der Fotografie unternehmen.[3]

Während Foucault bei seinem Hinweis auf die Fotografie als Diskurse im engeren Sinne im Falle der kapitalistischen Ausbeutung wohl an Aufnahmen der Belegschaft gedacht hat, die in exemplarischer Weise ihre soziale Ordnung visualisiert, gilt sein Augenmerk in den anderen Texten dezidiert Künstlern und, allgemeiner, den Beziehungen zwischen Fotografie und Malerei. Auch wenn es mehr als nur interessant wäre, die Geschichte der Industriefotografie an dem von Foucault gegebenen Beispiel weiterzuverfolgen (von den eher dokumentarischen Aufnahmen der Belegschaft im 19. Jahrhundert über die Monumentalisierung der Industrieanlagen in der Technik-Fotografie der Neuen Sachlichkeit und die sozialdokumentarische Fotografie in der ersten Hälfte des 20. Jahrhunderts bis hin zur Renaissance der abstrakt-monumentalen Darstellung der Industriearchitektur in der Gegenwartsfotografie insbesondere in ihrer Düsseldorfer Provenienz zeichnet sich ein Panorama ab, über das einiges zu sagen wäre), will ich mich auf die expliziten Beispiele Foucaults beschränken.

Die Ausstellung Fromangers ist für Foucault Anlaß, die Geschichte der Fotografie insgesamt Revue passieren zu lassen. Sein Befund und seine Deutung sind dabei durchaus überraschend, beobachten sie doch weder Strukturen der Repräsentation noch Dispositive der Macht: Foucault konstatiert vielmehr für die Zeit zwischen 1860 und 1880[4] eine »neue Begeisterung für Bilder«. Was ihn offensichtlich an der Fotografie dieser Zeit nicht nur interessiert, sondern sogar fasziniert, ist der fließende Übergang zwischen Malerei und Fotografie oder genauer die Tatsache, daß durch die Fotografie das gesamte Ensemble des Regimes der Bilder in Bewegung geraten ist. Foucault beobachtet in der zweiten Hälfte des 19. Jahrhunderts eine »Freiheit der Übertragung, der Verschiebung, der Transformationen, der Ähnlichkeiten und des Anscheins, der Re-

3 Immerhin erscheint ein Zitat Foucaults – und auch dies mag verwundern – bereits als Motto der Einleitung in den vierten und letzten Band der Textsammlung »Theorie der Fotografie«, siehe *Theorie der Fotografie IV, 1980-1995*, hg. von Hubertus von Amelunxen, München 2000, S. 11.

4 Die zeitliche Zuschreibung wird von Foucault eher offengehalten: Mal spricht er von der Zeit zwischen 1860 und 1880, dann wiederum führt er Beispiele der Jahrhundertwende an und verweist auch auf Fotografen der ersten Jahrhunderthälfte.

produktion, der Verdoppelung und der Fälschung«.[5] Auch nicht die fraglos zu diagnostizierende diskursive Abgrenzung der Malerei von der Fotografie, von der zahlreiche ästhetische Texte des 19. Jahrhunderts beredt Zeugnis ablegen, ist für ihn entscheidend, sondern vielmehr der Übergang, die Grenzüberschreitung, die Transgression. Und so nimmt es kaum wunder, daß auch die von ihm verwendeten Metaphern alsbald neben der Wanderung, der Verkleidung, Verschiebung und Verkehrung auch den Schmuggler ins Spiel bringen. Es sind die Schmuggler, die mehr oder weniger heimlich mit Fotografien im Gepäck das Reich der Malerei betreten und von dort mit weiteren geschmuggelten Bildern in das der Fotografie zurückkehren, die für Foucault den visuellen »Spielen des 19. Jahrhunderts« ihre Würze gegeben haben. Was ihn fasziniert, sind die, so seine Formulierung, »androgynen Bilder«, die »schönen Hermaphroditen aus Klischee (gemeint ist der fotografische Abzug, B. S.) und Leinwand«.[6] Diese Interferenz zwischen Malerei und Fotografie, die man heute mit dem Begriff der Intermedialität belegen würde, zeigt sich – und ich führe hier durchweg kenntnisreiche Beispiele Foucaults an – in der manuellen Kolorierung und der Retuschierung der Fotografien, der Verwendung von gemalten Hintergründen in den Fotoateliers, der Bearbeitung der Negative in der piktorialistischen Fotografie der Jahrhundertwende mitsamt ihrer Verwendung neuer Verfahren wie Gummi- oder Pigmentdrucke, um einen gemalten Effekt des fotografischen Abzugs zu erreichen, die Wahl des Tableau vivant als Motiv und nicht zuletzt die Komposition des fotografischen Bildes aus mehreren Negativen unter Zuhilfenahme von Zeichnungen und Kompositionsskizzen sowie die Experimentierfreude der Amateurfotografen, die mit Fotomontagen, Mehrfachbelichtungen und anderen Eingriffen in das fotografische Material arbeiteten. Umgekehrt verwenden auch einige Maler, wie Delacroix, Degas oder Aimé Morot fotografische Vorlagen für ihre Bilder und tragen so zur Zirkulation der Bilder zwischen Apparat und Staffelei, Palette und Papier bei. Fotografien werden so Pseudogemälde und Gemälde Pseudofotografien.

Was ist aber an diesen Grenzüberschreitungen bemerkenswert? Was macht die Kolorierung eines fotografischen Negativs interes-

5 Michel Foucault, »Die photogene Malerei«, in: *Dits et Ecrits. Schriften*. Bd. II, a.a.O., S. 871-882, hier: S. 871.

6 Ebd.

sant? Handelt es sich nicht vielmehr bei den skizzierten Verfahren um banale technische Experimente oder simple fotografische Tricks? Für Foucault ist diese durchaus gängige, aber keineswegs unumstrittene Praxis (bezeichnenderweise finden sich in den fotografischen Zeitschriften der Zeit etwa breite Debatten, ob die Retusche als Verfahren überhaupt mit dem Programm der Fotografie kompatibel sei) das sichtbare Zeichen eines Bilderfests, eines freien Spiels der Bilder, das für das ausgehende 19. Jahrhundert charakteristisch sei, dann aber zu Beginn des 20. Jahrhunderts verschwinde. Dies liegt nach Foucault zum einen an der technischen Trennung der Aufnahme und des Abzugs, der nunmehr an ein Labor delegiert wird, und zum anderen an der Nüchternheit der Kunst, die ein Verschwinden des Bildes, eine bildlose Kunst proklamiert. Während das technische Auseinanderfallen von Aufnahme und Herstellung des Bildes den Fotografen der Möglichkeit beraubt, bis zum letzten Moment Herr der Bilder zu bleiben, Einfluß auf ihr Entstehen zu haben und mit ihnen spielen zu können, führt die ästhetische Neuorientierung hin zu einer bildlosen Kunst zu einer Disqualifizierung des Bildes einerseits und zu einem neuen Status der Bilder andererseits: Sie sind von nun an Zeichen und daher als Sprache zu lesen. Beide Bewegungen führen zu einer Auslieferung an neue politische wie kommerzielle Bilder, über die wir keine Macht mehr haben.

Wie sieht der Blick zurück aus? »Wie«, so fragt Foucault, »kann man zu dieser Verrücktheit und zu dieser ungewöhnlichen Freiheit zurückfinden, die zeitgleich mit der Geburt der Fotografie aufkam? Die Bilder durchliefen damals die Welt unter trügerischen Identitäten. Nichts widerstrebte ihnen mehr als in *einem* Gemälde, *einer* Fotografie, *einem* Stich unter dem Signum *eines* Autors eingefangen mit sich identisch zu bleiben. Kein Träger, keine Sprache, keine feste Syntax vermochte sie zurückzuhalten; seit ihrer Geburt oder ihrem letzten Halt waren sie stets in der Lage, sich mittels neuer Übertragungstechniken davonzustehlen.«[7]

Das Fest der fotografischen Bilder Ende des 19. Jahrhunderts zeichnet sich dadurch aus, daß es sich allen Zuschreibungen widersetzt, sich den Kategorien der Autorschaft, der Identität und der fest abgegrenzten Unterscheidung der Künste entzieht und vielmehr eine »offene, gemeinschaftliche Praxis des Bildes« war – eine Praxis

7 Ebd., S. 873.

»an der gemeinsamen Grenze von Malerei und Photographie«.[8] Auf der einen Seite waren diese Bilder dem Realismus verpflichtet und stellten einen »geschärften und ernüchterten Bezug auf das Wirkliche« und eine »Treue zu den Dingen« dar; auf der anderen fand parallel dazu eine »Gleitbewegung von Bildern« statt, die sich um Grenzen nicht kümmerte und ein Wechselspiel der Übertragungen und Verschiebungen inszenierte. Die Fotografie ist, so könnte man beide Momente zusammenfassen, ein offenes Spiel von Bildern der Realität, ein freies Spiel mit den Bildern der Realität, die Malern wie Fotografen zur Verfügung stehen. Das Fest der Bilder im 19. Jahrhundert inszeniert Wirklichkeit als ein offenes, unbegrenztes und, so zumindest Foucaults Vorstellung, ungeregeltes und ohne Beschränkung frei zugängliches Bilderspiel. Dieses Spiel der Bilder ist durchaus vergleichbar mit dem emphatischen Hinweis Foucaults in *Die Ordnung der Dinge* und einigen Aufsätzen zur Literatur auf Schriftsteller, wie etwa Blanchot, Mallarmé, Klossowski oder Roussel, die ein Spiel von Ähnlichkeiten und Simulakren, Verdoppelungen und Identitäten, eines »être brut du langage« (»rohen Seins der Sprache«) inszenierten. Die Fotografie, so könnte man formulieren, hat es unter gleichen Vorzeichen mit dem »l'être brut de l'image« (dem »rohen Sein des Bildes«) zu tun, mit Bildern, die – zumindest in der Anfangszeit – (noch) nicht Zeichen sind.

Die Fotografie nimmt dabei die Funktion eines Übertragungsmediums ein, das eine Vielzahl von Übertragungsoperationen ermöglicht und garantiert: die Übertragung der sichtbaren, dinglichen Wirklichkeit in ein Bild, die Übertragung dieses technischen Bildes in die Kunst, die Übertragung zwischen verschiedenen Bildern untereinander und schließlich die Übertragung von einem individuellen Bild zu einer kollektiven Praxis, bei der die Kategorien von Werk, Autor und der Einheit der Kunstform aufgehoben werden.

Zu Beginn des 20. Jahrhunderts sind aber »die Festspiele vorbei«. »Die Malerei (...) hat es unternommen, das Bild zu zerstören, freilich nicht, ohne zu behaupten, dass sie sich davon befreien würde. Und griesgrämige Diskurse haben uns gelehrt, dass man den Kreis der Ähnlichkeiten dem Ausschnitt des Zeichens, dem Lauf der Simulakra die Ordnung der Syntagmen, der verrückten Flucht des Imaginären das graue Reich des Symbolischen vorzuziehen

8 Ebd., S. 875.

habe.«[9] An die Stelle des Bildes tritt die Schrift, an die des Übergangs zwischen Malerei und Fotografie die des abgegrenzten Reichs der einzelnen Bereiche der Kunst, an die der realitätsgesättigten Bilder die Langeweile eines geordneten Reichs der Zeichen. Erst die Pop-Art und der Hyperrealismus docken wieder »an die endlose Zirkulation der Bilder« an, nun aber unter einem anderen Vorzeichen. Es handelt sich nun nicht um eine Rückkehr zur bildlichen Darstellung der Wirklichkeit oder um eine Wiederentdeckung des Objekts, sondern um die Wiedergabe eines Bildes. Im Gegensatz zur Fotografie des 19. Jahrhunderts, der es durchweg um ein Erkennen des Gegenstands, des Dings in der Gestalt des Bildes ging, fangen die Bilder der Pop-Art eben nur Bilder, nicht aber die Dinge ein. Im neuen großen Bilderbad sind die Gegenstände bereits aufgelöst, verschwunden: Die Künstler und Betrachter fragen weder nach dem, was die Bilder darstellen, noch nach dem, was sie vorher niemals gesehen haben, sondern einzig und allein nach dem Bild.

Dies ist zugleich der historische Einsatzpunkt der Bilder Fromangers. Fromangers Bilder beruhen wiederum auf einem Verfahren, das Fotografie und Malerei miteinander verbindet: Ausgehend von einer beliebigen Fotografie, einem Zufallsfoto, das Fromanger in seinem Atelier auf die Leinwand projiziert, beginnt die Arbeit am Bild. Wenn Foucault nun nach dem fragt, was Fromanger in seinen Arbeiten und genauer in der langen Betrachtung dieser zufälligen Fotografie sucht, so ist dies auch die Frage, was nicht nur in den Bildern Fromangers, sondern in den neuen Bildern überhaupt zu entdecken ist. Wenn Fromanger in der Darstellung Foucaults nach dem Ereignis, das bei der mitunter mehrstündigen Betrachtung des projizierten fotografischen Bildes stattfindet, sucht, so hat dies programmatischen Charakter für die Kunst und die Fotografie der Gegenwart als solche. Wir haben es nun mit einem »Ereignis des Bildes« zu tun, das, so die unorthodoxe Folge, »reproduzierbar, unersetzlich und zufallsbedingt«[10] ist. Mit Hilfe der reproduzierbaren, zufälligen und dadurch zugleich unersetzlichen Fotografie entsteht das, was Foucault »Photo-Diapositiv-Projektion-Malerei« nennt: eine allmähliche Überarbeitung des Ausgangsbildes, das sich in eine »Bilderschleuder« verwandelt und unaufhörlich weitere Bilder hervorbringt. Das fertige Bild ist dementsprechend auch seinerseits ein

9 Ebd., S. 875 f.
10 Ebd., S. 877.

Übergang, ein Ort des Transits, des Vorbeiziehens von weiteren Bildern, ein offenes Feld, »un lieu de passage«. Wiederum dieselben Kategorien, denen wir bereits in der Frühzeit der Fotografie begegnet sind, nun aber eingetreten in ein Bilderspiel ohne Bezug auf eine andere sichtbare und durch sie abgebildete Realität, in ein Bilderspiel als einzige visuelle Realität, als sichtbare Manifestation des Faktums, daß »alle Welt ins Spiel der Zeichen eintritt und damit zu spielen beginnt«. Soweit die Foucaultsche Skizze der Fotografiegeschichte als exemplarische Geschichte des Bildes in der Moderne.

Ein abstrahierendes Resümee sei gewagt: Die Geburt der Fotografie läutet ein bis etwa kurz nach der Jahrhundertwende dauerndes Fest der Bilder ein, bei dem sowohl Malerei und Fotografie als auch Wirklichkeit und Bild miteinander verschränkt sind. Diese Bilder der Wirklichkeit zeichnen sich durch ein offenes, ungeregeltes und dezidiert nichtsprachliches Spiel aus, das durch die Kategorien der Wanderung, Verkleidung, Verkehrung, Verschiebung, Übertragung gekennzeichnet wird. Mit der formalisierenden Abstraktion der Zwischenkriegszeit tritt eine zweite Phase dieser Geschichte des Bildes ein, bei der einerseits das Bild als Bild zerstört und andererseits jede Form von Bildern in die Ordnungsformen der Sprache überführt wird. An die Stelle der Ähnlichkeiten, der Simulakren und des Imaginären treten die Zeichen, die Syntagmen und das Symbolische. Bilder sind nun nicht länger Bilder der Wirklichkeit, sondern Zeichen einer Wirklichkeit, die nicht abbildbar, sondern nur in Zeichenordnungen repräsentierbar ist, sind Verkettungen von Zeichen. In einer dritten Phase, die in den 60er Jahren einsetzt, verweisen die Bilder nicht länger auf eine Wirklichkeit, sondern ausschließlich auf weitere Bilder. Wir haben es nun mit einem »autonomen Auftrieb des Bildes«[11] zu tun.

Duane Michals, mit dem Foucault sich in seinem zweiten, der Fotografie gewidmeten Aufsatz beschäftigt, gehört fraglos dieser dritten Phase an. Auch in diesem Text findet sich in stark verkürzter Form eine Zusammenfassung der Beziehungen zwischen Malerei und Fotografie.

»In der mittlerweile säkularen Geschichte der Beziehung zwischen Malerei und Fotografie«, heißt es hier, »war es üblich, von der Fotografie die Wiedergabe der lebendigen Form des Realen zu ver-

11 Ebd., S. 880.

langen und von der Malerei den Gesang oder das Aufblitzen, den Anteil des Traums, der sich in ihr verbergen konnte. Duane Michals kehrt durch das Spiel mit der Malerei, das er im Verlauf der letzten Jahre begonnen hat, das Verhältnis um: Er verleiht der Fotografie, dem Akt des Fotografierens, der sorgfältig komponierten Szene, die er fotografiert und schließlich dem komplizierten Ritus, der es gestattet, eine solche Szene aufzunehmen, die Kraft des Traums und die Erfindungsgabe des Gedankens. Ich kann nicht umhin, in diesen gemalten Fotos so etwas wie ein Lachen über den Hyperrealismus zu sehen.«[12]

Konsequenz dieser Umkehrung ist eine Neubestimmung der Beziehung des Sichtbaren und des Unsichtbaren. Die Fotografie, der es nunmehr zukommt, nicht das Sichtbare abzubilden, sondern vielmehr den Traum, das Imaginäre oder die singuläre Erfahrung des Bildes im Bild zu materialisieren, »lässt das Sichtbare entkommen, während das Unsichtbare auftaucht, vorübergeht und seine Spuren auf dem Film zurücklässt«.[13] Konsequenz dieser Umkehrung ist auch, daß die traditionelle Aufgabe der Fotografie und des Fotografen, das Wirkliche abzubilden und gerade als Fotografie Garant der Authentizität des Abgebildeten, Augenzeuge zu sein, in Frage gestellt wird. Bei Michals findet Foucault eine »ganze Arbeit, um sich von dieser gewichtigen Ethik des Blicks loszumachen: Er unternimmt es, das, was man die okulare Funktion der Fotografie nennen könnte, aufzuheben«.[14] Der Fotografie kommt es nun nicht mehr zu, von der Evidenz des Sichtbaren Zeugnis abzulegen, sondern vielmehr eigene Räume der Sichtbarkeit zu produzieren und zugleich die überkommenen Gewißheiten zu zerstören. Daher finden wir bei Duane Michals, so Foucault, die Übertragung von magritteschen Bildverfahren auf die Fotografie, die darin bestehen, »eine Form zu gestalten, sie bis zu ihrer höchsten Vollendung vollkommen zu machen, um sie dann von jeder Realität zu entkleiden und sie ihrem vertrauten Feld der Sichtbarkeit durch Kontexteffekte zu entziehen«.[15]

Dies sei an einer exemplarischen Fotosequenz auch im Bild de-

12 Michel Foucault, »La pensée l'émotion«, in: *Dits et écrits*. Bd. IV, Paris 1994, S. 243-250, hier: S. 245.

13 Ebd., S. 246.

14 Ebd.

15 Ebd., S. 247.

monstriert. Diese Bildsequenz von neun Bildern trägt bereits im Titel eine Art Verweis auf die Androgynität und den hermaphroditischen Charakter des fotografischen Bildes, der Foucault an der Frühzeit der Fotografie fasziniert hatte: Sie heißt »Things are queer«.

Haben wir es hier mit neun Bildern oder nur mit einem zu tun, dessen stark vergrößerte Ausschnitte in einer Bildfolge gezeigt werden? Zumindest zwei der neun Bilder, das erste und das letzte, scheinen identisch zu sein. Die anderen sieben Bilder weisen eine komplexe interne Verschachtelung auf, die auf den ersten Blick nur schwer zu durchschauen ist. Es scheint so, als würde Bild für Bild jeweils eine Ausschnittvergrößerung der zweiten Fotografie gezeigt werden, um dann am Ende wieder beim ersten Bild anzukommen, genauer, als würde der Betrachter auf ein Bild in diesem Bild hingewiesen, in dem sich alle vorherigen Bildelemente wiederfinden lassen müßten, würde er über die Vergrößerungsmöglichkeiten verfügen, mit denen uns auch die anderen Bilder gezeigt werden. Bei genauerem Hinsehen zeigt sich aber, daß beim Übergang vom vierten zum fünften Bild, auch jenseits der Vergrößerung, eine minimale Veränderung eingetreten ist: Genau an die Stelle des durchaus rätselhaften Spiegelbildes eines Eimers im dritten Bild, der das Spiegelbild zum Teil überblendet, was aber nur bei doppelt belichteten Fotografien, nicht aber bei Spiegelbildern der Fall ist, tritt im vierten der Finger (ist es ein Daumen?) auf einer Buchseite. Im fünften Bild hat sich nun dieser Finger (nun ist es ein Daumen) verschoben. Beim Übergang vom fünften zum sechsten Bild wiederum verschiebt sich leicht die Perspektive des Fotografen, die zugleich die Position des Betrachters festlegt. Dies ändert an der Struktur des *mise en abyme* der Bildserie nichts Grundsätzliches, außer daß zu der streng und konsequent durchgeführten Form einer sukzessiven Vergrößerung ein dynamisch-narrativer Zug hinzukommt. Die Bildfolge beginnt eine Geschichte zu erzählen, die wiederum neue Rätsel aufgibt: Warum hat der Mann nur ein Bein? Was hat es mit den Karten und Zeichen auf sich, die in den Bildern angedeutet sind? Warum ist der Mann im Vergleich zu einem Teil der Einrichtungsgegenstände des Badezimmers (Ist es überhaupt ein Badezimmer? Warum hängt eine Karte an der Wand? Warum befinden sich dort – wiederum riesige – Bücher und »Exit«-Schilder?) ein Riese? Warum schaut er auf den Boden? Was gibt es dort zu sehen? Einige dieser Elemente werden wiederum in dem Text der aufgeschlagenen

Buchseite aufgenommen (so etwa »the giant«), andere nahegelegt. So scheinen die drei »treasure chests« im Buch mit den drei Ebenen der Bildsequenz zu korrespondieren (das Bild eines Badezimmers, das Bild, das im Badezimmer hängt, und das Bild, das auf diesem Bild in das dort zu erkennende Buch eingefügt ist). Was aber wird uns, um das Hochzeitsversprechen des Buches aufzunehmen, versprochen?

Zumindest ein neues altes Bild, eine Fotografie, die nicht dieselbe geblieben ist. Die Fotografie des Badezimmers, auf dem der Mann eben nicht zu sehen ist, hat sich im Verlauf der Sequenz verwandelt: Sie ist eben nicht dieselbe geblieben. Größenordnungen sind ins Wanken geraten, das Bild im Bild hat die Perspektive auf die erste Aufnahme gewandelt und zeigt es nun noch einmal neu: Nimmt es dort nicht die Position eines zu tief gehängten Spiegels ein, der einen fernen Betrachter zeigt? Und das Vexierspiel beginnt von neuem.

Habe ich mich mit der Beschreibung dieser fotografischen Serie auf den Irrweg begeben? So suggeriert es zumindest der Beginn des Aufsatzes von Foucault. »Ich weiß«, heißt es dort, »dass es sich nicht ziemt, eine Fotografie zu erzählen. Zweifellos ist dies Zeichen dafür, dass wir kaum über die Fertigkeiten verfügen, darüber zu sprechen. Denn von zwei Dingen kann nur eines gelten: Die Fotografie erzählt nichts und die Erzählung verfremdet sie, oder, wenn sie erzählt, so hat sie uns nicht nötig.«[16] Fotografie und Sprache scheinen zwei unterschiedliche Formen von Erfahrung zu sein, die miteinander in keiner Weise kompatibel sind. Die Beschreibung fügt dem Bild eine Form von Narration hinzu, die sich dort nicht findet, oder ist – im Falle einer erzählenden Sequenz – schlicht überflüssig. Daher ist es nur konsequent, wenn Foucault weder über die Narrativität der Fotografien von Michals noch über ihre Kompositionen spricht, sondern von seiner eigenen – ästhetischen – Erfahrung, die sich ihrerseits an der von Michals entzündet: »Sie ziehen mich als Erfahrungen an; Erfahrungen, die nur von ihm gemacht wurden.«[17] Das ist das Paradox seiner Deutung: Fotografien faszinieren als visuelle Erfahrung, die notwendig singulär ist und zugleich als Erfahrung sichtbar und teilbar wird. Dabei bietet die Fotografie keineswegs die Evidenz des Sichtbaren, im Gegenteil: Sie verschiebt den Raum des

16 Ebd., S. 243.
17 Ebd., S. 244.

Sichtbaren, sie »öffnet sich auf die ungewissen Bilder des Quasi-Sichtbaren«.[18] In der Bildsequenz von Duane Michals wird gerade durch die spezifischen Verfahren der Fotografie die Evidenz des Sichtbaren in Frage gestellt und ein eigener autonomer Bildraum präsentiert, in dem sich der Blick an nichts anderem orientieren und festhalten kann als an dem Quasi-Sichtbaren der Fotografien.

In beiden Texten Foucaults und auch in ihren historischen Skizzen geht es fast ausschließlich um Bilder oder, um das Ingres-Zitat zu Beginn des Textes »Die photogene Malerei« aufzunehmen, um »eine Serie manueller Operationen«.[19] Ästhetische wie epistemologische Diskurse spielen ebensowenig eine Rolle wie der soziale, wissenschaftliche oder ökonomische Kontext oder die naheliegende Untersuchung der Anwendung der Fotografie in der Psychiatrie, der Kriminologie oder den Naturwissenschaften. Foucault geht es nicht um eine Technologie der Bilder, sondern er versucht vielmehr ausgehend vom konkreten Bildmaterial eine bestimmte Form einer singulären und zugleich kollektiven Erfahrung zu umreißen und zu beschreiben; es geht ihm um, in der Formulierung von Tom Holert, »eine Utopie des polymorphen, partizipatorischen Bads der Bilder«.[20] Die Fotografie ist ein Bilderfest.

Dieses Fest ist nicht nur in der Kunst des 20. Jahrhunderts, sondern auch in denjenigen Bereichen der Fotografietheorie, die sich an Theoremen Foucaults orientieren, vorbei. Hier geht es ungleich ernster zu und von einem ungeregelten Austausch oder gar von der Möglichkeit singulärer wie kollektiver Erfahrungen ist beileibe nicht die Rede – das Gegenteil ist der Fall.

Am Ende eines Aufsatzes von Jonathan Crary, dessen Buch *Techniken des Betrachters* fraglos zu den wirkmächtigsten Studien im Umkreis einer diskursanalytisch ausgerichteten Kulturgeschichte der Wahrnehmung gehört und der hier exemplarisch angeführt sei, findet sich ein Resümee, das in geraffter Form seine Perspektive auf die Theorien Foucaults und sein eigenes Programm formuliert.

»Ich habe hier versucht, einen Begriff davon zu vermitteln, wie radikal die Neukonzeption des Sehens bis 1840 war. Wenn wir uns mit dem Problem von Sehen und Moderne beschäftigen, müssen wir zuerst einen Blick auf diese ersten Jahrzehnte des 19. Jahrhunderts wer-

18 Ebd., S. 245.
19 Foucault, »Die photogene Malerei«, a.a.O., S. 871.
20 Holert, »Der Staub der Ereignisse und das Bad der Bilder«, a.a.O., S. 350.

Abbildungen: Duane Michals, Fotosequenz *Things are queer*

fen, und nicht auf die moderne Malerei der 1870er und 1880er Jahre. Damals nämlich wurde ein neuer Betrachtertypus geschaffen, und es war keiner, den wir in Gemälden oder Drucken dargestellt finden. Wir haben gelernt, davon auszugehen, daß ein Betrachter immer sichtbare Spuren hinterläßt, das heißt, in Bildern ausgemacht werden kann. Hier aber haben wir es mit einem Betrachter zu tun, der in anderen, graueren Praktiken und Diskursen Gestalt annimmt und dessen gewaltiges Vermächtnis schließlich die Bild- und Spektakelindustrien des 20. Jahrhunderts sein sollten. Der Körper, der vormals ein neutrales und unsichtbares Element des Sehens war, bildete nunmehr das Dickicht, aus dem das Wissen über das Sehen gewonnen wurde. Die Undurchsichtigkeit und körperliche Dichte gerieten so plötzlich in den Blick, daß deren Folgen nicht sofort zu erkennen waren. Aber genau diese fortgesetzte Beschreibung des Sehens als nicht wirklichkeitsgetreu und im Körper situiert, war die Möglichkeitsbedingung für die künstlerischen Experimente der Moderne gleichermaßen wie für neue Herrschaftsformen, für das, was Foucault als ›Technologie der Individuen‹ (*Überwachen und Strafen*, S. 288) bezeichnet hat.«[21]

21 Jonathan Crary, »Die Modernisierung des Sehens«, in: *Paradigma Fotografie. Foto-*

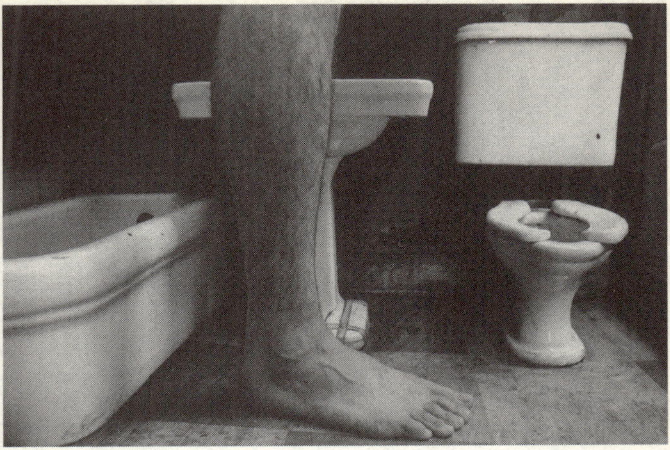

Wir haben es hier Punkt für Punkt und bei gleichzeitiger Berufung auf Foucault mit einem Gegenprogramm zu Foucaults Deutung der Fotografie zu tun. Nicht die Bilder, wie Foucault es tut, haben wir uns anzusehen und schon gar nicht jene gegen Ende des 19. Jahrhunderts, die er in seinem historischen Abriß in den emphatischen Mittelpunkt stellt, sondern Praktiken und Diskurse, wenn wir etwas über den Betrachter lernen wollen. Und nicht ein Fest der Bilder, das auch den Phantasmen und dem Imaginären Raum gibt, ist zu konstatieren, sondern vielmehr die Herausbildung neuer Herrschaftsformen, die Foucault selbst mit der Formulierung der »Technologien der Individuen« auf den Begriff gebracht hat. Des weiteren stellt die Moderne keinen Bruch mit den Konzepten des 19. Jahrhunderts dar, sondern findet sich hier vorbereitet und präzise definiert. Und schließlich ist – in Anlehnung an Guy Debord – die Gesellschaft des Spektakels der Gegenwart bereits im frühen 19. Jahrhundert mit einem neuen Konzept des Betrachters präformiert.

Crarys Argumentation sei in wenigen, groben Zügen dargestellt. Er konstatiert für die Zeit zwischen 1820 und 1830 den Umbruch von einer geometrischen Optik, für die das Modell der Camera obscura zentral ist, hin zu einer physiologischen Optik, bei der die Körperlichkeit des Betrachters in den Mittelpunkt rückt. Das Indi-

kritik am Ende des fotografischen Zeitalters, hg. von Herta Wolf, Bd. 1, Frankfurt am Main 2002, S. 67-81, hier: S. 80 f.

viduum wird dabei nicht nur zum Objekt der Betrachtung, sondern es ist gerade die objektivierte Subjektivität der Wahrnehmung, die das Individuum überhaupt erst sichtbar macht und zugleich gestattet, Verfahren der Herausbildung »neuer Methoden zur Disziplinierung des Subjekts« zu entwickeln, mit dem Ziel, »quantitative und qualitative Verhaltensnormen« festzulegen.[22] Wir haben es mit der Herausbildung eines »normativen Sehens« und einer »komplexen Umstrukturierung des betrachtenden Individuums zu einer meß- und berechenbaren Größe und des menschlichen Sehens zu etwas Meßbarem und daher Austauschbarem« zu tun.[23] Die neu entwickelten visuellen Technologien, die Crary untersucht – und hier geht es eher um das Stereoskop und andere optische Geräte als um die Fotografie –, sind zu deuten als visuell-technologische Instrumentarien, »um die Aktivität des Auges neu zu codieren, sie zu lenken, ihre Produktivität zu steigern und ihre Ablenkung zu verhindern«, um »die visuelle Aufmerksamkeit herzustellen, die Sinneswahrnehmung zu rationalisieren und die Wahrnehmung zu strukturieren«.[24] Die »Souveränität und Autonomie des Sehens« in der Moderne und die »Normierung und Regulierung des Betrach-

22 Jonathan Crary, *Techniken des Betrachters. Sehen und Moderne im 19. Jahrhundert*, Dresden, Basel 1996, S. 27.

23 Ebd., S. 28.

24 Ebd., S. 35.

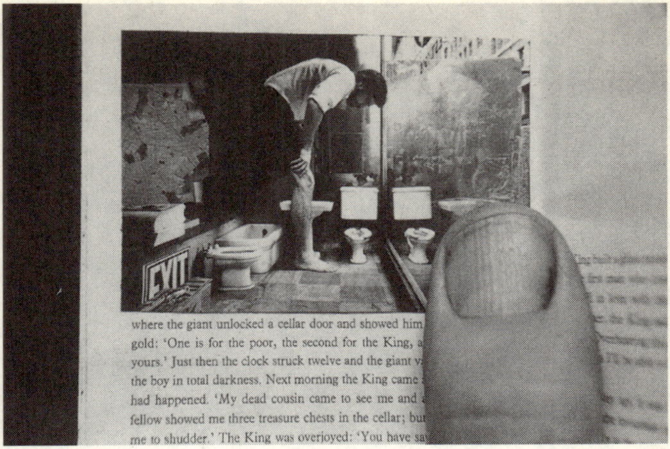

ters«[25] sind, so Crary, korrelative Phänomene. Die Ablösung des Modells der Repräsentation führt zu einer Verankerung der Wahrnehmung im Körper, im Subjekt, zugleich aber auch zu einer Objektivierung dieses Subjekts, dessen Wahrnehmungsfähigkeiten analysiert, quantifiziert und medientechnologisch nutzbar gemacht werden. Die Autonomie des Sehens als Emanzipation von dem Modell einer für den Betrachter repräsentierten Außenwelt ist zugleich und in einem Zug eine »Technologie des Individuums«, das in neue Herrschaftsmodelle integriert wird.

Crarys These, die hier nur ohne die gebotene Materialfülle resümiert werden kann, ist durchaus exemplarisch für eine Reihe weiterer Versuche im Umfeld der *Cultural Studies* oder der *Visual Anthropology*, mit Foucault das Feld der Fotografietheorie zu bestellen. Ob es sich um eine Untersuchung der juridischen[26] oder der Porträt-Fotografie,[27] um pornografische Fotografien,[28] das Urheber-

25 Ebd., S. 152.

26 Vgl. John Tagg, *The Burden of Representation. Essays on Photographies and Histories*, Houndmills, London 1988, S. 66-102.

27 Vgl. etwa Susanne Regener, *Fotografische Erfassung. Zu Geschichte medialer Konstruktionen des Kriminellen*, München 1999, und Martin Stingelin, »En face et en profil. Der identifizierende Blick von Polizei und Psychiatrie«, in: *Fotovision, Projekt Fotografie nach 150 Jahren*, Hannover 1988, S. 181-192.

28 Vgl. Abigail Solomon-Godeau, *Photography at the Dock. Essays on Photographic History, Institutions and Practices*, Minneapolis 1991; dies., »Die Beine der Gräfin«,

recht[29] oder die psychiatrische Fotografie[30] handelt: Allen diesen Versuchen ist gemeinsam, die Fotografie im Zusammenhang mit ästhetischen wie wissenschaftlichen Diskursen und gesellschaftlichen Institutionen zu analysieren. Und all diese Versuche zeigen die Regelhaftigkeit, ja die normativen Implikationen der Fotografie, nicht aber ihre anarchische und Unruhe in die Ordnung der Bilder bringende Kraft. Wir haben es, so lehren uns die diskursanalytischen Untersuchungen der Fotografietheoretiker bei dem Fotoapparat mit einer optischen Maschine der Disziplinierung und Normierung zu tun und müssen, um sie deuten zu können, die von ihr hervorgebrachten neuen technischen Bilder im Kontext von Diskursformationen betrachten, in denen sie als das Medium der Objektivität eine fest umrissene Funktion erfüllen. Auch sind sie keine »androgynen Bilder« oder »schöne Hermaphroditen«, sondern vielmehr erste wirkmächtige Beispiele einer Bildindustrie, die gerade feste Gender-Zuschreibungen produziert, diese aber keineswegs de-

in: *Weiblichkeit als Maskerade*, hg. von Liliane Weissberg, Frankfurt am Main 1994, S. 90-147.

29 Gerhard Plumpe, *Der tote Blick. Zum Diskurs der Photographie im Zeitalter des Realismus*, München 1990; sowie John Tagg, *The Burden of Representation*, a.a.O., S. 103-116.

30 Georges Didi-Huberman, *Erfindung der Hysterie. Die photographische Klinik von Jean-Martin Charcit*, München 1997.

stabilisiert.[31] Die Fotografie verwandelt sich vom Unruhestifter bei Foucault zu einem Diskursstabilisator in der Fotografietheorie.

»Wie«, so können wir erneut mit Foucault fragen und nun hat diese Frage deutlichere theoretische Konturen angenommen, »kann man zu dieser Verrücktheit und zu dieser ungewöhnlichen Freiheit zurückfinden, die zeitgleich mit der Geburt der Fotografie aufkam?«[32] Gab es diese Verrücktheit, dieses »Fest der Bilder« überhaupt? Oder haben wir es vielmehr bei der Fotografie mit einer medialen Technologie zu tun, die eine neue und zugleich höchst effektive Herrschaftsform darstellt?

In beiden Fällen, bei Foucault und bei der ihm verpflichteten Fotografietheorie, ist die Fotografie Teil einer argumentativen Strategie. Während es Foucault, in der Formulierung von Tom Holert, darum geht, eine »Theorie der spezifischen Intelligibilität der Bild-Ereignisse«[33] zu umreißen, die sich im Kontext seiner genealogischen und machtanalytischen Arbeiten *Überwachen und Strafen*

31 Vgl. exemplarisch die Arbeiten von Abigail Solomon-Godeau, Sigrid Schade sowie die programmatische Untersuchung und Gegen-Lektüre Crarys: Linda Hentschel, *Pornotopische Techniken des Betrachtens. Raumwahrnehmung und Geschlechterordnung in visuellen Apparaten der Moderne*, Marburg 2001.

32 Vgl. Michel Foucault, »Des espaces autres«, in: *Dits et écrits*, Bd. IV, Paris 1994, Nr. 360. S. 752-762.

33 Holert, »Der Staub der Ereignisse und das Bad der Bilder«, a.a.O., S. 345.

und *Der Wille zum Wissen* und seinem Konzept einer Mikrophysik der Macht profiliert, und er gerade in der Fotografie einen Bild-Erfahrungsraum erkennt, der sich einer Festlegung, einer Zuschreibung, einer Subjektivierung und Unterwerfung entzieht, erkennen die diskursanalytisch geschulten Fotografietheoretiker in den Fotografien und ihrem historischen Kontext ebendiesen Raum der Disziplinarmacht wieder, den Foucault beschreibt. Für sie ist die Fotografie Teil eines Tableaus, in dem die visuellen Technologien als Technologien der Macht und als Technologien des Individuums zu dechiffrieren sind. Die der Fotografie zugeschriebene Objektivität ist konstitutiver Bestandteil einer Objektivierung des Individuums, das sich in wissenschaftlichen wie ästhetisch-epistemologischen Diskursen Unterwerfungs- wie Subjektivierungsprozessen überantwortet sieht. Dabei ist in dieser Perspektive die Fotografie sowohl aus einem technischen Apriori wie aus einem diskursiven Apriori ableitbar. Im ersten Fall, wie etwa bei Friedrich A. Kittler, »folgen erst aus den technischen Lösungen dann die jeweiligen Programmstrukturen in ihrer rechtlichen, sozialen und politischen Dimension«,[34] im zweiten – und hier wären alle weiteren Positionen anzu-

34 Friedrich A. Kittler, *Optische Medien*, Berlin 2002, S. 15. Zur Fotografie vgl. hier bes. S. 155-194. In den anderen Arbeiten Kittlers spielt die Fotografie allenfalls eine Nebenrolle. Weder in *Aufschreibesysteme. 1800/1900* (München 1985) noch in *Grammophon, Film, Typewriter* (Berlin 1986) wird sie mehr als nur erwähnt.

führen – werden die technischen Erfindungen in diskursive Formationen integriert und dann visuell-technologisch nutzbar gemacht.

Während wir es bei Foucault bei der Fotografie mit dem Modell einer Gegenmacht oder, in seiner Terminologie, mit einer Heterotopie zu tun haben,[35] wird sie in der diskursanalytischen Fotografietheorie zu einem dem Modell des Panoptismus und den Strategien der Subjektivierung homologen Raum. Und weiter: Während Foucault sich bei seinen beiden knappen Skizzen ausschließlich auf die Bilder konzentriert, versucht die Fotografietheorie die Bilder im Zusammenhang von Texten und Institutionen zu deuten. Die Bilder sind in diesem Kontext als Visualisierungen von diskursiven Formationen dechiffrierbar, ohne sie bleiben sie aber stumm.

Wie könnte eine Diskursanalyse der Fotografie aussehen? Wie könnte man die fotografischen Bilder zum Sprechen bringen? Oder wie könnte man sie, ohne sie zum Sprechen zu bringen und sie in ihrer eigenen Erfahrungs- und Ausdrucksform belassend, in diskursanalytischer Perspektive deuten? Am Ende sind wir wieder bei der Verwunderung der Herausgeber der *Dits et Ecrits* angekommen, können nun aber zumindest einige wenige Elemente einer Antwort zusammentragen. Ein diskursanalytisches Verfahren, Bilder ohne den Rekurs auf die sie umgebenden Diskurse einerseits und ohne

35 Foucault, »Des espaces autres«, a.a.O.

die machttheoretischen Prämissen andererseits zu deuten, steht fraglos noch aus. Auf der einen Seite werden die Fotografien zu Illustrationen von Diskursen, die, um die Kritik Foucaults im Aufsatz zu Duane Michals aufzunehmen, durchaus ohne Formen der Versprachlichung auskommen könnten. Diese verfehlen das Spezifische der Fotografie und sind im besten Fall schlicht überflüssig. Auf der anderen Seite stellen Fotografien eine nichtsprachliche Form von Erfahrung dar, die erst im Kontext einer (genealogischen) Analyse der Macht ihre Konturen gewinnt. Das Spezifikum der Fotografie ist hier eine neue Erfahrung des Bildes, die sich einer Integration in die bestehenden Formen des Wissens, des Bildes, der Kunst oder der Sichtbarkeit widersetzt. Gleichwohl bleibt auch diese Deutungsperspektive seltsam abstrakt und kann einen projektiven Anteil kaum verhehlen. Das alleinige Faktum eines fließenden Übergangs zwischen Malerei und Fotografie bei gleichzeitigem freien Zugriff auf die neuen Techniken scheint als Begründungsinstanz für die emphatische neue Erfahrung eines Fests der Bilder kaum hinreichend. Allerdings bietet das Konzept der Erfahrung durchaus Anknüpfungspunkte in beide Richtungen. Es gestattet, Bilder wie Diskurse, die Integration und die Widerständigkeit der Fotografien, die Sprachlichkeit und die Bildlichkeit miteinander zu verzahnen. Die Erfahrung des, um den Begriff Foucaults aufzunehmen, Photogenischen, des plötzlichen, automatischen Erscheinens des Bildes auf dem sensibilisierten Papier, war nicht nur eine Herausforderung an die bis dahin bekannten Kategorien der Beschreibung, sondern auch das Entstehen eines neuen Typus von Bildern, der nicht ohne weiteres in bestehende Diskursformationen integriert werden konnte. Damit ergibt sich eine doppelte Bewegung, die sowohl die Bilder als auch die Diskurse betrifft: Auf der einen Seite werden de facto die Fotografien als neue Form von Bildern erfahren, auf der anderen werden sie nolens volens im Kontext der bestehenden Kategorien beschrieben. Diese Beschreibungen der neuen Bilder, die zumindest bis zur Fotografie der Avantgarde andauern, die nach wie vor in den Fotografien ein durch die Tradition unverstelltes Bild der Wirklichkeit erblickt, könnten und müßten ein Gegenstand der Analyse sein. In welcher Weise, so wäre die Ausgangsfrage zu formulieren, widersetzen sich die Fotografien den traditionellen Zuschreibungen bei gleichzeitiger Annektierung durch ästhetische oder epistemologische Diskurse? In welchen Feldern funktioniert der Übergang reibungslos und in welchen Bereichen nicht? So ist etwa die Fotografie als wissenschaftliches wie künstlerisches Verfahren von Anfang an in zwei vermeintlich entgegengesetzten Bereichen angesiedelt, was alles in allem erheblichere Konsequenzen hat als der Übergang zwischen Fotografie und Malerei. Daher sind auch die Diskurse über Fotografie zu untersuchen, die das neue Medium im Kontext höchst heterogener Argumentationsstrategien verorten. Hier ist zu fragen, welche strategisch wie argumentativ-funktionale Position die Fotografie in den jeweiligen Entwürfen einnimmt, welche Aufgabe ihr zugeschrieben wird und welches Bild der Wirklichkeit zu zeichnen ihr aufgegeben ist. Und nicht zuletzt geht es um die Bilder, die Reflexionsmedien wie Erfahrungsräume sind, die die Grenzen der Sichtbarkeit verschieben und zugleich eine neue Entdeckung der sichtbaren Wirklichkeit der Oberfläche proklamieren. Sie gilt es als spezifische Ordnungen der Sichtbarkeit wahrzunehmen, die eigene Regeln ausgebildet haben. Eine Diskursgeschichte der Fotografie wird Bilder nicht einfach auf Texte zurückführen können und, umgekehrt, Texte nicht auf Bilder.

Andreas Hiepko

Das Negativ eines Werkes. Die Übersetzungen Foucaults

1. *Traduit de l'allemand par* … Unter den Notizen Benjamins zum Problem der Übersetzung, die er Mitte der 30er Jahre unter dem Titel »La traduction – le pour et le contre«[1] aufzeichnete, findet sich das Fragment eines Dialogs, in dem von einem Befremden die Rede ist, das den Bibliophilen eines Tages in seinem Pariser Exil überkam. Bei einem Bouquinisten am Ufer der Seine war ihm »zufällig die französische Übersetzung eines deutschen philosophischen Buchs in die Hand« gefallen. Als er darin blätterte, »wie man eben in den Büchern am Quai blättert«, um die Stellen herauszusuchen, die ihn »oft und ausführlich beschäftigt hatten«, war die »Überraschung« groß: »Die Stellen waren nicht da.« Nicht daß sich deren Abwesenheit damit erklären ließe, Benjamin habe die Suche ergebnislos abgebrochen. »Gefunden habe ich sie schon. Aber als ich ihnen ins Gesicht sah, hatte ich das peinliche Gefühl, sie erkennen mich ebensowenig wie ich sie erkenne.« Insofern ist es nur konsequent, wenn sein Gesprächspartner von der buchstäblichen auf die physiognomische Ebene wechselt und Benjamin fragt, von welchem Philosophen er eigentlich spreche. »Ich spreche von Nietzsche. Sie wissen, daß … ihn übersetzt hat.« Denkwürdig an dieser Antwort ist der Nachsatz, der der photographisch exakten Physiognomie, die sich jedem Nietzsche-Leser bei der Nennung seines Namens aufdrängt, die Gesichtslosigkeit der drei Auslassungspunkte folgen läßt, hinter der der Übersetzer verschwindet. Als Geste der Diskretion, die den Urheber einer schlechten Übertragung deckt, ist die Auslassung nicht zu verstehen. Darüber, daß die Übersetzung »nicht zu Unrecht« »sehr geschätzt« ist, sind sich die Dialogpartner einig. Was Benjamin »an den Stellen, die [ihm] vertraut gewesen waren, befremdete, war nicht ein Mangel der Übersetzung, sondern etwas, was vielleicht sogar ihren Vorzug darstellt: Der Horizont und die Welt um den übersetzten Text selbst war ausgewechselt und selbst französisch.«

1 Walter Benjamin, *Gesammelte Schriften*, Bd. 6, Frankfurt am Main 1991, S. 157-160.

Daß die befremdende Unkenntlichkeit der geliebten Stellen nicht notwendig einen Mangel, sondern gerade den Vorzug von Übersetzungen ausmachen soll, ließ Benjamin jedoch nur für den seit 30 Jahren toten Nietzsche gelten. Denn das Problem der Übersetzung stellte sich ihm zu dieser Zeit auch hinsichtlich der eigenen Arbeiten. In der *Zeitschrift für Sozialforschung* erschien 1936 jener Text, der mittlerweile als der ›Kunstwerk-Aufsatz‹ bezeichnet wird. Und zwar, wie es am Ende des Artikels hieß, »traduit par Pierre Klossowski«. Mithin lautete die einprägsame Definition der im Verschwinden begriffenen Aura gut zwanzig Jahre lang »apparition unique d'un lointain, si proche soit-il«.[2] Da, anders als im Falle Nietzsches, der Übersetzung kein Original vorausging, das man nicht hätte wiedererkennen können, verlor sie jeden Vorzug. In seinem Abschlußbericht schrieb Benjamin an Horkheimer: »Die ersten Kapitel, die Klossowski ohne Vorbesprechung mit mir übersetzt hatte, enthielten zahlreiche Mißverständnisse und Entstellungen.« Obwohl er in seinem Dialog zu der Erkenntnis gekommen war, daß jede Übertragung eines Originals mit dessen Unkenntlichkeit erkauft wird, glaubte er die Übersetzung seines Kunstwerk-Aufsatzes »autorisieren« zu können. In diesem konkreten Fall bedeutete Autorisierung jedoch nichts anderes als eine »zweiwöchentliche überaus intensive Arbeit mit [s]einem Übersetzer«. Benjamins Erfolgsmeldung, daß deren Ergebnis eine »Übersetzung von größter Genauigkeit« war, die »den Sinn der Vorlage durchgehend richtig wieder[gab]«, stieß jedoch keineswegs auf einhellige Begeisterung. Dem an der Endredaktion beteiligten Raymond Aron schien es sich eher um eine Übersetzung zu handeln, »der man die Mitwirkung des Autors gelegentlich zu ihrem Nachteil anmerke«.[3] Aber womöglich lagen beide falsch. Weshalb sonst hätten die Herausgeber von Benjamins *Gesammelten Schriften* den Text in den Anhang des ersten Bandes aufnehmen sollen? Doch wohl deshalb, weil dieser hybride Text weder eine Übersetzung noch eine eigenständige, dritte Fassung des Kunstwerk-Aufsatzes darstellt.

Während Benjamins Versuch, Klossowskis Übersetzung durch sein Mitwirken zu »autorisieren«, die Idee der autorisierten Übersetzung selber ad absurdum führte, erwies sich seine Vermutung,

2 Walter Benjamin, »L'œuvre d'art à l'époque de sa reproduction mécanisée«, in: *Gesammelte Schriften*, Bd. 1, Frankfurt am Main 1980, S. 709-739, hier: S. 712.

3 Benjamin, *Gesammelte Schriften*, Bd. 1, a.a.O., S. 989-990.

daß der unvermeidliche Mangel jeder Übersetzung ihren Vorzug darstelle, als zutreffend. Denn 30 Jahre nachdem er sie geäußert hatte, erklärten Foucault und Deleuze, »Nietzsche sein wahres Gesicht zurückgeben« zu wollen. Dies setzte allerdings voraus, daß Nietzsche bereits ein französisches Gesicht hatte. Tatsächlich war jenes legendäre Kolloquium von Royaumont im Juli 1964 die Wiege eines wiedergeborenen Nietzsche, dem man seine deutsche Herkunft kaum mehr ansah. So wenig, daß Foucault und Deleuze, die die Verantwortung für die französische Ausgabe der von Colli und Montinari herausgegebenen Werke Nietzsches übernommen hatten, 1966 in einem Interview für den *Figaro* auf »die paradoxe Situation« zu sprechen kamen, »dass die Deutschen sich nicht an diesem internationalen Projekt beteiligen«. Sie glaubten nämlich, daß »ein italienischer, ein holländischer und ein französischer« Verlag beschlossen hätten, »die Sammlung der Manuskripte zu finanzieren«.[4]

Schon ein Jahr später nahm das »wahre Gesicht« Nietzsches erste Züge an. Als fünfter Band der *Œuvres philosophiques complètes* erschien *Die fröhliche Wissenschaft* in der Übersetzung von Pierre Klossowski mit einer »Introduction générale« von Gilles Deleuze und Michel Foucault.[5]

2. *Maskendeutungen.* Im Februar 1958 erschien beim Verlag Desclée de Brouwer ein Buch Viktor von Weizsäckers mit dem Titel *Le Cycle de la structure*. Offensichtlich war man sich bei der Wahl des französischen Titels so unsicher, daß man in Klammern den deutschen folgen ließ: *Der Gestaltkreis*.[6] Verantwortlich für die Übersetzung zeichneten zwei ehemalige Schüler der École Normale Supérieure: Michel Foucault und Daniel Rocher. Offiziell handelte es sich also

4 Michel Foucault, »Michel Foucault und Gilles Deleuze möchten Nietzsche sein wahres Gesicht zurückgeben [Gespräch mit C. Jannoud]«, in: *Dits et Ecrits, Schriften*, Bd. I, Frankfurt am Main 2001, S. 708-712, hier: S. 709. Tatsächlich jedoch handelte es sich um den Mailänder Verlag Adelphi, die Pariser Éditions Gallimard und das trotz des niederländisch klingenden Namens in Berlin angesiedelte Verlagshaus Walter de Gruyter.

5 Friedrich Nietzsche, *Le Gai savoir. Fragments posthumes, 1881-1882. Œuvres philosophiques complètes*, Bd. 5, Paris 1967. Das frühe Erscheinen des ersten Bandes der französischen Werkausgabe wurde dadurch begünstigt, daß der Club français du livre bereits 1957 eine Übersetzung der *Fröhlichen Wissenschaft* von Klossowski in seiner Klassiker-Reihe veröffentlicht hatte.

6 Viktor von Weizsäcker, *Le Cycle de la structure. (Der Gestaltkreis)*, Paris 1958.

um die erste Übersetzung, an der Foucault beteiligt war. Jenseits dieses bibliographischen Vermerks sucht man allerdings vergeblich nach Spuren, die Weizsäckers »Theorie der Einheit von Wahrnehmen und Bewegen« in Foucaults Werk hinterlassen hat.[7] Dem korrespondiert die Enttäuschung, die man erfährt, wenn man sich in seiner Biographie über den anderen Übersetzer kundig machen möchte.

Daniel Rocher, der 1929 in Paris geboren und 1949, also drei Jahre nach Foucault, an der École Normale in der Rue d'Ulm aufgenommen wurde, war nach Tätigkeiten im Schuldienst, als Forschungsassistent am CNRS und als Hochschullehrer in Aix-en-Provence, seit 1989 Professor für Deutsche Sprache und Literatur des Mittelalters an der Universität von Straßburg, wo er im Oktober 1994 emeritiert wurde.[8] Als Germanist war er mithin der ideale Kollaborateur, der von den gröbsten Qualen einer voreilig übernommenen Aufgabe erlösen konnte. Einiges deutet darauf hin, daß Foucault dieses Übersetzungsvorhaben zur Last geworden war. In einer Liste, die Foucault im Rahmen seiner Anstellung als Assistent der Psychologie an der Universität Lille angefertigt hatte, gab er über seine »Arbeiten des Studienjahres 52-53« Auskunft. Demzufolge sollten die »Übersetzung von *Der Gestaltkreis* von Weizsäcker« und die »Einleitung zu ›Traum und Existenz‹« beide im Juli erscheinen.[9] Da die Liste nicht datiert wurde, ist ungewiß, ob der Juli 1953 oder 1954 gemeint war. Jedenfalls erschien im April 1954 die Übersetzung von Ludwig Binswangers Aufsatz »Traum und Existenz«[10] mit einer umfangreichen Einleitung und Anmerkungen von Michel Foucault bei ebenjenem Verlag, der erst vier Jahre später auch Weizsäckers *Gestaltkreis* herausbringen sollte. Als *Le cycle de la structure* endlich das Licht der Welt erblickte, hatte nicht nur Foucault bereits seinen dritten lichtlosen Winter in Schweden überstanden – Viktor von Weizsäcker war zu dieser Zeit bereits schon vor mehr als einem Jahr verstorben. Verlagspolitisch läßt sich nicht erklären, daß man die

7 Grundlage der Übersetzung war: *Der Gestaltkreis. Theorie der Einheit von Wahrnehmen und Bewegen*, Stuttgart (4. Aufl.) 1948.

8 Vgl. Ingrid Kasten, »Hommage à Daniel Rocher«, in: *Kultureller Austausch und Literaturgeschichte im Mittelalter/Transferts culturels et histoire littéraire au moyen âge*, hg. von I. Kasten/W. Paravicini/R. Pérennec, Sigmaringen 1998, S. 19-22.

9 Didier Eribon, *Michel Foucault. Eine Biographie*, Frankfurt am Main 1989, S. 108.

10 Ludwig Binswanger, *Le Rêve et l'existence*, Paris 1954.

Veröffentlichung eines damals in Frankreich wenig bekannten Schweizer Psychiaters mit Nachdruck betrieb, während man eines der wichtigsten Bücher des Doyens der Psychosomatik auf die lange Bank schob. Womöglich war die Übersetzung des *Gestaltkreises* eine Konzession, die Foucault nur machte, weil seine überproportionierte Einleitung zu Binswangers Text bei den Verantwortlichen auf Bedenken gestoßen war, gleichsam als Strafe, die dann zu großen Teilen der Germanist Rocher absitzen mußte.

Bekanntlich war eine solche Konstellation für Foucault nicht neu. Auch Jacqueline Verdeaux, die Binswangers Aufsatz übersetzt hatte, war Germanistin. Statt jedoch Deutschunterricht an einer höheren Schule der Provinz zu erteilen, war sie in Paris als Laborantin tätig: am elektroenzephalographischen Laboratorium, das sie mit ihrem Mann und André Ombredane auf dem Speicher der Psychiatrischen Klinik Sainte-Anne eingerichtet hatte. Aufgabe dieses Labors war es, auf Wunsch der Ärzte, Patienten der Psychiatrie und Insassen des zentralen Gefängniskrankenhauses in Fresnes bestimmten Tests zu unterziehen. Jacquelines Alltag war es, Meßergebnisse zu erheben und in Patientenakten einzutragen. Dabei stand ihr Michel Foucault als »Praktikant« zur Seite. Er maß Hirnströme, den Hautwiderstand, den Atemrhythmus, wertete die Ergebnisse aus und diente zuweilen selbst als Proband.

Mit Verdeaux teilte Foucault auch die Leidenschaft für ein psychologisches Testverfahren, dem man auf dem Dachboden von Sainte-Anne besonders zugetan war. Die Rede ist vom Rorschachschen Formdeutverfahren. Neben der routinierten Bedienung der Meßapparatur gönnte man sich ein hermeneutisches Experiment: das »Deutenlassen von Zufallsformen«. Insofern hätte sein »Praktikum« gar nicht besser gewählt sein können. Denn Dr. Ombredane hatte Rorschachs *Psychodiagnostik* ins Französische übersetzt. Im EEG-Labor erinnerte man sich, daß Verdeaux Germanistin war, und beauftragte sie, die Übersetzung dem Schweizer Psychiater Roland Kuhn vorzulegen. Um sich auf ihre Schweizer Reise vorzubereiten, las sie Kuhns Buch *Über Maskendeutungen im Rorschachschen Versuch: aus der kantonalen Heil- und Pflegeanstalt Münsterlingen.*[11] Verdeaux' Ziel war also jene Heilanstalt am Südufer des Bodensees,

11 Basel 1944. Die zweite Auflage (*Maskendeutungen im Rorschachschen Versuch*, Basel, New York 1954) war zugleich Roland Kuhns Habilitationsschrift.

an der einst der jungverstorbene Hermann Rorschach gearbeitet hatte. Die Germanistin begnügte sich jedoch nicht damit, das Placet für die französische Übersetzung der *Psychodiagnostik* einzuholen. Sie kehrte mit mehreren Übersetzungsprojekten zurück, die sie in den folgenden Jahren auch abarbeiten sollte. Auf Binswangers Traumaufsatz folgte 1955 ihre Übersetzung des Buches *Die Person des Schizophrenen* von Jakob Wyrsch, der ebenfalls als Psychiater in der Schweiz praktizierte. 1957 erschienen schließlich die französische Fassung von Kuhns *Maskendeutungen* als *Phénoménologie du masque* mit einem Vorwort von Gaston Bachelard und ein weiterer Binswangertitel.

Als sie vom Bodensee an die Seine zurückgekehrt war, fragte Jacqueline Verdeaux ihren Praktikanten, ob er ihr bei der Übersetzung der philosophischen Begriffe, die Binswangers Text enthielt, behilflich sein könne. Foucault willigte ein und unternahm mit ihr 1952/53 mehrere Reisen in die Schweiz, wo die Übersetzung ausgiebig mit Binswanger und Kuhn diskutiert wurde. Stundenlang soll am Bodensee um die genauen Äquivalente für ›Dasein‹(schließlich entschied man sich gegen ›être-là‹und für ›présence‹) und ›Stimmung‹ gerungen worden sein. Dieses Ringen um Begriffe dokumentieren Foucaults Anmerkungen zur Übersetzung seiner Freundin, die diskret auf sein Mitwirken hinweisen sollen. Auch andernorts hat die Mitarbeit an dieser Übersetzung Spuren hinterlassen. Ein Unterkapitel von *Psychologie und Geisteskrankheit* (1962) ist den Arbeiten Binswangers, Kuhns und Wyrschs gewidmet,[12] und noch in den 80er Jahren schwärmte Foucault von den prächtigen Beschreibungen des Wahns als unvergleichlicher Erfahrung, mit denen die Daseinsanalyse die traditionellen Raster des ärztlichen Blicks durchbrochen habe.

Während Foucault in den folgenden Jahren eine Abkehr von der phänomenologisch orientierten Psychiatrie vollzog, da er die theoretischen Unzulänglichkeiten ihres Erfahrungsbegriffs und ihr zwiespältiges Verhältnis zur eigenen Praxis erkannte, scheint er sich der »Medizinischen Anthropologie« von Weizsäckers erst gar nicht zugewendet zu haben. In nur zwei Anmerkungen melden sich die Übersetzer zu Wort, um zu bemerken, daß ›wahr-nehmen‹, das dem

12 Michel Foucault, »Die Krankheit und die Existenz«, in: *Psychologie und Geisteskrankheit*, Frankfurt am Main 1968, S. 71-90.

französischen ›percevoir‹ entspricht, wörtlich übersetzt »prendre pour vrai« lauten würde. Diese Indifferenz läßt die Frage uninteressant erscheinen, wie sich die Zusammenarbeit der Übersetzer konkret gestaltete. An Zeit mangelte es beiden nicht. Daniel Rocher hatte 1953 sein Studium an der École normale mit der Agrégation abgeschlossen, und Foucault hatte sich »in der langen schwedischen Nacht [die] schlechte Angewohnheit zugelegt, täglich fünf bis sechs Stunden zu schreiben«.[13] Fest steht, daß diese Übersetzung an beiden spurlos vorübergegangen ist. Es sei denn, man deutet nicht nur das von Rocher mitherausgegebene deutsch-französische Wörterbuch von 1975 als Spätfolge, sondern auch das letzte Kapitel von *Folie et déraison*, in dem sich Foucault endgültig von der anthropologischen Illusion verabschiedete. Denn vielleicht wäre dessen Kapitelüberschrift ja die angemessenere Übertragung von *Der Gestaltkreis* gewesen: »Le cercle anthropologique«.[14]

3. *Le mot* »Kunst«. Zwei Jahre nachdem Foucaults »erste« Übersetzung erschienen war, verspürte er wieder Lust, einen deutschen Text ins Französische zu übertragen. Die Wahl fiel auf Immanuel Kants *Anthropologie in pragmatischer Hinsicht*. Mit einer umfangreichen Einführung versehen sollte sie die »thèse complémentaire« seiner Doktorarbeit abgeben. Hamburg, die dritte Station von Foucaults Auslandstätigkeit, war ein idealer Ort, um sich der Königsberger Vorlesung zu nähern, in der Kant darauf verzichtete, »Natursachen nachzugrübeln«, da er weder »die Gehirnnerven und Fasern kenne, noch sich auf die Handhabung derselben zu seiner Absicht verstehe«.[15] Wie unvereinbar Kants Prämissen auch mit von Weizsäckers Idee, »das Subjekt in die Biologie« einzuführen, scheinen mögen; Foucault kann sich des Eindrucks nicht erwehren, daß Kants Anthropologie und der Biologismus der phänomenologischen Medizin derselben epistemologischen Ordnung angehören. Zumindest lassen dies die 128 Seiten des Typoskripts der Einleitung vermuten, das unveröffentlicht blieb, weil es den Prüfern 1961 eher als eine generelle Kritik der Anthropologie aus nietzschescher Per-

13 Michel Foucault, »Interview mit Michel Foucault«, in: *Dits et Ecrits, Schriften*, Bd. I, a.a.O., S. 831-845, hier: S. 832.

14 Erstmals vollständig übersetzt als *Der anthropologische Zirkel*, Berlin 2003.

15 *Kant's gesammelte Schriften*, (Akademieausg.), 1. Abt., Bd. 7, S. 119.

spektive denn als eine Einführung in die Anthropologie Kants erschien.
1964 erschien die *Anthropologie du point de vue pragmatique* bei Vrin. Dem Rat seiner Prüfer folgend hatte Foucault die umfangreiche Einleitung durch einen denkbar kurzen »Historischen Abriß« ersetzt. Die seither immer wieder neu aufgelegte Kantübersetzung ist insofern interessant, als Foucault sich vor die Aufgabe gestellt sieht, Kants Systematisierungsversuche der zentralen Begriffe des anthropologischen Feldes nicht einfach zu übersetzen, sondern im Französischen nachzuvollziehen, Terminologiearbeit zu treiben. Man denke nur an die Paragraphen, die »Von den Gemüthskrankheiten« handeln. Foucault entschied sich »Unvernunft« als »déraison«, »Wahnsinn« als »délire«, »Verrückung« mal als »aliénation«, mal als »folie« zu übersetzen.[16] Wenn man aus Foucaults Kantübersetzung ein französisch-deutsches Wörterbuch destillierte, indem man die Anthropologie in eine alphabetisch geordnete Wortliste rückübersetzt, erhielte man Foucaults französisch-deutsches Idiotikon der Anthropologie.

Doch auch in der unveröffentlichten Einleitung findet sich eine Passage zum Problem der Übersetzung. Auf den Seiten 86 und 87 des Typoskripts versucht Foucault eine Definition des Wortes »*Kunst*«, da es zu jenen zähle, die sich einer Übersetzung am zähesten widersetzten. Denn dieses Wort und seine Ableitungen (verkünsteln, erkünsteln, gekünstelt, usw.) bezeichnen weder eine Kunst (*art*) noch eine Technik (*technique*), sondern die »Spontaneität« oder »Artifizialität«, die im vermeintlich Gegebenen immer schon anwesend ist. Denn die *Anthropologie* ersetze »die Souveränität der *Bestimmung*«, die die Kritiken prägte, durch »die geduldige, brüchige, bloßstellende Ungewißheit jener Übung, die sich *Kunst* nennt«. Deren Souveränität zeige sich auf dreierlei Weise: als Macht des Negativen, als intentionale Entscheidung und als Sprache des Tauschs. Die Kunst der Anthropologie hat sich von der zeitlosen Herrschaft des synthetischen Aktes befreit, um sich dem Mannigfaltigen zu öffnen, Negationen auszusprechen, Bedeutungen zu geben und in Kommunikation zu treten. Allerdings, so Foucault, müsse man für die Freiheit der Kunst in Kauf nehmen, daß die Arbeit der Wahrheit die Möglichkeit des Irrtums einschließe.

16 Immanuel Kant, *Anthropologie du point de vue pragmatique*, 8. Aufl., Paris 2002, S. 127-137 (§§ 50-53).

4. *Le négatif de l'œuvre*. Am 20. August 1964 erschien im *L'Express* der einzige Text Foucaults, der explizit vom Problem der Übersetzung spricht.[17] Allerdings ging es Foucault nicht um das Für und Wider der Übersetzung im allgemeinen. Anlaß seiner Ausführungen war die Verteidigung der Äneis-Übersetzung seines Freundes Pierre Klossowski.[18] Der Vorabdruck einiger Verse des sechsten Gesangs in der *Le Monde*-Ausgabe vom 8. August desselben Jahres hatte einen Sturm der Entrüstung ausgelöst, der sich in empörten Leserbriefen Luft machte. Klossowskis Übersetzung, so der Tenor, sei von derart »unbedarfter Wörtlichkeit«, daß man an die »Interlinearversionen« aus frühster Schulzeit erinnert werde. Klossowski hatte den Nerv der gebildeten Leserschaft getroffen. Denn indem er auf die ungelenke Wort-für-Wort-Übersetzung des Primaners zurückgriff, also im Namen der Treue zum Original auf in Frankreich traditionell geschätzte Qualitäten wie Lesbarkeit, Flüssigkeit und Eleganz verzichtete, machte er zugleich deutlich, daß das humanistische Ideal von der verstehenden Aneignung des Fremden selbst auf dem Gebiet der antiken Autoren ausgespielt hatte.

Foucaults prompte Erwiderung auf die allgemeine Entrüstung setzte genau hier an, indem sie zwei Arten der Übersetzung unterschied. Scheinbar versöhnlich beginnt der Artikel mit einer gleichnishaften Beschreibung desjenigen Übersetzungstyps, mit dem die Leser von *Le Monde* vertraut waren. »Der natürliche Ort der Übersetzung ist das andere Blatt des aufgeschlagenen Buches: die gegenüberliegende Seite, die mit gleichlaufenden Zeichen bedeckt ist.«[19] Foucault hatte die zweisprachigen Klassikerausgaben vor Augen, in denen der »natürliche Ort« des Originals die geraden und derjenigen der Übersetzung die ungeraden Seiten sind. Doch auch in dieser rigiden Raumordnung tragen sich Abenteuer zu. Denn in Foucaults Gleichnis hat »ein nächtlicher Fährmann schweigend den Sinn von links nach rechts, über die Falz des Bandes hinweggetrieben. Unbewaffnet und ohne Gepäck.« In das stimmungsvolle Bild von den Gefahren des Übersetzens mischt sich feine Ironie. Denn was bringt ein Übersetzer mit, wenn er »ohne Gepäck«, mit leeren Händen also, am anderen Ufer landet? Im nächsten Halbsatz wird

17 Michel Foucault, »Die Wörter bluten«, in: *Dits et Ecrits, Schriften*, Bd. I, a.a.O., S. 555-559.

18 Virgile, *L'Enéide*, Paris 1964.

19 Foucault, »Die Wörter bluten«, a.a.O., S. 555.

Foucault deutlicher: Dieser Typus des Übersetzers folge »einer Logistik, die ihr Geheimnis wahrt; man weiß allein, daß, wenn die Grenze überschritten ist, sich in etwa die großen Einheiten des Sinns in analogen Massen neu gruppieren«. Auf der nächtlichen Überfahrt hat der Fährmann vergessen, wie die Wörter im Original angeordnet waren. Nur ihr Sinn (oder Schönheitswert) ist ihm in Erinnerung geblieben. Ergebnis dieser unbewußten Logistik ist eine, wie Foucault sie nennt, »laterale« Übersetzung. Sie macht es sich zur Aufgabe, »einen anderswo entstandenen Sinn auf sich zurückzuführen«, um ihn identisch in eine andere Sprache eingehen zu lassen. Ihr Ziel ist das »gerettete Werk«. Was bei dieser Rettungsaktion jedoch unter die Räder kommt, ist das Wort, jenes »winzige Ereignis, das an einem Zeitpunkt und keinem anderen zustande gekommen ist; das sich in dieser Region des Blattes und keiner anderen niedergelegt hat.« Keine noch so genaue laterale Übersetzung kann darauf Rücksicht nehmen.

Gerade im Fall von Vergil wird dies jedoch zum Problem. Bekanntlich werden im lateinischen Satz die syntaktischen Verhältnisse von den Flexionen angezeigt. Dies erlaubt es, die Wörter zwar niemals willkürlich, doch stets frei anzuordnen. Da im Französischen die Syntax die Wortstellung verbindlicher vorschreibt, muß eine laterale Übersetzung im Namen der Verständlichkeit die für das Lateinische typische Anordnung im Raum ignorieren, als sei sie eine bedeutungslose Spielerei. Klossowski hatte das Umgekehrte gewagt. Er nahm das Wort als »Tatsache einer Nebeneinanderstellung in der engen Kette des Sprechens« ernst und schuf so »eine umfassende Poetik des ›sprachlichen Ortes‹«.[20] Klossowskis Übersetzung verfährt nicht lateral, sondern »vertikal«. Jedes Wort »fällt aus dem lateinischen Vers auf die französische Zeile, als ob seine Bedeutung nicht von seinem Ort getrennt werden könnte; als ob es das, was es zu sagen hat, nur genau von diesem Punkt aus sagen könnte, wohin es vom Schicksal und den Würfeln des Gedichts geworfen wurde.«

Entsprechend steht das berüchtigte Incipit von Klossowskis *Enéide* (»Les armes je célèbre et l'homme ...«) beispielhaft für all jene Übersetzungen, die sich nicht in der Ähnlichkeit zweier Sprachen einrichten, sondern die »Höhlung ihrer größten Differenz« freilegen. Sie »werfen die eine Sprache gegen die andere, beobachten den

20 Ebd., S. 555 f.

Zusammenstoß und messen den Einfallswinkel aus«. Vertikale Übersetzungen ersetzen das hermeneutische Verfahren des Fährmanns durch ein experimentelles. Sie übertragen keinen Sinn, sondern registrieren die Folgen eines provozierten Frontalzusammenstoßes zweier Sprachen. »Sie machen den Originaltext zum Projektil«, das auf die Zielsprache abgefeuert wird. Aufgabe einer vertikalen Übersetzung ist es, »durch die Sprache, die man übersetzt, die Sprache, in die man übersetzt, durcheinanderzubringen«. Die Struktur des Originaltexts verschwindet nicht mehr hinter den Schleiern des Sinns, sondern tritt »erstmals [in der] unzweifelhaften Spur seiner wirklichen Anwesenheit« zu Tage: als Einschußloch oder Abdruck funktioniert Klossowskis Übersetzung wie ein indexikalisches Zeichen. Sie ist, wie Foucault es ausdrückt, »das Negativ des Werkes«.

5. *Art du langage.* 1970 erschien beim Verlag Gallimard eine Sammlung von Aufsätzen des Romanisten Leo Spitzer. Die *Études de style*[21] wurden von einem Essay Jean Starobinskis eingeleitet und enthielten neben neun stilistischen Einzeluntersuchungen einen Text, der sich allgemeinen Problemen widmete. Diesen Beitrag hatte Foucault unter dem Titel »Art du langage et linguistique« aus dem Englischen übersetzt. Schon die Wahl des Titels wirft Fragen auf. Denn in der Aufsatzsammlung, die 1948 von der Princeton University Press veröffentlicht wurde,[22] lautete der Titel noch »Linguistics and Literary History«, also »Sprachwissenschaft und Literaturgeschichte«. Foucaults Änderung des Titels war jedoch nicht willkürlich. Sie bezog sich auf ein zwanzig Jahre älteres Werk Spitzers, die *Stilstudien*, die 1928 in zwei Bänden in München erschienen waren. Der einleitende und der abschließende Aufsatz des zweiten Bandes, der nicht wie der erste Sprachstile, sondern Stilsprachen zum Gegenstand hatte, hießen »Sprachwissenschaft und Wortkunst« bzw. »Wortkunst und Sprachwissenschaft«. Foucaults Eingriff legitimierte sich also durch antiquarisches Wissen. Überhaupt erforderte die Übersetzung des fünfsprachigen Textes, der neben der Basissprache Englisch deutsche, französische, italienische und lateinische Zitate und Wendungen enthielt, jene philologische »Andacht zum Kleinen«, die Foucault als deutsches Syntagma in seine französische Ver-

21 Leo Spitzer, »Art du langage et linguistique«, in: *Études de style*, Paris 1970, S. 45-78.

22 Leo Spitzer, *Linguistics and Literary History. Essays in Stylistics*, Princeton 1948.

sion übernahm. Unübersetzt wie alle deutschen Wörter, beschließt es deren gespenstischen Reigen. »Erlebnis«, »Methode ist Erlebnis«, »Mein Kampf«, »Subjektivismusstreit«, »Wortwandel ist Kulturwandel und Seelenwandel«, »Weltanschauung«, »Zirkel im Verstehen« und »Geistesgeschichte« ziehen – trotz korrekter Schreibung – unverstanden am französischen Leser vorbei.

Was interessierte Foucault an einem Philologen, dessen Methode sich darauf beschränkt, seine »eigene Geschichte [zu] erzählen«; davon, wie er sich »durch das Gewirr der Sprachwissenschaft, womit [er] begann, einen Weg zum Zaubergarten der Literaturwissenschaft bahnte – und wie [er] entdeckte, daß es sowohl ein Paradies in der Sprachwissenschaft als auch ein Labyrinth in der Literaturwissenschaft gibt«. Immerhin übersetzte Foucault nicht alles. Den Nachsatz, »daß in beiden Fächern die Methoden und der Grad an Gewißheit im Grunde gleich sind«, ließ er einfach weg.[23]

Nach einem Semester als Hochschullehrer an Spitzers Institut in Marburg schrieb Erich Auerbach im März 1930 an Paul Binswanger, daß sein Chef »voll Aktivität und Taktlosigkeit« sei, »lebendige Gedanken und keinen Schatten von Bildung und Kritik« habe, ansonsten jedoch »sehr herzlich, sehr boshaft, sehr eingebildet, sehr unsicher, sehr sentimental, ungeheuer offenherzig und ein geborener Komödiant« sei, der »auf der Straße einen viel zu kurzen Mantel« trage.[24] Dieses Porträt legt nahe, daß literaturwissenschaftliche Stilistik nicht notwendig mit Stilsicherheit einhergehen muß. Der von Foucault übersetzte Aufsatz bleibt den Beweis nicht schuldig.

Nachdem der Philologe aus den Etymologien der Worte ›calembourg‹ und ›conundrum‹ weitreichende Konsequenzen methodischer Art gezogen hat, konstruiert er eine literarische Tradition, die danach strebe, eine autonome »Wortwelt« zu schaffen. Es fallen die illustren Namen Rabelais, Balzac und Flaubert. Auch um einen zeitgenössischen Vertreter ist Spitzer nicht verlegen. Er nennt Louis-Ferdinand Céline und zitiert ausgiebig dessen berüchtigtes antisemitisches Pamphlet *Bagatelles pour un massacre*, das, obgleich nicht

23 Zitiert nach Leo Spitzer, »Sprachwissenschaft und Literaturwissenschaft«, in: ders., *Texterklärungen. Aufsätze zur europäischen Literatur*, München 1969, S. 7-33, hier: S. 7.

24 Zit. nach Hans Ulrich Gumbrecht, »›Methode ist Erlebnis‹. Leo Spitzers Stil«, in: ders., *Leben und Sterben der großen Romanisten*, München, Wien 2002, S. 72-151, hier: S. 81 f.

verboten, nach seiner Erstveröffentlichung 1937 nie wieder aufgelegt wurde. Die eigentliche Stilübung war also Foucaults diskreter Umgang mit jenem »unmöglichen« Text, den Spitzer – mehr als taktlos – zum Gipfel autonomer »Wortkunst« in der Tradition Rabelais' erklärt hatte. An der von Spitzer französisch zitierten Textpassage nahm er unwesentliche Veränderungen vor. Einerseits verbesserte er einen offensichtlichen Druckfehler, andererseits fügte er Bindestriche ein, die beweisen (sollten), daß er Célines Pamphlet nicht zu Rate gezogen hat. Er behandelte das Zitat also nicht anders als den restlichen Text: philologisch korrekt.

In der Zeit, als Foucault an seiner letzten Übersetzung arbeitete, die veröffentlicht wurde, schrieb er seinen berühmten Vortrag »Was ist ein Autor?«. Man kann ihn als Negativ einer »herméneutique spitzérienne«[25] betrachten.

6. *Das Wunder von Bern*. Bekanntlich brechen Foucaults historische Studien Mitte des 19. Jahrhunderts ab. Die rasante Entwicklung der technischen Medien im letzten Drittel dieses Jahrhunderts geht an seiner Diskursanalyse spurlos vorbei. Sie bleibt an die alteuropäischen Archive der Schrift gebunden. Wiederholt hat man auf diese Leerstellen hingewiesen und sich bemüht, sie durch diskursanalytische Geschichten zu füllen. Foucaults Theorie und Praxis des Übersetzens legen es nahe, abschließend eine Genealogie der Übersetzung zu skizzieren. Auch deren zentrales Datum liegt außerhalb der von Foucault bearbeiteten Geschichte. Denn wenn Bern je ein Wunder gesehen hat, dann am 9. September 1886, als dort mit einer Literarkonvention der Schutz ausländischer Urheber in internationalem Maßstab geregelt wurde.

Über die Durchsetzung des Schutzes geistigen Eigentums ist vieles, wenn nicht alles gesagt worden. Die Geschichte der Implementierung der juristischen Voraussetzungen dessen, was Foucault als Autorfunktion bezeichnet, ist hinreichend beschrieben worden. Daß auch die Internationalisierung des Urheberrechts die Funktion des Autors nachhaltig betrifft, ist weniger bekannt. Wohl deshalb, weil sie nicht das betrifft, was seit der Erfindung des geistigen Eigentums Original genannt wird, sondern die literarische Leistung der Übersetzung.

25 Jean Starobinski, »Leo Spitzer et la lecture stylistique«, in: *Études de style*, a.a.O., S. 7-39, hier: S. 38.

Vor Bern war kein Autor vor Übersetzern geschützt, auch zu seinen Lebzeiten nicht. Fremdsprachige Romane und Novellen konnten beliebig übersetzt, adaptiert und imitiert werden. So war Baudelaire nur einer unter vielen Poe-Übersetzern und mußte sich durch die Qualität seiner Übertragung gegen die Konkurrenz durchsetzen. Tatsächlich wurden jedoch schon seit den 50er Jahren des 19. Jahrhunderts immer mehr bilaterale Verträge geschlossen, die den Vertrieb nichtlizenzierter Übersetzungen verhindern sollten. Völkerrechtlich war der Übersetzer nicht länger Autor, er wurde Kopist, der sich allerdings dadurch auszeichnete, die einzige vom Autor beglaubigte Abschrift erstellen zu dürfen. Diese Zeit der Unsicherheit nutzten die Autoren des 19. Jahrhunderts für verwegene Experimente.

Zu diesen zählen auch zwei sonderbare Texte, die den Begriff der Autorschaft auf provokante Weise in Frage stellen. Geschrieben wurden sie von zwei typischen Vertretern antibürgerlichen Artistentums. Der eine stammt von Iginio Ugo Tarchetti (1839-69), der der italienischen Bewegung der »Scapigliatura« angehörte, der andere von dem exemplarischen Dichter der Moderne: Baudelaire.

Baudelaire schickte, nachdem seine Novelle *La Fanfarlo* von verschiedenen Zeitschriften abgelehnt worden war, eine Erzählung mit dem Titel »Le jeune enchanteur« an die Redaktionen. 1846 erschien sie als sein erzählerisches Debüt in der Zeitschrift *L'Esprit public*. Abgesehen von Kunstkritiken und einem Sonett war die Erzählung vom »jungen Zauberer« Baudelaires erste belletristische Veröffentlichung. Gut hundert Jahre zählte man sie zu seinem Werk. Erst 1950 konnte der amerikanische Romanist W. T. Bandy nachweisen, daß Baudelaires Erstlingswerk die Übersetzung einer Novelle George Crolys war, eines anglikanischen Geistlichen mit literarischen Ambitionen.[26] Als bibliophiler Sammler englischer Anthologien des beginnenden 19. Jahrhunderts fiel Bandy eines Tages ein in London erschienenes Buch mit dem Titel *The Forget me not. A Christmas, New Year's and Birthday Present for MDCCCXXXVI* in die Hände. Reverend Croly, der die Herausgeber des *Forget me not* alljährlich mit anonymen Beiträgen belieferte, war im Almanach für das Jahr 1836 mit der Novelle »The Young Enchanter – From a Papyrus of Herculaneum« vertreten.

26 W. T. Bandy, »Baudelaire et Croly. La vérité sur *Le jeune enchanteur*«, in: *Mercure de France*, Bd. 308, 1950, S. 233-247.

Daß Baudelaire mit der Übersetzung einer zehn Jahre alten Erzählung eines, ihm selbst nicht namentlich bekannten, englischen Autors debütierte, muß aus der Perspektive des mittlerweile globalisierten Urheberrechts als Diebstahl geistigen Eigentums verurteilt werden. Allerdings war Baudelaire vorausschauend genug, sein Plagiat durch eine – wenn auch minutiöse – Verschiebung im Untertitel anzudeuten: aus dem »Papyrus aus Herculaneum« der englischen Vorlage wurde »die einem Palimpsest aus Herculaneum entlehnte Geschichte«.[27] Baudelaires Übersetzung ist die Überschreibung eines bereits vorhandenen Textes, die das Original vollständig tilgt, da sie an dessen Stelle tritt.

1865, also 20 Jahre nach Baudelaire, veröffentlichte Ugo Tarchetti eine phantastische Erzählung mit dem Titel »Il mortale immortale« in der *Rivista minima*. 1868 kam es zur Wiederveröffentlichung unter dem Titel »L'elixir dell'immortalità«. Daß es sich, wie bei Baudelaire, um eine unausgewiesene Übersetzung handelte, wurde auch hier eher zufällig entdeckt. Als in den 90er Jahren des vergangenen Jahrhunderts der amerikanische Übersetzer Lawrence Venuti eine Sammlung von phantastischen Erzählungen Tarchettis ins Englische übertrug, stieß er auch auf die Vorlage für den »unsterblichen Sterblichen«: Mary Wollstonecraft Shelley hatte 1833 in der englischen Sammlung *The Keepsake* »The Mortal Immortal« veröffentlicht.[28]

Weder Baudelaire noch Tarchetti erlebten ihr Berner Wunder. Selbst als ihr betrügerischer Schwindel aufflog, litt der Nachruhm ihrer Werke kaum. Den Kennern der Autoren waren die nun als Übersetzungen ausgesonderten Werkteile von jeher suspekt erschienen. Der Diebstahl geistigen Eigentums paßte sogar ins Bild einer halbkriminellen Boheme, die schamlos die Lücken des Urheberrechts ausnutzte. Kurz bevor in Bern die Werkherrschaft auf internationaler Ebene geregelt wurde, führten sich Baudelaire und Tarchetti ein letztes Mal auf »wie sonst nur die Römer«. Laut Paragraph 83 der *fröhlichen Wissenschaft* »eroberte man damals, wenn man übersetzte, (...) man strich vor Allem den Namen des Dichters hinweg und setzte den eigenen an seine Stelle – nicht im Gefühl des Diebstahls, sondern mit dem allerbesten Gewissen des imperium

27 Charles Baudelaire, *Œuvres complètes*, hg. von C. Pichois, Bd. 1, Paris 1975, S. 524.

28 Vgl. Lawrence Venuti, *The Translator's Invisibility. A history of translation*, London, New York 1995, S. 148-186.

Romanum«.[29] Nietzsche konnte nicht ahnen, daß zwei Dichter der Dekadenz vor seinen Augen die imperiale Geste der Römer travestierten, indem sie herrenlose Texte aus längst vergessenen Sammelbänden in ihr Werk einfügten. Er machte sich daran, Werkherrschaft als Weltherrschaft zu inszenieren. 1888, zwei Jahre nach der Berner Übereinkunft, bemühte sich Nietzsche, die Rechte an seinen Schriften von seinem vormaligen Verleger Fritzsch zurückzukaufen. Selbst die Summe von 11000 Mark schien ihm nicht zu hoch, um »im letzten Augenblick Alleinbesitzer [seiner] Werke zu werden«.[30] Nach der Berner Übereinkunft waren die Vertragsstaaten dazu verpflichtet, die Urheberrechte eines Angehörigen jedes anderen Verbandsstaates auch vor unrechtmäßigen Übersetzungen zu schützen. Mithin erhielt Nietzsche in Belgien, Spanien, Frankreich, England, Haiti, Italien, Liberia, der Schweiz und Tunis Inländerrechte. Auch wenn Abessinien, Afghanistan, Bulgarien, China, Kongo, Korea, Liberia, Montenegro, Persien, Rußland, Serbien und Siam schon damals diese Übereinkunft ignorierten, konnte sich Nietzsche als Alleinbesitzer seiner Werke berechtigt fühlen, über deren Übersetzung in die (damals) wichtigsten Sprachen zu gebieten. Noch im Dezember 1888 schrieb er an August Strindberg, daß der »*Ecce homo* in der That deutsch, französisch und englisch zugleich erscheinen« soll. Und um Strindberg dazu zu bewegen, die französische Übersetzung zu übernehmen, verfiel Nietzsche auf ein denkwürdiges Lob seines Buches. »Da es vollkommen unerhörte Dinge sagt und mitunter, in aller Unschuld, die Sprache eines *Weltregierenden* redet, so übertreffen wir durch Zahl der Auflagen selbst *Nana*.«[31]

Vorderhand vergrößerte die Literarkonvention von 1886 den Machtbereich des Autors, dessen Herrschaft sich nun auch auf die Übersetzungen seiner Werke erstreckte. Doch die autorisierte Übersetzung führte den babylonischen Zustand in die Funktion Autor selber ein. Wer »die Sprache eines *Weltregierenden* redet«, muß sich von der Muttersprache, die den Nationalautor getragen hatte, verabschieden. Dieser herrschte durch ein komplexes Verbundsystem

29 Friedrich Nietzsche, *Die fröhliche Wissenschaft*, in: *Kritische Studienausgabe*, hg. von G. Colli/M. Montinari, Bd. 3, München 2. Aufl. 1988, S. 439.

30 Vgl. Friedrich Kittler, »Wie man abschafft, wovon man spricht«, in: Jacques Derrida/ders., *Nietzsche. Politik des Eigennamen. Wie man abschafft, wovon man spricht*, Berlin 2000, S. 93.

31 Friedrich Nietzsche. *Chronik in Bildern und Texten*, München, Wien 2000, S. 717.

aus philosophischer Ästhetik, Pädagogik und Hermeneutik über die Leserinnen- und Interpretenseelen seiner Sprachgemeinschaft. Weltherrschaft jedoch erlangt ein Werk nur dann, wenn sein Autor in einer Weltsprache schreibt oder (wie Joseph Conrad) zu ihr überläuft. Ist man für dessen globale Proliferation auf ein Heer von Übersetzern angewiesen, löst es sich in die Sprachen der unzähligen »Völker und Vaterländer« auf. Und mit ihm taucht der Autor im babylonischen Gemurmel des Diskurses unter.

Ulrich Johannes Schneider
Ordnung als Schema und als Operation
Die Bibliothek Herzog Augusts

1. Projekte und Effekte in der Wissenschaftsgeschichte

Ein Projekt der europäischen Moderne kann man darin sehen, Wissen zu ordnen, das Denken nicht mehr auf Ideen oder Begriffe zu lenken, sondern auf analysierbare Erfahrungen. Dieses Projekt ist mit Recht das Bacon-Projekt genannt worden, nach Francis Bacon, der mit seinem Plan einer *instauratio magna* 1605 das Wissen durch Induktion vermehren wollte, also durch die Arbeit des Erkennens. Bacon wollte das Wissen ordnen und hat es zu diesem Zweck erstmals eingehend klassifiziert. Modern heißt seit dieser Zeit, Ordnungen zu schaffen und Erkenntnisse zu organisieren.[1]

Wesentlich an dieser Verbindung von Wissen und Ordnung ist das Projektive: Wissen verändert sich, die Ordnungen desselben ebenfalls. Es werden Hypothesen entwickelt, der menschliche Geist testet die Natur und alles andere, was ihm Gegenstand werden kann. Das jedenfalls ist die Ideologie der Moderne: Wissen und Ordnen sind Formen des Tuns, des Be-Greifens im aktivischen Sinn. Die Vermehrung des Wissens bringt immer neue Taten mit sich, neues Wissen und neue Ordnungen, die unvermittelt an die

1 Die Rede vom Bacon-Projekt findet sich bei Lothar Schäfer, *Das Bacon-Projekt. Von der Erkenntnis, Nutzung und Schonung der Natur*, Frankfurt am Main 1993. Dieses Projekt bestehe »in der Verklammerung von Wissenschaft, Technologie und Allgemeinwohl, wobei die Klammer selbst in der durchgängigen praktischen Deutung (›works‹, ›operations‹) aller Sektoren – auch der Theorie – ausgewiesen wird.« (S. 96). Schäfer schreibt über Francis Bacon, dieser habe »wie kein anderer die Handlungsbezüge und Handlungselemente im modernen Konzept von Wissenschaft erkannt und zum Ausdruck gebracht« (S. 98). Vgl. Bacons Instauratio magna, Band 1: *The advancement of learning*, London 1605. Von dem in der zweiten Auflage auf 6 Bände angelegten Werk sind nur drei erschienen, die allerdings bekannt und einflußreich wurden: Band 1: *De dignitate et augmentis scientiarum* (1623), Band 2: *Novum organum* (1620), Band 3.1: *Historia naturalis et experimentalis* (1622), Band 3.2: *Silva silvarum* (1627).

Stelle der alten treten, die eben noch galten. Keine Wissenschaftsgeschichte ist frei von dieser Ideologie, und noch Thomas S. Kuhn, der die wissenschaftliche Revolution durch »Neuerung« als komplexen Prozeß anschaulich gemacht hat, thematisiert ein Denken, das als revidierbares Projekt und also mit dem Anspruch auf Veränderung auftritt.[2]

Michel Foucault ist nicht der erste, der das Bacon-Projekt zu revidieren versucht. Es gab eine ganze Reihe von Philosophie- und Wissenschaftshistorikern vor ihm, die darauf zurückgingen: Wilhelm Dilthey (*Das natürliche System der Geisteswissenschaften im 17. Jahrhundert*, 1892), Ernst Cassirer (*Das Erkenntnisproblem in der Philosophie und Wissenschaft der neueren Zeit*, 3 Bände, 1906-1920), Arthur Oncken Lovejoy (*Die große Kette der Wesen*, 1936), Paul Hazard (*Die Krise des europäischen Geistes 1680-1715*, 1935, und *Die Herrschaft der Vernunft. Das europäische Denken im 18. Jahrhundert*, 1946) oder Hans Blumenberg (*Die Legitimität der Neuzeit*, 1966) wären ebenso zu nennen wie Alexandre Koyré (*Etudes galiléennes*, 1939), Eduard Jan Dijksterhuis (*Die Mechanisierung des Weltbildes*, 1950) oder Thomas S. Kuhn (*Die Struktur wissenschaftlicher Revolutionen*, 1962). Diese und viele andere haben unter allgemeinen Perspektiven die tatsächliche Umsetzung des »Bacon-Projekts« zu beschreiben versucht. Was Foucault von diesen Problematisierungen unterscheidet, ist sein Verzicht auf Vorausannahmen bezüglich der Rationalisierung des Denkens im 17. und 18. Jahrhundert oder aber zumindest die Absicht, ohne geschichtswirksame Intentionen individueller oder kollektiver Art auszukommen. Bei Foucault gibt es nicht einmal in Ansätzen so etwas wie »Aufklärer« oder »Wissenschaftler« bzw. »Aufklärungsdenken« oder »Wissenschaftlichkeit«, wenn es um die Beschreibung der Durchsetzung von Ordnungen im Wissen und Denken geht. Statt dessen benutzt er selbstdefinierte Begriffe wie »Archiv« oder »Dispositiv«, um historische Strukturen zu bestimmen, die einerseits relativ stabil und andererseits in sich dynamisch sind.

Foucault geht nicht als Ideologiekritiker auf das Bacon-Projekt zurück, er behandelt vielmehr Wissenschaft im wörtlichen Sinn als

2 Thomas S. Kuhn, *Die Struktur wissenschaftlicher Revolutionen*, 2., rev. und um das Postskriptum von 1969 erg. Aufl., Frankfurt am Main 2001; ders., *Die Entstehung des Neuen. Studien zur Struktur der Wissenschaftsgeschichte*, 5. Aufl. Frankfurt am Main 1997.

Tat-Sache, wie es für manche das deutsche Wort Wissenschaft selbst nahezulegen scheint, weil es vom Wissen-Schaffen spricht. Foucault geht auch nicht als Wissenschaftshistoriker auf das Bacon-Projekt zurück, denn er will keinen Fortschritt begreifen, auch keinen Verlust, sondern allein eine Denkwirklichkeit, welche die Grenzen des Sag- und Erfahrbaren berührt.

Der Foucault-Effekt einer Analyse der Moderne in ihrem Anspruch, Wissen hervorzubringen und Ordnung zu verfügen, besteht ebendarin, diesen Anspruch anzuerkennen, aber zugleich nach der Realität seiner Einlösung zu fragen. Wo der Ideologiekritiker im Entdecken und Erfinden die Manifestation eines technischen Machtbegehrens diagnostiziert und der Wissenschaftshistoriker die Unruhe einer methodischen Unzufriedenheit mit dem »Stand der Dinge« beschwört, läßt sich Foucault auf keine aktualisierende Rekonstruktion ein, sondern nimmt vielmehr Wissen und Ordnung als das, was sie in der Moderne nie sein sollten: als vorhanden.

Diese Haltung könnte auch so benannt werden: Der Foucault-Effekt[3] bedeutet ein Verstehen von Projekten über deren Effekte. Wirkungen statt Ursachen zu analysieren kennzeichnet die archäologische Arbeit der Werke Foucaults, die keine Rücksicht auf kausale, intentionale oder motivationale Erklärungsgründe einer (be)wirkenden Subjektivität nehmen. Wissen erscheint in den Analysen Foucaults als Gewußtes, Ordnung als Geordnetes, Denken als Spur in den gewußten und geordneten Dingen.

Zwei Aspekte sind auffällig bei Foucault, wenn man sich seine historischen Arbeiten ansieht: Die Unerklärlichkeit historischer Entwicklung und die Stabilität gewisser epochaler Charakteristika. Daß die von ihm vorgestellten Ordnungen des Wissens historisch sind, bedeutet, daß sie angefangen haben und beendet worden sind, ohne daß doch der Übergang der einen in die andere nachvollziehbar wäre. Die grundlegende Transformation des einen Ordnungssystems in das andere bleibt unerklärlich, muß hingenommen werden als ein geschichtlicher Vorgang, als ein Ereignis, vor dem wir nur halb-verständig stehen, weil wir nicht zweierlei Ordnungen zugleich begreifen können. Man darf hier keinen Widerspruch vermuten: Foucault rekonstruiert die vergangenen Wissenssysteme (in *Die*

3 Vom Foucault-Effekt spricht man bislang eher im Zusammenhang mit der politischen Philosophie; vgl. Graham Burchell, *The Foucault effect. Studies in governmentality*, London 1991.

Ordnung der Dinge etwa des »Denkens der Ähnlichkeit« oder desjenigen »der Repräsentation«) nicht, um uns in diese Ordnungen eintreten zu lassen, sondern als Evokationen am Rande unseres eigenen Verstehens. Daß wir diesen fremd gewordenen Ordnungen etwas abgewinnen können, bedeutet nicht, daß sie zu alternativen Ordnungen werden können, oder uns helfen könnten, aus den eigenen Gedankensystemen auszusteigen.[4]

Aus dem Respekt für das Fremde, für das »Außen des Denkens«, wie es Foucault mit Blanchot genannt hat, ergibt sich seine Kritik an der Ideengeschichte und ihren Postulaten der Kontinuität, ihren Unterstellungen von Identität. Foucault hat in seiner *Archäologie des Wissens* (1969) präzise angegeben, wie die Größen eines traditionellen Begreifens abzubauen wären, das uns immer wieder vorspiegelt, wir könnten aus unserer eigenen Zeit beliebig in die Vergangenheit hinabsteigen, ohne jemals Brüche, Klüfte und radikale Grenzen überwinden zu müssen. Diese Illusion der zugänglichen Vergangenheit steht im Dienste einer erträumten Zukunft auf dem Wege, auf dem wir uns zu befinden glauben, und gehört mit zu den Grundannahmen jeglichen historischen Begreifens in einer Welt, die von Größen wie Autor, Werk, Epoche, Zeit usw. ausgeht. Foucaults Archäologie als eine Zerlegung der traditionellen Ideengeschichte ist einerseits Analyse von Kohärenz, andererseits Aufweis von inneren Grenzen des Kohärenzdenkens.

Die unbegreifliche innere Geltung von Wissensordnungen setzt mit dem Lachen ein, einem Lachen wie das angesichts der leicht irren Enzyklopädie der Hunde, die sich Jorge Luis Borges ausgedacht hatte und die Foucault am Anfang von *Die Ordnung der Dinge* zitiert.[5] Foucault führt von diesem Lachen über das Undenkbare weg in eine ernsthafte Untersuchung der abendländischen Geschichte des Denkens, die darauf lenkt, daß man Kohärenz nur immanent rekonstruieren kann, daß man Ordnung sozusagen nur von innen denken kann.

In der Foucaultschen Analyse der Moderne erweisen sich Ordnungen, um mit seinen Worten zu sprechen, als historisches Apriori, als Archiv. Wir denken mit Ordnungen, modifizieren sie, aber sie

4 Vgl. Ulrich Brieler, *Die Unerbittlichkeit der Historizität. Foucault als Historiker*, Köln 1998; Paul Veyne, *Foucault. Die Revolutionierung der Geschichte*, Frankfurt am Main 1992.

5 Vgl. Michel Foucault, *Die Ordnung der Dinge*, Frankfurt am Main 1971, S. 17 f.

liegen dem voraus, was wir bestimmen. Das Wissen ist immer schon in Ordnungen investiert, die wir als formale Strukturen nur mißverstehen, auch wenn sie so erscheinen. Vom Wissen können wir die Ordnung nicht abziehen. Wo die traditionelle Kritik an der Moderne Konstruktion und Projekt aufspürt und dabei selbst konstruktiv und projektiv verfährt, sehen wir mit Foucault sedimentierte Funktionen der Denkbarkeit, allerdings sehen wir sie gewissermaßen ohne Abstand. Der phänomenologische Reichtum der historischen Analysen von Foucault mobilisiert im Vorstellen gegen Abstraktion, im Wissen gegen Reduktion, im Erklären gegen Distanzierung. »Archiv« ist bei Foucault der Titel für eine historische Größe der Wissensgeschichte, die unter bestimmten Bedingungen der Sagbarkeit zustande kommt und diese zugleich wirksam macht:

»Das Archiv ist zunächst das Gesetz dessen, was gesagt werden kann, das System, das das Erscheinen der Aussagen als einzelner Ereignisse beherrscht. Aber das Archiv ist auch das, was bewirkt, daß all diese gesagten Dinge sich nicht bis ins Unendliche in einer amorphen Vielfalt anhäufen, sich auch nicht in eine bruchlose Linearität einschreiben und nicht allein schon bei zufälligen äußeren Umständen verschwinden; sondern daß sie sich in distinkten Figuren anordnen, sich aufgrund vielfältiger Beziehungen miteinander verbinden, gemäß spezifischen Regelmäßigkeiten sich behaupten (...).«[6]

Archiv in diesem Sinn ist so etwas wie ein Ermöglichungsgrund von Diskursivität, eine Instanz der historischen Analyse, die das Gesagte in seiner Existenz verständlich macht. In dieser Beziehung soll der Begriff im folgenden auf eine Bibliothek bezogen werden, die wie keine andere das Wissen das 17. Jahrhunderts repräsentiert. So kann man jedenfalls sprechen, wenn man im Hinblick auf die in Wolfenbüttel vollendete Büchersammlung blickt, die nicht nur die zweit- oder drittgrößte Bibliothek war,[7] als ihr Gründer, Herzog August, 1666 starb, sondern die mit größter Wahrscheinlichkeit umfangreichste jemals von einem einzelnen Menschen mit größter Sorgfalt zusammengetragene Bibliothek überhaupt ist.[8]

6 Michel Foucault, *Archäologie des Wissens*, Frankfurt am Main 1973, S. 187.

7 Die Kaiserliche Bibliothek in Wien beherbergte mit ca. 100 000 Bänden wahrscheinlich mehr Drucke, und die Päpstliche Bibliothek in Rom besaß, vermehrt auch durch Beutezüge im 30jährigen Krieg, schon allein an Manuskripten mehr Bände.

8 Zu Herzog August und seiner Bibliothek vgl. *Sammler – Fürst – Gelehrter. Herzog*

Im gewöhnlichen Sprachgebrauch unterscheidet man Bibliothek und Archiv als zwei Institutionen, weil die eine hauptsächlich gedruckte, die andere im wesentlichen ungedruckte Schriftstücke aufbewahrt. Foucault hat seinen philosophischen Begriff des Archivs von diesem gängigen Verständnis abgegrenzt und zielt nicht auf das Material, sondern auf dessen Aussagekraft. Ein Archiv im Foucaultschen Sinn kann die Bibliothek also nur sein, wenn sie als Gesetz und als Regelmäßigkeit eines Aussagenzusammenhangs anerkennbar wäre.

Foucault selber hat sich mit Bibliotheken nicht beschäftigt, er hat sie als Forscher benutzt – intensiv wie kaum ein anderer Philosoph des 20. Jahrhunderts – und nur gelegentlich als Literaturkritiker darüber reflektiert.[9] Als Gegenstand seiner eigenen Forschungen zur Wissensgeschichte waren sie ihm gewiß zu sehr Teil einer geistesgeschichtlichen Betrachtungsweise und vermutlich auch zu kurzfristige Phänomene für seine meist mehrere Jahrhunderte umfassenden Forschungen zu Wahnsinn, Krankheit, Delinquenz und Sexualität. Das alles schließt nicht aus, daß gerade Foucaults Begriffe geeignet sind für eine Beschreibung der Bibliothek von Herzog August, die nicht eine unter vielen war, als sie entstand, sondern die bestgeordnete überhaupt.

2. Ordnung als Schema

In der zitierten Textstelle spricht Foucault davon, das Archiv daraufhin zu analysieren, was sich »in distinkten Figuren anordnet, sich aufgrund vielfältiger Beziehungen miteinander verbindet, gemäß

August zu Braunschweig und Lüneburg 1579-1666. Katalog der Niedersächsischen Landesausstellung in Wolfenbüttel 1979, sowie Aufsätze in den ersten Bänden der *Wolfenbütteler Beiträge*, 1972 ff.

9 Vgl. Michel Foucault, »Nachwort« zu Gustave Flaubert, *Die Versuchung des heiligen Antonius*. Frankfurt am Main 1964, S. 217-251, in: *Dits et Ecrits, Schriften*, Bd. I, Frankfurt am Main 2001, Nr. 20, S. 397-433, dort S. 407 über die Bibliothek im Hintergrund des Schauspiels der Versuchung; ders., »J.-P. Richards Mallarmé« [Rezension, 1964], in: *Dits et Ecrits, Schriften* Bd. I, a.a.O., Nr. 28, S. 559-571, dort S. 562 über die Funktion von Bibliotheken und Archive im 19. Jahrhundert; ders., »Des espaces autres« [geschrieben 1967, zuerst veröffentlicht 1984], in: *Dits et écrits*, Bd. IV, Paris 1994, Nr. 360, S. 752-762, dort S. 759 über Bibliotheken als Heterotopien der Zeit.

spezifischer Regelmäßigkeiten sich behauptet«. Nur daraufhin wird hier die Bibliothek von Herzog August herangezogen, denn sie stellt in Hinblick auf Form, Beziehungen, Anordnung und Regelmäßigkeit ein Problem dar, das ebenso monumental ist wie die Masse ihrer 135 400 Schriften in 31 300 Bänden. Von den vielen Aspekten, unter denen man diese Bibliothek des 17. Jahrhunderts betrachten kann, soll also im folgenden nur derjenige im Vordergrund stehen, der ihre Ordnung betrifft, dasjenige, was die »gesagten Dinge sich nicht bis ins Unendliche in einer amorphen Vielfalt anhäufen« läßt. Die Ordnung der Bibliothek wurde im 17. Jahrhundert, nicht anders als heute, zunächst als die Aufgabe eines Plans verstanden. Das Wissen zu ordnen erforderte ein Schema.

Wissensschemata gibt es seit der Spätantike, als graphische Darstellungen sind sie (auf Pergament oder Papier) gezeichnet bzw. in Holz geschnitten. Auf Kirchenfenstern sind sie gemalt; daneben gibt es Skulpturenarrangements mit Darstellungen etwa der sieben freien Künste an Portalen zu Kathedralen. Die beliebteste graphische Form der Wissensschemata war lange Zeit der Baum. Mehr oder weniger abstrahiert von der natürlichen Form, wurden hier Ableitungsverhältnisse ins Bild gesetzt, wobei diese von innen nach außen gedacht wurden. Mit der Erfindung des Buchdrucks wird ein anderes Bild gängig: das tabulatorische Raster bzw. die vertikal-horizontale Fächerung.[10] Hier läßt sich weniger gut die organische Einheit des Ganzen ausdrücken, viel besser aber Gliederung und Unterteilung. Frühneuzeitliche Wissenschaftslehren wie die von Petrus Ramus vermittelten am leichtesten mit dem Raster, was zentral und was peripher ist bzw. was logisch oder wissenschaftlich früher und was abgeleitet, welche Disziplin Teile hat und welche nicht.[11]

Besonders eingängig wird die im Buchdruck ermöglichte Schematisierung durch die Lesbarkeit der zeilenförmigen Einträge. Das Schema einer Gliederung des Wissens wird im Zeitalter des Buchdrucks nicht mehr gestellt, wie im Baumbild des Mittelalters, es kann gelegt werden und wird so nicht eigentlich geschaut, sondern gelesen. Die Systematik imitiert gewissermaßen einen sich aufspreizenden Raum des Wissens; sie macht bildlich die Entwicklung par-

10 Vgl. Peter Burke, *Papier und Marktgeschrei. Die Geburt der Wissensgesellschaft*, Berlin 2001, S. 103-120.

11 Vgl. Lucien Braun, *Philosophie et Iconographie*, 2 Bände, Strasbourg 1994 und 1996, mit zahlreichen Bildbeispielen.

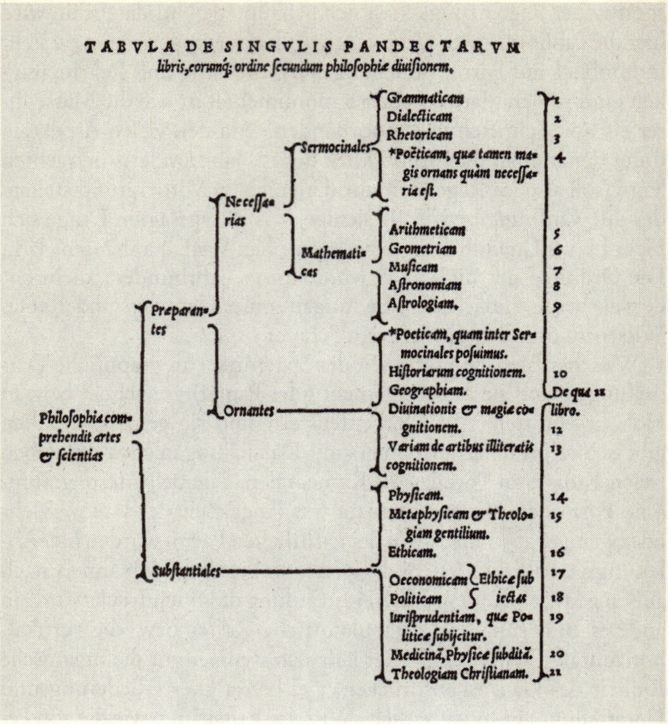

Abb. 1: Gesners Schema 1549.

alleler Wissenschaften deutlich, und wenn ihr ein bildlicher Wert zukommt, dann der eines Rasters, eines Verzeichnisses oder einer Karte.

Ein berühmtes Beispiel für eine frühe gedruckte Partitionsstafel des Wissens findet sich in dem Buch *Margarita philosophica* des Freiburger Kartäusermönchs Gregor Reisch (1503). Hier liest man von links nach rechts in immer größerer Auffächerung, daß die Philosophie sich in praktische und theoretische einteile, diese wiederum in Realphilosophie, welche in Metaphysik, Mathematik und Physik zergliedert werde. Die praktische Philosophie wird in aktive und faktische, also in Ethik, Politik, Ökonomie und Recht einerseits, in technische, militärische und wirtschaftliche Disziplinen andererseits aufgeteilt. Diese Tafel des Wissens führt den Leser vom Allgemeinen (links) zu den einzelnen Wissenschaften und Künsten, die rechts abschließend eine von oben nach unten zu erfassende Liste bilden.[12]

Ein anderes ähnliches Schema findet sich, entworfen schon im Hinblick auf die Umsetzung der Wissensordnung in einer Bibliothek, bei Konrad Gesner 1549. Hier geht es wie in der *Margarita* in fünf Spalten von links, wo die Philosophie steht, bis zur Liste der einzelnen Disziplinen rechts, die hier als »pandectae« benannt sind und damit zugleich den Inhalt entsprechender einzelner Bücher der Wissensverwaltung bezeichnen (Abb. 1).[13]

Die Divisions- oder Partitionstafeln blieben im 17. und 18. Jahrhundert gängig, dort vor allem in den allgemeinen Enzyklopädien, wie etwa 1728 bei Ephraim Chambers (Abb. 2). Bei Chambers geht es nicht um die Unterteilung der »Philosophie«, sondern um die Gliederung des »Wissens« (knowledge), das in bis zu sechs Schritten bzw. Spalten von links nach rechts aufgefächert wird: in das natürliche und das künstliche Wissen (1. Spalte), das sinnliche und rationale bzw. das interne und externe (2. Spalte) und so weiter bis zur Liste der Wissenschaften und Künste rechts, von der Meteorologie ganz oben bis zur Heraldik ganz unten.[14]

Noch 1750 wird die französische *Encyclopédie* von Diderot und d'Alembert mit einer Wissenstafel versehen, die allerdings kompliziert wurde und im enzyklopädischen Schema nicht nur die Ordnung der Disziplinen nach Großbereichen (von links nach rechts:

12 Zu Reisch vgl. Lucia Andreini, *Gregor Reisch e la sua ›Margarita philosophica‹*, Salzburg 1997, und: Udo Becker, *Die erste Enzyklopädie aus Freiburg um 1495. Die Bilder der ›Margarita philosophica‹ des Gregorius Reisch, Prior der Kartause*, Freiburg 1970.

13 Konrad Gesner, *Partitiones theologicae, pandectarum universalium liber ultimus*, Zürich 1549, Vorspann; hier entnommen aus: Helmut Zedelmaier, *Bibliotheca universalis und Bibliotheca selecta. Das Problem der Ordnung des gelehrten Wissens in der frühen Neuzeit*, Köln 1992, S. 57.

14 Zu Ephraim Chambers Cyclopedia or, an universal dictionary of arts and sciences von 1728 vgl. Philipp Shorr, *Science and Superstition in the 18th century. A study of the Treatment of Science in two Encyclopedias ot 1725-1750*: *Chamber's Encyclopedia*, London 1728, Zedler's Universal-Lexicon, Leipzig 1731-1750, New York 1967; // in: Enzyklopädie in der frühen Neuzeit etc. // oder in: *Notable Encyclopaedias of the 17th and 18th centuries*, Oxford 1981. hg. von Frank Arthur Kafker.

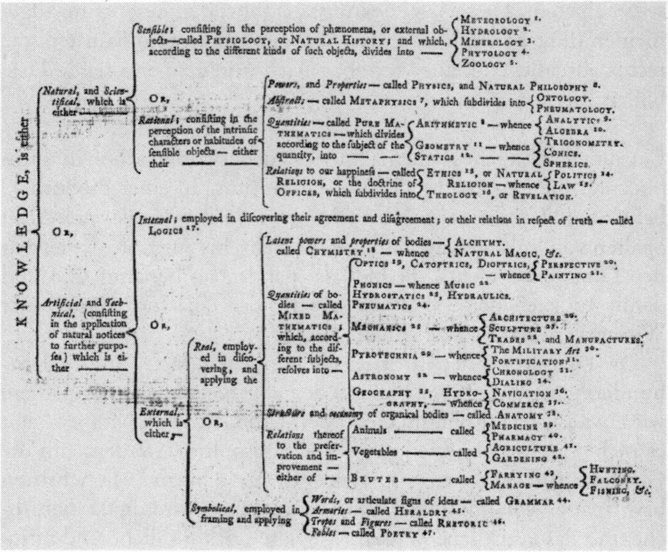

Abb. 2: Chambers' Schema 1728 (6. Aufl. 1750).

Geschichte, Philosophie, Dichtung) zu lesen gibt, sondern auch eine Ordnung der Erkenntnis (von oben nach unten: Gedächtnis, Vernunft, Einbildungskraft), so daß sich ein doppeltes Raster ergibt, das nun nicht mehr allein als Sachordnung des Wissens, sondern zusätzlich als Aufschlüsselung der Erkenntnisvermögen gelten konnte. Alle Sorten des Wissens werden in solchen Schemata verzeichnet und der Raum des vernünftig Sagbaren wird eingeteilt und parzelliert, regelmäßig bestellt und organisiert. Die Schemata geben sich wie Karten, auf denen man mit dem Finger Orte des Wissens feststellen kann. Es handelt sich um rationalisierte Topiken.[15]

Enzyklopädische Wissensschemata waren für Buchbesessene und Buchbesitzer gleichermaßen wichtig.[16] Es mag sein, daß August ein altes Schema als Vorbild für seine eigene, irgendwann nach 1604

15 Zum topischen Denken vgl. Wilhelm Schmidt-Biggemann, *Topica Universalis. Eine Modellgeschichte humanistischer und barocker Wissenschaft*, Hamburg 1983.

16 Peter Burke, *Papier und Marktgeschrei*, a.a.O., S. 125 ff.; Uwe Jochum, *Kleine Bibliotheksgeschichte*, 2. Aufl., Stuttgart 1999, S. 98 ff.

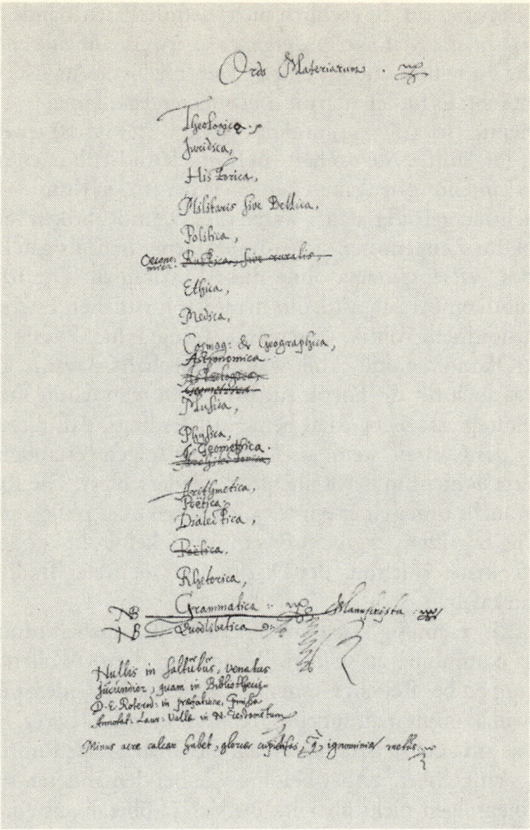

Abb. 3: Augusts Rubriken skizziert im Katalog bis 1625.

entworfene und 1625 durch die Anlage eines Katalogs fixierte Bibliotheksrubriken ansah. Er mag aber auch andere, eher zeitgenössische Ordnungssysteme rezipiert haben oder ganz einfach selber ein kluger Buchmarktbeobachter gewesen sein. Es ist nicht bekannt, ob August seine Rubriken überhaupt nach intellektuellen Gesichtspunkten definiert hat.

Schon die Tatsache, daß August seine Liste von 18 sachlichen Rubriken um zwei für die sachlich nicht definierbaren Bände (Quodlibetica) und die Manuskripte ergänzte, verweist auf eine eher pragmatische Einteilung (Abb. 3 und 4). Der Inhalt von Augusts Liste ist gut gemischt: Es finden sich die drei höheren Fakultäten (1, 2, 8), das Quadrivium (10, 11, 13, 14) und das Trivium (16, 17, 18) jeweils vollständig aufgeführt. August hatte in Rostock und Tübingen studiert, und die Einteilung der Fakultäten sowie der »freien Künste« war unter Gelehrten geläufig, daher waren diese zehn Rubriken seiner Bibliothek für Zeitgenossen sicher unproblematisch. Es gab kein allgemeines Wissensschema ohne diese Disziplinen. Die restlichen acht Rubriken bei August kann man den fürstlichen Interessengebieten zuordnen: Politik, Geschichte, Geographie, Physik, Kriegslehren, Ökonomie und Ethik waren herrschaftsrelevante Disziplinen, was auch für die Poetik zutrifft, wenn man damit Erziehung und Bildung assoziiert. Man bemerkt allerdings, daß diese Gruppierung des Ganzen, wenn sie August vor Augen gestanden haben mag, sich so nicht in der Reihenfolge niederschlägt. Die Rubriken wurden nicht unter einer epistemologischen oder philosophischen Ordnung begriffen, es gibt also vermutlich keine »linke« Seite dieser Liste, keine Ableitung der Disziplinen wie in der Tradition der Divisionstafeln.

Daher ist es müßig, nach Vorbildern für die Bücherordnung von Augusts Sammlung zu suchen. Wenn man die 18 Wolfenbütteler Sachgruppen bei Reisch, Gesner, Chambers oder Diderot identifizieren will, kommt man auf eine Trefferquote von 14 bis 17. Bei Gesner ist sie am höchsten: er hat bis auf die »bellica« alle Rubriken des Herzogs aufgeführt.[17] Aber bei ihm wie bei den anderen stimmen die Reihenfolgen nicht überein, die sich ja überall aus einem Gedankenexperiment der Einteilung und Unterteilung ergeben, ob nun »Philosophie« oder »Wissen« links steht – überall, aber eben nicht bei August. Auch die Verbesserungen seiner handschriftlich notierten ersten Liste verrät keinen »philosophischen« Einfluß (Abb. 3).

17 Daraus hat man den Schluß gezogen, August habe sich nach Gesner gerichtet. Diese »Gesnerthese« findet sich bei Elisabeth Wedderkopf, *Entstehungsgeschichte und Einrichtung alter Kataloge der Herzog August-Bibliothek Wolfenbüttel* (Prüfungsarbeit der Hamburger Bibliotheksschule), Maschinenschriftliche Arbeit, Hamburg 1951, S. 5 f.; vgl. auch Maria von Katte, Herzog August und die Kataloge seiner Bibliothek, in: *Wolfenbütteler Beiträge* 1 (1972), S. 168-199; bes. S. 173 ff.

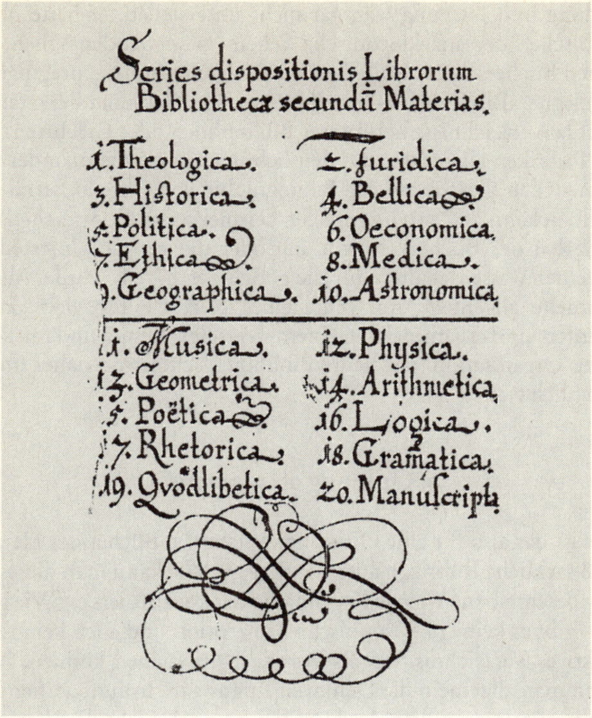
Series dispositionis Librorum
Bibliothecæ secundū Materias.

1. Theologica. 2. Juridica.
3. Historica. 4. Bellica.
5. Politica. 6. Oeconomica.
7. Ethica. 8. Medica.
9. Geographica. 10. Astronomica.
11. Musica. 12. Physica.
13. Geometrica. 14. Arithmetica.
15. Poëtica. 16. Logica.
17. Rhetorica. 18. Gramatica.
19. Qvodlibetica. 20. Manuscripta

Abb. 4: Augusts Rubriken fixiert im Katalog ab 1625.

So sind wir durch nähere Betrachtung bei einer Einsicht Foucaults angelangt: Ordnungen sind rätselhaft. Sie haben Ränder und Brüche, und mögen als Schemata vielleicht Aufgaben darstellen, sind in der Praxis aber komplexer zu verstehen. Systematische Tafeln, wie aus dem 16. bis 18. Jahrhundert überliefert, sind theoretische Entwürfe, sind häufig Karten für ein noch nicht vermessenes Gebiet und organisieren nur selten tatsächliches Wissen. Wo wir eine wirkliche Ordnung antreffen, wie in der Wolfenbütteler Bibliothek, haben wir Verständnisschwierigkeiten, scheint uns die Ordnung nicht durchsichtig.

Nun muß man dem Büchersammler August, gelehrt wie er nach

Bildung und Neigung war, gar nicht unterstellen, er hätte philosophische oder enzyklopädische Schemata verwenden sollen, um seinen Bücherschatz zu gliedern. Es gab genug andere, pragmatisch angelegte »Bibliotheks«-Verzeichnisse wie Buchhändlerkataloge, Nachlaßverzeichnisse berühmter Bibliophilen oder Gelehrten. Deren Rubriken allerdings sind deutlich inadäquat, wie man der monumentalen Geschichte der Bibliographie von Alfredo Serrai entnehmen kann.[18] Denn hier spielen beispielsweise die Sprachen eine Rolle bei der Bücherverzeichnung oder die genaue Unterteilung einzelner Wissenschaften, für die gezielt gesammelt wurde. August sammelte allgemein, mit Hilfe eines Netzes europaweit aktiver Agenten, und er sammelte in einem so großen Tempo und mit so eigener Organisation, daß seine Bibliothek schon von daher unvergleichlich war.

3. Ordnung als Operation

Was ist das also für eine Ordnung, welche die Bücher des Herzogs in 18 sachliche Rubriken auseinanderlegt? Wie kann man dieses Archiv beschreiben? Welche Regelmäßigkeit konstituiert es? Wie gesehen, gibt es keine philosophische Konzeption und auch kein retrospektives Verzeichnis, das als Vorbild hätte dienen können. Auch wenn man allgemein die Denkwelt Augusts im frühmodernen Humanismus verorten kann, erklärt sich so noch nicht die Verortung seiner Bücher.

Foucault hat seinen Begriff des »Archivs« gleich nach seiner letzten Erläuterung in der *Archäologie des Wissens* nicht mehr verwendet. Seine in den 70er Jahren des 20. Jahrhunderts einsetzende Beschäftigung mit den Effekten von Macht und Disziplin in der gesellschaftlichen Ordnung hat ihn zu einer methodischen Umorientierung geführt, die weniger auf das Diskursive als Abbild einer gedanklichen Struktur und eher auf das Operative bei der Etablierung von handlungsleitenden Modellen und sozialen Verhältnissen setzt: Handlungszusammenhänge statt Aussagenzusammenhänge. Die Verschiebung ist nicht radikal, denn die materielle Seite gehörte schon zum Apriori des Archivs, das eben wegen seiner Implantie-

18 Vgl. Alfredo Serrai, *La storia della bibliografia*, 11 Bände, Rom 1988-2001, Band 4 (1993), S. 5-271.

rung in der Realität als »historisches Apriori« ausgewiesen war. Aber die Verschiebung ist deutlich: Sie verändert auch den Begriff des Wissens und was damit zusammenhängt – und sie führt den neuen Begriff des »Dispositivs« ein.

Wissensordnung ist nicht Wissen plus Ordnung, sie ist Denksystem, Wissensbereich, Erfahrungsraum, Erwartungshorizont, kurz: eine Welt in Korrespondenz mit sich selbst, die weder als bloß geistige noch als materielle allein rekonstruiert werden kann, vielmehr als praktisch-theoretisches Konglomerat von Regeln und Bedingungen, Praktiken und Wirkungen verstanden werden muß. Das eben hat Foucault »Dispositiv« genannt:

»Das, was ich mit diesem Begriff zu bestimmen versuche, ist erstens eine entschieden heterogene Gesamtheit, bestehend aus Diskursen, Institutionen, architektonischen Einrichtungen, reglementierenden Entscheidungen, Gesetzen, administrativen Maßnahmen, wissenschaftlichen Aussagen, philosophischen, moralischen, philanthropischen Lehrsätzen, kurz, Gesagtes ebenso wie Ungesagtes, das sind die Elemente des Dispositivs. Das Dispositiv selbst ist das Netz, das man zwischen diesen Elementen herstellen kann. (...) verstehe ich unter Dispositiv eine Art – sagen wir – Gebilde, das zu einem historisch gegebenen Zeitpunkt vor allem die Funktion hat, einer dringenden Anforderung nachzukommen. Das Dispositiv hat also eine dominante strategische Funktion.«[19]

Den Begriff »Dispositiv« hat Foucault nicht viel länger als den des »Archivs« benutzt. Nach seinem eigenen Bekenntnis sind Begriffe nur »Werkzeuge« des Analysierens,[20] einer methodologischen Fixie-

19 Michel Foucault, »Das Spiel des Michel Foucault«, in: *Dits et Ecrits, Schriften*, Bd. III, Frankfurt am Main, Nr. 206, S. 391-429, hier: S. 392 f. »Le jeu de Michel Foucault« [Interview, zuerst veröffentlicht 1975], »Das, was ich mit diesem Begriff zu bestimmen versuche, ist erstens eine entschieden heterogene Gesamtheit, bestehend aus Diskursen, Institutionen, architektonischen Einrichtungen, reglementierenden Entscheidungen, Gesetzen, administrativen Maßnahmen, wissenschaftlichen Aussagen, philosophischen, moralischen und philanthropischen Lehrsätzen, kurz, Gesagtes ebenso wie Ungesagtes, das sind die Elemente des Dispositivs. Das Dispositiv selbst ist das Netz, das man zwischen diesen Elementen herstellen kann. (...) verstehe ich unter Dispositiv eine Art – sagen wir – Gebilde, das zu einem historisch gegebenen Zeitpunkt vor allem die Funktion hat, einer dringenden Aufforderung nachzukommen. Das Dispositiv hat also eine dominante strategische Funktion.«

20 Michel Foucault, »Gefängnisse und Anstalten im Mechanismus der Macht« [Ge-

rung war er grundsätzlich abgeneigt und privilegierte lieber die Erfindung passender Kategorien im konkreten Zusammenhang historischer Forschungen. Vom Dispositiv spricht er am ausführlichsten in Verbindung zu seinem Spätwerk, der *Geschichte der Sexualität*.[21] Der Begriff ist jenseits dieses Verwendungszusammenhangs allerdings auch anderweitig erfolgreich benutzt worden[22] und kann auch in der hier angesprochenen Thematik eine gewisse Geltung beanspruchen.

Als Dispositiv kann eine Bibliothek im Foucaultschen Sinne angesehen werden, wenn institutionelle, administrative und architektonische Gesichtspunkte im Sinne eines Ensembles oder eines Netzwerks rekonstruierbar sind. Dafür liegen in Wolfenbüttel jedenfalls eine Reihe von historischen Zeugnissen vor. Die Bibliothek als Dispositiv zu verstehen bedeutet weiterhin, das intellektuelle Unternehmen ihrer Anlage und Disposition, ihrer Vermehrung und ihrer Verfügbarkeit, im Zusammenhang mit administrativen, institutionellen Maßnahmen und allgemein einer Politik ihrer Handhabung zu sehen.

Die Erwerbung von über 100 000 Büchern war keine Liebhaberei, sondern Arbeit, und es setzte neben dem nötigen Kapital eine effektive Struktur der Information, Kommunikation und Logistik voraus, um eine große Menge an Druckwerken zu beschaffen. August hat als politisch weitgehend funktionsloser Büchersammler im Elbestädtchen Hitzacker in den ersten 30 Jahren seiner Sammeltätigkeit ein Korrespondentennetz über ganz Europa gespannt, das vor allem der Förderung seiner Sammlung diente. Als er einigermaßen überraschend 1634 die Regierungsgeschäfte des Hauses Braunschweig-Lüneburg übernehmen mußte und nach Braunschweig und ab 1643 nach Wolfenbüttel zog (zusammen mit seiner Bibliothek), konnte er dieses Korrespondentennetz weiter ausbauen und die Anschaffungen beschleunigen. Die Katalogisierung hinkte manchmal hinterher. Die Berechnung ergibt für den gesamten Zeitraum von 60 Jahren eine durchschnittliche Einarbeitung von über

spräch 1974], in: *Dits et Ecrits, Schriften*, Bd. II, Nr. 136, S. 648-653, Frankfurt am Main 2002, S. 651.

21 Michel Foucault, *Der Wille zum Wissen* (*Sexualität und Wahrheit* 1), Frankfurt am Main 1977, S. 128.

22 Vgl. etwa Wolfgang Ernst, *M.edium F.oucault. Weimarer Vorlesungen über Archive, Archäologie, Monumente und Medien*, Weimar 2000, S. 81.

40 Titeln pro Woche und für die letzten 20 Jahre bis zum Tod Herzog Augusts im Jahr 1666 die Eintragung von 10 Titeln pro Tag, Sonntage nicht mitgerechnet.[23]

Die Bedingungen für die erfolgreiche Erwerbung der Bücher sind nicht vollständig geklärt, aber der Dreißigjährige Krieg und Augusts geschickte Friedenspolitik wirkten sich hier sicher positiv aus:[24] Bücher waren billig zu haben und konnten (in Wolfenbüttel nach dem Abzug der kaiserlichen Truppen 1642) ohne Furcht vor Eroberung (zwanzig Jahre zuvor etwa war der Manuskriptenschatz der Heidelberger Bibliothek nach Rom verschleppt worden) aufgestellt werden.[25] Was genau die »Wege der Bücher nach Wolfenbüttel« bahnte, bleibt einer Untersuchung des Korrespondentennetzwerks vorbehalten; bisher wurde nur einzelnen Spuren nachgegangen.[26] Ganz sicher diente die Politik der Erwerbung auch der Politik der Aufstellung, die im weitesten Sinne der Repräsentation diente. Die Bibliothek Augusts war im 17. Jahrhundert zunächst und vor allem das, was sie für die Museumsbesucher heute noch ist: eine Schatzkammer des Wissens mit vielen seltenen Exemplaren.

Die Bibliothek als Dispositiv zu betrachten heißt deshalb auch, ihre vielfältigen Repräsentationsmodi anzuerkennen. Eine Bibliothek wie die herzogliche in Wolfenbüttel war Teil des höfischen Lebens, wie es Rüstkammer, Wunderkammer, Menagerie und Orangerie waren. Bücher waren anzusehen, zu bewundern, ihr Verständnis dem Herzog zu unterstellen, noch bevor sie gelesen oder interpretatorisch behandelt wurden. Bücher waren Boten der Welt in der Provinz, Kommunikationselemente der internationalen Vernetzung, die durch Bildungsreisen, Heiraten und politische Verpflichtungen immer wieder auf ganz andere Weise ins Spiel kam.

Aber die Aufstellung selbst war nicht nur Repräsentation, son-

23 Zur Berechnung des Durchschnitts: 132.000 Titel von 1604 bis 1666 sind ca. 2.200 pro Jahr. Der Titelzuwachs war tatsächlich uneinheitlicher und in den letzten 12 Jahren besonders groß; vgl. Maria von Katte, »Herzog August und die Kataloge seiner Bibliothek«, in: *Wolfenbütteler Beiträge* 1 (1972), S. 168-199; S. 185.

24 Werner Arnold, »Brunswick-Wolfenbüttel and the Thirty-Years War«, in: *A Treasure House of Books. The Library of Duke August of Brunswick-Wolfenbüttel*, Wolfenbüttel 1998, S. 29-42.

25 Jill Bepler, »Duke August and the Hartlib Circle«, in: *A Treasure House of Books*, a.a.O., S. 165-172.

26 Helmar Härtel, »Herzog August und sein Bücheragent Johann Georg Anckel. Studien zum Erwerbungsvorgang«, in: *Wolfenbütteler Beiträge* 3 (1978), S. 235-282.

Abb. 5: Die Bibliothek Augusts in Wolfenbüttel, Stich von Merian 1654 (Detail).

dern auch Operation, und zwar in einem von der Erwerbung unterscheidbaren Sinn. Aufgestellt wurden die Bücher in eigens fabrizierter Pergament-Bindung, ganz häufig wurden die – prinzipiell ungebunden eingekauften – Texte zu Sammelbänden vereint. Die Aufstellung erfolgte einmal nach den 18 sachlichen Rubriken, innerhalb der Rubriken aber nach Größe, was den Eindruck einer großen Geschlossenheit vermittelt.

Wie ein Stich von Merian (1654) erkennen läßt (Abb. 5), zeigte die Aufstellung der herzoglichen Bibliothek, die ab 1644 im Marstallgebäude gegenüber dem Wolfenbütteler Schloß untergebracht war,

27 Vgl. U. J. Schneider, »Bücher und Bewegung in der Bibliothek von Herzog August«, in: *Wissensspeicher in der Frühen Neuzeit*, hg. von F. Büttner, M. Friedrich, H. Zedelmaier, München, im Druck.

daß sie eine auf Erweiterung angelegte Sammlung war: Offene Regale statt fester Schränke erlaubten die Ausdehnung der Büchersammlung in allen Formaten, ohne die relative Position der Bücher zueinander zu verändern.[27] Der Aufstellung korrespondierte eine standortfreie Signaturenvergabe nach einem Zählsystem, das sich an der Größe der Bücher orientierte und damit indirekt an den Regalhöhen.[28] Die einheitlichen Regalhöhen waren sowohl repräsentativ – sie ermöglichten den Eindruck einer veritablen Bücherwand – als auch praktisch, denn bei dem hohen Tempo der Einarbeitung hätte sich jede Revision der Aufstellungsprinzipien oder jede Ergänzung

28 Die Buchformate wiesen im 17. Jahrhundert große Extreme auf, so daß die Aufstellung nach Größe meist gängig war, mit der Ausnahme der Kaiserlichen Bibliothek in Wien; vgl. Ladislaus Buzas, *Deutsche Bibliotheksgeschichte der Neuzeit (1500-1800)*, Wiesbaden 1976 (Elemente des Buch- und Bibliothekswesens 2), S. 139 f.

bzw. Verminderung der sachlichen Rubriken destabilisierend ausgewirkt.

Diese Regalaufstellung unterscheidet nur nach den Rubriken, nicht innerhalb der Rubriken. Augusts Bibliothek bildete keine Zusammenstellung von Fachbibliotheken, wie man sie aus dem 18. Jahrhundert kennt, mit systematischer Durchgliederung der einzelnen Disziplinen. Die Ordnung im Regal ist eine mit grober topographischer Trennung wichtiger Bereiche. Der für die Titelaufnahme geführte Katalog (mit zuletzt 7200 Folioseiten ein im 17. Jahrhundert einmaliges Dokument) versuchte, Verweisungen zwischen den Büchern zu etablieren, auch wenn dabei sachliche Gesichtspunkte weniger ausschlaggebend waren als Autoren- und Titeläquivalenzen.[29]

Die Tatsache, daß die Operation der Aufstellung den Imperativen der Erwerbung gehorchte und angesichts der Menge und des Tempos weitgehend pragmatische Züge trägt, bedeutet nicht, daß die Repräsentativität der Sammlung sich allein aus dem Besitz so vieler und teilweise seltener Bücher ergibt. Es gab zwar vermutlich keinen Plan bei der Konzeption der 18 sachlichen Rubriken, es gab aber natürlich ein Ergebnis nach 60 Jahren Sammlung, und dieses Ergebnis zeigt ein Ungleichgewicht der einzelnen Rubriken.

Auffällig ist die große Menge an *Theologica*, die mit rund 40 000 Titeln die mit Abstand größte Rubrik bildete. Das Wissen des 17. Jahrhunderts zeigt sich darin als zentral von theologischer Relevanz; alle anderen Disziplinen und Wissensgebiete erscheinen gewissermaßen als historisch gewachsene und insofern etablierte Rubriken für diejenigen Bücher, die nicht theologisch sind. Die Differenz zwischen den *Theologica* und »dem Rest« ist konstitutiv für die gesamte Büchersammlung. Es gab ein theologisches Interesse, an dessen Rand alle anderen Bereiche liegen. Dieses Interesse war nicht nur das von August,[30] sondern auch das seiner Zeit, in der die meisten Studenten die theologische Fakultät besuchten und theologische

29 Vgl. U. J. Schneider, »Der Ort der Bücher in der Bibliothek. Am Beispiel von Augusts Wolfenbütteler Büchersammlung«, in: *Buch und Bibliothek als Wissensräume*, hg. v. Ursula Rautenberg und U. J. Schneider, erscheint ca. 2004.

30 Vgl. Jörg Jochen Berns, »Herzog August – Frömmigkeit und kirchliche Tradition«, in: *Sammler – Fürst – Gelehrter. Herzog August zu Braunschweig und Lüneburg 1579-1666.* Katalog der Niedersächsischen Landesausstellung in Wolfenbüttel 1979, S. 343-378, bes. S. 350 f.

Tätigkeiten ausübten. Für einen Protestanten wie August war jenseits der systematischen Relevanz des Fachs auch ein historisches Interesse für die Geschichte der Reformation und die Lehre Luthers bzw. für das Luthertum in der jüngeren Vergangenheit von Bedeutung.

Wie wenig trennscharf die Rubrikengliederung bei August war, zeigt auch eine andere, ebenfalls sehr große Gruppe, der *Quodlibetica*. Deren Stärke – mit 25 000 Titeln die zweitgrößte Rubrik – ist ein guter Beweis für den vornehmlich pragmatischen Sinn der Rubrifizierung, denn die hier aufgenommenen Bände enthalten verschieden zuzuordnende Einzelschriften und darüber hinaus Randgebiete des Wissens, die August nicht mit eigenen Rubriken bedienen wollte.[31] So fungierte nach der Theologie als zweitgrößte Rubrik die Gruppe derjenigen Bücher, die außerhalb jeder Sachgruppe liegen: *Quodlibetica* bilden eine Heterotopie, sie repräsentieren den Einschluß des Ausgeschlossenen, einen inneren Rand der Wissensordnung, eine Grauzone der Definition – und doch kein systematisches *skandalon*. Ganz allgemein zeigt die Praxis, Sammelbände zu bilden, daß eine saubere sachliche Trennung nicht erstes Ziel der Bibliothek war. Es ging nicht um die Demonstration einer Ordnung, es ging um plausible Sortierung.

Statt vom 18. und 19. Jahrhundert her die grobe Gliederung bei August zu bedauern, kann man umgekehrt deren implizite Behauptung, daß alle Bücher einen einzigen Text bilden, anerkennen. Offensichtlich wird diese These an der allgemeinen und sachlich wenig diskriminatorischen Erwerbung (alle Schriften sind interessant), aber auch an der engen Aufstellung nach Größe und ihrer Beschriftung auf dem Rücken (alle Bücher bilden ein Buch) und eben zuletzt an der »lockeren« Verwaltung der Rubrikenordnung (alle Wissensgebiete sind benachbart und verwandt). Die Operation der Aufstellung verbindet sich problemlos mit der Repräsentation eines bibliothekarischen Kontinuums, eines einheitlichen Wissenshorizontes aus Schrift.[32]

31 Zum Inhalt der Rubriken vgl. Maria von Katte, »Die Bibliotheca Augusta. Gestalt und Ursprung«, in: *Sammler – Fürst – Gelehrter*, a.a.O., S. 292 f.

32 In seinem Testament verfügte August, die Bibliothek solle »in einem Corpore unverücket bey einander« und am Ort verbleiben; vgl. Yorck-Alexander Haase, »Die Geschichte der Herzog August Bibliothek in sechs Stationen dargestellt«, in: *Wolfenbütteler Beiträge* 2 (1973), S. 17-42, S. 27.

4. Bibliothek und Wissensgeschichte

Im Europa der Frühen Neuzeit steht die Bibliothek zwischen Realität und Imagination: sie ist Ausdruck und Grenze des Wissens, sichtbarer gegliederter Körper und Verdeckung lesbarer Bezüge. Sie steht als Archiv des Wissens in der Geschichte von intellektueller Produktion und Reproduktion wie eine Institution der Bewahrung und Vermittlung, zugleich schwankend durch heterogene Sinngebungen. Wir möchten sie gerne begreifen und sagen, daß die Umordnungen der Bibliothek die Schwellen von Wissensordnungen markieren. Wir bauen unser geschichtliches Verständnis auf, indem wir die Absichten der Bibliothekare mit einbeziehen. Durch Einsicht in den alten Verstand der Sache wollen wir das Wissen zum Schema machen und die Bibliothek als einen Metagedanken durchschauen. In solchem Begreifen der Bibliothek etwa des 17. Jahrhunderts historisieren wir uns selber, transponieren unsere Imagination in höhere Stufen der Künstlichkeit und weihen uns selbst ein: nicht vollständig freilich, aber ansatzweise hätten wir wohl in diesem Sinne selbst Bibliothekar sein können.

Der historische Hinweis auf die *Bibliotheca Augusta* führt aus solchen verstehenden Bibliotheksgeschichten hinaus, er macht uns vor dem Denkmal einer barocken Großtat ohnegleichen staunend und in vielfältiger Hinsicht unwissend. Alle Versuche, Vorgänger oder Analoga zu finden, bestätigen diese Bibliothek als *monstrum*, als einzigartiges Unternehmen oder Gebilde, das wohl zeitgenössische Pläne und Programme inkorporiert, in ihrer Körperlichkeit jedoch alle Absichten übersteigt. Der Herzog sammelt, bindet und ordnet, aber er tut dies gewissermaßen stumm, ohne Auskunft.[33] Er hat in seine Bücherwände intellektuell und ökonomisch investiert, nicht an ihrer Definition gearbeitet. »Der strenge Sinn für Ordnung«, der für Otto von Heinemann, Bibliothekar in Wolfenbüttel am Ende des 19. Jahrhunderts, »das erste und nothwendigste Erforderniß eines guten Bibliothekars« darstellt, »weil sich ohne ihn eine Büchersammlung, abgesehen von den dabei ergebenden unvermeidlichen Verlusten, in ein unentwirrbares und daher unbrauchbares Chaos

33 Vgl. Werner Arnold, »Libraries in the Seventeenth Century«, in: *A Treasure House of Books*, S. 43-52.

verkehren muß«,[34] dieser strenge Sinn für Ordnung war im 17. Jahrhundert so nicht gängig.

Schon kurze Zeit später aber haben die Benutzer Einzug in Wolfenbüttel gehalten, und mit ihnen das Bedürfnis nach vollständiger und gewissermaßen schematischer Ordnung, mindestens aber nach geordneter Zugänglichkeit. Die Besucher der berühmten Bibliotheksrotunde (in Funktion 1723-1887) waren seit dem 18. Jahrhundert die Gebildeten Europas; sie reisten an und lasen ein wenig, dann reisten sie weiter. Casanova hat im Jahre 1764 acht Tage in der Wolfenbütteler Bibliothek verbracht, die er in seinen Erinnerungen als die glücklichsten seines Lebens bezeichnet.[35] Lesende Bibliothekare wie Lessing haben die Bibliothek als Tresor verstanden und intelligent geplündert:[36] Seitdem sind Erwartungen und Anforderungen an die Bibliothek nicht weniger geworden.

So mußte das 17. Jahrhundert lange Zeit enttäuschen. August hat das Klassifikationssystem als Kommunikationssystem umgesetzt, seine Bibliothek war für ihn selbst ein Instrument der Verständigung und kein Mittel der Durchsetzung sachlicher Rubrikentrennung. Das ist erst neuerdings wieder als bibliothekarische Leistung gewürdigt worden.[37] Wie sich auch die Einsicht verbreitet, Bibliotheken seien zunächst und vor allem etwas Praktisches. Schon 1602 definierte Justus Lipsius die Bibliothek als etwas, das Ort, Regal und Büchersammlung zugleich bezeichnet,[38] und traf damit einen mehrfachen Sinn, der sich in Wolfenbüttel bestätigen läßt.

Wenn wir uns mit Foucault dem Phänomen der Wissensgeschichte nähern, darf nicht einfach davon ausgegangen werden, daß wir die alten Regale problemlos lesbar machen könnten. Die Bi-

34 Friederich Karl Otto von Heinemann, *Die Herzogliche Bibliothek zu Wolfenbüttel. Ein Beitrag zur Geschichte deutscher Büchersammlungen*, Wolfenbüttel, 2. Aufl. 1894, S. 167.

35 Giacomo Casanova, *Erinnerungen*, Bd. 10, München und Leipzig 1908, S. 315 f.

36 Bernd Reifenberg, *Lessing und die Bibliothek*, Wolfenbüttel 1995 (Wolfenbütteler Schriften zur Geschichte des Buchwesens 23).

37 Vgl. Norbert Henrichs, »Gegenstandstheoretische Grundlagen der Bibliotheksklassifikation?«, in: *Studien zur Klassifikation*, Bd. 4, hg. v. Ingetraut u. Wolfgang Dahlberg, Frankfurt am Main 1979, S. 127-141, bes. S. 131.

38 Justus Lipsius, *De bibliothecis syntagma*, 1602, zitiert von Paul Nelles, »Juste Lipse et Alexandrie. Les origines antiquaires de l'histoire des bibliothèques«, in: *Le pouvoir des bibliothèques. La mémoire des livres en occident*, hg. v. Marc Baratin und Christian Jacob, Paris 1996, S. 224-242, S. 234.

bliothek ist schon als Dokument ihrer Zeit nur schwer entschlüsselbar. Darüber hinaus ihren monumentalen Charakter ernst zu nehmen – nicht im ästhetischen Sinn eines Gefallens am Ganzen, sondern im kritischen Sinn der Anerkennung immanenter Beweglichkeit und deren Grenzen – ist eine noch größere Herausforderung.[39] Herzog August hatte nur einen pragmatischen Plan der Anschaffung und Aufstellung, keine wissenschaftliche Konzeption. Seine Ordnungen – im Raum, im Regal, am Buch und im Katalog – sind anschaulich und nachvollziehbar, benötigen aber komplexe Verweisungssysteme, um überhaupt aufschlußreich sein zu können. Es sind Ordnungen in Widerspruch zueinander, mit Interferenzen, ohne Überschneidungsbereich: heterogene Beziehungssysteme, die besser in der Wirkung studiert werden können als aus ihrer Entstehung, besser in ihrer Auswirkung als in ihrer Anlage.

Wenn vom Bacon-Projekt selbstgewisser Ordnungsmacht das Projektive abgeschnitten wird, bleibt das Effektive, wie ein Bodensatz. Foucaults Rede vom »Archiv« oder vom »Dispositiv« meint im Zusammenhang seiner wissensgeschichtlichen und diskursanalytischen Studien ein Gewußtes und Gesagtes, das ununterscheidbar ist vom Wissen und vom Aussagen, ein unauflösliches, unhintergehbares Monument seiner selbst. Foucault setzt die Wissensordnung nicht als geheime Kraft hinter dem Geschehen, sondern erkennt sie als Kunst im Geschehen, als Künstlichkeit der Ordnung selbst, der allerdings keine irgendwie geartete Natürlichkeit gegenübersteht. Ordnen wird nicht als Manipulation des Unordentlichen erkennbar, sondern erscheint als Ereignis des Zusammenhangs, in der Lesbarkeit eines Aufbaus, im Nachvollzug einer auch räumlich arrangierten, topographisch ausgelegten oder sonstwie sinnfällig arrangierten Einrichtung – wie etwa einer Bibliothek.

39 Foucault hat mit dem Ausdruck »Bibliothek« einmal das Universum des bereits Gesprochenen bezeichnet, das »den Raum der Sprache« bestimme, und in diesem Zusammenhang, der für ihn letztlich der Zusammenhang von Literatur und Sprache ist, auch die Frage erörtert: »Wenn man ein Buch schreibt, das alle anderen Bücher erzählt, ist es dann selbst ein Buch oder nicht?«, Michel Foucault, »Die Sprache, unendlich« [1963], in: *Dits et Ecrits. Schriften*, Bd. I, a.a.O., Nr. 14, S. 342-356, hier: S. 356.

Theoretische Texte zu Kunst und Ästhetik im Suhrkamp Verlag Eine Auswahl

Rudolf Arnheim
- Film als Kunst. Mit einem Nachwort von Karl Prümm und zeitgenössischen Rezensionen. stw 1553. 336 Seiten
- Rundfunk als Hörkunst. Mit einem Nachwort von Helmut H. Diederichs und zeitgenössischen Rezensionen. stw 1544. 224 Seiten

Béla Balázs
- Der Geist des Films. Mit einem Nachwort von Hanno Loewy. stw 1537. 237 Seiten
- Der sichtbare Mensch. Mit einem Nachwort von Helmut H. Diederichs. stw 1536. 177 Seiten

Walter Benjamin. Medienästhetische Schriften. Mit einem Nachwort von Detlev Schöttker. stw 1601. 443 Seiten

Hans Blumenberg. Ästhetische und metaphorologische Schriften. Herausgegeben von Anselm Haverkamp. stw 1513. 462 Seiten

Pierre Bourdieu. Die Regeln der Kunst. Genese und Struktur des literarischen Feldes. Übersetzt von Bernd Schwibs und Achim Russer. stw 1539. 552 Seiten

Peter Bürger
- Das Altern der Moderne. Schriften zur bildenden Kunst. stw 1548. 218 Seiten
- Theorie der Avantgarde. Mit einem Vorwort zur zweiten Auflage. es 727. 147 Seiten

NF 109/1/1.03

Lucien Dällenbach/Christiaan L. Hart Nibbrig. Fragment und Totalität. es 1107. 367 Seiten

Arthur C. Danto. Die Verklärung des Gewöhnlichen. Eine Philosophie der Kunst. Übersetzt von Max Looser. stw 957. 321 Seiten

Gilles Deleuze
- Das Bewegungsbild-Bild. Kino I. Übersetzt von Ulrich Christians und Ulrike Bokelmann. stw 1288. 332 Seiten
- Das Zeit-Bild. Kino 2. Übersetzt von Klaus Englert. stw 1289. 454 Seiten

John Dewey
- Erfahrung und Natur. Übersetzt von Martin Suhr. 480 Seiten. Gebunden
- Kunst als Erfahrung. Übersetzt von Christa Velten, Gerhard vom Hofe und Dieter Sulzer. stw 703. 411 Seiten

Georges Duby. Die Zeit der Kathedralen. Kunst und Gesellschaft 980-1420. Übersetzt von Grete Osterwald. Mit Abbildungen. stw 1011. 561 Seiten

Umberto Eco. Das offene Kunstwerk. Übersetzt von Günter Memmert. stw 222. 442 Seiten

Christine Eichel. Vom Ermatten der Avantgarde zur Vernetzung der Künste. Perspektiven einer interdisziplinären Ästhetik im Spätwerk Theodor W. Adornos. 340 Seiten. Gebunden

Manfred Frank. Einführung in die frühromantische Ästhetik. Vorlesungen. es 1563. 466 Seiten

Josef Früchtl. Ästhetische Erfahrung und moralisches Urteil. Eine Rehabilitierung. 519 Seiten. Gebunden

NF 109/2/1.03

Josef Früchtl/Jörg Zimmermann (Hg.). Ästhetik der Inszenierung. es 2196. 300 Seiten

Alexander García Düttmann. Kunstende. Drei ästhetische Studien. 168 Seiten. Broschiert

Peter Gendolla/Thomas Kamphusmann (Hg.). Die Künste des Zufalls. stw 1432. 304 Seiten

Gérard Genette. Palimpseste. Die Literatur auf zweiter Stufe. Übersetzt von Wolfram Bayer und Dieter Hornig. es 1683. 535 Seiten

Eva Geulen. Das Ende der Kunst. Lesarten eines Gerüchts nach Hegel. stw 1577. 208 Seiten

Carlo Ginzburg. Das Schwert und die Glühbirne. Picassos ›Guernica‹. Übersetzt von Reinhard Kaiser. Mit Abbildungen. es 2103. 108 Seiten

Luca Giuliani. Bildnis und Botschaft. Hermeneutische Untersuchungen zur Bildniskunst der römischen Republik. 335 Seiten. Kartoniert

Ernst H. Gombrich/Julian Hochberg/Max Black. Kunst, Wahrnehmung, Wirklichkeit. Übersetzt von Max Looser. es 860. 156 Seiten

Nelson Goodman. Sprachen der Kunst. Entwurf einer Symboltheorie. Übersetzt von Bernd Philippi. stw 1304. 254 Seiten

Nelson Goodman/Catherine Z. Elgin. Revisionen. Philosophie und andere Künste und Wissenschaften. Übersetzt von Bernd Philippi. stw 1050. 225 Seiten

NF 109/3/1.03

Rolf Grimminger. Die Ordnung, das Chaos und die Kunst. Für eine neue Dialektik der Aufklärung. 284 Seiten. Kartoniert

Götz Großklaus. Medien-Zeit. Medien-Raum. Zum Wandel der raumzeitlichen Wahrnehmung in der Moderne. stw 1184. 264 Seiten

Dieter Henrich/Wolfgang Iser (Hg.). Theorien der Kunst. stw 1012. 637 Seiten

Max Imdahl. Gesammelte Schriften. Drei Bände. 1740 Seiten. Leinen

Wolfgang Iser. Das Fiktive und das Imaginäre. Perspektiven literarischer Anthropologie. stw 1101. 522 Seiten

Hans Robert Jauß. Ästhetische Erfahrung und literarische Hermeneutik. stw 955. 877 Seiten

Andrea Kern. Schöne Lust. Eine Theorie der ästhetischen Erfahrung nach Kant. stw 1474. 336 Seiten

Andrea Kern/Christoph Menke (Hg.). Philosophie der Dekonstruktion. stw 1607. 347 Seiten

Andrea Kern/Ruth Sonderegger (Hg.). Falsche Gegensätze. Zeitgenössische Positionen zur philosophischen Ästhetik. stw 1576. 345 Seiten

Richard Klein/Claus-Steffen Mahnkopf (Hg.). Mit den Ohren denken. Adornos Philosophie der Musik. stw 1378. 446 Seiten

Franz Koppe (Hg.). Perspektiven der Kunstphilosophie. Texte und Diskussionen. stw 951. 412 Seiten

NF 109/4/1.03

NF 109/5/1.03

Martin Seel
- Eine Ästhetik der Natur. stw 1231. 389 Seiten
- Die Kunst der Entzweiung. Zum Begriff der ästhetischen Rationalität. stw 1337. 373 Seiten

Ruth Sonderegger. Für eine Ästhetik des Spiels. Hermeneutik, Dekonstruktion und der Eigensinn der Kunst. stw 1493. 391 Seiten

Robert Stockhammer (Hg.). Grenzwerte des Ästhetischen. stw 1602. 240 Seiten

Edgar Wind. Kunst und Anarchie. Die Reith Lectures 1960. Mit Abbildungen. stw 1163. 219 Seiten

Uwe Wirth. Performanz. Von der Sprachphilosophie zur Kulturwissenschaft. stw 1575. 435 Seiten

Herta Wolf (Hg.). Paradigma Fotografie. Fotokritik am Ende des fotografischen Zeitalters. Band 1. Mit zahlreichen Abbildungen. stw 1598. 467 Seiten

Richard Wollheim. Objekte der Kunst. Übersetzt von Max Looser. stw 384. 256 Seiten

NF 109/6/1.03

Schriften. Dits et Ecrits. Herausgegeben von Daniel Defert und François Ewald unter Mitarbeit von Jacques Legrange. Übersetzt von Michael Bischoff, Hans-Dieter Gondek, Hermann Kocyba, Reiner Ansén und Jürgen Schröder.
- Band 1. 1954-1969. Leinen und kartoniert. 1088 Seiten
- Band 2. 1970-1975. Leinen und kartoniert. 1031 Seiten
- Band 3. 1976-1979. Leinen und kartoniert. 1028 Seiten

Sexualität und Wahrheit
- Band 1. Der Wille zum Wissen. Übersetzt von Ulrich Raulff und Walter Seitter. stw 716. 190 Seiten
- Band 2. Der Gebrauch der Lüste. Übersetzt von Ulrich Raulff und Walter Seitter. stw 717. 327 Seiten
- Band 3. Die Sorge um sich. Übersetzt von Ulrich Raulff und Walter Seitter. stw 718. 316 Seiten

Überwachen und Strafen. Die Geburt des Gefängnisses. Übersetzt von Walter Seitter. Mit Abbildungen. stw 184 und st 2271. 396 Seiten

Wahnsinn und Gesellschaft. Eine Geschichte des Wahns im Zeitalter der Vernunft. Übersetzt von Ulrich Köppen. stw 39. 562 Seiten

Die Wahrheit und die juristischen Formen. Übersetzt von Michael Bischoff. Mit einem Nachwort von Martin Saar. stw 1645. 192 Seiten

Herculine Barbin/Michel Foucault. Über Hermaphrodismus. Herausgegeben von Wolfgang Schäffner und Joseph Vogl. Übersetzt von Annette Wunschel. es 1733. 247 Seiten

NF 116/2/5.04

Zu Michel Foucault

Gilles Deleuze. Foucault. Übersetzt von Hermann Kocyba. Kartoniert und stw 1023. 192 Seiten

Wolfgang Detel. Macht, Moral, Wissen. Foucault und die klassische Antike. stw 1362. 359 Seiten

Didier Eribon. Michel Foucault. Eine Biographie. Übersetzt von Hans-Horst Henschen. st 3086. 517 Seiten

Foucault und die Künste. Herausgegeben im Auftrag des Zentrums für Kunst- und Medientechnologie von Peter Gente. stw 1667. 338 Seiten

Gouvernementalität der Gegenwart. Studien zur Ökonomisierung des Sozialen. Herausgegeben von Ulrich Bröckling, Susanne Krasmann und Thomas Lemke. stw 1490. 320 Seiten

Thomas Schäfer. Reflektierte Vernunft. Michel Foucaults philosophisches Projekt einer antitotalitären Macht- und Wahrheitskritik. stw 1219. 215 Seiten

Wilhelm Schmid. Auf der Suche nach einer neuen Lebenskunst. Die Frage nach dem Grund und die Neubegründung der Ethik bei Foucault. stw 1487. 466 Seiten

Wilhelm Schmid. Die Geburt der Philosophie im Garten der Lüste. Michel Foucaults Archäologie des platonischen Eros. st 3215. 224 Seiten

Spiele der Wahrheit. Michel Foucaults Denken. Herausgegeben von François Ewald und Bernhard Waldenfels. es 1640. 340 Seiten

NF 116/3/5.04

Paul Veyne. Foucault: Die Revolutionierung der Geschichte. Übersetzt von Gustav Roßler. es 1702. 84 Seiten

Zwischenbilanz einer Rezeption. Frankfurter Foucault-Konferenz 2001. Herausgegeben von Axel Honneth und Martin Saar. stw 1617. 400 Seiten

NF 116/4/5.04

Jacques Derrida
im Suhrkamp Verlag

Das andere Kap. Die vertagte Demokratie. Zwei Essays zu Europa. Übersetzt von Alexander García Düttmann. es 1769. 97 Seiten

Gesetzeskraft. Übersetzt von Alexander García Düttmann. es 1645. 125 Seiten

Gesetzeskraft. Der »mystische Grund der Autorität«. Übersetzt von Alexander García Düttmann. Für die vorliegende deutsche Ausgabe ist der Text vom Autor und Übersetzer durchgesehen und überarbeitet worden. Einmalige Sonderausgabe. es 3331. 125 Seiten

Grammatologie. Übersetzt von Hans-Jörg Rheinberger und Hanns Zischler. stw 417. 541 Seiten

Marx & Sons. Übersetzt von Jürgen Schröder. stw 1660. 135 Seiten

Marx' Gespenster. Der Staat der Schuld, die Trauerarbeit und die neue Internationale. Übersetzt von Susanne Lündemann. stw 1659. 246 Seiten

Politik der Freundschaft. Übersetzt von Stefan Lorenzer. Gebunden und stw 1608. 492 Seiten

Die Schrift und die Differenz. Übersetzt von Rodolphe Gasché. Die Übersetzung von »Cogito und Geschichte des Wahnsinns« wurde von Ulrich Köppen besorgt. stw 177. 452 Seiten

NF 145/1/5.04

Schurken. Übersetzt von Horst Brühmann.
220 Seiten. Gebunden

Seelenstände der Psychoanalyse. Übersetzt von Hans-Dieter Gondek. 104 Seiten. Kartoniert

Die Stimme und das Phänomen. Ein Essay über das Problem des Zeichens in der Phänomenologie Husserls. Übersetzt von Hans-Dieter Gondek. es 2440. 144 Seiten

Vergessen wir nicht – die Psychoanalyse! Herausgegeben, übersetzt und mit einem Nachwort von Hans-Dieter Gondek. es 1980. 234 Seiten

Vom Geist. Heidegger und die Frage. Übersetzt von Alexander García Düttmann. stw 995. 159 Seiten

Die unbedingte Universität. Übersetzt von Stefan Lorenzer. es 2238. 80 Seiten

Jacques Derrida/Hans-Georg Gadamer. Der ununterbrochene Dialog. Herausgegeben und mit einem Nachwort versehen von Martin Gessmann. es 2357. 112 Seiten

Jacques Derrida/Michel de Montaigne. Über die Freundschaft. Übersetzt von Stefan Lorenzer und Hans Stilett. BS 1331. 93 Seiten

Jacques Derrida/Gianni Vattimo. Die Religion. es 2049. 251 Seiten

Geoffrey Bennington/Jacques Derrida. Jacques Derrida. Ein Portrait. Übersetzt von Stefan Lorenzer. stw 1550. 413 Seiten

NF 145/2/5.04